사회복지지도감독론

사회복지 지도감독론

김경우·이경수·한현지 공저

SOCIAL WELFARE
GUIDANCE SUPERVISION THEORY

동문사

머리말

사회복지관련기관에서 상급자와 하급자의 관계에서 서비스를 효과적이고 효율적으로 전달하기 위하여 지식과 기술을 잘 활용하도록 도움을 주는 활동을 슈퍼비전이라고 한다. 하위직원이 자신의 업무를 효율적으로 수행하기 위하여 그들의 지식과 기술을 사용할 수 있도록 상위직원이 도움을 주는 과정에서 도움을 주는 사람을 슈퍼바이저라고 한다.

사회복지에서 사회사업가가 원조내용을 보고하고 슈퍼바이저는 설명된 자료를 토대로 클라이언트나 가족의 상황을 이해하고 면접 등 원조방법에 관해 조언을 주거나 음미하도록 하는 교육훈련방법이다. 사회사업가의 숙련도에 의해 사례를 법적으로 처리하기 위해 행정적·관리적인 방법과 교실에서 습득한 전문적 개념을 구체적인 원조측면에 응용할 수 있도록 한다. 교육적인 측면과 케이스 처리에 필연적으로 나타나는 사회사업가의 버릇이나 행동경향 등을 자각시키므로 자기 지각적인 측면이 있다. 의사 등 타 전문가에게 주의해서 조언을 얻는 경우는 자문(consultation)이라 한다. 슈퍼비전은 개인과 집단으로 나누어 지도하는 경우도 있으며 학생실습의 경우를 학생 슈퍼비전(student supervision)이라 하기도 한다.

인적자원관리에서의 "인사가 만사다"라는 말은 어떤 조직이나 영역에서 사람관리는 말할 나위 없이 중요하다는 사실을 말한다. 인력의 효율적 활용은 매우 중요한 사안이며, 사회복지분야에서는 더욱 그렇다. 사회복지분야는 대인서비스가 주를 이루며, 따라서 주 인력인 사회복지사의 특성이 사회복지제도나 사업 등의 성공여부에 매우 중요한 영향을 미치게 된다. 즉, 사회복지분야에서 프로그램과 서비스제공은 가장 우선되는 문제이며, 그 서비스의 질은 결국 서비스를 제공하는 인력에 의해 좌우되기 때문이다. OECD 국가 중 열악한 우리나라의 사회복지분야는 그 상황이 열악하여 서비스의 질을 보증할 체계적이고 공식적인 구조가 미흡할 경우에는 서비스를 제공하는 인력의 중요성이 더욱 크다. 사회복지시설 내 종사자 활동에 대한 슈퍼비전도 미흡하고 사회복지서비스 이용자의 만족에 대한 지속적인 조사와 피드백도 확보되지 않은 상태에서 인력의 적정 활용은 최선의

머리말

질 보증 방식이 아닐 수 없다. 이러한 관점에서 사회복지조직의 인적자원에 대한 효율적인 관리에 대한 문제와 슈퍼바이저의 스타일과 슈퍼바이지의 반응, 슈퍼비전의 기능과 슈퍼바이저의 역할, 슈퍼비전지침, 슈퍼비전의 평가기능 등의 고찰과 사회복지기관의 중간관리자들이면서 슈퍼바이저이기도 한 사회복지사의 역량강화에 기여하는 측면에서 중요한 리더십의 자질을 가져오게 하는 학문이다.

사회사업적 측면에서 슈퍼비전이란 지식과 기술의 자질을 가진 사람이 자질이 부족한 사람을 훈련시키기 위한 책임을 지는 교육적 과정이다. 슈퍼비전은 여러 해에 걸쳐 직무를 수행하는 사회사업가를 통제하고 조정하는 노력을 포함하는 행정과 교육적인 측면을 강조한다.

슈퍼비전은 사회복지기관의 서비스 제공자인 워커의 기술력을 향상시키고 이를 통해 서비스의 질을 제고하기 위한 교육적, 관리적 활동을 의미한다.

특히 사회복지 조직은 사람을 대상으로 서비스를 제공하는 조직이기 때문에 다른 일반조직에 비하여 인건비에 훨씬 많은 예산을 배정하고 있다. 이러한 배경은 사회복지 조직에서 서비스를 제공하는 사람을 특히 중요시하고 있다는 것을 의미한다. 사람들에게 서비스를 효과적으로 그리고 효율적으로 제공하려면 기본적인 교육과정을 통하여 획득한 지식과 기술의 습득만으로는 부족하고 서비스를 제공하는 실무과정에서 스스로의 노력과 타인으로부터의 도움에 의하여 계속적으로 지식과 기술을 발전시켜 나가야 한다.

슈퍼바이저의 조건은 다음과 같다.

첫째, 슈퍼바이저는 전문직에 대한 지식과 기관에 대한 종합적인 지식을 갖추어야 한다.

둘째, 슈퍼바이저는 자신이 클라이언트에 대한 문제를 해결해 본 경험과 기술을 갖추고 있어야 한다.

셋째, 슈퍼바이저는 필요 시 하급자가 쉽게 접근하여 질문하고 어떤 지도를 받을 수 있는 기회를 마련해야 한다.

넷째, 슈퍼바이저는 기관, 하급자, 자신과의 역동적 관계에 대하여 진실하고 지속적인 관심을 가져야 한다.

다섯째, 슈퍼바이저는 하급자가 제기한 질문이나 문제 해결에 대한 해답을 모르거나 제시할 수 없을 때는 자신의 입장을 솔직히 밝히고, 실수가 있을 때도 그것을 솔직히 인정할 수 있어야 한다.

여섯째, 사람은 인정받고 칭찬받기를 갈망하기 때문에 가능하면 감사와 칭찬의 태도를 가지고 하급자의 동기를 유발하고 전문직업적 발전을 도모하여야 할 것이다.

그리고 슈퍼바이저의 역할은 다음과 같다.

첫째, 관리자로서의 슈퍼바이저는 계획, 예산, 조직, 인력자원 개발과 프로그램 평가 등의 지식과 기술을 개발해야 한다.

둘째, 조정자로서 슈퍼바이저는 인간 서비스조직에서 발견되는 서비스 기술을 조화롭게 활용하여야 한다. 슈퍼바이저는 피감독자와 클라이언트, 다른 서비스 제공자를 연계하여 조직의 환경을 조성해야 한다.

셋째, 조력자로서의 슈퍼바이저는 기관과 그들의 소명, 목표, 목적이 일치하도록 통합하면서 하위조직의 직업 만족, 생산성, 그리고 도덕성과 관련 있어야 하며, 나아가 서비스 전달을 위한 개인의 심리, 정서적 지지를 제공해야 한다.

사회복지기관의 고유한 특성을 감안할 때 서비스를 직접 제공하는 워커들을 지도, 감독하는 일선 슈퍼바이저의 역할이 매우 중요하다. 일선에서 슈퍼바이저는 각 부서의 업무를 총괄하는 책임자로서 부서 구성원들의 효과적인 서비스 공급을 지도, 감독하며 아울러 기관의 타 부서 및 기관 관리자를 연결하는 역할을 담당한다.

사회복지지도감독론의 슈퍼비전은 총 13장이다. 제1장에서 제4장까지는 슈퍼비전의 개관, 슈퍼비전의 유형과 기능, 슈퍼비전의 지도자, 실습슈퍼비전의 내용이다. 제5장부터 제9장은 사례관리형식, 단기상담슈퍼비전, 정신건강슈퍼비전, 상담관계와 슈퍼비전, 집단지도상담 등의 내용을 다루고 있다. 제10장부터 제13장에서는 직업윤리와 슈퍼비전, 사회복지실천기술과 슈퍼비전, 사회복지실습과정, 의료 및 학교사회복지의 슈퍼비전에 관한 내용을 소개하고 있다.

이 책을 통해 실무자와 학부생, 대학원생들이 슈퍼비전에 대해 그 개념을 정확하게 이해하고, 창조적 힘이 지식과 생각들의 핵융합을 일으킨다면 나날이 복잡해지는 시대에 학문과 지식, 국경을 넘어 다양한 생각들을 융합하고 새로운 지적전환을 마련할 수 있는 기회의 학문전환이 될 것이다. 그리하여 사회복지지도자의 철학을 이해하고 기술과 기법을 습득하여 사회복지조직에서 실천리더인 슈퍼비전을 학습하는 영역별 사회복지 전문가가 되기를 기대하면서 이 책을 집필하였다.

이 책은 2020년 사회복지사업법에 의한 사회복지사 자격증을, 민간자격증에서 국가자격증으로 변경된 학교사회복지사와 의료사회복지사 그리고 정신건강사회복지사 등의 영역별 전문복지사에 입각한 실습의 기본 준비서에 임하는 지도감독의 전문도서로 제작되었다. 그리고 사회복지사업법에 의한 각종 개정된 시대에 부응하는 사회복지시업법들을 반영하였다. 즉, 보건복지부의 '사회복지사업법' 개정 법안이 2020년 11월 23일 국회 본회의를 통과하였으며, 그 법률안 주요내용 및 기대효과는 다음과 같다.

1983년 사회복지사 1, 2, 3급 자격 제도 개정 이후 35년 만에 정신건강, 의료, 학교 등 특정영역에서 활동하고 있는 사회복지사의 전문성을 바탕으로 정신건강사회복지사, 의료사회복지사, 학교사회복지사 국가자격을 신설하였다. 그리고 정신건강사회복지사는 정신의료기관, 정신건강복지센터, 중독관리통합지원센터 등의 영역에서 정신건강서비스 지원을 담당하게 된다.

의료사회복지사는 종합병원, 요양병원 등을 이용하는 환자들에게 재활과 사회복귀를 위한 상담 및 지도 업무를 수행하여 환자에게 보다 적합한 의료서비스를 지원한다.

학교사회복지사는 학교, 교육복지센터 등에서 사례관리, 지역사회자원 개발,

학교폭력, 상폭력 대처 및 예방, 아동학대, 입양, 파양, 인터넷 등 각종 중독 등의 업무를 담당하여 학생복지를 증진할 것으로 기대된다.

특히, 의료사회복지사는 최근 보건복지부가 추진 중인 '지역사회 중심 통합 돌봄 서비스(커뮤니티케어)'와 관련하여 다음과 같은 역할이 기대된다. 의료기관 내에서 의사, 간호사 등 다직종으로 구성된 연계팀을 구성, 퇴원계획을 수립하고 지역 돌봄 자원을 연계하는 등 입원환자의 지역사회 정착을 지원하는 역할을 수행하게 될 것이다. 시행시기는 하위법령의 개정 기간을 고려하여 공포 후 2년으로 정하였다.

보건복지부 복지정책과는 오랫동안 사회복지사 자격증이 사회복지사 1, 2급이었으나, 이번 의료사회복지사 학교사회복지사 신설 및 정신건강사회복지사를 규정함으로써 사회복지 영역별 자격 전문화를 통해 대국민 사회복지서비스를 제고하였다.

무엇보다 사회복지사업법에 의한 최신 개정내용을 반영하였으므로 사회복지지도자의 기본서로서 그 역할을 수행함에 오류나 이해의 부족함이 없으리라고 판단된다. 무엇보다 지도자로서의 개정, 수정된 최신 사회복지 관련 개정법률에 입각한 슈퍼바이저의 기본서라는 점이다. 사회복지를 처음 접하는 신입생이나 학자 및 전문가 제위께서 최신 폭넓은 지식과 기술 그리고 다양한 학문으로서 접근하여 사회복지의 슈퍼비전 지도자의 근간이 되는 전문서적이 되기를 기대한다.

끝으로 지속적인 관심과 애정으로 편집의 어려움과 촉박한 일정 및 코로나-19의 위기라는 어려운 환경에서도 신간출판에 대한 열정과 사명감을 보여주신 동문사 사장님과 관계자 여러분의 노고에 감사의 마음을 전한다.

2020년 12월 연구실에서

저자배상

차 례

CONTENTS

제3장 슈퍼비전의 지도자

제4장 실습슈퍼비전

차 례

제5장 사례관리

제6장 단기상담과 슈퍼비전

차 례

제9장 집단지도상담

제10장 직업윤리와 슈퍼비전

차 례

CHAPTER 01

슈퍼비전의 개관

제1절 슈퍼비전의 의의
제2절 슈퍼비전의 관점과 발전
제3절 사회사업의 슈퍼비전

학습과제

1. 슈퍼비전의 개념
2. 슈퍼비전의 형태
3. 팀사회사업과 슈퍼비전의 목표

인적자원관리에서 "인사가 만사다."라는 말은 어떤 조직이나 영역에서 사람관리가 중요하다는 사실을 의미한다. 인력의 효율적 활용은 매우 중요한 사안이며, 사회복지분야에서는 더욱 그렇다. 사회복지분야는 대인서비스가 주를 이루며, 따라서 주 인력인 사회복지사의 특성이 사회복지제도나 사업 등의 성공 여부에 매우 중요한 영향을 미치게 된다. 즉, 사회복지분야에서 프로그램과 서비스제공은 가장 우선되는 문제이며, 그 서비스의 질은 결국 서비스를 제공하는 인력에 의해 좌우되기 때문이다. OECD국가 중 열악한 우리나라의 사회복지분야는 그 상황이 열악하여 서비스의 질을 보증할 체계적이고 공식적인 구조가 미흡할 경우에는 서비스를 제공하는 인력의 중요성이 더욱 크다. 사회복지시설 내 종사자 활동에 대한 슈퍼비전도 미흡하고 사회복지서비스 이용자의 만족에 대한 지속적인 조사와 피드백도 확보되지 않은 상태에서 인력의 적정 활용은 최선의 질 보증 방식이 아닐 수 없다. 이러한 관점에서 사회복지조직의 인적자원에 대한 효율적인 관리에 대한 문제와 슈퍼바이저의 스타일과 슈퍼바이지의 반응, 슈퍼비전의 기능과 슈퍼바이저의 역할, 슈퍼비전지침, 슈퍼비전의 평가기능 등의 고찰과 사회복지기관의 중간관리자들이면서 슈퍼바이저이기도한 사회복지사의 역량강화에 기여하는 측면에서 중요한 리더십의 자질을 가져오게 하는 학문이다.

사회사업적 측면에서 슈퍼비전이란 지식과 기술의 자질을 가진 사람이 자질이 부족한 사람을 훈련시키기 위한 책임을 지는 교육적 과정이다. 슈퍼비전은 여러 해에 걸쳐 직무를 수행하는 사회사업가를 통제하고 조정하는 노력을 포함하는 행정과 교육적인 측면을 강조한다.

슈퍼비전은 사회복지기관의 서비스 제공자인 워커(worker)의 기술력을 향상시키고 이를 통해 서비스의 질을 제고하기 위한 교육적·관리적 활동을 의미한다.

특히 사회복지 조직은 사람을 대상으로 서비스를 제공하는 조직이기 때문에 다른 일반조직에 비하여 인건비에 훨씬 많은 예산을 배정하고 있다. 이러한 배경은 사회복지 조직에서 서비스를 제공하는 사람을 특히 중요시하고 있다는 것을 의미한다. 사람들에게 서비스를 효과적으로 그리고 효율적으로 제공하려면 기본적인 교육과정을 통하여 획득한 지식과 기술의 습득만으로는 부족하고 서비스를 제공하는 실무과정에서 스스로의 노력과 타인으로부터의 도움에 의하여 계속적으로 지식과 기술을 발전시켜 나가야 한다.

제1절 슈퍼비전의 의의

1. 슈퍼비전의 개념

슈퍼비전(supervision)은 라틴어의 Super(over)와 Videre(to watch, to see)의 합성어에서 유래하며 "관찰한다, 살핀다, 감독하다, 통제하다"의 의미로 임상실천에서 개념화되었다. 즉, 슈퍼비전은 super와 vision의 조합으로 감독하다라는 의미로 슈퍼비전은 상담자의 상담 수행을 감독 혹은 지도하는 활동이다. 다른 사람이 하는 일에 대해 책임을 갖고 지켜보는 감독자의 일이라는 의미가 된다. 그러다 보니 남의 일을 몰래 감시하는 일로 오해되기는 하지만 그런 것은 전혀 아니다. 또한 과거에 이 개념은 양적으로나 질적으로 업무가 제대로 수행되는가를 확인하는 데 관심을 두는 행정적 측면이 강조되었으나 최근에는 다양한 기능들을 수행하는 좀 더 확대된 개념으로 이해되고 있다. 슈퍼바이저란 단어는 원래 기능공 집단의 책임자(master)에게 적용되던 말이다. 120년 전 뉴잉글랜드 지방의 직공책임자들은 고용된 노동자들을 직접 지배하면서 자기가 필요로 하는 일을 시켰으며 자신의 정한 월급과 노동가치의 효용에 의하여 생활하였다. 또 다른 어원은 밧줄을 당기는 사람이나 노동자를 관리하는 책임자라는 뜻에서 유래되었다. 그런 사람을 십장(foreman)이라고 하는데 그의 직무는 주로 노동자집단 맨 앞에서 다른 노동자들의 일의 속도를 조정하며 구령을 외치는 일이다. 독일에서는 슈퍼바이저를 Vorabeiter(fore worker)라고 하고, 영국에서는 유사한 뜻을 가진 책임손(charge hand)이라고 부른다. 슈퍼바이저는 숙련공들의 십장 또는 지도자로서 능력과 재능을 겸비한다. 일반적으로 슈퍼바이저들은 계획을 세우고 동기를 부여하고 지시하고 자기 지배하에 있는 고용인들을 일하는 현장에서 통제하고 조절한다. 따라서 그들의 의무는 직원들이 중간관리자와 최고관리자의 계획과 정책을 추구하고 따르도록 하는 것이다. 행정적 슈퍼비전의 경우 대학으로부터 인적 서비스 기구에 이르는 모든 장면에 나타난다. 행정적 슈퍼바이저는 조직이 원활하게 운영되도록 돕는 궁극적인 목적을 갖고 조직 내에서 슈퍼바이저의 기능이 좀 더 효과적으로 발휘되도록 돕는다. 또한 행정적 슈퍼바이저는 사례기록, 의뢰과정, 관심의 지속성, 책임, 고용과 해고, 수행평가 등과 같이 관리에 필요한 사항을 중요시한다.

로간빌, 하디와 델워스(Loganbill, Hardy, & Delworth, 1982)에 의하면 슈퍼비전은 한 사람이 타인의 치료적 능력의 발달을 촉진하려는 의도를 가지고 계획적으로 하는 대면관계라고 정의하였다. 슈퍼비전은 전문 상담자가 되고자 하는 상담자에게 적절한 직업적 행동을 습득할 수 있도록 슈퍼바이저가 도와주는 계속적인 교육 과정이라고 정의될 수 있다.

레인(Lane)은 슈퍼비전을 카운슬러의 내적·대인관계적 역동성과 내담자의 관계에 초점을 둔 치료적 과정으로 정의한다. 슈퍼비전의 초점은 개인적 전문적 성장, 전이, 역전이, 방어기제, 분석과정 그리고 치료에서 정서적 힘으로서 자기자신을 이용하는 데 있다. 이 경우 슈퍼바이지는 학생보다는 내담자와 같이 보인다. 슈퍼비전은 슈퍼바이지가 임상가로서 성장하도록 하기 위한 기본수단으로 전이

관계를 활용한다.

슈퍼비전은 사회사업가들이 기술을 더욱 개발하고 정교화하도록 돕고 클라이언트에게 품질보증을 제공하기 위해 사회사업기관에서 광범위하게 이용하는 행정적 · 교육적 과정이다.

행정적으로 지도감독자는 가장 적합한 사회사업가에게 사례를 맡기고, 사정과 중재계획을 토의하고, 사회사업가와 클라이언트와의 현재 접촉을 검토한다. 교육적으로 슈퍼비전은 사회사업가가 사회사업 철학과 기관의 정책을 좀 더 잘 이해하고, 더욱 자기의식을 하게 되고, 기관과 지역사회의 자원을 알고, 활동의 우선순위를 설정하고, 지식과 기술을 정교화하도록 돕는 데 관련되어 있다. 슈퍼비전의 다른 기능은 체계를 유지하는 동안 직원들의 사기를 높이는 것이다. 경험이 적은 사회사업가는 개인지도모형에 따라 지도감독을 받는데, 여기서는 좀 더 경험 있는 사회사업가와 함께 사례에 대한 의논, 동료집단의 상호작용, 직원개발프로그램, 사회사업팀을 통해 유사한 목적을 달성한다.

사회복지 슈퍼비전이란 사회복지기관에서 실무경험이 많은 슈퍼바이저가 경험이 적고 덜 숙련된 슈퍼바이지에게 행정적 · 교육적 · 지지적 슈퍼비전의 기능을 수행하여 지식과 기술을 전수함으로써 슈퍼바이지가 업무수행을 보다 효율적으로 수행하고 업무에 대한 만족감을 증진시키도록 돕고, 궁극적으로는 클라이언트에게 보다 나은 서비스를 주도록 돕는 과정이라고 정의내릴 수 있다. 즉, 다른 사람이 하는 일에 대해 책임을 지고 지켜보는 감독자(over-see)의 의미가 있다. 어떤 상급자와 하급자와의 관계에서 상급자가 감독하고 지도하는 의미보다는 슈퍼바이저의 역할은 주로 슈퍼바이지를 지지하고, 용기를 돋워주고, 정보를 제공하고, 상대방의 말을 듣는 것이다. 사회복지의 핵심적 활동인 사회복지전문직에 있어서 슈퍼비전은 사회복지 조직에서의 직원이 서비스를 효과적이고 효율적으로 전달하기 위하여 지식과 기술을 잘 사용할 수 있도록 도움을 주는 활동을 말한다. 이와 같은 슈퍼비전은 잘 훈련되고 경험이 많고 능력이 있고 전문 지식과 기술을 갖추고 있으면서 전문직업적 태도를 가진 사람은 경험과 지식과 기술이 부족한 사람들에게 도움을 줄 수 있다는 전제 위에서 이루어지는 것이다.

따라서 슈퍼비전이란 사회복지조직의 직원이 서비스를 효과적이고 효율적으로 전달하기 위하여 지식과 기술을 잘 사용할 수 있도록 도와주는 활동을 의미한다.

슈퍼비전은 사회복지시설의 모든 활동의 실천현장에서 활동하고 있는 직원이나 실습생에 대하여 전문성과 능력을 발휘할 수 있도록 교육 및 지도·원조하는 활동이다. 슈퍼비전은 사회복지서비스를 필요로 하는 사람들에 대한 간접적인 원조의 기능을 수행할 뿐만 아니라 사회복지기관과 시설의 활동을 지원하는 기능을 수행하고 있다.

슈퍼비전의 업무를 담당하는 특정한 사람을 슈퍼바이저라 하고, 슈퍼비전을 받는 사람을 슈퍼바이지라 한다. 즉, 슈퍼비전은 슈퍼바이저의 도움으로 개인이나 소집단이 직업수행과 관련한 어려움을 상담, 지도해 주는 업무이다. 사적인 문제는 제외되나 이러한 문제들은 개인적·제도적·사회적 조건하에서 볼 수 있어야 하며 슈퍼비전과정은 이 모든 요소들을 연속선상에서 볼 수 있도록 도와야 한다. 전통적인 슈퍼비전의 개념은 행정적 측면을 강조한다. 그러나 보다 발전된 슈퍼비전을 위해서는 다음과 같은 내용들도 이해해야 한다.

슈퍼비전은 사회사업가들이 기술을 더욱 개발하고 정교화하도록 돕고 클라이언트에게 품질보증을 제공하기 위해 사회사업기관에서 광범위하게 이용하는 행정적 교육적 과정이다.

행정적으로 지도감독자는 가장 적합한 사회사업가에게 사례를 맡기고, 사정과 중재계획을 토의하고, 사회사업가와 클라이언트와의 현재 접촉을 검토한다. 교육적으로 슈퍼비전은 사회사업가가 사회사업 철학과 기관의 정책을 좀 더 잘 이해하고, 더욱 자기의식을 하게 되고, 기관과 지역사회의 자원을 알고, 활동의 우선순위를 설정하고, 지식과 기술을 정교화하도록 돕는 데 관련되어 있다. 슈퍼비전의 다른 기능은 체계를 유지하는 동안 직원들의 사기를 높이는 것이다. 경험이 적은 사회사업가는 개인지도모형에 따라 지도감독을 받는데, 여기서는 좀 더 경험 있는 사회사업가와 함께 사례에 대한 의논, 동료집단의 상호작용, 직원개발프로그램, 사회사업팀을 통해 유사한 목적을 달성한다.

카두신(Kadushin, 1976)은 슈퍼비전의 정의에서 슈퍼비전의 교육적 측면과 사회사업가를 통제하고 조정하는 행정적 측면의 두 가지 업무이외에 표현적·지지적 지도력 기능을 첨가시켰는데 이 기능의 초점은 사회사업가가 직업과 관련된 실망과 불만을 가질 때 원조하고 정서적 지지를 제공함으로써 사회사업가의 기능을 유지하도록 하는 데 있다. 카두신이 제시하는 슈퍼비전의 정의는 다음과 같다.

사회사업에서 슈퍼바이저는 피감독자의 업무수행을 지도, 조정, 향상 및 평가하도록 권한을 위임받은 기관의 행정간부이다. 슈퍼바이저는 피감독자와의 상호작용에서 긍정적인 관계아래 행정적, 교육적 및 지지적 기능들을 수행한다. 슈퍼바이저의 궁극적인 목적은 기관의 정책과 절차에 따라 양적·질적으로 최상의 서비스를 클라이언트에게 전달하는 것이다.

우리나라에서는 한때 슈퍼비전을 '지도감독'이라고 번역해서 사회복지사업법에서도 사회복지 지도감독론을 사회복지 자격취득을 위한 이수 및 시험 선택과목으로 지정하고 있으나 요즘은 슈퍼비전이라는 원어를 그대로 쓰는 경향이다. 사회사업에서 슈퍼바이저(지도감독자)는 피감독자의 업무수행을 지도, 조정, 향상 및 평가하도록 권한을 위임받은 기관의 행정간부이다. 슈퍼바이저는 피감독자와의 상호작용에서 긍정적인 관계 아래 행정적, 교육적 및 지지적 기능들을 수행한다. 슈퍼바이저의 궁극적인 목적은 기관의 정책과 절차에 따라 양적, 질적으로 최상의 서비스를 클라이언트에게 전달하는 것이다. 이 정의는 피감독자와의 상호작용에서 긍정적인 관계아래 이들 업무의 수행을 강조하고 있다.

문인숙(1980)은 supervision을 '지도감독'으로 번역하여 사용한 이래 지도감독으로 사용되기도 하였으나 요즘은 '슈퍼비전'으로 사용하는 경향이다. 아마 감독이란 용어가 슈퍼바이지의 수행능력 향상을 도와주는 것을 강조하는 사회복지 슈퍼비전의 내용과는 어감 면에서 다소 어울리지 않기 때문일 것이다. 일본에서도 슈퍼비전의 영어발음을 그대로 사용하고 있었다.

바커(Barker, 1995)는 "사회복지사가 기술을 더욱 발전시키고 세련되도록 도우며, 클라이언트에게 질적으로 보장된 서비스를 제공하기 위해 사회사업 기관 내에 광범위하게 사용되는 행정적이고 교육적인 과정"이라고 슈퍼비전을 정의했다.

Social Work Dictionary(사회사업사전, Baker, 1987)에서는 사회사업가들이 기술을 좀 더 개발하고, 정교화하는 것을 돕고 클라이언트에게 제공하는 서비스의 질적인 보증을 위해서 사회사업기관에서 광범위하게 이용하는 행정적·교육적 과정이라고 보았고, 행정적으로 슈퍼바이저는 가장 적합한 사회사업가에게 업무를 맡기고 사정과 개입 계획을 토의하고, 사회사업가가 현재 접촉 중인 클라이언트에 대해 재고하며, 교육적인 슈퍼비전은 사회사업가가 사회사업 철학과 기관의 정책을 보다 잘 이해하고, 자신에 대해 더 많이 깨닫고, 기관과 지역사회의 자원을 알고, 활동의 우선순위를 설정하고, 지식과 기술을 세련되게 함을 돕고자 하는 데 있다고 하였다.

오스틴(Austin)은 클라이언트에게 최선의 서비스를 제공하기 위해 슈퍼바이저와 슈퍼바이지 간의 긍정적인 관계가 수립되어 있는 가운데 하부 직원과 상부 관리층의 어느 쪽에도 치우치지 않는 슈퍼바이저가 행정적, 교육적, 지지적 기능을 창조적으로 결합시킬 뿐만 아니라 슈퍼비전을 창조적으로 이용하는 것으로 정의했다(최미경, 1998).

이 정의는 피감독자와의 상호작용에서 긍정적인 관계 아래 이들 업무의 수행을 강조하고 있다. 슈퍼바이저와 피감독자의 관계는 세 가지 요소로 구성된다. ① 라포형성으로 사이좋게 지내는 일반적인 능력, ② 신뢰로서 슈퍼바이저에게 숨기지 않고, 성공뿐만 아니라 실수와 실패도 공유할 수 있는 사회사업가의 능력, ③ 배려(caring), 관심으로서 클라이언트뿐만 아니라 사회사업가의 관심에 대해 슈퍼바이저의 의사소통을 말한다.

2. 슈퍼비전의 역할

슈퍼바이저의 역할은 첫째, 행정적인 상급자로서의 역할로서 하급자가 기관의 정책이나 과정, 규정 등을 잘 지키고 있는지를 감독하는 역할이다.

둘째, 교육자로서의 역할이다. 직접 서비스를 제공하는 일선 사회복지사에게 전문적인 지식과 기술을 증진시키는 역할로 전통적인 교육 기능을 강조한다.

셋째, 상담자로서의 역할로서 사회복지사의 사기를 진작시키고, 좌절과 불만에 대해 도움을 제공하여 전문가로서의 가치를 느끼고 기관에 대한 소속감과 직무 수행에 있어 안정감을 갖도록 한다.

행정적 슈퍼비전은 슈퍼바이지가 자신의 업무를 효과적으로 수행할 수 있도록 작업배경을 제공하는 것이고, 교육적 슈퍼비전은 슈퍼바이지의 업무를 효과적으로 수행할 수 있는 능력을 향상시키는 것이며, 지지적 슈퍼비전은 슈퍼바이지가 자신의 업무를 수행하는 데 기분 좋게 느끼도록 돕는 것이다.

사회복지 슈퍼비전이란 슈퍼바이저와 슈퍼바이지 간의 위계적이면서 긍정적인 슈퍼비전 관계 속에서 특정 상황의 고유한 특성을 고려하면서 그 상황과 세팅의 정책과 절차에 따라 클라이언트에게 최선의 서비스를 제공할 목적으로 행정적·교육적·지지적 기능을 수행하도록 제공되는 전문적 서비스이다.

슈퍼비전이라는 개념을 단순히 개념으로 보는 것보다는 여러 개념들이 포함되어 있는 구성개념(construct)으로 보게 되면 종합적·집약적 본질을 이해할 수 있게 된다(김융일·양옥경, 2004: 13). 슈퍼비전은 여러 저자들이 다양하게 강조한 행정적·교육적 기능을 중심으로 정의되어져 왔고 나아가 슈퍼비전 개념 정의에 업무수행을 위한 워커의 의욕과 동기를 고취시키기 위한 지지적 기능을 포함한다. 슈퍼비전의 행정적 기능은 관리자로서 기관의 규정과 절차에 맞는 서비스를 제공하는 것이며, 적합한 워커에게 특정한 클라이언트의 사례를 위임하는 것을 비롯하여 워커의 사례관리 및 서비스 제공을 감독하고 평가하는 역할을 수행한다. 또한 기관관리자들과 워커의 의사소통을 촉진하는 역할과 함께 전반적인 기관 활동에 대한 조정과 통제의 임무를 수행한다. 교육적 기능의 핵심은 워커의 지식과 기술의 향상이다. 슈퍼바이저는 기관의 기본가치, 임무 및 목적에 대해 교육과 함께 다양한 서비스 실천이론 및 모델에 대한 교육을 통해 워커의 문제해결과 실천기술 향상을 도모한다.

슈퍼비전의 과정은 시작 단계로서 슈퍼바이저와 슈퍼바이지가 관계를 형성하고 계획을 세우는 단계, 중간 단계로서 실질적인 슈퍼비전이 행해지는 단계, 그리고 종결 단계로서 슈퍼비전 내용과 슈퍼비전 관계를 평가, 정리하는 단계이다. 여기서 Supervisor는 슈퍼비전을 제공하는 감독자이고, Supervisee는 슈퍼비전을 받는 사회복지사로서 슈퍼비전의 과정은 관계 속에서 진행되므로 이 관계에서 적어도 두 사람이 관여하고 이들 간에 상호작용이 슈퍼비전의 중요한 측면이 되고, 이 관계에서 협동적이고, 민주적이며, 참여적이고, 상호적으로, 상호 존경하고 개방적이 되어야 한다.

슈퍼비전 관계의 3대 요소는 라포, 신뢰, 배려이다. 라포(rapport)는 슈퍼바이저와 슈퍼바이지가 개방적이면서 사이좋게 지낼 수 있는 능력이고, 신뢰(trust)는 슈퍼바이지의 능력으로 슈퍼바이저에 대한 개방성, 성공과 실패와 실수 등을 함께 나눌 수 있는 능력이며, 그리고 배려(caring)는 슈퍼바이저의 능력, 클라이언트는 물론 사회복지사에 대한 관심의 전달능력을 말한다.

슈퍼비전의 기능은 슈퍼비전의 목적을 달성하기 위한 수단으로, 슈퍼비전의 기능에 대한 논의는 슈퍼비전 발전시기나 학자에 따라 다르게 변화되어 왔다. 우선, 페트스(Pettes, 1979)와 영(Young, 1967)은 슈퍼비전의 중추적 · 필수적 기능은 교육적 기능과 행정적 기능이며, 지지적 기능은 주변적 · 보조적 기능을 수행한다고 보았다. 반면 오스틴(Austin, 1981)은 슈퍼비전의 기능을 행정, 교육, 지지의 3가지로 보고, 이를 전문가의 역할을 통해 설명하였다. 사회복지사의 전문직업성에 영향을 미치는 슈퍼비전 요소들만을 고려한다면 슈퍼비전 기능을 지지적 · 행정적 · 교육적 기능으로 볼 수 있다. 슈퍼비전은 행정적 · 교육적 기능을 가지고 있다. 슈퍼비전은 교육적 목적을 지닌 행정적 과정이다. 여기에 표현적 · 지지적 기능이 추가되어야 한다.

3. 슈퍼비전의 목표

1) 단기목표

교육적 슈퍼비전은 사회복지사가 업무를 보다 효과적으로 수행할 수 있도록 그의 능력을 향상시키며, 행정적 슈퍼비전은 사회복지사에게 업무를 질적·양적으로 잘 분배하고, 기관의 행정규정에 대한 정확한 이해를 돕는다.

지지적 슈퍼비전은 사회복지사가 자신의 업무에 관해 편안하고 좋은 감정을 가지도록 돕는다.

2) 장기목표

사회복지실천의 목표이기도 한 서비스로서 효과적 제공과 효율적 제공으로 궁극적으로 클라이언트에게 효율적인 사회사업서비스를 제공하는 것이다.

클라이언트에게 제공되도록 되어 있는 특정 서비스를 효과적으로 효율적으로 제공하는 것이다.

제2절 슈퍼비전의 관점과 발전

1. 슈퍼비전의 관점

슈퍼바이저는 중간관리자에 속한다. 슈퍼바이저는 사회복지사를 통하여 클라이언트와 간접적으로 접촉한다. 슈퍼바이저는 일선 사회복지사가 클라이언트를 보다 잘 돕도록 원조한다.

슈퍼바이저는 일선 사회복지사와 행정가 양쪽에 대해 책임을 진다. 행정가와 달리 슈퍼바이저는 기관 내 작업환경, 기관에서 이루어져야 하는 업무 등과 관련되어 있다.

슈퍼비전은 과정으로 정의될 수 있으며 슈퍼바이저는 초기, 중간, 종결의 일련의 단계적이고 계획적인 활동에 참여하며 각 단계마다 활동내용이 달라진다.

통제적 측면에서 슈퍼비전은 역사적으로 정신분석적 교육에서 유래했는데 직업적인 사회화와 관련된다. 정신분석학적 측면에서 정신치료교육은 교육분석과 통제분석의 두 측면으로 나뉘고 후자가 슈퍼비전으로서 슈퍼바이지의 직업적 적성 여부에 대한 슈퍼바이저의 판단이다.

교육적 측면에서 슈퍼비전은 또한 직업적 문제들을 해결하도록 돕는 여러 가지 방법들의 상위개념으로 적용될 수 있다. 여러 상황과 어려움을 직업적 개입을 통해 개선하고 변화시키기 위한 직업적 전문교육 및 재교육을 의미한다.

지지적 측면에서 슈퍼비전은 치료를 위한 논의와 유사한 실천적 수업이다. 이 정의에서 슈퍼비전은 심리치료과정과 유사한 과정을 겪는데 심리적 고통이 아니라 직업적 어려움을 다루는 것이다.

미국에서 슈퍼비전의 발달은 사회사업의 직업훈련과정에서 형성되었다. 여기서 슈퍼비전의 개념은 자기의 직업적 업무를 아직 완전히 책임지고 수행하지 못하는 사회복지사로 하여금 업무를 수행하도록 감독하는 것이다. 슈퍼바이저는 슈퍼바이지의 교육적 관심을 고려해야 할 뿐 아니라 기관의 관심도 고려해야 한다. 그러므로 슈퍼비전은 동료 사회복지사의 업무수행에 대해 책임을 지고 감독하는 것, 즉 사회사업의 전문화경향과 관련되는 업무이다.

독일, 네덜란드에서의 슈퍼비전은 슈퍼바이저의 도움으로 사회복지사가 이론적 지식의 면에서 자신의 결함을 인식하고 연속교육을 통해 이를 해결하도록 동기화한다. 사회복지사의 업무에 이론과 실천을 통합하는 능력을 개발한다.

클라이언트와의 실천관계에서 자신의 감정적 자아인식을 통해 스스로를 통제하도록 한다.

문제를 사회적 실천영역에서 해결하는 능력을 개발하고 사회적 영역에서 진단적·계획적으로 활동하는 능력을 개발한다. 사회사업과 마찬가지로 슈퍼비전의 기능도 사회적 전체성 속에서 고려되어야 한다. 슈퍼비전은 사회복지사의 전문적인 문제를 심리적인 차원으로 환원해서는 안 되며 심리적 현실을 무시하는 사회적 결정론으로 환원되어서도 안 된다.

슈퍼비전은 정치적 활동을 필수적으로 포함하는 것은 아니나 이를 배제하지도 않는다. 마찬가지로 슈퍼바이저의 태도는 중립적이지만 동시에 항상 가치지향적이다.

2. 슈퍼비전의 형태

1) 개인슈퍼비전

개인슈퍼비전은 슈퍼비전의 기본적인 형태이다. 지속적으로 일정한 간격을 두고 8~14일에 한 번 정도 약 90~100분가량의 슈퍼비전이 진행된다. 슈퍼바이저와 슈퍼바이지의 관계는 전이와 역전이의 관계가 되기 쉬우므로 대화를 통해 직업적인 문제와 사적인 문제를 분리시켜야 한다. 슈퍼바이지는 상황에 대한 자신의 개인적 인식방법에 대해 통찰력이 생긴 후에야 비로소 자신의 경험을 관찰하고 슈퍼바이저의 해석을 객관적으로 받아들일 수 있게 된다.

슈퍼바이저의 가치와 규범이 슈퍼비전에서 중요한 역할을 할 수 있다. 그러므로 슈퍼바이지는 가치태도를 명백히 하고 슈퍼바이저와 지적이고 정서적인 상호작용이 가능하도록 해야 한다.

2) 집단슈퍼비전

이는 슈퍼비전의 경제성과 관련해서 발전된 형태이지만 또 다른 학습가능성에서 나름대로 가치를 갖는다. 집단은 대략 한 명의 슈퍼바이저와 다섯에서 일곱 명의 슈퍼바이지로 구성된다.

집단슈퍼비전의 의의는 자신 및 타인에 대한 이해를 훈련하고 협동의 능력을 발전시키는 데 있다. 여기서 슈퍼바이저와 슈퍼바이지 간의 관계는 개인슈퍼비전에서 보다 중요성이 적어진다. 집단이 슈퍼바이저의 역할을 부분적으로 기능하기 때문이다.

3) 동료를 통한 슈퍼비전

모든 성원은 자신의 직업적 과업을 충실히 수행하며 다른 동료의 업무에 대해서도 건설적·비판적으로 참여함으로써 역할과 기능의 분배를 용이하게 한다. 이 개념에서 전제는 슈퍼비전이란 한 명의 슈퍼바이저가 책임을 지는 형태가 아니라 모두가 동등하며 지위의 차이나 라이벌의식, 권위도 없다는 것이다. 집단의 응집력이 크다면 각자가 통제자로 등장하며 이를 통해 모두가 더 노력하게 될 것이고, 따라서 기관의 규범에 맞는 최상의 업무수행이 가능해진다는 것이다.

4) 팀슈퍼비전

이 슈퍼비전 형태는 특히 고도의 분업하에서 함께 일해야 하는 집단을 위해 발전된 것이다. 여기서 집단역동적 측면은 큰 의미를 지니며 다른 기능을 가진 사람들로 구성되므로 사회복지사들로만 구성된 일반적인 집단슈퍼비전과 다르다.

5) 집단슈퍼비전

집단슈퍼비전은 개인슈퍼비전의 보충적인 방법으로 사용하며 집단 안에서 이루어지는 슈퍼비전이다. 즉, 집단슈퍼비전은 집단의 역동을 활용하여 집단 자체의 통일된 목표를 갖고 구성원 간 상호작용을 통해 슈퍼비전을 주는 것으로 상담훈련생 한 개인의 전문적인 성장을 목표로, 구조화된 과정에서 상담사례를 통해 상담훈련생의 상담기술을 향상시키고 심리 내적 및 인간관계로 인한 상담관계의 장애물을 통찰하도록 하여 투명한 상담자로 성장되도록 돕는 과정이다. 이러한 과정에 집단구성원들 간의 역동적인 상호작용을 상담자로서의 전문능력과 대인관계 능력 향상증진을 위해 활용한다.

집단슈퍼비전의 장·단점은 다음과 같다.

(1) 집단슈퍼비전의 장점

집단슈퍼비전은 충분히 개인슈퍼비전을 보충할 수 있는 교육방법 중 하나이다. 전문적 슈퍼바이저가 부족한 한국 상황에서는 가장 경제적이고 효과적인 방법이 집단슈퍼비전이다. 집단슈퍼비전의 장점을 제시하면 다음과 같다.

첫째, 개인슈퍼비전이 가지고 있는 단점들을 보완할 수 있다는 것이다. 개인슈퍼비전은 슈퍼바이저에게만 의존하게 만들 수 있는데 집단슈퍼비전에서는 슈퍼바이저뿐만 아니라 집단 구성원들의 역할도 중요하기 때문에 상대적으로 슈퍼바이저에게 의존하는 정도가 약하다. 최근에는 개인슈퍼비전에서 집단슈퍼비전으로 옮겨가는 추세인데, 그 이유는 개인슈퍼비전에서 슈퍼바이지가 슈퍼바이저에게 의존하는 것에 대한 우려, 소위 끝내지 못하는 슈퍼비전에 대한 염려 때문이다. 개인슈퍼비전에만 의존하게 되면 이는 항상 문제 있을 때마다 슈퍼바이저를 의존하게 만든다. 결국 자율적인 상담자로서 스스로 판단할 수 있는 종결 단계에 이르지 못하는 슈퍼비전을 하게 된다.

둘째, 집단슈퍼비전에서는 슈퍼바이저의 피드백이 상담훈련생에게 받아들여지지 않을 경우에도 다른 집단 구성원들의 피드백에 의하여 수용될 수도 있다.

(2) 사회복지 지도감독론

집단슈퍼비전의 과정은 초기, 중간, 종결의 단계로 구분되나 중간 실천단계이고 스케줄로 모임의 시간과 일자를 구체화시킨다. 종결은 슈퍼비전의 정리, 예외사항 및 피드백 단계이다. 여기서는 무엇보다 초기의 준비단계나 목표설정이 가장 중요하다.

첫째, 준비단계이다.

① 슈퍼비전 집단에서도 집단 성원들의 물리적 배열은 집단 상호작용의 결정 인자가 된다.

② 원형배열은 가장 이상적인 배열로 선호된다. 비언어적 의사소통 메시지가 쉽게 인지된다. 정면이 없고 상석이 없고 지위에 따른 자리배열이 없어 슈퍼바이저 역시 특정 자리가 없으므로 집단에 융화할 수 있다.

슈퍼바이저로 하여금 집단에 차지하는 지배적인 지위를 어느 정도 약화시키는 데 도움이 된다.

③ 분명한 스케줄로 모임의 시간과 일자를 구체화시킨다. 정규성은 스케줄 관리에 있어 집단에게 지속성을 주고, 서로의 시간을 존중한다는 것을 나타내며, 다른 약속들에 지장을 받지 않을 수 있다.

초기모임에는 슈퍼바이저에게 책임이 있을 수 있지만, 진행을 하면서 집단 성원들에게 모임의 소집과 사회의 책임을 위임할 수 있다.

그리고 목표설정이다.

① 개인슈퍼비전과 마찬가지로 집단슈퍼비전에도 분명한 목적과 목표를 갖고 있다. 집단은 궁극적으로는 기관의 목적달성을 위해 형성된 것이기 때문에 완전히 자유롭게 집단의 목적을 결정하지 못한다.

② 집단성원들은 제한된 시간과 에너지를 집단슈퍼비전에 투자하고 있으므로 목적달성에 생산적이고 유용하지 못하다면, 집단성원들은 실망하고 화 낼 권리가 있다. 자신의 업무수행 및 사례관리와 무관한 토론에 많은 시간을 소비하게 되면 집단 성원들은 불만을 표시한다.

제3절 사회사업의 슈퍼비전

1. 사회사업과 슈퍼비전의 목표

사회사업은 기관을 통해 클라이언트집단에게 서비스를 제공하므로 기관의 관료적 구조 내에서 각자의 업무는 조정되고 통합될 필요가 있다. 사회복지기관이 가지지 못한 서비스와 자원은 지역사회로부터 제공되므로 기관은 지역사회에 대해 책임성을 갖게 되고 서비스와 자원의 책임성 있는 할당을 위한 지도감독이 불가피하며 기관은 행정당국에 자신들의 업무가 올바르게 수행되고 있는지에 대해 답변할 책임성을 가지며 그러므로 이를 위한 지도감독이 요구된다.

사회사업의 전문성에 대한 인정과 의견일치가 부족한 만큼 사회사업전문가의 자율성이 부족하므로 업무에 대한 지도감독의 요구가 크며 사회사업과 같이 비정형화된 업무를 수행하는 전문직의 경우 목표와 개입절차가 불명확하여 실패의 위험도가 크므로 지도감독이 중요하다.

사회사업가는 직접적인 관찰이 이루어지지 않는 상황에서 일하므로 클라이언트가 효과적인 보호없이 내맡겨질 수 있으므로 사회복지사의 업무에 대한 지도감독체계가 요구된다.

사회사업 업무의 원인결과 관계가 매우 모호하므로 클라이언트의 보호를 위해 사회복지사의 활동에 대한 주기적인 감독절차가 필요하다.

비자발적인 클라이언트는 자신에게 제공된 사회사업 업무에 대한 평가의 기회가 주어지지 않으므로 이들을 보호하기 위한 지도감독이 필요하고 기관 외적인 집단에 의한 정책수행이 때로 요구되므로 이를 위한 지도감독이 요구되며 전문직 자체에 효과적인 통제가 없는 경우 기관에서 슈퍼비전을 통해 통제할 필요가 있다.

사회사업가의 업무특성상 사회복지사는 고도의 스트레스에 노출되어 있으므로 지지적인 슈퍼비전이 필요하다. 사회사업에 매력을 느끼는 사람들의 인성특성과 많은 사회복지사들이 여성이라는 사실, 반대하는 분위기의 부족 등이 슈퍼비전을 발달시키는 한 요인이다.

1) 사회사업에서 슈퍼비전의 발전과 기능

(1) 미국 슈퍼비전

미국에서 슈퍼비전의 발달은 사회사업의 직업훈련과정에서 형성되었다. 여기서 슈퍼비전의 개념은 자기의 직업적 업무를 아직 완전히 책임지고 수행하지 못하는 사회복지사로 하여금 업무를 수행하도록 감독하는 것이다.

슈퍼바이저는 슈퍼바이지의 교육적 관심을 고려해야 할 뿐 아니라 기관의 관심도 고려해야 한다. 그러므로 슈퍼비전은 동료 사회복지사의 업무수행에 대해 책임을 지고 감독하는 것, 즉 사회사업의 전문화경향과 관련되는 업무이다.

(2) 독일, 네덜란드의 슈퍼비전

독일, 네덜란드에서의 슈퍼비전의 목적을 정리하면 다음과 같다.

첫째, 슈퍼바이저의 도움으로 사회복지사가 이론적 지식의 면에서 자신의 결함을 인식하고 연속교육을 통해 이를 해결하도록 동기화한다.

둘째, 사회복지사의 업무에 이론과 실천을 통합하는 능력을 개발한다.

셋째, 클라이언트와의 실천관계에서 자신의 감정적 자아인식을 통해 스스로를 통제하도록 한다.

넷째, 문제를 사회적 실천영역에서 해결하는 능력을 개발한다.

다섯째, 사회적 영역에서 진단적·계획적으로 활동하는 능력을 개발한다.

사회사업과 마찬가지로 슈퍼비전의 기능도 사회적 전체성 속에서 고려되어야 한다. 슈퍼비전은 사회복지사의 전문적인 문제를 심리적인 차원으로 환원해서는 안 되며 심리적 현실을 무시하는 사회적 결정론으로 환원되어서도 안 된다.

슈퍼비전은 정치적 활동을 필수적으로 포함하는 것은 아니나 이를 배제하지도 않는다. 마찬가지로 슈퍼바이저의 태도는 중립적이지만 동시에 항상 가치지향적이다.

2) 슈퍼비전의 목표

목표설정은 슈퍼비전의 필수적인 과정이다. 목표설정은 슈퍼바이저와 슈퍼바이지가 공유한 비전과 그 비전을 실현하기 위한 특정단계와 평가기준을 제공해 준다. 슈퍼비전의 목표는 서면형식으로 이루어져야 하며 슈퍼바이저와 슈퍼바이지에 의하여 합리화되어야 한다. 목표에는 다음 구성요소들이 포함되어야 한다.

첫째, 명확히 진술되고 성취가능하고 구체적이고 측정가능하고 관찰가능한 결과이다.

둘째, 결과를 이끌어내는 구체적인 행동단계이다.

셋째, 결과를 평가할 구체적 절차이다.

슈퍼바이저와 슈퍼바이지는 슈퍼바이지가 접수기술, 특히 평가와 진단기술을 증진할 필요가 있는지를 결정한다. 다음 회에 설정될 목표들에 대하여 카운슬러가 정신질환 진단 및 통계 편람(DSM-IV) 등의 지식과 사용능력을 증대시키는 것, 진단의 축을 이해하는 것, 슈퍼바이저가 결정한 바 대로 평가와 대상자 개념화에 있어서 전문적 표준의 정확성을 충족할 것 등을 진단할 필요가 있다. 슈퍼바이저는 슈퍼바이지에 의해 행해진 일련의 접수과정을 관찰하고 진단과 근거들을 재검토함으로써 이런 목표들의 달성을 측정할 것이다. 카운슬러가 목표에 도달하는 것을 돕기 위해서 슈퍼바이저는 읽을 자료와 스태프를 위한 DSM-IV 내용중심의 발표를 제공하며 카운슬러에게 슈퍼바이저가 접수하는 것을 관찰하게 할 것이고 카운슬러에게 특수한 임상사례에 대한 피드백을 줄 것이다. 필요하다면 슈퍼바이저는 카운슬러에게 다양한 진단범주와 축에 대한 다양한 접수를 수행하도록 할 것이다. 이것은 명확히 진술된 목표, 구체적 행동계획 그리고 구체적 평가기전의 사례가 된다. 목표는 슈퍼바이저가 슈퍼바이지에 의해 정기적으로 재검토되어야 하며 도달할 수 없는 것은 삭제되어야 한다. 이 목표들은 슈퍼비전이 성공적인지를 결정할 주요 결과물의 영역(Key Results Area, KRAs)이라고 할 수 있다. 목록이 양 당사자에 의하여 재검토된 후 그들은 다음과 같은 질문을 하여야 한다. 첫째, 카운슬러가 이런 것들을 성취하면 자기 지위의 목표를 달성한 것인가? 둘째, 누군가가 그 목표를 달성하였다면 그것을 어떻게 아는가? 셋째, 그리고 그의 행동에서 무엇이 달라질 수 있는가를 물어야 한다.

또한 슈퍼바이저와 슈퍼바이지가 설정한 목표는 다음과 같은 내용을 고려하여야 한다. 첫째, 그 목표들 특히 카운슬러의 발달수준을 균등화시키고 통제하면 상담과 슈퍼비전에 대한 각기 다른 경험 때문에 달라질 수 있는 논쟁을 지니고 있다.

1단계 카운슬러들은 사례별로 지지와 기술적 지원을 원한다. 슈퍼바이저는 카운슬러가 상세한 치료계획을 개념화하고 세우는 데 경험적 자료를 이용하는 방법을 배우도록 돕는 교수전략과 전술에 관심을 기울이게 된다.

2단계 카운슬러들은 자신이 배워온 익숙한 방법들을 포기하고 새로운 이론들을 시도할 수 있다. 슈퍼바이저들은 자신의 카운슬러들로 하여금 언제나 모든 사람들과 일하면서 믿어오게 된 방법들을 포기하게 될 때 그들이 느끼는 혼란과 조절에 대한 직면에 대하여 격려하고 지지하게 될 것이다.

3단계 카운슬러들은 그들이 특정대상자에게 왜 주어진 기술을 사용하는지 확실히 표현할 수 없는 상태로 남아 있는 검토되지 않은 절충주의에 도달할 수 있다. 슈퍼바이저는 카운슬러로 하여금 이런 절충주의를 명백히 설명하게 하고 전체와 연관된 통합적 개인의 상담모델을 공식화하도록 요구할 수 있다. 목표설정에 있어서 또 다른 논쟁은 다양한 철학적 신념이다. 슈퍼바이저와 슈퍼바이지가 인간행동에 대한 각기 다른 패러다임으로 작업을 하고 있을 때 일어난다. 갈등을 일으키는 기관 내 목표들 때문에 이와 유사한 갈등이 발생한다.

목표가 설정된 후 행동계획인 개인역량개발계획(individual development plan, IDP)

이 세워지게 된다. 슈퍼비전에 대한 구체적인 계획에는 변화에 대한 일정표와 슈퍼바이지가 합의된 지식과 기술을 습득할 방법들이 포함된다. IDP를 만드는 데 있어서 하나의 지침으로 그린버그(Greenberg, 1980), 로간빌, 하디와 델워스(Loganbill, Hardy, & Delworth, 1982)가 카운슬러들의 다양한 발달단계에서 목표들을 설정하고 있다. IDP는 다음 구성요소들을 포함하고 있다.

첫째, 슈퍼비전에 대한 기대이다.

IDP에는 슈퍼바이저가 만나게 될 내담자의 수와 유형, 슈퍼비전의 회기수와 기간 그리고 사용될 기술과 중재를 명시해야 한다. 개별적이든, 임상적이든 응급시 무엇을 할지, 비용은 어떻게 처리되어야 하는지, 언제, 누가, 어떤 목적으로 현장방문을 수행해야 할지 그리고 기타 행정세부사항을 부대조항으로 명시해야 한다. 또한 슈퍼바이저와 슈퍼바이지 간의 의견차로 인한 분쟁발생 시 분쟁처리 수단이 내포되어야 한다.

둘째, 카운슬러의 경험과 지위에 따른 준비성이다.

지식과 경험에 대한 카운슬러의 기초는 무엇이며, 카운슬러가 업무수행을 위해 얼마나 잘 준비되어 있는가, 그의 강점과 발전영역은 무엇인가 등이다.

셋째, 실제로 카운슬러를 관찰하는 데 이용될 절차이다.

사용될 관찰방법은 기관의 관습적 실행, 직업시설이나 훈련시설의 훈련요건, 카운슬러의 기술주준, 기술장비의 가용성, 대상자 기본정보, 치료에서 중재할 잠재적 욕구 그리고 슈퍼바이저의 가용성과 선호도에 의존하게 될 것이다.

내담자의 관찰이 주는 영향력을 언제나 고려하여야 한다. IDP는 각각의 관찰 이전에 슈퍼바이지에 대해 기대되는 준비와 관찰 후 슈퍼바이저와 슈퍼바이지가 따라야 할 절차들을 둘 다 명시해야 한다. 예를 들면, 슈퍼바이저와 슈퍼바이지가 관찰된 회기 직후 만날 것인가, 만난다면 얼마나 오래 만나게 될 것인가, 오디오자료와 비디오자료를 어떻게 처리할 것인가, 양쪽 당사자는 슈퍼비전회기 이전에 그 자료를 검토할 것으로 예상하는가 등이다.

넷째, 카운슬러의 이론, 개념화, 의사결정기술을 결정하는 데 이용될 절차들이다.

IDP에는 슈퍼바이저가 업무 선택, 해당 사례의 중요한 변수로서 불충분하거나 불필요한 변수가 아닌가 하는 확인하는 문제, 결과에 대한 예상, 전략과 가설 그리고 진단과 예후를 포함하는 카운슬러의 임시이론을 어떻게 사정할 것인지 진술해야 한다.

다섯째, 카운슬러를 평가하는 데 이용되는 절차이다.

평가절차에는 사정의 수, 빈도, 평가유형에는 구두, 서면, 공식적 시험 등이 있으며 누가 평가할 것인가를 포함한다. 카운슬러와 평가자 간에 피드백과정이 제공되는가, 평가의 결과는 무엇이 될 것인가, 어떤 제재가 이용될 수 있는가, 그리고 변화를 위한 제언은 어떻게 실행될 것인가이다.

여섯째, 카운슬러가 슈퍼비전 목표달성을 돕기 위한 개입에 이용되는 절차이다.

슈퍼비전상의 중재를 위한 절차는 IDP에 명시될 것이다. 슈퍼바이저는 전화지도법(phone instruction), 공동촉진(cofacilitation), 역할극(role playing), 회기 중에 불러내기(call out), 혹은 무선지도법(bug in the air) 등으로 개입할 수 있다. 카운슬러 정보의 충실도는 관찰방법에 달려 있으므로 IDP는 주어진 상황하에서 실행가능한 만큼 직접적인 임상관찰을 하도록 한다. 비록 금기되는 상황일지라도 생생한 관찰력이 바람직하다.

슈퍼비전목표를 성취하고 IDP를 따르는 데 있어 카운슬러의 발전된 평가가 중요하다. 카운슬러 성과는 자기보고서, 다른 슈퍼바이지에 의한 재검토, 대상자 평가, 슈퍼바이저와 슈퍼비전 과정에 대한 카운슬러의 평가 그리고 카운슬러에 대한 슈퍼바이저의 평가를 통해 정기적으로 평가되어져야 한다.

2. 슈퍼비전 학습환경

그 기관의 전체적인 분위기와 더불어 슈퍼비전상의 계약과 개인역량개발계획(IDP)은 슈퍼비전을 위한 환경을 조성한다. 슈퍼바이저는 초기계약 시에 그리고 진행 중의 근거로 슈퍼바이지의 학습환경을 사정하는 데 질문을 사용하는 방법이 있다. 다음 질문들은 학습과정의 역동성을 사정한다.

일단 슈퍼비전상의 환경이 설정되고 사정되면 슈퍼비전의 실제적인 과정이 시작될 수 있다.

① 학습환경은 슈퍼바이지를 지속적으로 동기화하기에 충분한가
② 슈퍼바이저와 슈퍼바이지 간의 이론적 혹은 철학적 불일치는 슈퍼바이지의 동기를 유지하는 데 적당한가
③ 슈퍼바이지는 이 과정을 시작하고 임무에 대한 요구를 충족시키기에 충분한 지식과 기술을 갖고 있는가
④ 슈퍼바이지는 이 과정을 통해 향상되고 자신을 직업적 성공이나 실패로부터 분리시키기에 충분한 개인의 성장, 자존감, 자존심을 갖고 있는가
⑤ 학습과정에 대한 슈퍼바이지의 투입은 무엇인가
⑥ 슈퍼바이지는 공감, 온정, 순수함, 구체성 그리고 잠재력 같은 상담에 필요한 기본적인 정서적 자질을 갖고 있는가
⑦ 슈퍼바이지가 이용가능한 지원의 양은 슈퍼비전과 학습촉구에 충분하고 비례적인가
⑧ 슈퍼비전의 목표와 수단은 명확하며 모든 관련 당사자들이 이해하고 있는가
⑨ 평가기준은 현실적이고 측정가능하며 획득가능하고 정확하고 관련성 있고 명확한 이해가 가능한가
⑩ 슈퍼바이지에게 피드백과정을 어느 정도까지 할 수 있는가
⑪ 카운슬러가 새로운 기술과 행동을 시도하기에 충분한 안전보호와 함께 모험을 시도할 수 있는 환경인가
⑫ 적시에 슈퍼비전을 종결하면서 이 문제들을 다룰 관심과 수단을 설명해 줄 타당한 이유가 있는가
⑬ 슈퍼바이저는 어느 정도까지 슈퍼바이지로 하여금 자신의 전문적 성장, 정체감, 자율성, 성숙성을 위해 새로운 기교와 기술을 통합할 수 있도록 도와주는가 하는 문제이다.

3. 참여적 리더십과 전문적 리더십의 슈퍼비전

1) 참여적 리더십과 슈퍼비전

사회복지행정에서는 참여적 경영과 민주적 의사결정 스타일을 오랫동안 강조하여 왔으며 참여적 리더십은 맥그레거(McGregor)의 X이론과 Y이론의 견해를 절충하는 위치에 있고, 일정한 정도의 상부 리더십에 의한 강제적 규율도 필요하고 하급자들의 자율적 의사결정 참여를 통한 동기부여도 필요하다고 본다. X와 Y이론 요소들이 조직 내에 균형 있게 분포해야 한다는 것이다. 그럼에도 참여적 리더십이 현실적 환경에서는 Y이론을 지향하는 것처럼 여겨지는 경향이 있다. 대부분의 조직현실이 과도하게 X이론에 경도되어 있는 상황에서는 균형을 강조하는 참여적 리더십의 저항은 Y이론의 방향을 가리키기 때문이다.

참여적 리더십의 장점은 조직 목표에 대한 참여 동기의 증대를 가져오고, 집단의 지식과 기술 활용이 용이하며, 조직 활동에 더욱 헌신하게 만들게 한다. 개인적 가치, 신념 등을 고취하고 참여를 통해 경영에 대한 사고와 기술을 익힌다. 그리고 자유로운 의사소통을 장려할 수 있다.

참여적 리더십의 단점은 참여에 따르는 시간 소모와 타협에 의한 어중간한 결정에 도달할 우려가 있고 책임 분산으로 인해 무기력하게 된다. 혁신적이고 선견지명을 가진 지도자를 찾기 힘들며, 참여적 스타일을 배우기가 쉽지 않으며, 비슷한 수준의 구성원 상황에서만 제한적으로 효과성을 발휘하게 된다.

참여적 의사결정(Participative Decision Making, PDM)은 의사결정에 일선 업무자들의 참여를 조장하는 것으로 참여적 리더십의 핵심은 참여적 의사결정이 휴먼서비스 조직의 유효성을 높이는 과정은 직원의 임파워먼트 전략과 밀접하게 연결되어 있다. 직원 임파워먼트는 직원에게 파워를 부여하는 것으로 직원 임파워먼트에 영향을 미치는 원인은 구조적·과정적·문화적 측면들로 다차원적이며, 대체로 직원 임파워먼트를 통해 조직의 생산성과 유효성을 확대하려는 전략에서의 핵심은 PDM이라고 할 수 있다.

참여적 리더십의 평가와 선택은 첫째, 휴먼서비스 관리자들은 다양한 리더십 지식과 기술, 능력을 보유하며 상황에 적합한 균형적 리더십 역할들을 선택해야 한다.

둘째, 관리자의 의사결정은 상반되는 가치들을 동시에 내포하는 경우가 많으며, 그것은 선악에 대한 판단이라기보다 대개 두 가지 '가치' 혹은 '선'들 간의 손익교환(trade off)을 나타낸다.

조직 관리에서 서비스의 효과성과 효율성 문제는 종종 이율배반적 측면으로 나타난다. 효율성(생산성)은 대개 생산의 서비스 목적에 대한 성과(효과성) 측면과 무관하게 판단되며 이러한 상황에 대한 인식은 최소화 할 수 있어야 한다.

셋째, 사회복지조직을 효과적으로 관리하기 위해 서비스의 질과 생산성이라는 측면을 적절하게 혼합할 수 있는 리더십 스타일을 찾는 것이 중요하다. 외부환경에 의존적인 사회복지서비스 조직들에게는 리더십 평가의 기준을 자칫 생산성이나 효율성에 국한되어 강요받을 수도 있다. 그러한 기준들도 일견 중요하지만 그럼에도 그것들이 서비스의 질이나 효과성 기준을 능가하는 것이 되어서는 안 된다. 사회복지서비스의 목적 개념은 서비스의 효과성에 내재해 있기 때문에 사회복지 행정의 원리는 몰가치적 행정보다는 전문직의 가치 개입을 통한 리더십을 강조한다.

2) 전문적 리더십과 슈퍼비전

전문 업무자들로 구성된 사회복지조직의 리더십 역할은 상당 부분 슈퍼비전 과정을 통해 수행된다. 슈퍼비전은 슈퍼바이저와 슈퍼바이지의 역할관계로 구성되는데, 이는 일반적인 조직상황에서의 리더와 팔로워와의 관계에 준한다. 리더십과 슈퍼비전은 특정한 목적 성취를 위해 인간 행동에 영향을 미치는 과정이라는 공유점이 있다. 사회복지기관은 전문직 서비스 인력이 중심이므로, 이들의 유지와 개발을 위한 노력은 일반적 인력 관리의 방식과 차이 나며 이러한 과정에서 슈퍼비전과 슈퍼바이저의 역할이 커지고 있다.

휴먼서비조직의 슈퍼바이저는 서비스의 효과성과 효율성을 담보하기 위한 역할과 기능을 수행해야 한다. 슈퍼바이저는 조직의 리더로서 직위에 수반되는 합법적 권한을 수여받는다. 이를 통해 슈퍼바이지들이 조직의 목적 성취에 부합되는 활동을 하도록 동원하고 지휘한다. 루이스 등(Lewis et al)은 슈퍼비전의 의도는 슈퍼바이저가 행하는 관리자, 중재자, 멘토로서의 3가지 역할과 기능을 통해 성취된다고 본다.

관리자는 기획, 조직, 인적자원개발, 물적자원개발, 예산, 프로그램평가의 영역에 관한 역할이나 기능이다. 조직 차원의 책임성이 요구되는 현실에서 슈퍼비전의 행정적 혹은 관리적 기능은 중요하게 간주된다. 슈퍼바이저는 자신뿐만 아니라 슈퍼바이지의 업무수행의 결과에 대해서도 책임을 진다. 일반적으로 조직 내 업무수행평가는 슈퍼비전 팀별단위로 측정되기 때문이다.

중재자는 슈퍼바이지가 조직 내 분화된 기능의 각종 부서 혹은 다른 직원들과 적절히 관계할 수 있도록 돕는다. 이 경우 슈퍼바이저는 행정적 기술과 직접 실천기술 간의 연계수단이 된다. 휴먼서비스조직에서 이들 기술이 만나는 곳은 서비스조직의 목적이 기능별 서비스목표들로 구체화되는 과정에 있다.

멘토는 슈퍼바이저의 지식과 기술개발을 돕고 정서적·심리적 지지를 제공한다. 슈퍼바이저의 전문적 가치와 윤리에의 헌신이 슈퍼바이지에게 전달되게 하는 것이다. 클라이언트의 자기결정을 존중하고 정적이면서도 객관적인 자세를 유지하고 사례정보의 기밀성을 보호하는 등과 같은 전문적 규범을 슈퍼바이지에게 차별화해서 사회화시킨다. 또한 업무자들이 클라이언트가 제시하는 다양한 이슈들에 대하여 자신의 기분과 반응을 스스로 인식하는 방법을 개발하도록 돕는다. 멘토역할의 교육적 기능을 원활히 수행하려면 슈퍼바이저가 우선 슈퍼바이지들이 사용하는 직접 서비스기술에 통달한 장인이어야 한다.

전문 업무자들로 구성된 사회복지조직의 리더십 역할로서 전문적 리더십과 슈퍼바이저의 활동은 다음과 같다.

① 업무 할당과 실행을 위해 개인별 및 그룹별 목표 설정
② 참여적 의사결정의 실행
③ 그룹 과정의 지도(아젠다 설정 포함)
④ 작업과 사례관리의 계획
⑤ 의사소통 네트워크의 개발
⑥ 업무 수행에 대한 평가
⑦ 업무자의 사기 진작
⑧ 사례 상담과 전문적 원조
⑨ 팀 구성
⑩ 업무자와 클라이언트에 대한 옹호
⑪ 갈등 관리
⑫ 개별적 관심들을 전체적 관심으로 합치시키기 위한 계획된 변화

연구과제

1. 팀슈퍼비전과 사회복지에 기여하는 점
2. 사회사업에서 슈퍼비전의 기능

CHAPTER 02

슈퍼비전의 유형과 기능

제1절 행정적 슈퍼비전의 정의
제2절 교육적 슈퍼비전
제3절 지지적 슈퍼비전

학습과제

1. 행정적 슈퍼비전의 의의
2. 교육적 슈퍼비전의 실행
3. 지지적 슈퍼비전의 개요

제1절 행정적 슈퍼비전의 정의

행정적 슈퍼비전의 목표는 슈퍼바이지가 효과적으로 업무를 수행할 수 있는 환경을 신입들에게 제공하는 것이다. 행정적 슈퍼비전에서는 올바르고, 효과적이며, 적절한 기관정책 및 절차 이행에 관심을 두고 있다. 가장 중요한 목적은 정책과 절차에의 엄수를 보장하는 것이다. 슈퍼바이저에게 요구되는 과업들은 직원채용과 선발, 사회복지사의 업무배정 및 배치, 업무계획, 업무 위임, 업무의 조정 및 평가, 의사소통 기능 등이며, 대변자, 행정적 완충자, 그리고 변화매개자로서의 역할을 필요로 한다. 슈퍼비전은 슈퍼바이저에 의해 행해진다. 그래서 슈퍼바이저의 역할수행의 적정성이 슈퍼비전의 성패를 가늠하는 핵심관건이 된다. 사회복지서비스기관에서 슈퍼바이저는 여러 역할들을 통합적으로 수행하고 있다. 카두신(A. Kadushin)은 이를 행정적 상급자, 교육자, 상담자라는 세 가지 역할로 구분된다. 행정적 상급자는 하급자들의 규정준수 여부와 통제의 기능, 교육자는 서비스 관련 지식과 기술의 전수기능, 상담자는 업무자에 대한 사회적 및 정서적 지지의 제공 기능 등을 가진다. 일반적으로 슈퍼바이저는 제반 역할들을 골고루 수행하는 것이 바람직하지만 동시에 수행하는 역할들 간에 긴장이나 갈등이 발생할 수도 있다. 이런 경우에는 슈퍼비전 활동들 간의 균형유지가 주요 이슈가 된다.

슈퍼바이저는 역할수행을 위해 적절한 자질을 갖추는 것이 일차적으로 필요한

데 슈퍼바이저의 핵심 자질을 구성하는 요소는 다음과 같다.

첫째, 실천기술이다. 사회사업 실천기술에 대한 전반적인 이해와 함께 특정 전문분야에 대한 고유의 실천기술을 소유한다.

둘째, 풍부한 지식이다. 슈퍼바이저가 갖추어야 할 가장 중요한 자질로서 특정 서비스에 대한 전문적인 지식, 태도, 실천기술과 같은 것들뿐만 아니라 조직에 대한 이해와 기관이 제공하는 제반 서비스에 대한 지식도 함께 구비하여야 한다.

셋째, 진지한 자세이다. 자신의 슈퍼비전활동에 대해 깊은 관심과 진지한 자세를 가진다. 이러한 자세가 슈퍼비전을 받는 슈퍼바이지들에게는 업무를 습득하는 데 있어서 긍정적 동인으로 작용한다.

넷째, 접근의 용이성이다. 슈퍼바이저는 다양한 문제상항과 의문에 처하게 된 슈퍼바이지들이 쉽게 자신에게 접근해 올 수 있어야 한다.

다섯째, 솔직한 자세이다. 자신의 지식이 불완전할 수도 있음을 솔직히 보여줘야 한다. 대로는 실수도 할 수 있음을 보여줘야 한다. 슈퍼바이지들에게는 인간적 한계를 솔직하게 드러내는 슈퍼바이저가 보다 진솔하게 느껴지고 그들을 통한 슈퍼비전도 쉽게 받아들이는 자세로 바뀐다.

여섯째, 긍정적 보상이다. 칭찬과 인정을 아끼지 않는다. 긍정적 보상은 업무자들의 동기를 유발하고 전문성 개발을 위해 노력하게 하는 데 도움을 준다.

코헨과 로즈(Cohen & Rhodes)는 효과적인 슈퍼비전이 이루어지려면 슈퍼바이저의 활동에 다음과 같은 내용이 포함되어야 한다고 한다.

① 업무 할당과 실행을 위해 개인별 및 그룹별 목표 설정
② 참여적 의사결정의 실행
③ 아젠다 설정 포함한 그룹 과정의 지도에 관한 것
④ 작업과 사례 관리의 계획
⑤ 의사소통 네트워크의 개발
⑥ 업무수행에 대한 평가
⑦ 업무자의 사기진작

⑧ 사례상담과 전문적 원조
⑨ 팀 구성의 활용
⑩ 업무자와 클라이언트에 대한 옹호
⑪ 개별적 관심들을 전체적 관심으로 합치시키기 위한 계획된 변화와 갈등 관리에 관한 내용

1. 직원채용과 업무

슈퍼바이저는 기관에 가장 적합한 사람을 선출해 고용해야 하는데 슈퍼바이저는 업무가 행해질 곳을 잘 알고 있으므로 직원의 채용과 면접과정에 참여하게 된다.

지원자를 모집해서 채용했으면 슈퍼바이저는 그들을 안내하고 배치해야 한다.

안내는 새로운 사회복지사에게 물질적·사회적·조직적인 위치를 포함한다. 슈퍼바이저는 새로운 업무를 위해 사회복지사와 함께 일할 행정적 동료직원들을 소개해 준다. 새로운 사회복지사는 슈퍼비전에 관한 목적이나 본질을 잘 모를 수 있으므로 자산의 역할에 대해 미리 알려줄 필요가 있다. 한꺼번에 너무 많은 것을 하면 사회복지사가 부담스러워 할 수 있으므로 점차적인 진행이 중요하다.

일반적인 정책과 목표를 설정한 후 주어진 기간 안에 사회복지사가 처리해야 할 일과 그 일에 대한 의무가 무엇인지 나누는 것이 중요하다. 이것이 사업계획으로 좋은 계획은 슈퍼바이지와의 친밀함을 필요로 하며 행동이 요청된다.

조직의 전체 작업을 계획한 후 슈퍼바이저는 전체적인 작업계획을 고려하여 직원들에게 적당한 업무를 할당하게 된다. 그리고 직무할당은 사업이 이루어지기 위해 필요한 것을 가리키며 직무위임은 그것이 어떻게 이루어지는지를 가리킨다. 사회복지사도 최대한의 자치권과 재량의 조건 아래 사업이 할당되고 직무할당의 목적이 명확히 언급되며 언제든지 사회복지사가 느끼는 행동을 시작하기로 허락했을 때 목적의 성취를 가져올 것이다.

슈퍼바이저는 결론적으로 그들이 할당한 업무에 대한 책임이 있고 슈퍼바이지

들에게 맡긴 업무에 대해서도 책임을 진다. 그 책임으로서 훈계, 재검토, 업무평가는 행정적 슈퍼비전의 감찰적인 측면이다.

만약 업무가 불만족스럽다면 훈계, 재검토, 평가의 슈퍼바이저 기능의 행정성은 더욱 책임을 많이 느껴야 할 것이다. 또한 업무의 조정은 모든 일들을 통합한다. 조정을 통해 슈퍼바이저는 사회복지사들이 그들 자신의 일에 상호보완적·지지적 보충이 되는 활동속에 참석하여 관계를 맺을 수 있도록 해 준다. 슈퍼바이저는 조정을 통해 부서 내의 사회복지사 간, 기관 내의 부서들 간의 갈등을 해결한다.

2. 행정적 슈퍼비전의 실제

1) 대리책임의 문제

대리책임이란 '슈퍼바이저가 슈퍼바이지에게 배분하고 위임해 준 업무에 대해 궁극적으로 책임을 갖는다'는 것을 의미한다. 즉, 슈퍼바이저는 슈퍼바이지가 행하는 결정들과 행위들에 대해 책임을 갖는다.

이러한 대리책임의 원리는 슈퍼바이저의 위치를 불안하게 만든다. 책임의 위험을 줄이기 위해서 슈퍼바이저는 슈퍼바이지들이 다루는 모든 사례들에 대해서 충분히 알고 있어야 하며, 할당된 업무가 적절하게 다루어질 수 있도록 하기 위해 각 슈퍼바이지들의 능력의 수준을 분명히 알고 있어야 한다. 또한 슈퍼바이저는 사회복지사를 지시, 감독하고, 칭찬하며, 필요하다면 훈련시키는 등의 관리상의 의무를 동시에 가지고 있다.

2) 권위와 권력의 문제

(1) 권위와 권력에 대한 이론적 근거

기관에서 행정적 권위를 필요로 하는 것은 그 조직의 방대함과 업무의 전문화라는 특징 때문이다. 기관의 공통된 목적을 성취하기 위해서 조직 구성원들의 개별적인 노력들이 통합되어져야 하며 그 개별적인 노력들을 지시, 조정하고 업무를 감독, 평가할 권위가 공식적인 경로로 슈퍼바이저에게 주어져야 한다. 이를 위해 보다 공식화된 관료조직이 필요하다.

지도감독이란 사회복지사들의 태도와 작업의 실행을 통제할 제도적인 메커니즘이다.

슈퍼바이저에게 위임되는 권위는 지역사회로부터 나온다. 기관의 목적은 공동선을 대표하며 이러한 공동선을 이루기 위한 권위의 사용은 합법적인 권위로 간주된다.

(2) 감독적인 권위와 권력의 원천

권위는 권력의 사용을 합법화하는 권리이며, 권력이란 권위를 수행할 수 있는 능력을 말한다. 권위가 지시하고 명령하고 처벌할 수 있는 권리라면 권력이란 그렇게 할 수 있는 능력을 말한다. 따라서 권위는 위임될 수 있지만 권력은 위임될 수 없다.

권위는 지역사회의 의지를 대표하는 기관의 행정구조를 통해 슈퍼바이저에게 주어진다. 감독적인 관계는 기관에 의해 슈퍼바이저에게 위임된 권위를 통해서, 그리고 슈퍼바이저가 슈퍼바이지의 합법적인 권위를 수용함으로써 확립된다.

프렌치와 라벤(French & Raven)은 권력의 원천을 다음의 6가지 기초로 범주화한다.

① 보상에 의한 권력

보상에 의한 권력이 효과적이려면 보상을 실행함에 있어서 개별화 또는 차별화되어야 한다. 만일 보상이 관례화되면 업무수행의 향상을 촉진할 능력을 상실하게 된다.

또한 바람직한 보상은 정확하고 명백하게 의사전달되어져야 하며 보상이 정책화되지 않고 기관의 목적에 대한 충분한 기여에 기초해야 한다. 하지만 사회사업의 분위기는 보상의 평등성을 선호하며 보상을 받으려 애쓰는 노력을 비난한다. 결과적으로 이런 권력의 원천은 드물고 불편하게 사용되는 경향이 있다.

② 징계에 의한 권력

이는 슈퍼바이지에 대한 처벌을 통제하는 능력으로서 권력의 강도는 징계조치의 가능성에 대한 믿음의 정도에 달려 있다. 대부분의 슈퍼바이저는 이러한 권력을 사용하는 것을 꺼리기 때문에 이 권력은 사회사업에 있어서 상대적으로 비효율적인 통제수단이 된다.

③ 합법적인 지위권력

사람들은 지위를 차지한 인물과는 관계없이 지위 자체에 부여된 권위에 반응하도록 사회화되어 왔다. 슈퍼바이지는 슈퍼바이저가 지위에 맞는 합법적 권리를 가지고 있으며 슈퍼바이저의 제안과 지시에 따라야 한다고 느낀다.

④ 관계에서 오는 권력

이 권력은 슈퍼바이지가 슈퍼바이저에게서 매력을 느끼는 긍정적인 관계에서 나오는 것이다. 슈퍼바이지는 슈퍼바이저를 닮기를 원하기 때문에 동일시하려 하는데, 이러한 관계가 강해질수록 슈퍼바이지의 행동과 태도에 영향을 미치는 슈퍼바이저의 능력은 보다 강해지게 된다. 보상권력은 관계권력을 더욱 강화시킨다.

⑤ 전문적 지식에 의한 권력

이는 전문적인 유능함의 권력이다. 전문성에 의한 권력은 그 영향력이 전문적 지식에 의해 한정된 분야에 제한되어 있으며, 이 권력은 전문적 지식을 지속적으로 증명해 내야 할 필요가 있기에 성취하기가 어렵다.

⑥ 자원에서 오는 권력

슈퍼바이저는 슈퍼바이지가 업무상 필요로 하는 자원, 정보, 사람들을 통제함으로써 슈퍼바이지에 대해 권력을 갖는다.

3) 감독적인 권력 유형들 간의 관계

권력의 원천은 다음 두 가지로 나눌 수 있다. 기능적 권력과 형식적 권력이다. 기능적 권력은 슈퍼바이저 개인에 달려 있는 것으로서 전문성에 의한 권력, 관계에 의한 권력이 포함된다. 형식적 권력은 슈퍼바이저가 차지하고 있는 지위와 그 지위가 부여하는 권위와 밀접하게 관련되어 있으며 지위에 의한 권력과 보상 및 처벌에 의한 권력이 포함된다. 이 양자는 상호보완적이며 서로가 조화를 이룰 때 권력의 효과적인 사용이 가능케 된다.

또한 기능적 권위는 슈퍼바이저에 의해 성취되고 지속적으로 증명되어져야 하는 점에서 상대적으로 가변적이고 형식적 권위는 슈퍼바이저의 지위를 통해서 자동적으로 받아들여지는 특징이 있다. 보상권력과 징계권력은 다소 제한적인 효과를 얻으며 지속적으로 관찰할 것을 요구하는 반면, 전문성권력과 관계권력은 일단 확립이 되면 자발적으로 수용되는 경향이 있다.

일선 사회사업가들이 느끼는 가장 영향력 있는 감독적인 권력의 원천은 무엇일까? 연구들에 의하면 논란의 여지는 있지만 전문성에 의한 권력이 가장 영향력이 있으며 다음으로 지위권력, 관계권력은 중간 정도, 보상권력과 징계권력은 아주 적은 것으로 나타났다.

보상권력, 징계권력, 지위권력은 기관을 통한 지역사회에 그 기초를 두며 관계권력은 슈퍼바이저 개인에게, 전문성권력은 전문직에 그 기초를 둔다.

동료를 통한 권력의 합법적 정당화로 감독적인 권위가 받아들여지면 함께 근무하는 동료들에 의해 권위가 강화된다.

권위의 행정적인 인정은 업무에 제한되어 있다. 대부분 효과적인 권위의 사용은 최소한의 사용으로 비권위적 권위이다.

4) 슈퍼바이저가 제공한 행정적 슈퍼비전의 실제사례

공공서비스는 제한된 예산, 법과 절차를 따라야 하기 때문에 주민들이 도움을 청한다고 해서 무조건 다 도와줄 수는 없다. 그렇기 때문에 지원이 어려운 부분에 대해서는 확실히 말할 수 있어야 한다. 대신 도움이 되는 부분은 확실하고 신속하게 도와주고 명시한다.

특히, 법적으로 충족시켜야 하는 서비스영역 내에서 까다로운 조건으로 인해 주민의 욕구를 충족시키기 어려운 경우도 많은데, 이럴 때일수록 자치센터는 공공기관으로서의 역할을 중요하게 나타내야 한다. 자치센터에서는 자치센터 외의 다른 기관 정보도 많이 알고 있어야 각 동 주민들에게 필요한 서비스를 연계시켜 줄 수 있기 때문에 사회복지공무원의 노력이 절실히 필요하다.

이론과 현실 사이에 약간의 괴리감이 있을 수 있겠지만, 이론공부를 부지런히 해두어야 한다. 즉, 현실에 이론만을 믿고 행하기보다는 경험이 많이 필요하고, 그리고 이에 대해 대처하는 법을 잘 알아두면 현장에서 자신이 잘하고 있는지 아닌지를 평가하는 기준이 될 수도 있고, 서비스 전달에도 많은 도움이 된다.

사회복지행정에서 홍보는 매우 중요하다. 사회복지전달체계가 제대로 되어 있지 않으면 기관에서 아무리 좋은 정책이나 서비스를 개발하여도 사장되고 만다. 장애인에 대한 다양한 정책과 서비스가 있지만 일부 장애인만 알고 이용하고 있고, 대부분의 장애인들은 이러한 정책과 서비스에 대한 접근성이 떨어져 소외되고 있는 문제점이 있다. 특히 사회적 약자들의 접근성이 떨어지는데, 사회복지부문에서도 마케팅과 홍보가 매우 중요하다. 실습생이 주민센터에서 습득한 정보를 잘 활용하여 학교나 이웃들에게 주민센터에서 제공되는 사회복지서비스에 대해 적극적으로 홍보해야 한다.

2008년 7월 1일부터 노인장기요양보험제도가 시행되었다. 이 제도로 국민들의 국민건강보험료부담금은 조금 늘었지만, 고령화 시대에 발생된 노인문제를 해소하기 위해 개발된 제도이다. 노인들은 더 이상 자식들에게 부담주지 않고 계획적이고 전문적 장기요양서비스를 받아 좀 더 안락한 노후를 보낼 수 있고, 장기요양을 직접 담당하던 자녀들은 정신적·육체적·경제적 부담을 줄일 수 있다. 앞으로 급속히 진행되는 고령화에 따른 문제점을 해소할 수 있는 방안에 대해 생각해 보는 것이 좋다.

주민센터에서는 장애인에 대한 서비스를 제외하면 주로 급여(수당)에 대한 지원이 대부분이다. 수급자, 한부모가정, 노인, 그리고 영유아에게 각종 급여를 지급하기 위해 소득과 재산을 조사하여 관리하는 일이 매우 큰 비중을 차지한다. 사회적 약자들에게 이러한 금전적 지원은 매우 중요한 것이라서 꼼꼼히 조사하여 전산 입력하여 정확하게 급여를 지급해야 한다. 이외에도 기탁자들이 성금 및 성품을 구청, 공동모금회, 이웃사랑 모금회, 후원자 등을 통해 기탁하는데, 꼭 필요한 사람들을 선정하여 성품을 전달하려면 처음 초기상담을 통해 각 가정의 욕구를 파악하는 것이 중요하다.

전산 업무를 통해 부양의무자에 대해 많이 알게 되었으리라 생각된다. 사회복지 업무는 다른 업무에 비해 법령이나 지침이 자주 변경되기 때문에 전산 업무가 많은 편이다.

사회적 약자에 대한 책임이 직계가족이 1차적으로 이뤄지고 있었는데 오늘날에는 가족의 책임이 점차 줄어들고 국가의 책임이 늘고 있는 추세이다.

민간 사회기관에서는 본인의 C/T만 고려하면 되지만, 사회복지공무원은 본인의 업무 이외에도 전체적인 동정을 파악하고, 주민센터 전반의 업무에 대해 잘 알고 있어야 한다. 주민센터를 방문하는 모든 민원인들은 잠재적 C/T이며, 주민센터에서는 ONE-STOP서비스를 제공하는 역할을 하기 때문이다. 사회복지전담공무원은 사회복지업무만 잘 해내면 되는 게 아니라, 방문하는 모든 인원에 대해서도 적절하게 응대할 수 있어야 한다. 같이 근무하는 동료들과 친밀한 유대관계를 유지하여 서로 업무 협조를 받고, 민원인들에게 통합적인 주민서비스와 사회복지서비스를 제공해야 한다.

3. 행정적 슈퍼비전의 문제점

1) 감독적 권위 문제

사회사업에 있어 생산적인 권력의 사용은 기관의 목적을 성취하는 인간자원을 조직하는 목적으로 쓰는 것이다.

첫째, 슈퍼바이저에 의한 권위와 권력의 회피와 폐기이다. 많은 슈퍼바이저들은 자신의 권위를 표현하는 것을 꺼리고 슈퍼비전의 통제측면보다 지지적인 측면에 더 많은 관심을 가지고 자신들의 역할이 권위적인 측면으로 간주되는 것을 피한다.

둘째, 감독적인 권력과 권한을 약화시키는 조직적 요소들이다. 슈퍼바이저는 통제를 위해 권위를 사용하는 동시에 그 권위에 의해 통제된다. 위임된 권위의 본질은 합법적인 한계를 명확히 하고 분명히 권위의 경계를 규정한다.

그렇지만 사회사업 업무의 본질은 통제를 어렵게 한다. 왜냐하면 각각의 상황은 표준화되지 않고 불확실하며 예측할 수 없고 개인적이기 때문이다.

셋째, 권력에 대항하는 슈퍼바이지이다.

권위와 권력은 상호적이다. 슈퍼바이저는 업무를 분배하고 지도하고 재검토하는 공식적인 권력을 가지지만 그 업무를 실현하기 위해서는 슈퍼바이지의 자발성과 준비에 의존한다. 즉, 슈퍼바이지는 슈퍼바이저를 어렵게 할 수 있는 힘을 가지고 있다. 그러므로 슈퍼바이저는 권력의 사용에서 얻는 이익과 손실에 민감해야 한다.

2) 규칙, 불순응, 규율적 행동의 문제

(1) 규칙의 기능적 가치

기관의 규칙과 절차의 보호자로서 슈퍼바이저는 정책이 일관성 있게 해석되는지 관찰하는 책임을 가진다. 규칙과 규정된 절차들은 효율적인 기관운영을 가져오고 역할의 모호함을 줄인다.

결국 규칙은 클라이언트를 보호하는 동시에 슈퍼바이저와 슈퍼바이지 간의 마찰 가능성을 감소시킨다.

사회복지사의 자치권 요구와 직원들이 복합적인 활동안에서 통합되기를 바라는 조직의 욕구를 조화시키는 것이 필수적인데, 이를 위한 일반적인 원칙은 기관목적의 효율적, 효과적, 공정한 수행과 모순되지 않는 한 많은 자유를 슈퍼바이지에게 주는 것이다.

(2) 불순응에 대한 이해

① 불순응은 어떤 규칙을 어떻게 적용해야 할지에 대해 알지 못한 결과일 수 있다. 이는 불순응이라기보다 실무오류로 분류되는 것이 적당하다. 업무책임을 완수하는 능력은 그 분야에 대한 사회복지사의 부적합성보다 오히려 클라이언트와 클라이언트의 상황에 관계된다.

② 불순응은 업무갈등으로부터 발생한다. 한 번에 두 일을 다 할 수는 없으므로 사회복지사는 임의로 어떤 하나의 일을 하기로 결정한다. 잘못은 기관의 벅찬 요구에 있는 것이다.

③ 불순응은 정책에 대한 불일치로 일어날 수 있다. 불순응은 관료주의적 요구와 슈퍼바이지에 의해 감지된 개별사회사업 목표 사이의 갈등으로 일어날 수 있는데 이는 관료주의적 지향과 서비스 지향 사이의 고전적 대립이다. 사회복지사는 클라이언트의 욕구와 만족을 어렵게 하는 관료적 규칙, 절차를 융통성 있게 적용하거나 파괴한다. 그러한 상황에서 슈퍼바이저는 종종

불순응에 대해 인내하거나 모른척 한다.

④ 불순응은 슈퍼바이저가 클라이언트로부터 다양한 압력을 받고 있고 심리적 만족에 있어 클라이언트에게 의존하고 있을 때 나타난다.

⑤ 불순응은 일의 요구, 스트레스를 처리하려는 노력에서 적응수단으로서 생겨난다.

⑥ 불순응은 심리적인 고려, 가령 슈퍼바이저에 대한 적대적인 행동일 수 있다.

⑦ 불순응은 변화되어야 하는 정책에 대해 의식적 주의를 기울이는 노력으로서 저항행동이나 실제적 위험에 대한 반응일 수 있다.

(3) 불순응에 대한 모니터링 - 슈퍼바이저의 책임

불순응에 이해할만한 이유가 있다하더라도 이는 클라이언트에게 해를 줄 수 있고 기관목표의 달성을 방해할 수 있다.

슈퍼바이저를 기관, 지역사회에 해를 주는 사회복지사의 행동에 대해 클라이언트, 기관, 지역사회를 대신하여 방어해야 할 일차적인 책임선으로 간주된다. 이 책임은 행정적 슈퍼비전에서 모니터링, 검토, 평가기능을 통해 이루어진다.

(4) 규율행동

슈퍼바이저는 질책을 요구하는 문제에 대해 이야기 해야 할 때 가장 좋은 방법은 무슨 일이 일어났는지 사회복지사의 설명을 잘 들어주는 것, 그가 상황을 어떻게 보는지 이해하는 것, 그가 변화하도록 돕는 것이다. 감독, 개입의 목적은 처벌보다는 교정과 예방이다. 만약 상황이 되풀이되고 권위의 사용이 요구된다면 슈퍼바이저는 정당화를 위해 사건을 기록해두어야 한다.

불순응에 대한 처벌과 이해보다는 서비스의 효율성을 증가시키기 위해 사회복지사의 행동변화에 강조점을 둔다.

제2절 교육적 슈퍼비전

1. 교육적 슈퍼비전의 실행

교육적 슈퍼비전은 업무수행방법을 사회복지사에게 가르치는 것이다. 그러므로 슈퍼바이저는 사회복지사들이 알아야 할 내용을 알아야 하며 효과적인 교육법도 알아야 한다. 또한 학습을 증진시킬 수 있는 사회·심리적 환경을 조성해야 한다. 효과적인 교육과 학습을 위해 필요한 것들은 다음과 같다.

- 제1원칙: 학습에 대한 동기가 극대화되었을 때 가장 잘 배운다.
- 제2원칙: 배우기 위한 학습환경에 우리의 에너지를 많이 쏟을수록 우리는 가장 잘 배운다.
- 제3원칙: 학습이 만족스러울 때 가장 잘 배운다. 즉, 학습이 성공적이고 보상이 주어질 때를 말한다.
- 제4원칙: 학습과정에 능동적으로 참여할 때 최상의 것을 배운다.
- 제5원칙: 내용이 의미 있게 제시되면 가장 잘 배운다.
- 제6원칙: 슈퍼바이저가 슈퍼바이지의 배우는 사람으로서의 개별화 특성을 고려한다.

2. 교육적 슈퍼비전의 관계의 중요성

교육적 슈퍼비전을 위한 슈퍼바이저와 슈퍼바이지의 관계의 중요성은 다음과 같다.

사회복지사는 자신이 배울 필요가 있는 내용 이외에도 학습을 수용할 동기와 준비가 되어야 하며, 긍정적 관계는 슈퍼바이저의 교육적 슈퍼비전에 대한 노력을 증진시키며, 슈퍼바이저와의 일체감이 강할수록 사회복지사의 학습동기는 높아진다.

슈퍼바이지 교육에 있어 긍정적인 관계를 수립하고 유지하는 것은 기본적인 사회사업기술이다. 슈퍼바이저와 슈퍼바이지 관계에 영향을 미치는 것이 내담자와 사회복지사의 관계에도 영향을 미치며, 긍정적인 감독관계는 실제로 돕는 관계의 패러다임과 유사하며, 교육적 슈퍼비전의 요소라고 할지라도 상급자와 하급자의 역할에 주목해야 한다.

교육적 슈퍼비전과 치료관점에서 슈퍼비전과 치료의 차이점은 다음과 같다.

첫째, 목적과 초점에서 슈퍼바이저의 책임은 사회복지사의 직업 활동에서의 향상과 발전에 국한되며, 심리치료에 있어서 개별적 삶의 기능변화를 목적으로 하며, 슈퍼비전은 전적 직업인으로서의 기술향상을 목적으로 한다. 슈퍼비전에서의 토론은 사회복지사가 아니라 과업중심으로, 사회복지사의 상황과 경험이 아니라 클라이언트의 상황과 경험에 초점을 맞추어 진행되어야 한다. 슈퍼비전 과정에서는 문제 자체를 언급할 뿐 그 문제의 발달적 근원을 파헤치지는 않는다.

역할에서의 차이는 교육적 슈퍼비전에서 사회복지사는 불편하고 불가피한 심리치료를 받아야 할 필요는 없다.

치료와 교육적 슈퍼비전의 실행에 있어서의 문제로서 슈퍼바이저는 치료자라기보다 교육자의 역할을 가지며 개인적 문제는 그것이 사회복지사의 직무수행이나 학습과정을 방해하지 않는 한 다루지 않는 것이 좋다.

슈퍼비전과 치료의 차이는 수용가능한 경험적 자료로서 슈퍼비전의 주요 목적은 '사회복지사의 직업적 발전'이고 '직업적 개발'이 슈퍼바이저의 가장 보람 있는 경험이고 슈퍼바이저가 사회복지사의 개별적 문제에 대한 관여가 슈퍼바이지의 가장 불만족스러운 경험이라 할 수 있다.

교육적 슈퍼비전은 각 발달단계에 따라 그에 알맞는 다른 형태의 교육이 주어져야 한다.

초기 단계는 슈퍼바이지의 교육적 전문가로서의 역할이 강조되고 높은 수준의 지도, 구조화, 정서적 지지가 필요하다.

중기단계에서는 슈퍼바이저를 모방하는 학습단계로서 슈퍼바이지의 독립과 자주성에 대한 필요가 증가한다. 이후에 사회복지사는 슈퍼바이저로부터의 독립이 이루어진다.

교육적 슈퍼비전의 평행과정 요소로서 평행과정은 슈퍼비전의 상호작용과정에서 일어나는 현상으로서 슈퍼비전과정을 슈퍼바이저 · 사회복지사, 사회복지사 · 클라이언트의 2가지 하부체계로 구성되어 있다고 볼 때 사회복지사가 클라이언트를 다룰 때 나타나는 상황이 슈퍼바이저와 워커 사이에 그대로 재현되는 것을 말한다.

교육적 슈퍼비전과 슈퍼바이저의 문제로서 나타나는 현상은 다음과 같다.

교육적 슈퍼비전과 슈퍼바이저의 문제로서 슈퍼바이저는 존경받는 실천가, 효과적 슈퍼비전의 모델로서 실제적인 지식과 기술, 유능성을 갖추고 있어야 한다. 때로는 슈퍼바이저 자신의 필요를 만족시키기 위해 교육적 슈퍼비전을 이용하려는 경우, 사회복지사를 슈퍼바이저 자신의 연장이 되게 하는 실수를 한다.

슈퍼바이저가 자신의 역할보다 사회복지사가 되려고 하면 문제가 발생하는데 클라이언트에게 사회복지사보다 직접적인 관심을 가지게 됨으로써 사회복지사에게 지나치게 지시적이고 통제적이고 슈퍼바이저가 워커에게 경쟁의식을 느껴 자신의 지식과 기술을 나눠주려 하지 않을 때 문제가 된다. 사회복지사가 일반적으로 생길 수 있는 실패를 받아들이지 못할 것이라고 생각해서 사회복지사를 지나치게 보호할 때 문제가 생긴다.

기관과 행정가들과의 관계를 지나치게 의식해서 사회복지사가 실수를 할 경우 자신이 책임지는 것을 피하기 위해 지나치게 사회복지사를 통제할 때 문제가 발생하게 된다.

슈퍼바이저가 자신은 가르치는 것보다 개별사회사업가로서 역할이 더 적당하다고 생각할 경우 교육적 슈퍼비전은 심리치료가정으로 변화될 수 있어 문제가 되며, 슈퍼바이저가 자신의 지식이 사회복지사를 가르치기에는 부족하다고 느낄 때 문제가 발생하고 슈퍼바이저가 자신의 지식과 기술을 강의하기 위한 자기도취적 기회로 활용할 때 사회복지사는 간접적인 고려대상이 되므로 문제가 생긴다.

그리고 슈퍼바이저가 사회복지사와의 평등관계를 지나치게 중요하게 여겨 자신이 실제로 알고 있는 지식과 기술을 지나치게 나타낼 때 그 평등관계가 깨질까봐 염려하는 경우 문제가 발생하며, 어떤 슈퍼바이저는 자신의 임상경험에서 가졌던 어려운 경험들을 워커에게 넘겨버려 대리로 어려움을 해결하려고 한다. 그리고 모든 슈퍼바이저는 사회복지사의 학습경향에 대해 선호 정도가 다를 경우 자신의 편애가 슈퍼비전 과정에 나타나고 있다는 사실을 알지 못할 경우 문제가 발생한다.

제3절 지지적 슈퍼비전

1. 지지적 슈퍼비전의 개요

슈퍼바이저는 슈퍼바이지의 업무와 관련된 스트레스를 조절하도록 도울 책임이 있다. 지지적 슈퍼비전의 궁극적인 목표는 사회복지사를 통해 클라이언트에게 제공하는 서비스를 가장 효과적이고 효율적으로 제공하도록 하는 것으로 행정적·교육적 슈퍼비전의 목표와 같다.

사회적 서비스는 노동집약적이다. 생산성은 상당한 동기와 사회복지사의 책임에 달려 있다. 지지적 슈퍼비전은 동기와 일에 대한 책임감을 증가시키는 데 관심을 둔다.

행정적·교육적·지지적 슈퍼비전은 범주화되기보다는 상호 관련된다.

소진의 문제에 있어서 슈퍼바이저가 사회복지사를 돕기 위해서는 소진의 조짐을 인식할 수 있어야 한다. 소진은 직업적 스트레스의 결과로 인한 육체적·정서적 고갈의 증후군이다. 소진은 지나치게 오랜 기간 동안 사람과 관련된 긴장과 연결된 지속적이고 반복적인 정서적 압력의 결과인 반응으로 정의된다.

소진이 나타나는 사회복지사의 특징은 장기적이고 지속적인데 슈퍼바이저는 사회복지사의 소진을 인식하고 스트레스에 대처하도록 도와야 하며 소진이 발전되면 사기를 상실할 수도 있으며 다른 사회복지사들에게 감정이 확산될 수 있다는 것을 인식해야 한다.

슈퍼바이지의 직무 관련 스트레스 원천은 다음과 같다.

첫째, 스트레스의 근원으로서의 행정적 슈퍼비전인데 행정적 압력, 업무에 대한 사정과 평가에의 요구는 긴장의 원인이 된다.

둘째, 스트레스 근원으로서의 교육적 슈퍼비전인데 교육은 변화를 수반하며 변화노력의 대상은 사회복지사이다.

셋째, 스트레스의 근원으로서의 슈퍼바이저와 슈퍼바이지의 관계인데 슈퍼바이저와 슈퍼바이지의 관계는 양면적인 성격을 가지고 있으므로 슈퍼바이저와의 관계가 가깝고 긴밀할 때 많은 감정적 부담을 가지는 상황이 생길 수 있다.

넷째, 스트레스의 근원으로서의 클라이언트인데 사회복지사는 상당한 스트레스에 처한 사람들을 다루며 감정이 격앙된 위기 상황의 클라이언트를 접하기 때문에 이로 인한 스트레스를 받게 된다.

스트레스의 근원으로서 사회사업과제의 특성은 다음과 같다.

사회사업의 과제와 자신의 인생이 동시에 경험되는 경우가 있으므로 사회복지사는 다른 분야의 직종보다 더 많은 불안을 느낄 수 있으며, 직무환경은 늘 공개되어 있고 비좁고 사적인 영역이 없으므로 '전문적'이라기보다 '산업적'이라고 말할 수 있다. 사회복지사의 책임이 예를 들어, 사회병리적인 문제들인 경우, 자신이 가지고 있는 능력과 자원의 범위를 넘어선다는 사실에서 스트레스가 올 수 있다.

그리고 모호한 목표가 사회복지사의 스트레스의 근원이 될 수 있으며, 상반된 요구와 기대에 대한 조정에 있어서 스트레스와 직면할 수 있다. 개입에 대한 평가의 지표가 없다는 점에서 스트레스와 직면할 수 있으며, 사회복지사라는 직업의 이미지 때문에 부담을 느끼고 스트레스를 느낄 수 있다.

스트레스의 근원으로서 기관에 대한 문제는 다음과 같다.

기관에서의 혼란스러움, 빈번한 인사이동, 규칙의 변화가 스트레스의 근원이 되고 내담자중심의 복지가 기관중심의 복지와 일치하지 않기 때문에 스트레스와 직면할 수 있다.

사회복지사의 낮은 급료는 자존감을 추락시켜 스트레스를 유발하며, 조직 내 질적, 양적으로 과중한 업무는 스트레스를 유발한다.

어떤 경우에는 기관의 특성상 스트레스를 유발하는데 상대적으로 사회복지사의 지위가 낮은 병원이나 공립학교 등의 경우가 그렇다. 그리고 다른 기관과 협조하는 상황에서 서로 다른 각도에서 문제상황을 바라보는 분야의 사람들과 의사소통하는 경우 스트레스가 발생한다.

스트레스의 근원으로서 사회사업에 대한 지역사회의 태도는 다음과 같다.

첫째, 우리의 신념이 흔들리는 것이 문제인데 이는 우리 사회복지사 스스로가 느끼고 있는 사회사업에 대한 의문 때문이다.

둘째, 대중들의 사회사업에 대한 태도는 인정, 신뢰, 믿음에서 부조화에 대한 의문으로, 그리고 불신과 냉소적 비판으로 변화되어 왔다.

셋째, 복지수혜자들이 사회복지사의 결정을 비판하도록 압력을 행사하는 것 역시 스트레스가 될 수 있다.

소진의 한 요소인 사회복지사의 문제인데 슈퍼바이저가 사회복지사에게 일어나는 다양한 스트레스를 아는 것이 중요하지만 그 스트레스를 대처하는 반응에 대한 이해도 필요하다.

보다 양심적이고 민감한 사회복지사들이 더 쉽게 소진에 빠진다. 그러므로 소진을 체크할 수 있는 주기적이고 계획적인 평가토론회가 필요하다.

2. 지지적 슈퍼비전의 수행

지지적 슈퍼비전은 교육적 · 행정적 슈퍼비전의 한 부분으로서 수행된다.

1) 지지적 슈퍼비전

(1) 개념

행정적 · 교육적 슈퍼비전과도 상호 관련된 지지적 슈퍼비전은 환멸감, 좌절감, 낙심 등으로 스트레스를 받고 있는 워커, 즉 남을 보살피고 보호하는 직업을 가진 사람들을 보살피는 일을 하는 것이다.

사회적 서비스는 노동집약적이며, 생산성은 동기와 워커의 책임에 달려 있다. 지지적 슈퍼비전은 동기와 일에 대한 책임감을 증가시켜 서비스의 생산성을 높이는 데 기여한다.

지지적 슈퍼비전은 워커가 자신의 업무에 관해 편안하고 좋은 감정을 가지도록 돕는 것이며, 지지적 기능은 슈퍼바이저가 슈퍼바이지에게 격려, 재보증, 인정, 고무, 위로 등으로 정서적으로 지원하고 도움을 주는 역할을 수행할 때 발휘되는 것이다.

(2) 목표

워커의 불안을 감소시키고 죄책감을 완화시켜 주며, 자아 존중감을 증대시켜 주고 업무 상황에서 요구하는 워커의 적응력을 향상시켜, 궁극적으로는 워커의 능력 발휘 지지를 통해 클라이언트에게 가장 효과적이고 효율적으로 서비스를 제공하도록 하는 것이다.

(3) 필요성

슈퍼바이저는 슈퍼바이지의 업무와 관련된 스트레스를 조절하도록 도울 책임이 있으며, 문제의 진행과정에서 워커가 느끼는 심리·정신적 문제를 해결·예방하고 소진을 방지하기 위해 필요하다. 이는 클라이언트에게 최상의 서비스를 주기 위해, 기관의 정책에 어긋나지 않는 범위에서 중간관리자가 직접 서비스를 주지 않고 워커의 능력을 최대한 발전시켜 최적의 상태에 있도록 중간역할을 하기 위한 것이기도 하다.

(4) 역할

단지 무능함을 보완해 주겠다는 것을 넘어서서 슈퍼바이지가 최상의 노력을 다하겠다는 느낌을 갖게 하는 것으로 우수하게 되기 위한 동기부여가 필요하다.

정서적인 지지보다는 사회복지사가 필요로 하는 정보를 주고 실질적으로 그를 도와주는 것이 스트레스를 막는 데 더 도움이 된다.

예를 들어, 스트레스와 긴장의 발전 막기, 스트레스의 근원으로부터 사회복지사를 이동시키기, 스트레스의 영향을 감소시키기, 스트레스에 적응하도록 돕기 등을 들 수 있다.

스트레스 예방으로서 초기 수진의 가능성은 행정적 기능의 효과적인 수행, 그리고 일과 내담자에 대한 적절한 정보를 제공함으로써 줄일 수 있다.

스트레스의 감소와 개선을 위한 대안으로는 사회복지사를 지지하고 일시적으로 도피할 수 있도록 환경을 개선, 휴식과 재충전의 기회 제공, 융통성 있는 업무계획과 업무분담, 어려운 결정에 대해 슈퍼바이저가 지지적으로 책임 분담, 그리고 현실과 일에 대한 인지적 재구성을 들 수 있다. 지지적 슈퍼비전의 목적은 업무상 사회복지사의 능력을 강화하고 심적인 에너지를 주는 것이다.

사회복지사에서 슈퍼바이저로의 변화는 변화를 위한 동기, 변화를 위한 준비, 자기인식과 정체성의 변화, 관리자 그리고 동료관계의 변화 등을 들 수 있다.

첫째, 변화를 위한 동기이다. 많은 사회복지사들은 임상사회복지사로 남고 싶어하는데 승진은 기관의 입장에서는 능력 있는 사회복지사의 감소와 무능력한 슈퍼바이저의 양산을 가중시킬 수 있다.

슈퍼바이저로의 변화를 선택하는 것은 직접서비스전달자로서의 느낌이 소진됨으로써 생겨날 수 있다.

둘째, 변화를 위한 준비이다. 한 연구에서 슈퍼바이저는 슈퍼바이지로서 접촉하게 되는 슈퍼바이저의 역할모델이 가장 중요한 배움의 원천이라고 하였다.

많은 슈퍼바이저는 직업에 대한 준비가 부족하므로 슈퍼바이저가 되는 것은 직업적 위기로 간주되며, 오직 소수의 슈퍼바이저만이 체계적 슈퍼비전 훈련을 받아왔으므로 대부분은 자신의 일에 대한 확신이 약하다. 이런 두려움은 교육적 슈퍼비전에 더욱 연관되어 있다.

셋째, 자기인식과 정체성의 변화이다. 사회복지사에서 슈퍼바이저로의 변화는 사춘기, 결혼, 은퇴의 과정과 유사하다. 다른 변화처럼 분열의 기간, 최선의 방어적 압박, 개인적이고 전문적인 성장 같은 것을 수반한다.

슈퍼바이저는 자기인식을 하며 개별치료자에서 행정적인 교사가 되는 것이다. 그리고 행정적・교육적・지지적・절대적 책임과 클라이언트 서비스의 책임을 지고 기관과 지역사회와 기관 사이의 관계성 및 정책형성에도 책임을 지므로 엄청난 스트레스가 생긴다.

또한 임상가에서 관리자로 슈퍼바이저가 되면서 직접실천의 만족을 포기하고 클라이언트와 접촉을 해야 한다. 슈퍼바이저는 사회복지사에게 충고하고 제안하고 영향을 미치지만 클라이언트의 구체적인 행위에 대해 개입해서는 안 된다.

그리고 동료관계의 변화이다. 슈퍼바이저가 됨은 기관에서 다른 사람과의 관계변화를 뜻하는데 더 이상 직접서비스전달자 집단의 동료가 아니다. 슈퍼바이저가 되면 동료와의 사회적 거리가 더욱 생긴다.

하급자와 분리됨은 높은 생산과 과업집단의 훌륭한 결속을 증가시키며, 사회적 거리는 하급자에게 지시할 때에도 좋다.

슈퍼바이저가 되면 과중한 업무와 관련되어 스트레스에 직면하게 된다. 슈퍼바이저의 경험부족은 큰 결점이 될 수 있다. 사회복지사는 슈퍼바이저보다 불확실성에 더욱 잘 견디므로 슈퍼바이저는 그들을 잘 활용할 수 있다.

슈퍼바이저의 업무, 책임, 권위의 분명한 정의가 없으면 역시 스트레스를 받는다.

기타 다른 종류의 어려움들은 다음과 같다.

슈퍼바이저와 슈퍼바이지의 다른 관점의 학술적 입장은 어려움을 야기할 수 있으며, 같은 슈퍼바이저에 속해 있는 사회복지사들은 바쁜 슈퍼바이저의 관심을 요구하고, 슈퍼바이저는 상사와 아랫사람들로부터 상반된 기대 사이에서 압력을 받기 쉬우며, 슈퍼바이저는 비협조적인 사회복지사에 의해 어려움을 겪을 수 있다.

또한 슈퍼바이저는 지역사회나 기관과 동일시되어 불평의 대상이 될 수 있으며, 의존적이고 비현실적인 기대를 가진 슈퍼바이지는 슈퍼바이저를 괴롭힐 수 있다. 그리고 슈퍼바이저는 자율과 자유의 한계에서 절망감에 직면한다.

슈퍼비전을 주는 요인으로서의 나이의 문제인데 슈퍼바이저가 슈퍼바이지보다 나이가 어리거나 경험이 적을 때 부수적인 문제가 발생하는데 장점은 슈퍼바이지의 지위에서 벗어난 지 얼마 되지 않았다는 점이고, 약점은 슈퍼바이지를 가르치기에 사회사업에 대한 충분한 지식이 없다는 점이다.

슈퍼비전에 있어서의 인종적 요인으로서 슈퍼바이저와 슈퍼바이지의 인종이 다를 때 대개 사회에 내재되어 있는 인종에 관련된 문제들이 이들 관계에 영향을 미친다. 가령 사회복지사의 인종에 따라 성과가 평가되는 경향이 있으나 모든 사회복지사는 동일한 기준으로 평가되어야 한다.

인종이 다른 슈퍼바이저와 슈퍼바이지 사이의 차이점을 무시하는 것이 현명하지 못한 것처럼 다른 성 사이의 차이점을 잠재적으로 중요하게 여기지 않는 것은 잘못이다.

슈퍼바이저는 직책의 권위를 이용하여 사회복지사에게 성희롱을 할 수 있다는 측면과 동료와 클라이언트로부터의 성적 학대로부터 사회복지사를 보호해야 하는 두 가지 차원이 있다.

성학대를 가장 빈번하게 저지르는 사람은 '나이 많고 남자이며 상급의 슈퍼바이저이다.'라고 했을 때 이를 막기 위해 슈퍼바이저는 남녀차별이 없는 작업환경을 만들어야 한다.

위계적 지위에서는 행정적 상급자와 직접서비스전달자 상하위계의 관심을 수용해야 하는 위치가 슈퍼바이저에게 긴장감을 가져온다. 슈퍼바이저는 행정가보다는 사회복지사에 가깝기 때문에 편중될 수 있으나 양쪽 모두에 대해 효과적으로 일할 책임이 있다.

자원봉사자에 대한 슈퍼비전으로 슈퍼바이저는 직원과 자원봉사자 간의 관계가 항상 조화롭지만은 않다는 것을 알아야 한다. 자원봉사자에 대한 교육은 매우 중요하며 이들을 위한 내적 보상에 중점을 두어야 한다.

스트레스 극복의 어려움은 슈퍼바이저 집단은 슈퍼바이지 집단보다 감정상의 지지자원이 적다. 왜냐하면 첫째, 슈퍼바이저의 숫자가 적고, 둘째, 승진에 대한 경쟁이 심하고, 셋째, 공식적인 모임이 적기 때문이다.

슈퍼바이저의 적응요소로서는 슈퍼바이저는 슈퍼바이지의 지지자원이 되고, 자신의 권위와 권력의 한계를 배움으로써 자신의 지위에 적응하게 되며, 인식의 재구성을 통해 도움을 얻을 수 있다. 또한 요구사항에 대해 만족하는 것을 최소화하거나 무관심해지는 것에 의해 스트레스에 적응하는 경우도 있다.

2) 슈퍼바이저가 제공한 지지적 슈퍼비전의 내용

(1) 실습을 하면서 조직의 긴장감은 있었지만, 심리적으로 스트레스를 받거나 슈퍼바이저 외의 다른 행정직 공무원과도 트러블 없이 4주 동안 무난하게 실습할 수 있었던 것이 토론 결과였다. 슈퍼바이저는 업무가 바쁜 와중에도 하루 1시간 정도는 학습에 대한 내용이나 행사의 내용과 정보에 대하여 말씀해 주셨다. 실습생이라도 나를 투명인간 취급을 하지 않고 살아 있는 존재라는 것을 항상 상기하고 있었다.

(2) 슈퍼바이저가 제공한 지지적 슈퍼비전은 전화업무를 받을 때의 내용이었다. 기초노령수급자에 대한 조사를 하고 수급대상자에게 일일이 전화를 해서 기초노령연금 수급을 위해서는 인감도장이 필요하다고 연락하는 내용이었다.

"안녕하세요. ○○댁 맞으시죠? 여기 주민센터인데요. 기초연금 수급 대상자이시죠? 내일까지 인감도장을 가지고 오셔야 수급을 받으실 수 있으세요. 내일까지 꼭 주민센터로 오세요."라고 멘트를 하자, 슈퍼바이저분께서 자신이 누군지 밝히는 모습은 아주 좋았지만, 우리가 아무리 급하다고 해서 대상자의 스케줄도 물어보지 않고 "막무가내로 오라는 말을 하면 안 된다."고 하셨다. 언제 방문하실 수 있는지, 시간도 정확하게 물어봐야 좋을 듯 싶다고 피드백해 주었다.

(3) 실습일지 작성 시 상담일지 내용을 옮기는 작업에서 그친 것이 아니라, 나 스스로 그 업무에 대해 솔선수범으로 더 나아가 실습일지에 수서동의 수급자 형태를 도표로 그리고, 그래프를 그리는 등 수급자 형태를 알고자 하는 모습을 보인다고 칭찬을 해 주셨다.

3. 평 가

슈퍼비전에 있어서 평가란 사회복지사가 특정시기에 구애받지 않고 직장에서의 전체적인 기능에 대한 목표평가로 정의된다. 평가는 업무수행에 있어 질적인 면과 성취된 것의 양적인 면 모두에 관심을 갖는 것으로 전문적인 성장에 기여할 수 있는 행정적 절차이다.

평가의 가치로서 사회복지사에 대해 평가가 가지는 가치로는 평가는 슈퍼바이지에게 그들의 위치가 어디인지 알도록 도움으로써 불안을 줄여주고 공식적인 평가는 슈퍼바이지에게 변화와 성취에 대한 전망을 제시한다.

기관에 대해 평가가 가지는 가치는 기관의 목적과 목표의 달성 정도는 평가에 의해 이루어진다. 클라이언트에 대해 평가가 가지는 가치는 결과적으로 클라이언트가 부적절한 서비스를 계속 받지 않게 보호하고 효과적인 서비스를 더욱 보장하게 해 준다.

슈퍼바이저에 대해 평가가 가지는 가치는 슈퍼바이저는 슈퍼바이지가 얼마나 교육되었고 또 계속적으로 고려되어져야 하는 것이 무엇인지를 알게 해 준다. 또한 명확한 평가는 보상과 관련된 편견으로부터 슈퍼바이저를 보호해 준다.

평가의 목표는 행정적인 결정을 하는 데 사용되는 체계적인 보고와 결과를 제공하고, 직원이 전문가로 성장하고 발전하도록 돕기 위해 평가는 가르치고 배우는 과정이다.

평가의 단점은 우리는 평가가 필요함에 동의하지만 평가를 하는 것을 좋아하지는 않는다는 점과 평가는 슈퍼바이저와 슈퍼바이지 사이의 사회적 거리감을 증가시키고 강한 부정적 감정을 불러일으키고 슈퍼바이지로 하여금 방어적이게 만들 수 있다.

평가에 대한 이러한 반감과 저항에도 불구하고 슈퍼바이저는 그것을 포기하지 않는데 평가는 감독력의 가장 확실한 표현이며 통제를 위한 강력한 도구이다.

바람직한 평가절차로서의 평가는 계속되는 과정이어야 하고 슈퍼바이지와 미리 논의해야 하며 공유하는 과정이어야 한다. 그리고 현실요소를 인식하고 슈퍼바이지의 업무수행에 초점을 맞추고 평가진술은 개별화되어야 한다. 또한 평가는 수정가능한 측면에 초점을 맞추고 일관성 있고 공식적이어야 하며 합의를 추구해야 한다.

평가의 근거로서 기관의 '업무표준'이 문서화된 성명으로 있어야 한다. 평가개요는 어느 정도 일반적인 유사성을 지니는 것이 좋다.

사회사업 평가를 위한 중심적인 문제는 효과적인 사회사업수행의 정의와 관련된 모호성과 기준이 되는 생산물의 부재상태에서 생산성의 기준을 정해야 한다는 점이다.

내용영역 평가로서는 클라이언트체계와 의미 있고 효과적인 적절한 전문적 관계를 수립하고 유지하는 능력, 사회사업과정으로서의 지식과 기술, 기관행정에 대한 오리엔테이션, 슈퍼비전의 관계 및 이에 대한 사용, 직원 및 지역사회와의 관계, 업무내용과 업무량의 처리, 전문가로서의 속성과 태도 등을 들 수 있다. 평가를 위한 정보의 원천으로 슈퍼바이저는 충분하고 타당하고 신뢰할만한 정보를 획득하는 능력이 필요하다.

사회복지사의 업무수행을 가늠하는 데 사용할 수 있는 정보의 원천은 다음과 같다.

① 슈퍼바이지의 서면기록
② 슈퍼바이지의 활동에 대한 구두보고
③ 슈퍼바이지와 클라이언트(개인, 집단 혹은 지역사회) 만남의 녹음기록
④ 슈퍼바이지와 클라이언트 만남의 녹화기록
⑤ 일방향 거울을 통한 슈퍼바이지 업무수행의 관찰
⑥ 교차 면접(joint interview)에서의 슈퍼바이지 관찰
⑦ 집단슈퍼비전모임에서의 슈퍼바이지의 활동 관찰
⑧ 직원회의 혹은 교차 전문회의에서의 슈퍼바이지의 활동 관찰
⑨ 슈퍼바이지의 업무수행에 대한 클라이언트의 평가
⑩ 슈퍼바이지의 서신, 보고서들, 통계적 양식들, 주간 일정, 업무일지, 월간 업무수행기록, 기타 등이다.

평가를 위해 슈퍼바이저가 활용하는 정보의 실제 원천에 대한 한 연구는 매우 제한된 원천들의 집단은 주로 슈퍼바이지의 서면기록 자료가 활동에 관한 슈퍼바이지의 구술보고에 대한 높은 의존성을 보여주고 있다.

사회복지사의 전체 업무수행에 대한 보다 납득할 만한 평가는 슈퍼바이저의 인식뿐만 아니라 동료들과 클라이언트의 인식 또한 요구한다. 클라이언트는 사회복지사의 업무수행에 대한 정보의 중요한 원천으로서 클라이언트는 중요하지만 사회복지사를 평가하기에는 좋은 입장이 아니다.

연구에 의하면 동료들은 서로의 업무수행에 대해 매우 정확한 사정을 내리고 있다고 한다. 하지만 슈퍼바이저가 평가를 목적으로 동료들로부터 정보를 얻고자 한다면 문제가 있다.

슈퍼바이지가 슈퍼바이저에 의해 평가받는 반면에 대부분의 기관에서 슈퍼바

이저는 누구에도 정식으로 평가받지 않고 있다. 슈퍼바이저 스스로의 양심적인 자기평가는 효과적인 변화를 가져오기에는 역부족이다. 그러므로 보다 효과적인 슈퍼비전을 위한 외부의 피드백과 평가가 필요한 것이다.

슈퍼바이저에 대한 평가는 슈퍼바이지에 대한 평가보다 더욱 어려운데 왜냐하면 슈퍼바이저는 생산물이 별로 없기 때문이다.

연구과제

1. 코헨과 로즈(Cohen & Rhodes)의 슈퍼바이저의 활동 내용
2. 프렌치와 라벤(French & Raven)의 권력원천 6가지

CHAPTER 03

슈퍼비전의 지도자

학습과제

1. 슈퍼바이저의 지도역할 유형
2. 역할스트레스
3. 리더십의 유형

사회복지 조직에 있어서 목적달성을 위한 수단으로 여러 변수들을 생각해 볼 수가 있다. 지도감독자 문제는 어떤 조직에서나 다음과 같은 문제가 존재한다.

첫째는 조직목표를 달성하는 데 있어서 필요한 제 활동을 어떻게 배분하여 조직하느냐 하는 조직화의 문제로서 직무구조설계의 문제가 있다.

둘째는 직무담당자로 하여금 어떻게 조직목표달성에 자발적으로 참여시키고 동기화할 것인가 하는 지도감독의 문제가 있다.

셋째는 조직이 변화하는 환경 속에서 어떻게 적응해 나갈 것인가 하는 환경적응 문제가 존재하게 된다.

사회복지 조직에서 조직화의 문제는 조직 내 직무설계와 관련을 갖은 내용으로 직무 자체의 특성을 강조하고 이에 따라 직무만족, 동기부여, 직무활동, 성과 등을 대상으로 삼고 있다.

사회복지 조직에서 지도감독자 문제는 어떤 조직에서나 마찬가지이겠지만 직원관리의 문제로 바람직한 목표를 달성할 수 있게 하기 위한 의사결정이나 직원의 집행 능력을 지도하는 문제이다. 중요하게 느끼는 지도는 부하직원의 성숙 차원과 직무의 관리 관계이다.

사회복지 조직에서 환경적응문제는 조직의 제 문제를 특정한 상황 내지 환경과의 유관관계에서 조직과 환경과 인간과의 상황 적합관계를 만들어 가는 일이다.

슈퍼바이저는 개인적인 이익의 추구를 위해 자신의 지위를 이용해서는 안 되며, 슈퍼바이저는 전문적 기준에 의해 공정하게 책임을 수행하며, 사회복지사·수련생 및 실습생에 대한 평가는 함께 공유해야 한다. 또한 슈퍼바이저의 전문적 지도와 조언을 존중해야 하며, 슈퍼바이저는 사회복지사의 전문적 업무수행을 도와야 하며, 그리고 슈퍼바이저는 사회복지사 · 수련생 및 실습생에 대해 인격적 · 성적으로 수치심을 주는 행위를 해서는 안 된다.

제1절 슈퍼바이저의 지도역할 유형

사회복지 지도감독자의 부하직원 성숙도나 직무 과업구조의 단순수준과 복합도에 따라 역할유형을 분류해 볼 수 있다. 이와 같은 상황조건으로 부하직원이나 직무특성에 의하여 적절한 사회복지 지도감독자의 역할유형을 위임적 역할, 지시 계획적 역할, 지원적 역할, 유지 계발적 역할의 유형으로 구분해 볼 수 있다.

역할유형 분석기준이 되는 첫째는 부하직원의 성숙수준과 직무, 즉 과업의 복잡수준이고, 둘째는 부하직원의 미성숙수준과 직무의 복잡수준이며, 셋째는 부하직원의 성숙수준과 직무의 단순수준이며, 넷째는 부하직원의 미성숙수준과 직무의 단순수준을 의미한다.

1. 위임적 역할

위임적 역할은 높은 수준의 부하직원과 높은 수준의 직무과업의 특성으로 상호 상황 적합관계에 놓이고 있다. 부하직원의 높은 성숙수준으로 책임을 맡을 능력도 있고 자신감은 물론 자율성을 가진 사람으로 높은 수준의 직무로 인하여 비구조화된 복잡한 직무를 원하게 되는 것을 말한다. 이때 직무 그 자체로부터 의미성과 중요성을 부여받게 되고 동시에 책임감과 성취감을 갖게 된다.

이와 같이 높은 성숙수준의 부하직원들은 비구조화된 직무특성을 통해서 위임적 역할 혹은 자유방임적 역할을 통해서 직무동기, 직무몰입, 직무만족 등의 성과를 기대할 수 있게 된다.

2. 지시 계획적 역할

계획적 역할은 낮은 수준의 부하직원과 높은 수준의 직무특성으로 상호 상황 부적합관계에 놓이게 된다. 부하직원의 낮은 성숙수준으로 책임을 맡을 능력도 자신감이나 자율성도 부족한 사람이므로 낮은 수준의 직무로서 구조화된 단순한 직무를 담당하여야 하는데, 반대로 높은 수준의 직무를 담당하므로 부하와 직무 간에 상황 부적합에 놓이게 되는 것을 말한다.

이러한 부하직원은 비구조화된 복잡한 직무에 대해 갈등과 애매 모호성을 느끼기 때문에 지도감독자는 부하직원의 직무를 계획, 조직, 지시, 통제하는 직무의 구조화노력이 필요하게 된다. 이러한 지도감독자의 지시나 계획에 의하여 부하직원은 능력향상에 따른 약간의 책임감이 부여되고 직무 동기와 능률이 증대된다.

3. 지원적 역할 및 유지 계발적 역할

1) 지원적 역할

지원적 역할은 높은 수준의 부하직원과 낮은 수준의 직무특성으로 상호 상황 부적합관계에 놓이게 된다. 부하직원은 높은 성숙수준으로 책임을 맡을 능력도 있고, 자신감과 자율성을 갖추고 있는 사람이므로 높은 수준의 직무로서 복잡한 직무구조에서 의미성과 중요성을 갖게 된다. 여기서 반대로 낮은 수준의 직무로서는 구조화된 단순한 직무를 담당하게 되므로 상황 부적합관계에 놓여 심한 좌절이나 갈등을 경험하게 된다.

이러한 부하직원들은 구조화된 단순한 직무에 대해 시시함과 갈등을 느끼기 때문에 지도감독자는 높은 수준의 비구조화된 직무로 직무확대를 시켜 직무 불만족을 최소화하거나 제거하는 깊은 배려나 지원적 관심을 가져야 한다. 이때 부하직원은 직무동기, 직무몰입, 직무만족 등의 결과를 기대할 수 있게 된다.

2) 유지 계발적 역할

유지 계발적 역할은 낮은 수준의 부하직원과 낮은 수준의 직무특성으로 상호 상황 부적합관계에 놓이게 된다. 부하직원의 낮은 성숙수준으로 말미암아 책임을 맡을 능력도 자신감도 자율성도 없는 사람이므로 낮은 수준의 직무로 구조화된 단순 직무만을 담당하므로 상황 적합관계에 놓이게 되나, 이들은 현 상태에서 어떠한 욕망도 직무의 중요성도 느끼지 못하는 현상유지적인 미성숙한 무관심한 사람들을 의미한다.

이러한 현상유지적인 부하직원들은 단순 재생산 직무에 바람직하다. 만약 이러한 부하직원들을 성숙시키기 위해서는 직무 명료성이나 확실성을 제공하고 동시에 직원연수나 교육훈련 등을 실시하여 부하의 동기화는 물론 능력의 계발을 할 수 있도록 하여야 한다. 이때 책임감이 무엇인지 직무몰입이나 직무만족이 무엇인지 알 수 있도록 하여야 한다.

제2절 슈퍼바이저의 장해요인

1. 슈퍼바이저의 장해요인

사회복지 조직에 있어서 슈퍼바이저의 장해요인은 지각심리학적 입장에서 볼 때 현상학적으로 그 역할이 저해 받고 있는 것을 말한다. 이처럼 지각이 역할과 결부될 때 역할 지각현상은 역할수행자가 역할기대를 어떻게 지각하느냐 하는 것인데 심리학적으로 눈앞에 있는 사물 또는 사상을 인지하는 것을 말한다.

사실 많은 사람들이 요구하는 역할기대는 같다고 하더라도 역할수행자의 지각 없이는 역할행동으로 나타나지 않는다. 따라서 역할지각의 정도도 개인마다 모두 동일하지 않고 연령, 성별, 계급, 직업, 성격, 가치관 능력, 사고방식 등에 따라 달리 지각된다.

린튼(Ralh Linton)에 의하면 역할이란 지위의 동적 측면으로 개인이 어떤 지위를 가질 때 그 지위에 주어진 권리와 의무 및 책임을 수행해 나가는 태도, 가치, 행동을 역할이라고 규정하고 있는데 이 역할도 역할지각에 의하여 자신들의 역할개념을 보다 쉽게 접근해 갈 수 있는 것이다.

이러한 역할지각 방법을 통하여 사회복지 지도감독자의 역할에 따른 저해요인을 분석하여 볼 수 있는데 일반적으로 역할과다와 역할과소에 의해서 많이 나타난다.

역할과다(role overload)란 개인이 직무를 담당할 때 지나치게 직무의 높은 부담으로 많은 직무를 부여받게 되거나 복잡한 직무 제공을 받을 때, 불충분한 시간 내에 직무를 끝내야 하거나 자신의 능력이 부족하여 직무를 달성하기가 어려울 때 또는 직무수준이 너무 높아 직무를 담당하기에 부담감을 주게 될 때 역할저해요인들이 나타나게 된다. 이와 같이 높은 직무부담에 의해서 나타나는 저해요인으로 불면증, 흥분, 오류증가, 이직, 우유부단, 낮은 생산성 등이 나타난다.

역할과소(role underload)란 개인이 직무를 담당할 때 지나치게 적은 직무의 낮은 부담, 즉 단순한 직무를 부여받게 되었을 때 자신의 능력이 넘쳐서 직무에 흥미를 느끼지 못할 때, 또는 직무수준이 낮아 높은 성숙수준에 있는 부하직원이 직무 그 자체에 대해 의미감이나 중요성을 느끼지 못할 때 역할저해요인이 나타나게 된다. 이와 같이 낮은 직무부담에 의해서 나타나는 저해요인으로 지루함, 권태, 나태, 낮은 동기, 의욕상실, 의기소침, 결근, 무관심, 낮은 생산성 등이 나타난다.

이처럼 역할과다와 역할과소란 관점에서 본다면 역할과다는 높은 부담으로 인한 역할저해요인이 발생된다면, 역할과소는 낮은 부담으로 인한 역할저해요인이 발생되게 된다. 따라서 적절한 역할부하(role load)는 역할 최적상황을 제공하여 직무에 대한 의미성 중요성, 도전감, 성취감, 책임감 등을 갖게 해 준다.

일반적으로 역할과다와 역할과소에 의해서 발생되는 역할저해요인으로 역할갈등, 역할모호성, 역할기술 미발휘, 역할스트레스 등이 있다.

1) 역할갈등

역할갈등(role conflict)이란 부하직원이 담당직무를 수행할 때 양립할 수 없는 행동이 동시에 기대되거나 불일치할 때 또는 기대 이상의 행동이 요구할 때 나타나는 상황을 의미한다. 따라서 역할 간의 차이나 상충, 맞지 않는 상황 등에 의해서 심리적으로 불건전한 상태에 빠지는 것을 말한다. 이렇게 불건전한 상태에 빠지게 되면 불안, 초조, 긴장감, 비타협, 반대, 적개심, 충돌 등의 감정을 유발하고 대부분 불유쾌한 상황으로 인식하게 된다.

일반적으로 갈등은 의사소통의 단절, 가치관의 대립, 인성의 차이, 관리방법상의 차이, 공정하지 못한 혜택, 권위에 대한 불신, 직무절차의 난이, 급격한 변화 등에 의해서 나타나지만, 주로 역할 갈등은 직무과업의 불명료성 등의 직무범위나 지위관계로 나타나게 된다. 부하직원의 능력에 비해 지나치게 높은 수준의 직무가 주어지거나 또는 지나치게 낮은 수준의 직무가 주어질 때 역할갈등은 나타난다고 볼 수 있다.

이러한 갈등은 전달에 의한 갈등으로도 분류할 수 있다.

첫째, 전달자 내부갈등(Intrasender Conflict): 한 역할집합으로부터 기대들이 모순되는 경우에 발생. 이는 역할전달자가 역할수행자에게 모순되고 일관성이 없는 비규칙적인 역할들을 기대함으로써 수행자가 전달자의 기대를 동시에 모두 만족시켜 주지 못하는 경우 발생한다.

둘째, 전달자 간의 갈등(Intersender Conflict): 여러 역할전달자가 역할수행자로부터 서로 다른 역할을 기대함으로써 수행자가 전달자의 기대를 모두 만족시키지 못하는 경우 발생한다.

셋째, 수행자의 내부갈등(Intraperaon Conflict): 전달된 역할기대를 충족시키는 과정에서 자신의 신념이나 가치관 그리고 직무기준과의 부조화상태가 발생한다.

넷째, 역할과다갈등(Role Overload Conflict): 전달자 내부갈등과 전달자 간의 갈등이 과중된 상태로서 어긋나는 역할기대가 심하여 전달자 단독 또는 여러 전달자로부터의 기대를 부응하기가 어려운 경우 발생한다.

2) 역할모호성

역할모호성(role ambiguity)이란 부하직원이 직무를 담당할 때 직무의 과다로부터 나타나기도 하고, 정보가 불분명하고 불충분할 때, 시간적 여유를 갖지 못할 때, 또는 직무경험이나 직무지식이 결여되어 있을 때 역할모호성을 경험하게 된다. 따라서 역할모호성은 각종 정보나 지식의 부족 또는 자신의 직무 책임범위나 권한의 정도, 규범, 제약조건 등을 알지 못할 때 발생하게 된다. 이러한 의미에서 때에 따라서는 역할모호성은 역할갈등과 함께 다루어지기도 하지만 대개는 서로 다르게 취급되고 있는 실정이다.

찔라지와 왈라스(A. D. Szilagy & M. J. Wallace)는 역할모호성에 관해 기대된 역할과 지각된 역할 간 양자의 차이로 나타난다고 보고, 역할갈등은 지각된 역할과 실현된 역할 간 양자의 차이로 나타난다고 보고 있다. 이와 같은 역할모호성과 역할갈등의 차이관계를 제시하고 있다. 역할모호성은 부하직원이 느끼고 있는 불확실성 정도에 따라 두 가지 견해로 생각된다. 하나는 직무에 정확한 정의나 목적을 이해 못한 경우 이를 수행하기 위해 허용되는 직무(과업) 수단들에 관한 지식의 부족으로부터 발생한다는 것이다. 또 하나는 개인이 맡고 있는 역할성과와 그 내부사회의 감정적 측면과 관련된 역할모호성이다. 즉 타인의 눈에 비친 자신의 입장과 자신이 목적달성을 위해 행한 결과와의 사이에서 느끼는 역할모호성을 말한다.

이처럼 역할모호성의 발생 원인은 다음과 같이 4가지로 생각하여 볼 수 있다.

첫째, 직무에 대한 정확한 지식이나 정보를 결여하고 있는 경우 발생한다.

둘째, 자신의 행동에 대한 타인을 의식(사회감정)할 때 발생한다.

셋째, 구성원들의 행동에 대한 예측이 불가능할 때 발생한다.

넷째, 구성원의 지도가 적정한가 적정하지 못한가에 대한 감을 잡지 못한 경우 발생한다고 본다.

연구결과에 의하면 역할모호성은 직무내용이 복잡할수록 상위계층의 직무일수록 직무과업 자체의 복잡성과 다양성 때문에 역할모호성은 더 높아지게 되는 경향이 있다는 것이다.

3) 역할기술 미발휘

기술의 미발휘는 개인이 직무를 담당할 때, 지나치게 적은 직무를 부여받거나, 반복적이고 단순업무를 수행할 때 자신의 능력에 비추어 하찮거나 시시한 업무로 인한 역할기술 미발휘를 경험하게 된다.

이처럼 개인역량, 즉 기술의 미발휘는 역할 담당자의 지식, 학력, 경험, 훈련의 정도와 직무의 특성수준과 불일치할 때 나타나게 된다. 따라서 자신이 보유한 능력이나 기능의 수준에 비하여 직무의 수준이 미치지 못하는 경우 역할 담당자 즉 부하직원은 일할 의욕을 상실하게 된다. 이 점을 역할기술 미발휘 또는 기능의 불완전이용이라고 한다. 이처럼 역할기술 미발휘의 발생 원인은 다음과 같이 3가지로 생각해 볼 수 있다.

첫째, 역할수행자가 고도의 높은 기술과 능력을 소유하고 있는데 조직 내 인사가 적절하게 적재적소에 배치되지 않는 경우 발생한다.

둘째, 과거의 경험과 훈련을 통하여 작업에서 필요로 하는 기능을 습득하였는데도 현재의 직무에서 이들을 활용할 수 없는 경우 발생한다.

셋째, 역할담당자의 교육수준이 현재의 직무에서 요구하는 교육수준을 초과하여 나타나는 경우 발생한다.

4) 역할스트레스

스트레스란 정신적·신체적 건강에 심각한 영향을 미치는 행동상황으로 직무자나 근무자와 작업환경과 상호작용의 부조화 속에서 나타난다. 역할스트레스란 개인에게 정신적·육체적으로 지나친 자극이 되거나 형평을 깨트리는 직무 및 직무환경에 대한 반응이라 할 수 있다. 주로 역할갈등이 조직 내 개인·집단 간 대인관계에서 나타나는 것이라면, 역할스트레스는 개인 내부에서 정신적·육체적 형평성의 조화가 파괴되어 일어나는 것이다.

루탄스(Fred Luthans)는 직무 역할에 영향을 미치는 직무 스트레스 요인으로 개인 스트레스인 역할갈등, 역할 모호, 개인성격 등, 조직스트레스인 조직 행정정책, 조직구조, 조직활동과정, 작업여건 등, 조직의 스트레스인 경제, 사회, 문화, 가족이혼 등 4가지를 들고 있다. 여기서 직무 역할과 관련을 갖는 스트레스를 보면 개인스트레스 중에서는 역할갈등, 역할모호를 들 수 있고, 집단스트레스 중에서는 대인 간 갈등을 들 수 있고, 조직스트레스 중에서는 조직활동 과정과 작업여건 어려움 등과 관련이 있다. 역할스트레스란 개인 내부에서 개인과 직무 간에 나타나는 개인성격, 역할갈등, 역할모호성, 작업여건의 환경 등 악화로 나타나는 정신적·신체적 고통의 반응이라 말할 수 있다.

이와 같이 사회복지 지도감독자의 역할유형은 위임적 역할, 지시 계획적 역할, 지원적 역할, 유지 계발적 역할 내용이 있고, 역할저해요인은 역할갈등, 역할모호성, 역할기술 미발휘, 역할스트레스 내용 등이 있다.

2. 사회복지 지도감독자의 역할유형과 저해요인

사회복지 지도감독자의 역할유형과 저해요인의 관계 모형화를 기준으로 사회복지 지도감독자의 역할유형으로 위임적 역할, 지시 계획적 역할, 지원적 역할, 유지 계발적 역할과 역할저해요인을 역할갈등, 역할모호성, 역할기술 미발휘 ,역할스트레스와의 관계를 분석·제시하여 보면 다음과 같다.

1) 위임적 역할과 저해요인관계

부하직원 성숙과 직무과업 특성의 복잡 상황으로 이러한 상황은 부하직원의 높은 성숙수준과 직무과업의 높은 수준으로 양자 상황 적합관계를 말한다. 이러한 상황의 성숙한 부하직원들은 비구조화된 복잡한 직무과업에서 의미감과 중요성 및 책임감을 느끼게 된다. 그들은 비구조화된 복잡한 직무로부터 높은 성장욕구를 충족시킬 수가 있으며 보다 목표지향적 행동이 나타나게 된다. 그들은 가능한 한 높은 직무 차원에서 높은 목적달성과 직무만족을 느끼며 일하게 된다.

하우스와 미첼(House & Mitchell)은 고도의 비구조화된 직무가 성숙한 부하들에게 있어서 도전적인 작업목표가 되며, 이로 인한 높은 동기부여와 목적달성에 자신감을 가질 수 있게 한다고 말하고 있다. 또는 사회복지 지도감독자의 위임된 역할로부터 그 자신 스스로 의미 있는 작업목표를 설정하게 되고, 자신에 의하여 작업이 스스로 통제될 수 있다는 것이다. 이는 위임된 역할로부터 부하직원 자신의 작업목표에 대한 실천의지를 강화하고 자율과 자기통제를 가능하게 하는 것을 말한다.

이러한 상황은 지도감독자가 부하직원에게 도전적인 작업목표를 제공하여 주어 조직목표에 대한 수준 높은 직무성과를 높여갈 수 있고, 또는 지도감독자의 위임적 역할을 통해서 부하직원들 높은 성장욕구를 충족시킬 수도 있는 것을 말한다.

이러한 사회복지 지도감독자의 위임된 역할은 직무기능의 완전이용, 즉 주어진 직무 환경하에서 자신의 역할기술을 최대한으로 발휘하는 것을 말한다.

부하직원 성숙과 직무과업 특성의 복잡 상황도 때에 따라서는 직무, 작업환경 또는 개인사정으로 인해 역할모호성을 잠시 경험할 수도 있다. 왜냐하면 때론 성숙한 부하라 할지라도 높고 넓은 범위의 직무과업, 즉 보다 비구조화되고 복잡하며 비일상적인 직무를 부여받게 되면, 일시적 직무과업 특성으로 인한 역할모호성을 간혹 경험하게도 된다. 또는 부여받은 직무과업 특성과 부하가 가지고 있는 성숙도와는 비교적 일치하는 상황이지만 때에 따라서는 부하직원의 일시적 문제로 말미암아 직무과업 그 자체에서보다는 다른 일로 인해서 역할모호성을 경험할 수도 있기 때문이다.

2) 지시 계획적 역할과 저해요인관계

부하직원 미성숙과 직무과업특성 복잡 상황이란 부하직원의 낮은 수준과 직무과업의 높은 수준으로 양자 상황부적합관계를 말한다. 이러한 상황은 미성숙한 부하가 비구조화된 복잡한 직무과업, 즉 높은 수준의 넓은 과업범위를 담당함으로 극심한 상황부적합의 상태가 나타나게 된다. 따라서 부하가 갖고 있는 능력과 욕구에 비해 너무 높은 수준의 복잡한 직무를 수행함으로써 심한 역할모호성과 역할갈등을 경험하게 되는 것을 말한다.

부하직원과 직무과업 간의 불일치에 대해 사회복지 지도감독자는 복잡한 직무를 구조화하여 부하직원의 능력과 성숙기반에 맞는 직무의 명료성과 확실성을 제공하여야 한다. 사회복지 지도감독자는 직무의 구조화, 즉 계획, 조직화, 조정, 지시, 통제를 통하여 부하직원의 직무과다부하로 인한 역할모호성과 역할갈등을 줄여나가야 한다. 이러한 상황은 사회복지 지도감독자의 지시 계획적 역할을 통하여 복잡하고 어려운 직무를 덜 부담스러운 것이 되게 하고 부하직원의 능력 결여를 덜어주어야 하는 것을 말한다.

역할모호성은 부하직원의 사기와 직무과업 그 자체에 대한 만족 그리고 직무동기부여에 대해 심각한 반응과 부정적인 영향을 준다고 보고되고 있다. 이는 역할모호성이 부하직원들에게 직무의 기대치를 낮추고 유의성(instrumentality)을 줄이기 때문이다.

사실 역할모호성은 부하직원들의 이직율과 작업성과에도 영향을 미친다고 보고되고 있다. 특히 성장욕구가 강한 부하직원은 직무의 확실성 추구욕구(need for clarity)와 예측가능성 추구욕구(need for predictability)가 보다 강해 성장욕구가 낮은 부하직원들보다 훨씬 더 많은 영향을 받는다고 한다.

역할모호성은 부하직원들에게 역할갈등보다 더 많은 스트레스를 준다는 것이다. 그러므로 높은 성장욕구를 가진 부하직원들은 낮은 성장욕구를 가진 부하직원들보다 역할확실성(role clarity)을 더 요구하며 역할갈등과 역할모호성에도 더 부정적으로 반응한다고 볼 수 있다.

미성숙한 부하직원들은 자신들의 직무과업 그 자체의 성장보다는 기본적인 저차욕구나 직무안정 및 보수에 더 많은 관심을 가지므로 능동적인 직무를 수행하지 못하고 동시에 직무몰입(involvement)을 하지 못한다고 한다.

직무과다부하의 역할모호성은 다시 역할갈등을 일으켜 지도감독의 부정적 결과로 연결되고, 낮은 성과수준과 낮은 직무만족, 높은 긴장수준과 높은 이직율 등을 초래한다고 보고되고 있다.

3) 지원적 역할과 저해요인관계

부하직원 성숙과 직무과업 특성 단순 상황은 부하직원의 높은 성숙수준과 낮은 직무수준으로 양자 상황 부적합관계를 말한다. 이러한 상황은 성숙한 부하가 단순한 직무 즉 좁은 직무과업범위를 담당하는 경우이다. 이 경우 부하직원은 단순 반복적인 직무과업을 수행함으로써 직무의 단조로움, 권태, 좌절 등의 불만족을 느끼게 된다.

성숙하고 높은 성장욕구를 가진 부하직원들은 높은 직무과업을 수행할 수 있을 정도의 예측 가능한 직무과업을 기대하고 있지만 낮은 직무수준이나 단순직무과업의 제공은 높은 수준의 역할 예측가능성(role predictability)을 불충분하게 만들고 심각한 직무과소부하로 인한 역할기술 미발휘를 경험하게 된다.

직무의 과소부하는 부하직원들의 높은 성장욕구를 충족시키지 못하여 직무불만족과 유효성의 생산 제약요인이 된다. 직무의 과소부하(role underload)는 성장욕구가 높은 부하직원들에게 좌절과 불만을 느끼게 하여 자신들의 성장 발전의 기회가 없다고 생각한 나머지 직장을 이탈하게 되고 떠날 생각을 하게 된다.

이러한 성숙하고 높은 성장욕구를 가진 부하직원들은 사회복지 지도감독자의 지원적 역할에 의해 직무가 확대 제공되고 비구조화될 때 호의적으로 반응하여 다음을 기약하게 되고 조직에 유효성을 제공하게 된다. 그러나 지도감독자는 직무의 확대 노력없이 친절이나 자상한 행동으로 볼 수 있는 호의, 복지 관심표명에 의해 이들의 불만족·갈등·좌절 등을 조절해 간다면 일시적으로는 가능할지 모르나 장기적으로는 불만족을 근본적으로 줄여나갈 수는 없고 단기적인 효과만 있게 된다.

4) 유지 계발적 역할과 저해요인관계

부하직원 미성숙과 직무과업특성 단순 상황은 부하직원의 낮은 수준과 직무과업의 낮은 수준으로 양자 상황 적합관계를 말한다. 이러한 상황은 미성숙한 부하직원이 비교적 수행하기 쉬운 단순한 직무과업을 반복적으로 일하고 있는 경우를 말한다. 이 상황은 낮은 수준의 구조화된 직무과업과 낮은 수준의 부하직원능력이 상호 일치하므로 역할갈등이나 역할모호성은 일어나지 않는다.

단순한 직무의 공식화, 표준화, 전문화, 명확한 절차나 규정은 부하직원들에게 구조화된 역할기능을 해 주게 되어 역할확실성과 역할예측가능성을 갖게 하여 별 어려움 없이 직무과업을 달성하게 하는 것을 말한다.

사실 부하직원수준과 직무과업수준과의 불일치상황에서 비롯되는 역할지각의 역할저해요인을 제거하기 위한 지도감독자의 역할유형이 필요하다는 기본과정에서 볼 때, 여기서 지도감독자의 역할은 어떠한 역할유형도 필요치 않다. 단순한 직무과업으로 인한 지도감독자의 방임성, 즉 지도감독의 대체가 가능한 곳이다. 따라서 사회복지 지도감독의 역할개입은 필요치 않게 된다.

이러한 상황을 가장 잘 설명할 수 있는 지도감독 이론으로 대체물 이론(substitute of leadership)이 있는데 조직 내 공식적 직무변수들이 지도감독자의 역할기능을 대체한다는 의미로서, 이 이론은 기본적으로 지도감독자들의 역할을 공식적 변수들이 대체할 수 있는 것을 말한다. 그래서 직무과업특성 그 자체가 지도감독자의 역할을 대신 할 수 있는 기능적 대체물(functional substitute)이 되는 것이다.

대체물 이론의 주장자인 커르(S. Kerr)도 조직의 공식적·계층적 직무과업, 즉 단순하고 공식적인 직무를 부하직원에게 수행시키는 일은 거의 실질적으로 지도감독자의 영향력이 미치지 못하는 기능적 대체물 상황이라 한다.

결국 단순한 공식적 직무과업상황은 지도감독자의 역할이 불필요 하게 되고 대체물 리더십이나 방임형 상태가 되는 것이다. 따라서 사회복지 지도감독자의 적극적인 역할이 여기서는 불필요하게 되고 오히려 현상유지적 지도감독만이 필요하게 된다.

만약 사회복지 조직의 유효성과 부하직원의 성장·발전을 위해서는 부하직원의 능력계발을 위한 교육훈련이나 직원연수 등의 계획이 필요하다. 여기서 한편으로는 현상유지와 다른 한편으로는 능력계발이라는 개발의 측면이 필요하게 된다.

위의 유효한 4가지 사회복지 지도감독자의 역할유형을 ① 위임적 역할, ② 지시 계획적 역할, ③ 지원적 역할, ④ 유지 계획적 역할과 그와 관련된 역할저해요인과의 상황관계를 기술하고 있다.

위임적 역할의 상황관계는 부하직원의 성숙수준과 직무의 비구조인 복잡성을 전제로 한다. 지시 계획적 역할은 부하직원의 미성숙수준과 직무의 비구조화인 복잡성을 전제로 한다. 자원적 역할은 부하직원의 성숙수준에 직무의 구조화인 단순성을 전제로 한다. 유지 계획적 역할은 부하직원의 미성숙수준과 직무의 구조화인 단순성을 전제로 한다.

위와 같은 각 사회복지 지도감독자의 역할유형에 따른 역할저해요인의 발생관계는 ① 위임적 역할 유형에서는 부하직원의 성숙수준과 직무의 비구조화 간의 상황 적합관계로 역할기술이 최대로 발휘되어 별 문제가 발생하지 않지만, 간혹 환경적 영향이나 개인사정으로 인한 역할모호성의 저해요인이 나타날 수 있다. ② 지시·계획적 역할유형은 부하직원의 미성숙수준과 직무의 비구조화 간의 상황 부적합 관계로 역할모호성, 역할갈등, 역할스트레스 등의 저해요인이 나타난다. ③ 지원적 역할유형은 부하직원의 성숙수준에 직무의 구조화인 단순성 간의 상황 부적합 관계, 즉 직무과업 과소부하로 인한 역할기술 미발휘, 역할갈등, 역할스트레스 등의 저해요인이 나타난다. ④ 유지 계획적 역할유형은 부하직원의 미성숙수준과 직무의 구조화 간의 상황 적합관계, 즉 낮은 과업과 낮은 개인수준으로 인한 현상유지적 직무만 달성하므로 별 문제가 발생하지 않지만, 부하직원의 성장 계발 차원에서 교육훈련이나 재직훈련이 필요하다. 이 유형은 지도감독자의 역할문제로 저해요인이 나타나기보다는 사회복지 조직의 공식성, 표준화 규칙, 절차 등의 문제로 저해요인이 나타난다고 볼 수 있다.

사회복지 지도감독자의 ① 위임적 역할 유형과 ② 지시 계획적 역할유형은 상황 적합관계로 지도감독관리에 있어서 역할저해요인이 발생하지 않으나 발생한다 해도 극히 미미하다. 그러나 ③ 지원적 역할유형과 ④ 유지 계획적 역할유형은 상황 부적합관계로 지도감독관리에 있어서 역할저해요인이 크게 발생한다. 따라서 이러한 역할저해요인의 상황 부적합 관계를 상황 적합관계로 만들기 위해서 ③ 지원적 역할유형은 직무순환(직원재배치)과 직무확대(비구조화) 또는 직무 충실화를 통해서 저해요인을 줄여 나가야 하고, ④ 유지 계획적 역할유형은 직무축소, 즉 직무 구조화와 지시적 관리에 의해서 역할저해요인을 줄여나가 사회복지 조직의 유효성을 증대시켜 나가야 할 것이다.

이러한 사회복지 지도감독자들의 역할저해요인들은 지도감독자의 역할유형과 이에 따른 저해요인의 구성요소들의 합이 커질수록 지도감독의 역할저해요인은 커지고, 합이 적을수록 저해요인은 작아진다고 볼 수 있다. 따라서 사회복지 지도감독자가 역할저해요인을 감소시켜 유효성을 증대시킬 때, 이때 직무동기의 상승, 직무몰입의 증대, 직무만족 등이 있게 된다. 반대로 사회복지 지도감독자가 역할저해요인을 감소시키지 못할 때는 역할저해요인은 증대되어 사회복지 조직의 유효성은 감소되고, 낮은 직무동기, 낮은 직무, 직무 불만족 등이 있게 된다고 볼 수 있다.

제3절 리더십

1. 리더십의 개념

리더십이란 조직의 목표달성에 있어서 조직의 구성원들이 조직과 관련된 행동에 자발적으로 종사할 수 있게끔 어떤 주어진 상황에서 공식적 직위에 있는 사람이 영향력을 행사하는 과정이다. 리더십은 직위와 능력 두 가지 관점에서 정의된다. 직위로서의 리더십은 어떤 상황을 통제할 책임을 지고 지도하고 관리하는 직위를 의미한다. 능력으로서의 리더십은 다른 사람과의 관계에 영향을 끼쳐서 지도자가 택한 길을 따라 오도록 하는 재능이나 기술을 말한다. 즉, 리더십은 다른 사람들의 생각, 감정, 행동 등을 따르게 하는 일종의 움직임을 의미한다.

1) 리더십의 정의

테리(Terry)의 정의에 의하면 리더십은 사람들로 하여금 집단의 목표를 기꺼이 달성하게끔 영향을 미치는 활동이라고 하였으며 로빈스(Robbins)은 목표달성을 지향하도록 집단에 대하여 영향을 미칠 수 있는 능력으로 보고 있다. 트레커(Trecker)는 공동목표의 달성에 있어서 사람들이 협동하여 일하도록 영향을 주는 능력으로 허쉬와 블랜차드(Hersey & Blanchard)의 정의는 상황이론으로 어떤 주어진 상황에서 개개인이나 집단의 활동이 목표달성을 위한 노력이 되도록 영향을 미치는 과정이라고 하였다. 성규탁의 정의는 어떤 목표를 달성하기 위해 사람들에게 행사하는 영향력, 기술 혹은 이를 행사하는 과정으로 보았다. 리더십은 스스로 통제 가능한 조직 요인이요 조직관리의 필수적인 요인으로 목적 획득을 위한 수단적 성격으로서 조직 리더가 갖는 성향, 행동, 상황 등과 관련되는 제반 특성들을 묶어서 부르는 일반적 개념이다. 이에는 첫째, 지위와 능력으로서의 리더십으로 리더의 지위에 부과된 역할과 책임을 구사하는 능력과 둘째, 과정과 속성으로서의 리더십으로 리더가 영향력을 행사하는 과정에서 드러나는 특성을 말한다.

2) 리더십특징

① 리더십은 다른 사람들에게 영향력을 행사하는 것이다.

② 리더십은 어떤 목표를 달성하기 위해 존재하는 것이다.

③ Leadership(리더십) = f{leader(리더), follower(구성원), situational factors(상황적 요소)}에 의하여 이루어지며 직권(headship)과 구별된다.

3) 리더십 필요성(Neugeboren, 1985)

① 조직성과에 영향을 미치는 중요한 요소의 하나일 뿐 아니라 관리자에게 있어서 조직의 목표를 달성하는 활동의 핵심이며, 조직체가 실시하는 서비스나 프로그램의 효과성에 중요한 영향을 미친다.

② 많은 전문가가 고용되어 있는 사회복지 조직에는 전문가의 자율성 욕구와 조직의 통제욕구 사이에 부단한 긴장이 존재하며, 이와 같은 긴장으로 인해 구성원들은 조직의 규칙과 규정을 준수하게끔 동기 부여할 리더십을 필요로 한다.

③ 끊임없이 변화하는 환경적 압력이 증가하며, 외부 요구의 변화를 모두 고려한 조직체계를 갖는 것은 불가능하기 때문에 이에 적절히 대응할 리더십을 필요로 한다.

④ 새로운 기술 또는 새로운 구조의 도입과 같은 중요한 내부적 변화가 조직에 통합될 수 있도록 하는 리더십을 필요로 한다.

⑤ 사회복지 조직에서 구성원들의 전문적 목표는 조직의 목표와 완전히 일치하지 않을 수 있다. 구성원의 목표와 조직의 목표 사이에 가능한 한 많은 일치를 가져올 수 있도록 노력하는 데 리더십을 필요로 한다.

4) 리더십 역할

(1) 관리 및 행정

지도자는 조직체의 행정가로서 기관 정책이나 사명을 직접적이고 구체적인 서비스로 바꾸어 전달하는 역할을 한다. 여기에는 클라이언트의 요구에 맞는 서비스를 제안하고 대변할 수 있는 능력이 요구된다. 또한 조직목표나 과제 선정에 있어서도 중요한 역할을 담당한다. 이러한 역할에 전제되어야 할 것은 관리자의 일관성 있는 태도와 장기적인 안목이다.

(2) 통합 및 연결

조직체가 수행하는 프로그램들은 다양하기 때문에 관리자의 통합하는 역할은 매우 복잡하다. 그러나 프로그램이 효과적이기 위해서는 프로그램 자체 내의 기능적 영역뿐만 아니라 조직체 전체를 통해 통합, 확산되어야 한다.

(3) 기준 설정

지도자는 조직체의 프로그램의 목표나 산출을 성취하는 데 필요한 투입요소에는 어떠한 것들이 있는지 알아야 한다. 지도자는 감독기준을 설정하여 시행해야 하며, 이는 평가기준이 된다.

(4) 혁신 · 창조

지도자는 클라이언트의 새로운 욕구에 관심을 가져야 하며, 그 욕구를 충족시키기 위한 조직체의 능력을 파악해야 하고, 새로운 프로그램의 개발과 조직체 운영의 방안을 창조해내는 것은 지도자의 매우 중요한 활동이며, 이는 조직의 생존과도 깊은 관련이 있다.

2. 리더십이론

리더십이론 중 주요한 접근방법인 리더가 가지고 있는 보편적인 특성을 찾아내려는 노력인 특성이론, 리더가 수행하고 있는 행동에 의해 리더십을 설명하려는 행동이론, 연구결과들을 비판·조정하여 상황변수의 도입에 관심을 돌리는 노력인 상황이론을 들 수 있다.

1) 특성이론

1940년대와 1950년 초기의 리더십 연구의 연구배경은 리더가 갖추어야 하는 특성과 자질을 찾는 데 집중되고 있었다. 어떠한 리더의 특성이 효과적인가 하는 관점의 연구들로 초기 연구자들은 효과적인 리더의 신체적·성격적·사회적인 특성이나 개인의 능력 가운데에서 찾는 것에 초점을 두고 진행되었다.

기본 전제는 효과적인 리더에게 비효과적인 리더와 구별될 수 있는 보편적 특성이 있어 어떤 특정한 특성들을 갖추게 되면 효과적인 리더가 될 수 있다.

효과적인 리더의 특성으로 버나드(Barnard)의 연구는 효과적인 리더의 특성으로 ① 활력과 인내성, ② 결단력, ③ 설득력, ④ 책임성, ⑤ 지적능력을 꼽았다.

스톡딜(Stogdill, 1974)의 연구에 의한 리더의 특성의 범주는 ① 육체적 특성, ② 사회적 배경, ③ 지능, ④ 퍼스널리티, ⑤ 과업과 관련된 특성, ⑥ 사회적 특성으로 이 중에서 지능, 퍼스널리티, 과업과 관련된 특성, 사회적 특성 등은 효과적인 리더 특성임이 발견되기도 하였다.

이에 대한 문제점은 하위자들의 욕구를 무시한다는 점이고, 여러 가지 특성들의 상대적 중요성을 밝히는 데 실패한 점이라든지, 리더가 하위자의 행동에 영향을 미치기 위하여 보여 줄 행동유형을 알려주지 못한 점, 그리고 상황적 요소들을 무시하고 모든 상황에서 보편적인 특성을 추구하려는 점 등에 있어서 비판을 받고 있다.

2) 행동이론

20세기 중반을 전후한 시기는 인간의 행동과 관련된 학문분야의 전반에 걸쳐 행동주의와 과학적 방법론의 바람이 대두된 시기였다. 행동이론의 연구배경은 리더십 연구에서도 리더십 특성이론에 대한 불만과 함께 실제적인 리더의 행동에 관심을 두기 시작하며 행동주의에 영향을 받은 연구들이 주종을 이루게 되었다. 효과적인 리더는 그들의 특별한 리더십 행동에 의해 비효과적인 리더와 구별된다는 이론으로 모든 상황에서 가장 효과적일 수 있는 리더십 행위를 밝혀보려는 시도들이 핵심을 이루고 있다. 1950년대와 1960년대의 행동이론에는 다음과 같이 오하이오 연구, 미시간 연구, 관리격자 이론 등이 있다.

(1) 오하이오 연구

리더십 스타일을 배려(consideration)와 구조주도(initiating structure) 행동이라고 하는 두 가지 차원으로 구분하고, 어떠한 스타일이 더 효과적인가를 분석하였다. 두 가지 차원을 사용하여 리더십 행동유형을 다섯 가지로 분류하였다. 연구 결과 다섯 가지 유형 중에 구조주도와 배려에서 높은 리더가 구조주도 또는 배려, 어느 한 쪽에서 낮거나 또는 둘 다 낮은 리더보다 하위자들의 성과와 만족을 가져오는 경향이 있음을 발견하였다.

배려와 구조주도 행동에서 배려 행동이란 리더가 구성원들에게 보내는 우호적인 행동이나 구성원에 대한 다양한 관심 등을 의미한다. 즉, 신뢰, 상호존경, 우정, 지원, 구성원의 복지를 위한 관심을 나타내는 행동을 말한다. 예를 들어, 구성원들을 지원해 주고 배려해 주는 행동을 취한다든지 구성원의 이해관계를 대변해 주고, 개방적인 의사소통을 보여주며, 적절하게 구성원들을 인정해 주고 동등하게 대우해 주는 행동들을 취하는 것이다.

구조주도 행동이란 조직의 공식적인 목표를 달성하기 위해 리더 자신의 역할과 구성원들의 역할을 조직의 구조 속에서 이해하는 것이다. 즉, 리더가 과업을 조직화하고 정의하며 업무를 할당하고 의사소통의 망을 확립하여 업무집단의 성과를 평가하는 행동을 말한다. 예를 들어, 구성원들 역할 설정, 계획의 수립과 조정, 문제의 해결, 구성원들의 독려, 작업수준의 설정과 표준절차의 준수, 시한의 관리 등에 중점을 두는 리더십 스타일이다.

(2) 미시간 연구

리더십 스타일을 직무중심적 리더십 유형과 구성원중심적 리더십 유형으로 구분하였고, 구성원중심 리더십은 보다 높은 생산성과 직무만족도를 나타내나 직무중심적 리더십은 상대적으로 낮은 집단 생산성과 낮은 직무만족도를 보여 주었다.

직무중심적 리더십 유형과 구성원중심적 리더십 유형에서 직무중심적 리더십 유형이란 세밀한 감독과 합법적이고 강제적인 권력을 활용하며 업무계획표에 따라 이를 실천하고 업무성과를 평가하는 데 초점을 둔다.

구성원중심적 리더십 유형이란 인간 지향적이며 책임의 위임과 구성원의 복지, 욕구, 승진, 개인적인 성장에 대한 관심을 강조한다.

(3) 관리격자이론

인간과 산출에 대한 관심이 리더십과 어떻게 관련되었는가를 밝혀주는 관리격자이론을 제시하였다. 격자망은 횡축과 종축을 따라 각각 9개의 위치가 설정되고 81가지 종류의 리더십 유형이 나오게 된다. 횡축은 산출에 관한 관심을 보여주고 종축은 인간에 대한 관심을 나타낸다. 각축은 9점으로 나누어 1점은 최소한의 관심을 보여준다.

격자망에서 무기력형, 컨트리클럽형, 과업형, 중도형, 팀형으로 5개의 리더십 유형이 나타나며, 무기력형은 두 가지 관심이 모두 낮은 점수를 얻은 경우로 과업을 떠맡거나 일임하는 형이고, 팀형은 인간과 산출 두 가지 모두에 대한 관심이 높은 점수를 나타내는 경우로 상호문제해결형으로 클라이언트의 문제해결을 위한 목표를 설정하여 함께 일해 나가는 유형이다. 이 연구 결과 팀형 리더 밑에 있는 집단들이 가장 높은 성과를 보이는 것으로 나타났다.

① 무기력형은 주어진 작업을 성취하기 위해 최소한의 노력만을 하며, 안일한 사고를 한다.

② 컨트리클럽형은 부하들이 인간관계가 원활히 이루어지도록 주의를 기울인다. 조직은 화기애애한 가운데 작업이 행해진다.

③ 과업형은 인간적인 요소에 되도록 신경을 쓰지 않는 작업조건을 만들며 능률 본위로 작업한다.

④ 중도형은 작업성취의 필요성과 직장의 사기가 동시에 균형이 이루어지도록 한다.

⑤ 팀형은 작업에 종사하는 부하들에 의해 작업이 성취된다. 조직의 목표라는 일관성을 통해 각자의 자율성이 보장되고 신뢰와 존경의 인간관계가 이루어진다.

이러한 이론에 대한 비판은 행동이론들은 리더십 행동유형과 리더십 효과성 간에 일관된 상관성을 확인하는 데 실패했다는 지적을 받고 있다. 이 이론에 기초한 연구 결과들이 상황에 따라 달리 나타나고 있기 때문에 연구결과를 일반화할 수 없게 되었다. 즉, 리더십 효과성에 영향을 미치는 상황적 요소를 고려하지 않았다는 것이 행동이론의 가장 비판받고 있는 부분이다.

3) 상황이론

상황이론의 연구배경은 1970년대에 들어가면서, 리더십의 특성이나 행위들이 서로 다른 상황의 리더들에 있어서는 다르게 적용된다는 점에 주목하게 되었다. 이 때문에 많은 연구자들은 주어진 상황 속에서 가장 효과적일 수 있는 특성, 기능, 행위가 무엇인지에 대해서 관심을 기울이기 시작하였다. 이러한 동향들을 포괄하여 상황이론 혹은 상황적합이론이 등장하였고, 이들은 구성원에 대한 리더의 영향력 정도는 주어진 상황에 따라서 다르게 적용된다고 가정하고 있다.

상황이론들은 일중심적 혹은 구조중심 스타일이나 관계중심적 혹은 배려중심 스타일 중의 어느 하나가 더 효과적이라고 주장하는 것이 아니라, 주어진 상황조건에 따라서 리더십의 효과가 다르게 나타난다는 것이다. 이에 리더십 효과성에 영향을 미치는 많은 상황적 요소들을 진단하고 평가하며, 관리자에 의한 상황의 진단은 관리자의 특성, 하위자의 특성, 집단 구조와 과업의 성격, 조직의 요소와 같은 영역의 검토를 필요로 한다.

상황이론들은 리더십의 상황에는 어떠한 것이 있는지, 그리고 어떠한 상황에서는 일중심적 스타일이 효과적이고 또 어떠한 상황에서는 관계중심적 스타일이 더 효과적인지를 구체적으로 찾아보는 데 주력하였다.

(1) 상황적합이론

피들러의 리더십 상황모델은 상황을 고려한 최초의 리더십 이론으로 알려져 있다. 피들러는 리더의 성격특성을 구분하기 위하여 같이 일하고 싶지 않은 동료(Least Preferred Co-worker, LPC)가 누구인가를 조사하는 설문을 만들고, 이 결과에 따라서 과업지향적인 리더와 관계지향적인 리더를 구분하였다. 그리고 이러한 리더들이 직면하는 상황을 리더와 구성원 간의 관계, 과업의 구조, 직위권력으로 구체화하였다.

리더와 구성원 관계는 집단의 구성원들이 리더를 신뢰하고 좋아하며, 그의 말을 기꺼이 따르려는 정도이다. 개연성 이론이기도 한데 리더의 효과성은 개인에 있는 것이 아니라 조직의 상황에 있다고 보는 것이다.

가장 중요한 변수로는 과업구조이다. 과업구조에는 목표명료성으로 과업의 요구조건들이 얼마나 명백히 정해져 있는가 하는 것이고, 목표 및 경로의 다양성에는 어떤 과업을 수행하는 데 사용할 수 있는 과업수행 방법의 수이며, 검증가능성은 과업을 수행하고 나서 그 결과를 알 수 있는 정도이고, 구체성은 과업에 대한 최적의 해답이나 결과가 존재하는 정도이다. 또한 직위권력은 리더가 갖고 있는 직위에 집단 구성원들을 지도하고 평가하고 상과 벌을 줄 수 있는 권한이 주어진 정도이다. 따라서 상황변수는 리더와 구성원 관계, 과업구조, 직위권력이다. 그리고 이러한 세 가지 상황변수가 결합되면서 리더십을 발휘하는 상황은 8가지로 분류하였다. 피들러의 상황적합이론에 의하면 리더와 구성원 간의 관계는 어느 정도 형성되어 있지만 구성원들에게 주어진 과업이 애매하고, 리더가 별로 권력을 장악하지 못한 상황이라면 리더는 관계중심적 리더십을 발휘하는 것이 가장 바람직하다. 반면에 구성원들과의 관계가 별로 좋지 않고, 과업의 구조도 애매하며, 리더가 권력을 가지지 못한 상황이라고 한다면 분명하게 과업중심 스타일이 효과적이라고 한다.

(2) 개연성 이론

리더의 효과성은 개인에 있는 것이 아니라 조직의 상황에 있다.

(3) 경쟁적 가치 접근에 의한 리더십

통합적 리더십에 대한 관심으로 전제조건은 한 조직의 리더가 갖는 역할과 리더십 스타일은 매우 다양하며 과업수행을 위한 관리자의 상황에 따라 갈등적인 역할을 적용하고 강조한다. 모든 영역의 리더십 유형들이 조직의 운영을 위해 필요함을 강조한다.

3. 전문적 리더십과 슈퍼비전

전문인력의 리더십 역할은 슈퍼비전 과정에서 수행하게 되며 슈퍼바이저와 슈퍼바이지는 리더와 팔로워로서 특정한 목적 성취를 위해 인간 행동에 영향을 미치는 과정이다. 휴먼서비스 슈퍼비전 모형은 관리자, 중재자, 멘토의 유형으로 분류된다. 관리자는 기획, 예산, 조직, 인적자원개발, 프로그램 평가의 영역에 관한 역할과 기능, 조직 차원의 책임성, 관리적 기능의 역할을 한다.

중재자는 슈퍼바이지들이 분화된 조직구조 속에서 다른 직원과 적절히 관계할 수 있도록 원조하며 행정적 기술과 직접실천 기술 간의 연계 수단으로서 행정의 직접서비스, 정책형성과 정책실행 간의 연결 기능을 하고, 멘토는 슈퍼바이지의 지식과 기술 개발 원조 그리고 정서적, 심리적 지지를 제공한다.

슈퍼바이저의 역할은 행정적 상급자, 교육자, 상담자의 역할로서 슈퍼비전 시 발생하는 긴장과 갈등 사이에서 균형을 유지하는 것이 중요하며 경직된 슈퍼비전의 경계가 요구된다.

슈퍼비전의 핵심은 양방향 의사소통, 상호작용 그리고 슈퍼바이지 욕구와 발달단계에 따른 슈퍼비전에 있다.

슈퍼바이저의 자질과 활동으로는 풍부한 지식, 실천 기술, 접근의 용이성, 진지한 자세, 솔직성, 긍정적 보상에 있고, 슈퍼비전의 구조 모형은 개인교습, 케이스 상담, 슈퍼비전 집단, 동료집단슈퍼비전, 직렬 슈퍼비전을 들 수 있다.

1) 리더십의 발휘상황

리더십의 내용으로 조직 내외에서 발생하는 사건의 해석, 조직 목표의 설정, 목표달성을 위한 업무활동의 조직화 및 구성원의 동기 유발, 팀워크의 유지, 조직 외부로부터의 지지·협조 도출 등에 영향력을 행사하는 과정이다.

리더 구성원 관계, 과제의 구조화 수준, 리더의 직위상 권한 호의적, 비호의적 등으로 구분되며 비판적 요소는 ① 상황변수들이 복잡하고 측정하기 어렵다, ② 하위자의 특성에는 별로 관심을 두지 않았다, ③ 리더나 하위자의 기술적 능력의 변화엔 관심을 두지 않았다, ④ 이 이론을 방어하기 위해 제시한 상관관계가 비교적 약하다, ⑤ 리더유형을 분류하는 측정도구도 의문시된다.

상황 engineering 이란 리더와 상황이 맞지 않을 경우 리더가 지도력을 잘 발휘하도록 상황을 변화시켜주는 것을 의미하며 다른 말로 직무공학(job engineering)이라 한다.

2) 경로 · 목표이론

하우스(House)는 리더십에 관한 오하이오 연구와 동기부여의 기대이론을 결합하여 경로 · 목표이론을 제시하였다. 하우스의 경로 · 목표이론은 상황요인을 일정한 것으로 간주하고 한 리더가 상황적 제약 내에서 부하의 목표를 성취하는 데 도움을 줄 수 있는 방법을 추구하였다. 다양한 과업에 대해 수단적인 지시적 리더십 및 지원적 리더십과 하위자의 행동 간의 관계에 초점을 두었다.

경로 · 목표이론은 관리자에게 그의 행동이 상황에 따라 수정되어야 한다는 점을 시사한다는 측면에서 긍정적으로 평가되며, 리더는 부하들의 특성 및 과업의 환경적 요소들과의 상호작용을 통한 적절한 리더 행동을 취하고, 부하들의 목표에 대한 기대감과 유의성에 영향을 줌으로써 이들의 동기수준과 노력, 그리고 성과와 만족감을 높일 수 있음을 설명하고 있다.

리더의 행동은 지시적 리더십, 지원적 리더십, 참여적 리더십, 성취지향적 리더십으로 구분되고 지시적 리더십은 구체적 작업지시, 규칙과 절차, 계획통제조정, 의사결정에의 참여를 말하며 상황조건은 직무의 구조화가 안 되어 있는 경우, 하급자들이 리더가 지시해 줄 것을 기다릴 때, 하급자가 기술, 정보사항 등을 리더에게 의존하는 경우 등이다. 지원적 리더십은 우호적이고 친밀감, 인간적 관심, 하급자의 의사표현을 존중하는 리더십으로 그 상황조건은 기업이 극히 구조화되어 있는 경우, 직무의 성격상 집단 간의 상호작용이 극히 필요할 때, 스트레스를 주고 불만족스러운 과업인 경우를 말한다.

참여적 리더십은 부하들과의 협의 및 제안을 활용하나 의사결정은 리더가 함으로써 상황조건은 과업이 흥미 있고 적당히 구조화되어 있는 경우, 강한 독립심과 성취욕구를 지닌 작업자들인 경우, 부하가 필요한 지식과 정보를 갖추고 있을 때를 말한다.

성취지향적 리더십은 도전적 목표설정 강조, 부하능력의 신뢰로 성과에 대한 책임을 말하며 상황조건은 대부분 참여적 리더십의 상황과 유사하며 복잡과업을 수행하는 성취지향적인 부하들이 있을 경우의 리더십이다. 이러한 리더십에서 하위자 특성은 능력, 욕구, 통제의 위치, 경험을 중시하며, 업무환경 특성은 과업의 성격, 업무집단의 특성, 조직의 요소를 말하며, 하위자의 인지로는 유인성, 기대, 수단성이고 결과는 노력, 동기부여, 성과, 만족을 말한다.

비판적인 요소로는 ① 리더 행동의 범주가 너무 포괄적일 뿐 아니라 복잡하고 난해하다, ② 서로 다른 상황변수들 간의 상호작용의 가능성을 배제하고 있다, ③ 기대이론을 많이 포함하고 있기 때문에 기대이론의 문제점에 의해 제약을 받는다, ④ 동기부여의 기능에 초점을 맞추고 있기 때문에 리더가 하위자의 과업에 영향을 미치는 기타 다른 방법들을 소홀히 하고 있다.

3) 허시 & 블랜차드의 상황 이론

이 이론은 상황에 따라 필요한 리더십으로 부하의 의지, 부하능력 등을 말한다.

4) 리더십대체물이론

커르(Kerr)는 리더십 연구에서 리더십 행동을 대체하는 대체물로서의 상황변수를 확인하는 작업을 최초로 시도하였다. 리더십의 영향력을 약화시키는 상황적 측면을 두 개의 변수로 대별하고 있는데 대체물과 장애물이 그것이다. 또한 그 이후 하위자의 특성, 과업의 특성, 그리고 조직의 특성 등 세 가지 범주의 상황변수를 확인하였는데, 하위자의 성과 및 만족에 대한 리더행동의 영향력이 하위자의 특성, 과업특성, 조직의 특성과 같은 리더십 상황에 의해 크게 제약을 받게 된다는 것이다. 이러한 리더십대체물이론은 리더십 연구에 대한 새로운 시각을 제공해 주고 있다.

대체물과 장애물에서 대체물은 리더 행동을 불필요하게 만드는 상황변수이고 장애물은 리더 행동의 유효한 기능을 방해하고 리더 행동의 효과를 약화 내지는 중화시키는 상황변수이다.

리더의 행동은 수단적 행동(구조주도), 지원적 행동(배려)이고 상황변수는 하위자의 특성, 과업특성, 조직의 특성이며, 하위자의 특성은 경험, 훈련, 전문성, 자율에 대한 욕구이다.

과업의 특성은 모호성이 없고 직무나 과업 자체에서 오는 내재적 만족감을 말하며, 조직의 특성은 분명히 공식화된 목표, 엄밀한 절차 및 규칙, 응집성이 강한 집단 혹은 조직을 말하고 결과변수는 하위자의 성과, 하위자의 만족을 말한다.

비판적인 요소는 광범위한 실증적 연구가 이루어지고 있지 않아 그 유용성이나 타당성을 평가하기 위해 더 많은 후속연구가 이루어져야 할 것으로 기대된다.

5) 최근의 리더십 이론

(1) 변혁적 리더십

전통적 리더십 이론은 안정지향의 거래적 리더십(transactional leadership)이고 규정, 규칙에 의해 일상적 과업을 현상유지하는 데 목적이 있고 리더-추종자 간은 상호의존적이며 보상이 개인적으로 이루어지는 데 비해, 변혁적 리더십(transformative leadership)은 조직의 변화를 주도하는 리더의 활동을 강조한다. 뛰어난 개인능력으로 부하에게 영향을 주는 카리스마, 영감, 자극, 개인적 배려라는 요소가 강조된다. 비일상적 과업은 리더-추종자 간에 상호 독립적인 관계에서 이루어지며 보상이 비개인적, 즉 집단이다. 변혁적 리더십은 변환적 또는 변형적 리더십이라고도 한다.

(2) 경쟁적 가치

경쟁적 가치(competing values)는 통합적 관점(AGIL)을 유지한다. 이 가치는 외부·내부 지향 축과 통제·유연성 위주 축으로 나눌 수 있다.

외부·유연성 리더는 환경적응(Adaption), 비전제시로 경계를 잇는 기술이다.

외부·통제성 리더는 목표달성(Goal attainment)으로 하는 지시기술이다.

내부·통제성 리더는 통합(Integration)으로, 동기부여로 조정기술을 말한다.

내부 · 유연성 리더는 형태유지(Latent pattern maintenance)기능과 분석으로 하는 인간관계 기술이다.

오하이오는 배려 혹은 구조주도, 미시간은 구성원 혹은 직무중심, 격자이론은 인간 혹은 산출에 대한 관심이다. 피들러는 상황적합이론에서 관계, 과업, 파워의 8가지 상황에 따라 관계형 혹은 과업형 리더십이 유리하다. 하우스는 경로 · 목표이론에서 부하와 과업 특성에 따라 지시적, 지원적, 참여적, 성취지향적 리더십을 택하면 부하가 인지해서 성과를 가져온다.

(3) 사회복지 조직에서 리더십 수준

첫째, 최고관리층의 리더십, 둘째, 중간관리층의 리더십, 셋째, 하위관리층의 리더십으로 구분된다.

최고관리층의 리더십은 내부 운영을 지시하고 조정한다. 환경관계를 확립하는 두 가지 주요 과업의 달성을 필요로 한다. 이러한 과업 수행 시에는

① 조직의 기본적 임무의 설정

② 임무를 수행하기 위한 서비스 기술의 선정

③ 외부의 이해관계집단과 교섭 중재하고 조직의 정당성 확보

④ 내부구조를 발전시키고 유지함

⑤ 변화를 주도하고 수행의 의사결정이 필요하다.

이러한 의사결정의 형태는 조직의 발전단계에 따라 그 중요성과 관련되는 정도가 달라지는데, 상황이 바뀌면 이에 필요한 리더십의 기술과 행동도 달라져야 한다.

중간관리층은 조직의 주요한 프로그램 부서를 책임지고 있는 사람들을 말한다. 중간관리층의 리더십 최고관리층의 지시를 구체적 활동으로 전환하고 필요한 인적 · 물적 자원을 학보하여 조직을 관리, 감독, 조정, 평가한다.

이에는 수평적 · 수직적 연결 고리로서의 기술, 즉 하위관리층을 포함한 일선

구성원과 최고관리층 사이의 두 수준을 중재하는 기술과 같은 수준의 다른 부서의 리더와 타협하고 조정하는 기술로서 개개 구성원들의 욕구와 기대를 조직의 목표에 통합시키는 인간관계 기술이다.

하위관리층이란 일선 구성원과 매일 정상적으로 프로그램을 감독하고 일선 구성원들에게 업무를 위임 또는 분담시키고 서비스가 정상적으로 제공되고 있는지를 검토하면서 접촉하는 사람들이다. 이들은 단위 감독자, 조정자, 팀 리더의 역할을 수행한다.

여기에 두 가지 종류의 기술이 필요한데

① 구성원과 자원을 효율적이고, 효과적으로 활용할 수 있는 기술적 지식

② 보상과 제재의 분배가 공정하도록 해야 하는 형평에 관한 기술이다.

(4) 사회복지 조직 관리자의 리더십 유형모형

리더십은 권위의 소재, 전문적 행동, 연속선상 그리고 조직 계층상의 수준에 따라 그 유형이 다르게 나타나고 있다.

권위의 소재에 따른 리더십으로 리더십의 유형은 일반적으로 독재형, 민주형, 자유방임형으로 나누어진다.

칼리슬(Carlisle)은 리더십의 이러한 구분이 너무 정치적인 의미를 갖기 때문에, 그러한 가치상의 함축을 피하기 위해 이를 지시형, 참여형, 자유형으로 대신하였다. 이 중 자유형의 사용은 극히 제한되어 있으며 지시형과 참여형이 일반적으로 사용되고 있다.

① 지시형 리더십

이 형태의 리더십은 명령과 복종을 강조한다. 따라서 리더는 의사결정에 있어서 독선적이며, 조직체 성원들을 보상·처벌의 연속선상에서 통제하고 관리한다.

② 참여형 리더십

이 형태는 민주적 리더십으로 리더가 여러 가지 의사결정을 함에 있어서 구성원들에게 의견을 묻고, 이들을 결정과정에 참여시키는 것을 중요시한다. 여기에서는 구성원들의 일에 대한 동기와 사명감이 증진될 수 있고, 의사소통의 경로가 개방됨으로써 새로운 정보의 교환이 활발하게 이루어질 수 있다.

③ 자유형 리더십

이 형태는 방임적 리더십으로 리더가 대부분의 의사결정 권한을 구성원들에게 위임하는 형태로서 구성원들은 스스로 프로그램의 목표를 세우고 그에 따르는 계획을 수립하게 된다. 리더의 통제나 영향력이 매우 적어 구성원들은 조직의 규칙이나 정책을 위반하지 않는 범위 내에서 자유 재량권을 행사할 수 있다. 따라서 특정 과업을 수행하는 전문가중심이 조직에는 적합하다.

대부분의 조직 상황에서는 완전한 지시적, 참여적, 자유적 리더십을 발휘하는 것이 아니고, 이들이 혼합되어 나타날 것이다.

연구과제

1. 슈퍼바이저의 장해요인
2. 역할기술 비발휘시의 발생요인

CHAPTER 04

실습슈퍼비전

학습과제

1. 사회복지현장실습교육의 전문성
2. 사회복지실습일지의 작성
3. 사회사업실천과정

제1절 실습슈퍼비전의 의의

슈퍼비전은 다른 사람이 하는 일에 대해 책임을 갖고 지켜보는 감독자의 일이라고 본다. NASW(The National Association of Social Workers, 전미사회복지사협회)는 훈련받은 자가 훈련이 안 된 자에게, 경험이 있는 자가 경험이 없는 학생과 워커에게 사회사업실천에 있어서의 지식과 기술을 이전하는 전통적인 방법이다.

슈퍼비전의 방법은 기본 기술들, 명확히 규정된 책임들, 그리고 자원들의 실제적인 사용을 권장한다.

슈퍼비전에 있어서 첫 번째 임무는 양쪽 당사자에게 현실적 책임을 주고 의무와 책임을 제한함으로써 카운슬러의 불안을 관리하는 것에 대해 슈퍼바이지와 함께 구두행동계약 혹은 가능한 한 서면행동계약을 체결하는 것이다. 그 계약이 재협상과 기존관계를 포함한다면 슈퍼바이지는 그것이 야기하는 추가적 공식성을 불편해 할 수도 있다. 따라서 그와 같은 요구와 가능성을 가진 이러한 특정상황을 고려할 때 내담자가 누구인지와 내가 누구인지를 고려할 때 그리고 이용가능한 시간과 자원을 고려할 때 이런 요인들을 감안한 학습과정에 대한 계획을 세우는 것이 필요하다. 그리고 슈퍼바이저의 역할에 관한 모호성의 문제는 처음에 해결되어야 한다. 슈퍼바이저는 슈퍼바이지에 대하여 개선 권한을 가진 슈퍼바이저인가 아니면 동료, 코치, 격려, 자문 등의 역할을 하는 슈퍼바이저인가로 구분된다. 전자는 주로 서비스기관에서, 후자는 시설현장과 학술적 기관에서 나타난다. 처음 회기에서는 어떤 슈퍼바이저든 간에 몇 가지 필수적인 임무가 있는데 그것은 다음과 같다.

첫째, 신뢰와 존중의 기초를 다지는 것을 포함하는 작업관계 세우기이다.

둘째, 카운슬러의 임상적 지식과 기술, 이전 경험들 그리고 훈련요구사항들을 사정하기이다.

셋째, 슈퍼비전 훈련계획이나 개인역량개발계획(individual development plan, IDP)의 형식으로 슈퍼비전에 대한 학습목표를 설정하기이다.

넷째, 슈퍼비전 회기들을 위한 기초규칙을 정하는 행동계약을 체결함으로써 카운슬러에게 비밀보장, 이중관계, 고지된 동의, 행정요건 같은 이슈들을 소개한다.

처음부터 슈퍼바이저는 슈퍼바이지의 이전학습과 작업경험에 대해 긍정적으로 고려해 주어야 한다. 알코올중독, 마약중독, 약물남용 분야에서는 개인의 이전 생활경험을 존중함으로써 정규 교육장면에서 개인의 약물사용 회복경험을 참조할 수 있게 된다. 슈퍼바이저는 슈퍼비전에서 슈퍼바이지의 이전 경험과 선호하는 상담접근법, 선호하는 슈퍼비전과 학습스타일에 진지하게 관심을 보여야 한다. 슈퍼바이저에 대해 무엇인가를 배우는 상호적 기회를 얻기 위하여 다음과 같은 질문을 회상시켜 보아야 한다. 문헌들에 대한 주장과 달리 슈퍼바이저는 어떤 누구도 동기화시킬 수 없다고 본다. 사람들은 이미 동기화되어 있다고 볼 때 누구나 욕구와 관심을 갖고 있다. 유능한 슈퍼바이저가 되는 열쇠는 무엇이 피고용인을 동기화하는지를 찾아내는 것이다. 이 카운슬러는 누구인가, 그들 동기화하는 것은 무엇인가, 그가 퇴근 후 재미를 느끼는 것은 무엇인가, 그가 밤에 잠을 못자고 걱정하는 것은 무엇인가, 그의 개인적인 관심과 요구는 무엇인가, 이런 욕구들이 직장에서 어떻게, 어디까지 충족시킬 수 있는가, 이런 질문은 슈퍼바이지에게 무엇을 기대하는지 알게 할 뿐만 아니라 상호연결된 느낌을 갖기 위해서 슈퍼바이저는 자신의 경험과 배경을 바탕으로 함께 공유하여야 한다.

카두신은 1949년 로빈슨의 정의를 빌어 사회사업 상황에서의 슈퍼비전이란 일정한 지식과 기술의 준비를 갖춘 사람이 비교적 덜 준비된 사람을 훈련시키는 책임을 담당하는 교육적 과정이라고 정의하여 슈퍼비전의 교육적인 측면을 강조하고 있다. 그러나 이후 교육적 측면에 사회사업가들의 임무수행을 통제하고 조정해 주는 행정적인 측면을 결합하게 되었고, 1976년 이후 사회사업가들이 업무와 관련하여 좌절이나 불만족을 경험할 때 정서적 지지나 도움의 지원을 제공하는 표현적, 지지적 지도력을 첨가하여 새로운 슈퍼비전의 정의를 제시하고 있다. 카두신은 1979년 슈퍼비전의 정의에서 사회사업 슈퍼바이저는 일정한 업무수행의 책임을 맡은 슈퍼바이지의 현장에서의 업무수행을 지지, 조정, 강화 그리고 평가하도록 권위를 위임받은 기관 행정직원의 일원으로 보았다. 이러한 책임을 실제로 적용하기 위해서 슈퍼바이저는 긍정적 관계의 상황 속에서 슈퍼바이지와 상호작용함으로써 행정적, 교육적, 지지적 기능을 수행해야 한다고 하였다. 또한 카두신은 슈퍼바이지의 궁극적인 목표는 기관의 정책과 절차에 따라서 질적·양적으로 최선의 가능한 서비스를 클라이언트에게 전달하는 데 있다고 하였다. 이와 같이 슈퍼바이저의 업무수행과정에서의 슈퍼바이지와의 상호작용을 강조함으로써 슈퍼비전관계가 일방적인 것이 아닌 슈퍼바이저와 슈퍼바이지가 서로 영향을 주고 받는 상호역동관계에 있다는 것이다.

한국사회복지교육협의회에서는 실습을 사회복지현장실습으로 사회복지를 전공하는 학생들이 필히 이수해야만 하는 필수과목으로 중요한 교육과정의 일부분으로 간주하며 사회복지현장실습은 사회복지사자격증 취득에 반드시 필요한 필수과목의 하나이기도 하다. 사회복지를 전공하는 학생들에게 사회복지 현장실습은 사회복지의 철학 및 윤리에 입각하여 학교에서 배운 다양한 분야의 사회복지이론과 기술을 사회복지의 현장에 적용하는 방법을 배워 나가는 과정이다. 학생들은 사회복지 현장실습을 통하여 개념적 지식을 실제에 적용시켜 그 진의를 터득할 수 있으며 실천과정에서 얻어지는 경험과 관찰에 비추어 기존의 지식을 다져나가거나 재확립할 수 있는 기회를 가질 수 있게 됨으로써 학교교육과 연계되는 현장에서의 전문적인 사회복지교육을 받을 수 있다. 따라서 사회복지 현장실습의 의의는 현장에서의 지도와 구체적인 사례를 통하여 강의에서 배운 제반이론을 재인식하고 자기 태도 및 행동에 편협함을 깨닫는 기회 제공을 통해 사회복지실천자로서의 능력을 강화시키는 데 있다. 일반적으로 학교에서는 실습교육이라는 명칭을 사용하고 기관에서 진행되는 부분은 실습지도로 언급되고 있다. 실습지도는 사회복지의 전문적 지식과 기술을 습득하고 실천하는 데 가장 중요한 도구로 실습생은 클라이언트를 실제로 만나고 학교에서 배운 이론과 지식을 실제로 실행해 볼 수 있는 기회를 가질 수 있게 된다. 실습은 실습생들에게 기술개발, 지식의 통합 그리고 정서적인 학습영역을 제공하며 실습지도는 학생에 학교에서 습득한 사회복지실천지식, 기술, 가치를 현장경험을 통해서 통합할 수 있는 기회를 제공하는 데 초점을 두고 있다.

실습지도나 실습슈퍼비전은 사회복지 실습의 목적인 실습생에게 사회복지전문직으로서의 지식, 기술, 가치관의 실천적 적용을 통하여 궁극적으로 학생을 전문직 사회복지사로 성장시키려는 목적에서 행해지는 것으로 볼 수 있다. 슈퍼비전은 일반적으로 사회복지실습생이나 사회복지기관에 새로 취업한 사회복지사들에게 이미 전문지식과 기술을 갖춘 선배 사회복지사가 훈련이나 교육을 통해 그 지식과 기술을 전수하는 것을 의미한다. 그러나 실제로는 일선 실천가는 물론 자원봉사자를 포함한 모든 사회복지 전문적 지식과 관련된 모든 사람들에게 필수적으로 필요한 과정이다.

슈퍼비전은 사회복지실천에 있어서 핵심적인 과정으로 슈퍼비전 없이는 모든 사회복지사들은 급변하는 사회 속에서 전문직으로서 정체성을 잃을 것이며 더욱이 어려운 상황에 처해 있는 클라이언트를 돕는 데 있어서의 효과성을 지속적으로 창출하기가 어려울 것이다. 사회복지실습 슈퍼비전은 학생 또는 실습슈퍼비전이라고 하며 기관 내 직원들을 대상으로 하는 직원슈퍼비전과는 차이가 있다. 직원 슈퍼비전은 기관에 고용된 일과 관련된 일을 수행하는 데 필요한 슈퍼비전에 초점을 두는 데 비해 학생슈퍼비전은 교육적 기능으로 실습생의 개인적 전문적 성장과 발전을 가르치는 사람과 배우는 사람의 관계에 초점을 둔다. 슈퍼바이저는 효과적인 슈퍼비전 실천활동을 행정적, 교육적, 그리고 지지적인 기능을 상호

보완적으로 활용하여 슈퍼바이지에게 직·간접으로 서비스를 제공하는 역할을 하고 있다. 이러한 역할은 직원슈퍼비전과 학생슈퍼비전을 구분하여 슈퍼바이지에게 적절한 훈련을 제공할 수 있어야 하기 때문에 훨씬 복잡한 슈퍼비전의 책임과 업무수행의 부담을 갖게 된다. 슈퍼비전의 내용과 관련하여 사회복지사들은 자신의 전문성 성장을 제고할 수 있는 교육적 슈퍼비전을 희망하고 있으나 일선 복지관에서는 행정적인 내용의 슈퍼비전이 주를 이루고 있어 사회복지사 개개인의 자질향상에 장애요인으로 작용하고 있다. 교육적 슈퍼비전의 수행을 저해하는 요인으로는 교육적 슈퍼비전이 정기화, 구조화되어 있지 못하고 업무수행과정에서 간헐적으로만 이루어지고 있는 점과 함께 한 명의 슈퍼바이저가 여러 명의 사회복지사를 담당하고 있는 슈퍼바이저의 업무과다로 인한 시간부족이 지적되고 있다.

1. 현장실습의 의의

한국에서도 1970년에 제정된 「사회복지사업법」에서 처음으로 현장에서 근무하는 사회복지 전문 인력의 자격과 관련된 사항이 명시되었다. 또한, 1997년에는 「사회복지사업법」, 1998년에는 「사회복지사업법 시행령」과 동법 시행규칙 등이 개정되면서 법적으로 규정된 요건을 갖추거나 국가시험을 통과해야만 사회복지사가 될 수 있도록 규정함으로써 사회복지실천의 전문성을 한층 고양시켰다. 사회복지사 1급 국가시험의 실시와 더불어 사회복지실천과 관련된 교과과정도 일부 개편됐다. 2020년에는 의료사회복지사·학교사회복지사가 국가전문자격증으로 입법화되어 영역별 전문자격으로 제도화되었다. 이러한 제도적인 측면에서의 발전과 함께, 사회복지실천의 전문적 지식과 기술을 발휘할 만한 현장과 그 틀이 형성되어 가고 있다. 현재의 사회복지는 초기 단계의 단순한 경제적 원조 형태를 벗어나 체계적이고 전문적으로 인간의 삶에 개입하고자 한다. 사회복지실천의 속성에 대한 규정에서도 이를 알 수 있는데, 사회복지실천활동이란 사회

구성원 모두의 안녕상태를 지향하는 사회의 집합적·조직적 노력으로 규정하고 있다. 집합적이라는 것은 복지활동을 위한 인적·물적 자원이 사회 또는 국가로 집합된 후에 사용됨을 의미한다. 조직적이라는 것은 국가나 사회가 복지 활동의 영역이나 대상, 제공 수준과 인력 등을 사전에 정해두고 그 기준과 절차에 따라 활동을 전개함을 의미한다. 여기에 현장실습의 지도감독이 필요하다.

사회복지학교육의 현장실습은 사회복지학의 응용과학적 측면을 반영하고 사회복지철학과 윤리에 입각하여 학교에서 배운 사회복지이론과 기술은 시설현장에서 적용하는 실무과정을 배우는 것이다. 현장실습은 학생이 원하고 학생에게 적합한 사회복지현장에 학생들을 배치하여 사회복지사업법 시행규칙이 개정되면서 2020년 1월 1일부터 사회복지사 2급 취득 시 이수해야 하는 교과목 기준이 바뀌었다. 2019년 12월 31일까지는 관련 교과목 14과목 이수에다 실습 120시간이었으나, 2020년 1월 1일 이후에 시작한 경우에는 관련 교과목 17과목 이수에다 실습 160시간으로 이수해야 하는 과목이 3과목 추가되었고, 실습시간도 40시간 늘어났다.

게다가 실습세미나 30시간이라는 새로운 취득 요건도 생겨났다 실제로 사회복지기관에서 서비스를 기획, 전달, 평가하는 과정에 참여하게 하고 사회복지기관의 슈퍼바이저의 지도와 학교실습교수의 지도를 받게 된다. 이 과정에서 학생은 실습보고서를 제출하고 사회복지기관의 슈퍼바이저와 학교 지도교수가 이를 검토하여 학생이 사회복지사로서 자질과 능력을 향상시킬 수 있도록 하는 실무 경험과정이다.

2. 사회복지현장실습의 교육

사회복지사는 경제적, 심리적, 주변 환경에서의 문제를 가지고 있거나 문제가 있는 것으로 예상되는 대상자들에게 접근하여 대상자들이 겪고 있는 문제들을 파악하고 이에 대한 문제해결방안 및 문제해결을 위한 여러 가지 방법들을 대상자들에게 알려주어 직접 문제에서 벗어나도록 도움을 제공하는 업무를 담당한다. 이를 위해서는 사회복지사의 현장실습은 전문성을 갖추는 중요한 실천학습의 기회이다. 2020년부터는 자격기준 강화로 더욱 높은 전문성을 요구하고 있다.

첫째, 실천현장의 문제해결 과정에 사회복지 가치 및 윤리강령의 내용, 지식 및 기술을 적용할 수 있는 능력을 기른다.

둘째, 클라이언트체계의 문제 확인, 정보수집, 사정평가, 개입계획 및 개입수행, 그리고 평가과정을 통해 문제해결에 대한 새로운 지식과 기술을 터득한다.

셋째, 지역사회 내 위험집단 및 표적 집단의 강점 및 특성과 자원에 대한 지식을 활용할 수 있는 능력을 기른다.

넷째, 사회복지시설, 기관 및 조직의 사명, 정책 및 행정을 연구하고 파악한다.

다섯째, 실천현장 관련 국가 및 지역(지방자치단체)의 사회복지정책 및 전달체계를 분석하고 실천에 적용한다.

여섯째, 사회복지사로서의 자아인식을 증진시키고 전문직 정체감을 형성한다.

필수과목 중 사회복지현장실습교육 기준으로 기관실습기관은 160시간 이상으로 하고 기관실습기관은 다음의 모든 요건을 갖추어야 한다. ① 사회복지사업을 실시하는 기관, 법인, 시설, 단체일 것, ② 보건복지부장관으로부터 선정되어야 한다. ③ 1급사회복지사 자격증을 취득한 이후 3년 이상의 사회복지사업실무경험이 있거나 2급사회복지사 자격증을 취득한 이후 5년 이상의 사회복지사업실무경험이 있어야 한다.

또한 학교사회복지사와 의료사회복지사 국가자격의 신설로 「사회복지사업법」 개정 법안이 2020년 11월 23일 국회 본회의를 통과했다. 즉, 의료사회복지사, 학교사회복지사의 국가자격증 신설관련 주요내용 및 기대효과는 다음과 같다.

1983년 사회복지사 1·2·3급 자격 제도 개정 이후 35년 만에 정신건강, 의료, 학교 등 특정영역에서 활동하고 있는 사회복지사의 전문성을 바탕으로 정신건강사회복지사, 의료사회복지사, 학교사회복지사 국가 자격을 신설한다.

정신건강사회복지사는 정신의료기관, 정신건강복지센터, 중독관리통합지원센터 등 영역에서 정신건강 서비스 지원을 담당하게 된다.

의료사회복지사는 종합병원 등을 이용하는 환자들에게 재활과 사회복귀를 위한 상담 및 지도 업무를 수행하여 환자에게 보다 적합한 의료서비스를 지원한다.

학교사회복지사는 학교, 교육복지센터 등에서 사례관리, 지역사회자원 개발, 학교폭력 대처 및 예방, 아동학대, 인터넷 중독 등 업무를 담당하여 학생 복지를 증진할 것으로 기대된다.

특히, 의료사회복지사는 최근 보건복지부가 추진 중인 "지역사회 중심 통합 돌봄서비스(커뮤니티케어)"와 관련하여 다음과 같은 역할이 기대된다.

의료기관 내에서 의사, 간호사 등 다직종으로 구성된 연계팀을 구성, 퇴원계획을 수립하고 지역 돌봄 자원을 연계하는 등 입원환자의 지역사회 정착을 지원하는 역할을 수행하게 될 것이다.

시행시기는 하위법령의 개정 기간을 고려하여 공포 후 2년으로 정하였다.

보건복지부 복지정책과는 오랫동안 사회복지사 자격증이 사회복지사 1・2급이었으나, 이번 의료사회복지사 학교사회복지사 신설 및 정신건강사회복지사를 규정함으로써 사회복지 영역별 자격 전문화를 통해 대국민 사회복지서비스를 제고해 나가겠다고 밝혔다.

1983년 5월 사회복지사 1・2・3급 제도 도입 이후, 35년 만에 정신건강, 의료, 학교 영역에서 활동하는 사회복지사에 대한 전문성을 제공하기 위해 의료사회복지사・학교사회복지사를 신설・정신건강사회복지사를 규정하고 있다.

이는 국민의 의료지원 서비스를 제공하며, 정신건강을 증진하고, 학생들은 학교폭력 예방 및 상담 등 위기개입을 통해 건강한 학교생활을 할 수 있도록 관련 전문 자격제도를 마련하여 복지수요에 대응하고자 하였다.

특히, 의료사회복지사는 최근 추진하는 "지역사회 중심 통합 돌봄서비스(커뮤니티케어)"와 관련하여 의료기관에서 입원초기부터 환자의 퇴원계획을 수립하는 등 직무를 수행하며 돌봄통합 창구 및 보건・의료, 돌봄・복지, 정착지원 등 업무를 담당할 것으로 기대된다.

여기서 사회복지사업이란 법률에 따른 보호·선도 또는 복지에 관한 사업과 사회복지상담, 직업지원, 무료 숙박, 지역사회복지, 의료복지, 재가복지, 사회복지관 운영, 정신질환자 및 한센병력자의 사회복귀에 관한 사업 등 각종 복지사업과 이와 관련된 자원봉사활동 및 복지시설의 운영 또는 지원을 목적으로 하는 사업을 말한다.

3. 슈퍼비전의 평가

평가는 슈퍼바이지의 행동을 통제하고 표준화시키기 위한 절차로서 두 가지 중요한 목적이 있는데 행정평가와 실천평가를 하는 데 그 목적이 있다. 행정평가는 기관의 행정적 효율성 증진에 있고 실천평가는 슈퍼바이지의 전문적 성장과 발전에 초점을 두고 있다.

카두신(Kadushin, 1992)에 의하면 슈퍼비전에서의 평가는 사회복지사가 속한 기관에서 요구하는 역할의 수행 정도를 신뢰도와 타당도를 가지고 결정하기 위해 체계적인 절차를 적용시키는 과정이다. 평가는 슈퍼비전의 전체과정에서 계속적으로 이루어지지만 대개 마지막 과정에서 집중적으로 이루어진다. 평가는 상세하고 현실적이며, 달성가능한 기준에 근거한 판단이어야 하며 업무수행의 질과 성취물의 양 모두 포함되어야 한다. 슈퍼바이저는 행정, 교육, 지지, 평가기능들을 수행하는 것으로 설명되고 있다. 평가는 실천에 대한 학습의 질을 향상시키는 교육적 절차일 뿐 아니라 전문적 성장에 공헌해야 하는 행정적 절차이기도 하다. 따라서 평가에는 행정적 슈퍼비전과 교육적 슈퍼비전의 요소가 농축되어 있으며 더 나아가 보다 넓은 지지적 슈퍼비전의 요소까지도 지니고 있다. 평가를 통한 확실한 피드백은 슈퍼바이지에게 의미 있는 성취감을 얻게 해 주며 역할의 모호함과 관련된 긴장감을 감소시키고 잘한 업무에 대하여는 긍정적 강화를 제공하게 된다. 슈퍼비전 평가는 학습을 증진시켜서 결국 실천효과성을 증진시키기 위한 슈퍼바이저와 슈퍼바이지의 공통평가를 말한다. 넓은 의미에서 평가는 서비스

전달의 질과 양에 대한 책무성에 대한 것으로 책무성에 대한 평가는 서비스전달의 여러 차원들을 사정하는 것이다. 이 차원들 중의 하나는 서비스가 효과적, 효율적, 인간적으로 전달되는지의 여부를 사정하는 것이고, 다른 하나는 전문적 지식과 기술이 서비스공급에 어느 정도 능력 있게 그리고 윤리적으로 적용되는가이다. 페트스(Pettes, 1979)에 의하면 평가는 사정과 구별된다. 사정은 현재 진행하고 있는 사례에 관한 것이고, 반면에 평가는 전체 업무에 관한 것이다. 평가는 개개의 나무에 집중하기보다 과수원 전체를 보는 기회라고 할 수 있다.

제2절 실습슈퍼비전 실제

1. 개별실습목표

개별실습목표는 실습계획서에 있는 기본 실습목표와 개인적인 실습목표로 구성된다.

실습목표를 구체화, 현실화, 수치화하여 실행방안과 평가를 하도록 하고 개별실습목표는 실습 초기에 슈퍼바이저와 일대일 면담을 통해 수정 및 보완하도록 하며 실습평가 시에도 개별실습목표달성도를 참고한다.

평가에 있어서는 실습생들은 평가회 일주일 전에 평가서를 작성하여 슈퍼바이저에게 제출하고 슈퍼비전을 받도록 하고 실습평가 당일 오전에는 리허설을 통해 발표 연습을 실시한다.

평가회 발표 시 파워포인트(PPT) 등을 활용하여 발표하며 발표 내용은 간략하게 요점을 중심으로 발표하고 발표시간을 제한한다. 복장, 말투 등 발표 시 지켜야 할 매너를 알려주며 전체 평가회 시간은 1시간을 초과하지 않도록 한다. 평가회 자료는 실습평가 당일 오전에 참석하는 사회복지사에게 미리 제출하여야 한다. 실습지도자는 실습평가일은 사전에 관장님과 부장님께 알려드리고 되도록 이면 오후 시간에 평가회를 할 수 있도록 한다. 날짜와 시간이 확정되면 각 팀별로 평가회 참석 가능한 사회복지사가 몇 명인지 파악한다. 실습평가회 일주일 전에 실습평가회 준비 및 지원내용을 기안하여 준비한다. 실습평가회에 활용되는 기자재, 빔프로젝터, PPT, 노트북 등과 장소를 확인한다. 실습평가서 양식은 슈퍼바이저들이 사전에 의논하여 통일시키도록 한다. 종결평가회 때는 실습결과를 요약 발표하도록 하며 아동, 청소년복지에 대한 집단프로그램 결과, 지역, 재가복지와 관련한 욕구조사 결과를 발표한다.

1) 사회복지 실습일지 작성

(1) 사실대로 정확하게 작성한다.

가급적 쉽고 간명하게 한글로 작성한다. 올바른 뜻의 전달을 위하여 필요한 경우에는 괄호 안에 한자, 기타 외국어를 넣어 쓴다. 모든 문서는 가능하면 컴퓨터를 활용하여 작성한다.

내용상에 거짓이 없어야 하며 사회복지사의 윤리정신에 위배되지 않게 허위 또는 과장된 내용을 기록해서는 안 된다. 맞춤법에 유의하여야 하며 작성 후 꼭 읽어보고 제출하며, 실습일지는 실습 당일에 작성하는 것을 원칙으로 한다. 실습일지 내용은 집단기록과 구분되어야 한다. 정확한 용어를 사용해야 한다. 전문용어와 나이를 정확하게 구분하여 기록해야 한다.

전문용어의 예를 들면, 상담자와 피상담자(내담자), 저소득층의 권리적 성격의 기초생활보장수급권자와 급여를 받는 자인 기초생활보장수급자, 슈퍼바이지와 슈퍼바이저, 주(책임)지도자와 보조지도자, 집단구성원 등이다. 나이는 영아(3세 미만), 유아(6세 미만), 아동(18세 미만), 청소년(19세 미만, 9세 이상~24세 미만), 소년소녀가정(18세 미만) 등으로 표시한다. 또한 각종 기관의 고유명칭을 사용하여야 하는데, 예를 들면 서울특별시사회복지협의회, 한국사회복지사협회, 한국학교사회사업실천가협회, 동대문자활후견기관 등으로 표시하고 약어 사용을 하지 않아야 한다. 종합사회복지관을 종합복지관으로 한다든지 한국사회복지사협회를 한사협으로 해석해서는 안 되며, 을지대학교를 을지대로, 사회복지학부를 복지학부로 해서도 안 된다. 또한 client를 ct.로, 사회복지사를 복지사로, 사회복지전담공무원을 전담공무원으로 표시하는 것을 삼가해야 한다.

(2) 문어체 작성

문어체는 "실습이란 학교에서 배운 지식과 기술을 현장에서 접목시켜 응용하는 것이다."라고 표현하나 존어체는 "실습이란 학교에서 배운 지식과 기술을 현장에서 접목시켜 응용하는 것입니다."로 표현하고 물음체는 "실습이란 학교에서 배운 지식과 기술을 현장에서 접목시켜 응용하는 것일까?"로 표현한다. 그러나 애매모호체로 표현해서는 안 되는데, 예를 들면 "실습이란 학교에서 배운 지식과 기술을 현장에서 접목시켜 응용하는 것이어야 한다."로 표현하는 것을 말한다.

- 문어체 예 실습이란 학교에서 배운 지식과 기술을 현장에서 접목시켜 응용하는 것이다.
- 존어체 예 실습이란 학교에서 배운 지식과 기술을 현장에서 접목시켜 응용하는 것입니다.
- 물음체 예 실습이란 학교에서 배운 지식과 기술을 현장에서 접목시켜 응용하는 것일까?
- 애매모호체 예 실습이란 학교에서 배운 지식과 기술을 현장에서 접목시켜 응용하는 것일까 싶다.
  ~인 것 같다, ~인 듯 한다 등

(3) 기타

① MBTI를 실습초기에 실시하여 사회복지사로서의 자기분석을 실시하고 실습생과 실습지도자의 의사소통 유형을 알아보도록 한다.

예 P유형(자유분방, 융통성) ↔ J유형(문서화, 기한중시)

② 지각, 결석에 대한 대처방안

③ 실습생 간의 능력차, 성격차, 자원봉사경험 정도에 따른 차이

④ 실습일정표 작성・제시 요구

⑤ 실습 과제물 기한과 내용을 명확하게 전달

2) 공문서 작성요령

실습일지도 공문서로서 공문서 작성 시에는 다음 사항을 유의하여 작성하여야 한다.

용지는 A4용지(가로 210mm × 세로 297mm), 용지여백은 위 30mm, 왼쪽 20mm, 오른쪽 15mm, 아래 15mm, 펜은 검정색 또는 파랑색 볼펜, 글쓰기는 좌에서 우로 가로쓰기, 교정 시 자로 두 줄 삭선 후 서명 또는 날인하며, 숫자는 특별한 경우를 제외하고는 아라비아숫자를 사용한다. 금액표시는 금123,000원(금일십이만삼천원)으로 항목의 구분은 2타 띄우고, 문서 작성 시 유의사항은 정확성, 즉 바른 글에 의한 6하(누가, 언제, 어디서, 무엇을, 어떻게, 왜) 원칙에 의한다. 신속성은 이해가 빠른 글에 의해서 문장은 짧게 끊어서 개조식으로 쓴다.

용이성, 즉 글은 읽기 쉽고 알기 쉬운 말을 쓰며, 경제성은 용지의 규격을 표준화하고 반복적인 업무는 표준 기안문 제도를 활용한다. 그리고 한 문장은 문단으로는 구성할 수 없다.

(1) 공문서의 개념

행정 기관 내부 또는 상호 간이나 대외적으로 공무상 작성 또는 시행되는 문서(도면, 사진, 디스크, 테이프, 필름, 슬라이드, 전자문서 등의 특수매체기록을 포함한다) 및 행정기관이 접수한 모든 문서를 공문서라고 한다.

(2) 공문서의 종류

사무관리규정은 공문서를 법규문서, 지시문서, 공고문서, 비치문서, 민원문서 및 일반문서로 구분하고 있다.

① 법규 문서

헌법, 법률, 대통령령, 총리령, 부령, 조례 및 규칙 등에 관한 문서를 말한다.

② 지시문서

훈령, 지시, 예규 및 일일명령 등 행정기관이 그 하급기관 또는 소속공무원에 대하여 일정한 사항을 지시하는 문서를 말한다.

③ 공고문서

고시, 공고 등 행정기관이 일정한 사항을 일반에게 알리기 위한 문서를 말한다.

④ 비치문서

비치대장, 비치카드 등 행정기관이 일정한 사항을 기록하여 행정기관 내부에 비치하면서 업무에 활용하는 문서를 말한다.

⑤ 민원문서

민원인이 행정기관에 대하여 허가, 인가, 기타 처분 등 특정한 행위를 요구하는 문서 및 그에 대한 처리문서를 말한다.

⑥ 일반문서

위의 각 문서에 속하지 아니하는 모든 문서를 말한다. 다만, 일반 문서 중 특수한 것으로 회보 및 보고서가 있다.

3) 문서의 기안

(1) 글자

스타일 바탕글, 굴림체 12pt, 줄간격 160%, 장평 100%으로 하고, 문서는 어문규범(문화예술진흥법 제7조)에 맞게 한글로 작성하되, 쉽고 간명하게 표현하고, 뜻을 정확하게 전달하기 위하여 필요한 경우에는 괄호 안에 한자, 그 밖의 외국어를 넣어 쓸 수 있으며 특별한 사유가 있는 경우를 제외하고는 가로로 쓴다.

예 법규문서는 조문형식에 의하여…

(2) 숫자

특별한 사유가 있는 경우를 제외하고는 아라비아숫자로 쓴다.

(3) 연호

서기연호를 쓰되, "서기"는 표시하지 않는다.

(4) 날짜

숫자로 표시하되 년, 월, 일의 글자는 생략하고 그 자리에 온점을 찍어 표시한다.

예 2014. 10. 9

(5) 시 · 분

24 시각제에 따라 숫자로 표시하되, 시, 분의 글자는 생략하고 그 사이에 쌍점(:)을 찍어 구분한다.

예 15:20

(6) 문서에 서식, 금전, 유가증권, 참고서류, 기타의 물품이 첨부되는 때에는 본문 내용이 끝난 다음 붙임을 표시하고 첨부물의 명칭과 수량을 쓴다.

(7) 문서 및 유가증권에 금액표시는 아라비아숫자로 쓰되 괄호하고 한글로 기재한다.

예 금113,560원(금일십일만삼천오백육십원) 그리고 다른 법령에 표시방법이 따로 있는 경우 그 법령에 따른다.

(8) 문서의 규칙은 특별한 사유가 있는 경우를 제외, 가로 210mm, 세로 297mm(A4 용지)

(9) 문서는 용지의 위로부터 30mm, 왼쪽부터 20mm, 오른쪽 및 아래부터 15mm의 여백을 둔다.

(10) 문서의 수정은 수정한 글자 중앙에 두 줄 '='을 그어 원안의 글자를 알아볼 수 있도록 수정하고 수정자가 서명 또는 날인한다. 중요한 문서의 수정, 삭제는 난 밖 여백에 가감 또는 삭제 숫자를 표시하고 시행문은 관인으로 날인한다.

그리고 문장은 대충적 · 주관적 · 감성적 · 부정적이어서는 안 되며, 구체적 · 객관적 · 논리적 · 긍정적으로 작성한다. 대충적이란 현황이나 문제점만 제시한다든지 개선방안만 제시해서는 안 되고 서론, 본론, 결론이 성립되어야 하며, 주관적이란 노인시설에서 노인학대를 보니까 우리나라의 모든 노인복지시설에 문제가 있다든지, 감정적인 예로서 실습생 자신이 참 좋았다, 기분이 좋았다라든지 하는 주인공이 되어 감상적인 기록을 하지 않도록 주의한다. 그리고 부정적이란 시종일관 문제점만 지적하는 가치관의 문제로서 고정관념 · 편견 · 아집 · 그릇된 사고방식 등으로 대안 없는 비판은 소모적이라는 것을 보여줘서는 안 된다는 점이다.

글을 잘 쓰려면 다양한 경험이 필요하다. 글을 잘 쓰기 위해서는 여러 가지 준비가 필요하다. 그 중에서도 무엇보다 중요한 것은 경험이다. 따라서 많은 경험을 한 사람은 좋은 글을 쓸 수 있는 조건을 가진 셈이다. 그러나 모든 것을 직접 경험해 볼 수 있는 것은 아니므로 여행, 텔레비전 시청 혹은 책 읽기나 인터넷

검색을 통해 필요한 경험을 간접적으로 얻는 것도 좋은 방법이다. 많이 안다고 해서 반드시 좋은 글을 쓸 수 있는 것은 아니지만 지식이 풍부하면 좋은 글이 나올 가능성이 높다. 많은 경험을 통해 생각의 폭이 그만큼 넓어지기 때문이다. 이렇게 수집한 경험을 잘 정리한다면 한 편의 좋은 글이 될 것이다.

그리고 MBTI를 실습초기에 실시하여 사회복지사로서의 자기분석을 실시하고 실습생과 실습지도자의 의사소통 유형을 알아보도록 한다. 예를 들어, P유형(자유분방, 융통성)과 J유형(문서화, 기한중시), 지각, 결석에 대한 대처방안, 실습생 간의 능력차, 성격차, 자원봉사경험 정도에 따른 차이, 실습일정표 필요, 실습 과제물 기한과 내용을 명확하게 전달한다.

2. 실습생의 평가

1) 실습생에 대한 평가

실습생에 대한 평가는 실습생의 목표에 대한 평가로 첫째, 실습 내용 및 역할에 대한 평가, 둘째, 전문적 태도에 대한 평가, 셋째, 실습 슈퍼비전 활용 및 평가, 넷째, 과업과 평가중심으로 수행에 따른 이해 및 평가로 구분해 볼 수 있다.

실습생의 목표에 따른 평가 중에서 실습 내용 및 역할에 대한 평가는 실습 내용 요약, 구체적이고 적절한 목표 설정 여부 및 달성 여부를 고려해야 하며, 전문적 태도에 대한 평가로는 실습 경험을 통해 자아인식 변화, 사회사업가로서 자신의 장·단점에 대한 인식, 실습생의 조직 내·외의 인적, 물적 자원의 활용 그리고 조직 내 스태프 및 타 실습생과의 협력 관계에 있는 자료를 검토해야 할 것이다.

실습 슈퍼비전 활용 및 평가로는 실습생 자신의 슈퍼비전 활용 정도로서 기관 및 학교 슈퍼비전, 기관 및 학교 슈퍼비전과 같은 슈퍼비전 자체에 대한 평가 등을 들 수 있다.

과업과 평가중심으로 수행에 따른 이해 및 평가로서는 실습생의 과업수행에 따른 평가, 실습생으로서 기관의 권한, 실습생으로서 기관의 한계 그리고 기타 실습생의 의견을 제시할 수 있다. 여기서 과업과 평가중심으로 수행에 따른 이해 및 평가에서 실습생의 과업수행에 따른 평가는 다음과 같다.

① 설문지 작성으로 변수의 값이 응답자의 답을 모두 포함할 수 있도록 만드는 것이 중요하다.

② 설문지 코딩의 코딩작업은 코딩북도 만들고, 코딩쉬트도 작성하고, 코딩을 한 후 오류를 찾아내는 법 등을 고려해야 한다.

③ 설문지 분석은 빈도분석을 이용해 통계분석을 하고 그에 대한 분석보고서를 작성하였다.

이를 통하여 어떤 항목을 분석할지에 따라서 분석 방법이 달라질 수 있으며, 기본 중의 기본인 빈도분석 만으로도 어느 정도의 분석이 가능하다. 또한 분석작업을 통해서 일정수준 이상 만족도를 측정한다. 그리고 사업계획서 작성으로 이론적 근거를 제시한다.

실습은 다양한 기술을 얻기 위해서 직접 체험하여 학습하는 활동을 말한다. 실습의 종류로는 크게 두 가지가 있으며, 기술의 기본적인 것을 학습하는 학교실습과 실생활에서 체득하여 학습하는 교외실습이 바로 그것이다.

실습일지(practice daily record)는 실험을 한 학습자가 직접 작성하는 것으로, 실험의 과정, 실험의 결과를 위주로 작성하게 된다. 실험을 통해 얻게 된 객관적인 정보뿐만 아니라, 학습자의 소감, 수업을 지도하는 교사의 조언, 소감 등을 함께 기록한다.

2) 실습중간평가, 최종평가

(1) 실습생들은 평가회 일주일 전에 평가서를 작성하여 슈퍼바이저에게 제출하고 슈퍼비전을 받도록 한다.

(2) 실습평가 당일 오전에는 리허설을 통해 발표 연습을 실시한다.

평가회 발표 시 유의사항은 다음과 같다.

① 가능한 빔프로젝터나 PPT 또는 노트북을 활용하여 발표한다.
② 발표 내용은 간략하게 요점을 중심으로 발표하고 발표시간을 제한한다.
③ 복장, 말투 등 발표 시 지켜야 할 매너를 알려준다.
④ 전체 평가회 시간은 1시간을 초과하지 않도록 한다.

(3) 평가회 자료는 실습평가 당일 오전에 참석하는 사회복지사에게 미리 제출하여야 한다.

(4) 실습지도자는 실습평가일은 사전에 관장님과 부장님께 알려드리고 되도록 이면 오후 시간에 평가회를 할 수 있도록 한다. 날짜와 시간이 확정되면 각 팀별로 평가회 참석 가능한 사회복지사가 몇 명인지 파악한다.

(5) 실습평가회 일주일 전에 실습평가회 간식을 기안하여 준비한다.

(6) 실습평가회에 활용되는 기계(빔프로젝터, OHP, 노트북 등), 장소를 확인한다.

(7) 실습평가서 양식(편집)은 슈퍼바이저들이 사전에 의논하여 통일시키도록 한다.

(8) 종결평가회 때는 실습결과를 요약·발표하도록 한다.

아동, 청소년복지는 집단프로그램 결과, 지역, 재가복지는 욕구조사 결과를 말한다.

3) 실습 최종보고서

(1) 실습기관 개요

① 실습생 성명
② 실습기관명
③ 실습기관 소재지 및 연락처
④ 실습기간

⑤ 실습지도자 성명(실습지도자: 사회복지사 1급 자격증소지자로서 3년 이상 사회복지 사업 실무경험 있는 자임)

서식 구성항목은 다음과 같다.

실습 일자, 실습생 명, 실습기관, 담당자, 실습 일정, 시간, 실습 내용, 비고, 실습활동, 구성, 활동 내용 및 교육내용, 자기평가, 차기 일정 및 계획 등을 들 수 있다.

사회복지사 실습을 진행한 후 진행한 실습 내용을 작성하기 위해 사용되는 문서가 사회복지사 실습일지이다. 어떤 실습을 했는지 등의 사실을 증명하기 위하여 작성하여 보관되고 있다.

실습일지의 작성 시 각 항목에 정확한 내용으로 작성해야 하며, 거짓의 정보를 작성하지 않도록 유의하도록 한다. 실습일지를 모두 작성한 후 수정할 부분은 없는지 다시 한번 검토해 볼 수 있도록 한다.

(2) 실습기관에 대한 개요: 기관의 역사 및 사업

① 기관의 설립 동기 및 목적

② 기관의 주요 사업 및 프로그램

③ 기관의 변천 과정 및 변천 배경

④ 기관의 연혁과 사업 내용에 대한 실습생의 평가

(3) 기관의 조직 구조

① 기관의 조직도

② 기관의 목적, 사업과 관련하여 조직 구조에 대한 실습생의 평가

(4) 기관의 재정(가능한 것만)

① 기관 예산의 주요 출처

② 예산 사용의 주요 소재(각 소재별 비율)

③ 재정상의 주요 문제

④ 예산 확보를 위한 실습생의 견해

(5) 클라이언트 및 기관의 서비스

① 서비스 대상 지역 범위

② 실제적·잠재적 클라이언트 층

③ 클라이언트의 서비스(프로그램) 활용 정도 및 그 효과성

④ 클라이언트의 확보 방법·전략 및 관리

⑤ 기관의 서비스 및 클라이언트에 대한 실습생의 평가

(6) 지역 내 타 기관(공공/민간 사회복지기관, 일반 사회단체)과의 관계/교류 정도

(7) 실습 활동 내용

① 개별활동의 과정 기록

② 집단 활동의 과정 기록

③ 프로그램 작성·실행

④ 행사의 기획·수행

⑤ 행사 참여

⑥ 기타 실습지에서 행한 모든 활동들

(8) 실습 전반에 대한 총체적 평가

① 실습 전체에 대한 실습지도자의 역할 및 그에 대한 실습생의 평가

② 실습내용 전반에 대한 실습생의 평가 및 의견

③ 기관의 운영자 입장에서 기관을 변화시켜야 할 점

④ 우리나라 사회복지의 현실을 바탕으로 실습기관에 대한 실습생의 총체적 평가, 현장실습과 관련된 자료들을 파일로 첨부한다.

제3절 실습교육 실천업무

실습학생들은 사회사업가로 교육, 훈련하기 위한 실천 업무내용들에 대한 명확하고 구체적인 제시가 강조되어야 한다. 실습교육기관에 실습교육기간 동안 학생들이 성취해야 할 실천업무내용을 실습학생들이 사회사업가로 교육, 훈련하기 위한 실천 업무내용들에 대한 명확하고 구체적인 제시가 강조되어야 한다. 어반오스키와 드와이어(Urbanowski & Dwyer, 1989)가 주장하는 실습업무의 실천 내용은 다음과 같다.

1. 사업기관에 대한 이해

1) 사업기관의 내용

우선 복지기관 체제의 구조적 구성요소이다. 실습학생들이 이해해야 할 부분은 기관에 대한 전체적인 구조로서 경계, 연계구조, 위계, 업무, 업무분장에 관한 요소들이다.

2) 복지기관의 운영절차

그 기관의 역사적 연혁과 현재 실천들 간의 관계를 파악하고 기관의 전반적 프로그램 운영에 관한 지식을 습득한다. 다양한 유형의 클라이언트에게 가용한 기관체계 내의 실재적, 잠재적인 자원들을 확인하고 나열할 수 있어야 한다. 또한 자신이 소속된 특정부서나 하위체계에 관련된 정책들과 절차를 알고 클라이언트, 지역사회성원들 그리고 다른 기관들의 대표에게 기본적 저책과 절차를 제시하고 설명할 수 있어야 한다.

3) 기관이 제공하는 지역사회서비스

지역사회욕구와 요구를 기관의 가용한 자원들과 관련시키기 위해 노력한다. 지역사회 내 위험에 처한 인구집단에 관심을 가지고 있으며 서비스, 자원, 그리고 지역에 따라 혹은 기관 내의 자원할당의 차이를 확인할 수 있다. 차별과 불공평한 감소에 관심을 가지고 지역사회 혹은 기관의 활동과 프로그램에 대한 인식을 확실히 하며 지역사회집단에 동참하여 변화지향 활동에 능동적으로 대처한다.

2. 지역사회에 대한 이해

첫째, 지역사회문제에 대한 관심이다. 지역사회의 문제를 발견하려는 태도와 관심을 가지고 사회체계의 변화를 지향하려는 노력으로 지역사회 대표들과 협력적인 업무관계를 형성한다. 거시체계의 수준에서 쟁점과 문제들을 평가하는 기술들을 발전시킬 필요성을 인식하고 워커 혹은 관심 있는 시민의 입장에서 역할을 감당하여 이 수준에서 개입할 방법과 시기에 대한 아이디어를 갖는다.

둘째, 활용 가능한 지역사회 자원체계이다. 인간욕구충족을 위한 자원들에 대한 지식을 찾아 그들의 행동을 통한 클라이언트의 생활에 영향을 미치는 체계들을 인식한다. 학교, 보건, 복지, 종교기관들, 주택 혹은 경찰, 법원 등 인간생활에 영향을 주는 체계들의 연계망과 일하면서 이들의 긍정적·부정적 영향의 관련성과 거시체계들의 과정적 구조와 기능을 보다 잘 이해하고 클라이언트의 이익을 위해 서비스들을 활용하는 기본적인 기술을 보여준다. 또한 실습지도자와 지역사회 자원체계와 당연한 문제들을 처리할 때 느낀 좌절과 갈등, 실망에 대해 토의한다.

3. 사회사업 실천과정의 적용

1) 클라이언트체계와의 직접적 서비스

(1) 문제확인

클라이언트문제와 상황에 영향을 미치는 다양한 요인과 현재의 도움의 필요성을 인식한다. 이러한 인식은 클라이언트의 현 상황에 작용하는 요인들을 결정하는 데 필요한 객관성의 척도를 제공한다. 따라서 학생들은 상황을 둘러싼 물리적, 사회적 조건을 고려하고 여기에 포함되어 있고 영향받는 사람들을 확인한다. 또한 클라이언트체계에 잠재적 구성원들 또는 문제해결과정에 동참시켜야 할 필요가 있는 사람들을 구체화한다. 도움의 요청에 내재된 정서적 요소에 민감하여 클라이언트의 요청을 탐색하는 데 도움이 되는 분위기를 만드는 중요성을 인식한다. 학생은 상황의 심각성이나 긴급성을 쉽게 확인하여 신속하게 긴급한 문제를 다루며 사회적 상황의 문제성을 인식하고 있는 사람들을 고려하고 도움을 요청하는 클라이언트는 문제를 어떻게 지각하고 있는지를 확인한다. 또한 지역사회와 사회복지체계들에 관계된 쟁점들이 클라이언트나 문제에 미치는 영향과 이들이 변화의 표적이 될 수 있다는 인식을 보여준다. 나타난 문제를 명확히 한 후 해야 할 다음 단계를 클라이언트가 확인할 수 있도록 능동적으로 도와준다. 클라이언트가 기관의 서비스를 계속 받거나 혹은 지역사회 자원체계들을 활용하는 결정에 참여토록 한다. 이러한 결정은 클라이언트의 욕구와 기관의 가용한 서비스 그리고 클라이언트의 욕구충족을 위한 학생의 능력에 의거하여 이루어져야 함을 명확히 이해한다. 그리고 인간의 다양성에 대한 인식이다. 문화, 종교, 장애, 성, 종족, 그리고 삶의 스타일이 클라이언트의 기능 및 도움에 대한 태도에 미치는 영향을 고려할 수 있어야 한다. 클라이언트체계와 관련된 상위체계의 가치관, 태도 그리고 행동들이 미치는 영향과 차이점을 문제확인 과정에서 고려한다.

(2) 정보수집 · 조직화

문제해결의 과학적 방법의 중요성을 인식하고 클라이언트체계에 대한 사실들을 수집하는 초보적 기술을 사용한다. 클라이언트상황에 관계 있는 영역들을 탐색할 수 있어야 한다.

구체적인 기법은 적절한 정보를 수집하기 위해 클라이언트에게 질문하고 면접의 목적을 설명하고 목적에 초점을 유지하기 위한 기술과 클라이언트상황에 대한 지식을 활용할 수 있는 관찰기술, 사회적 상호작용, 신체적 외모 그리고 나타난 행동들에 대한 의식적인 인식과 관찰내용을 개관적인 자료분석에 활용할 수 있는 능력이 있어야 한다. 그리고 클라이언트에 대한 기존의 기록된 정보들을 찾아서 현재의 정보들과 종합할 수 있는 능력을 기른다.

또 하나는 정보를 평가하여 그 의미를 찾기 위해 정리해야 한다. 수집된 정보에서 합리적 추론이 나오고 명확히 분별되어야 하고 이에 클라이언트, 문제, 워커가 도움을 위해 선택하려는 방향 사이의 연관성을 지각하는 능력을 기른다. 그리고 문제상황에 영향을 주는 복합적인 원인적 요인들에 대한 인식과 여기에 포함된 다양한 체계들이 상호영향력을 평가하는 능력, 그리고 이러한 정보가 클라이언트에 대한 이해 및 도움의 계획수립에 활용하는 능력을 기른다.

다음으로는 정보의 분석과 사정평가에 해당되는데 배운 이론을 통합하여 실제에 적용한다. 클라이언트상황에 포함된 역동성을 이해하고 다양한 요소들이 문제상황을 유지하거나 혹은 증진시키는 데 어떻게 작용하는지 평가가 시작된다. 구체적인 기술을 제시하면 다음과 같다.

첫째, 클라이언트체계에 대한 관련 정보를 수집하여 현 클라이언트 상황에 연계시킨다.

둘째, 계층, 문화, 성, 종교 그리고 신체적 혹은 정신적 상태에 대한 사회적 반응들에 대하여 클라이언트상황에 해를 주거나 클라이언트체계를 억압하는 외적 요소들을 평가한다.

셋째, 클라이언트 및 클라이언트상황에 대한 사실들이 나타남에 따라 명확히 부각되는 새로운 유치체계를 인식하고 활용한다.

넷째, 공식적 및 비공식적 사회적 자원들이 클라이언트를 위해 서비스를 제공했거나 실패한 정도를 질문하고 클라이언트 기능에 긍정적으로 혹은 부정적으로 영향을 미치는 클라이언트체계 내의 요소들을 분석한다.

다섯째, 체계에 영향을 미치는 스트레스의 영향에 관한 지식을 적용한다. 그리고 클라이언트의 개인능력과 대처능력, 클라이언트 상황 내의 강점과 약점들, 그리고 향상된 기능이 필요한 상황 등을 평가한다.

끝으로 스트레스를 처리하는 데 사용하는 방어적 노력 및 기제들 그리고 이들이 클라이언트 도움에 대한 반응에 미치는 영향들을 인식하는 것이다.

(3) 개입계획의 수립 및 이행

첫째, 개입계획수립을 위한 사정평가의 활용이다.

개입계획을 명확히 체계적으로 표현할 수 있는 기초적 기술을 개발하고 전략에 대한 논리적인 합리성을 제시해야 한다. 여기서의 전략이란 수집, 분석된 자료에 기반을 둔 계획이며, 클라이언트체계의 욕구와 능력, 기관의 가용서비스, 학생의 능력수준을 고려하여 목적을 설정하고 클라이언트의 목적은 최상의 것을 유지하며 변화노력에 포함된 다른 체계들과 연관하여 검토한다.

둘째, 개입 접근책인데 사회사업가의 위치에서 고유한 역할관계의 범위를 인식한다. 클라이언트가 적합한 지점을 결정한 후에 변화를 꾀하기 위한 다양한 역할들 속에서 자기자신을 활용한다. 조정자, 옹호자, 지도자, 사회적 변화매개자, 중계자, 위기개입자 그리고 개입목적을 성취하는 데 요구되는 다양한 역할들을 수행한다.

또한 학생들이 수행해야 할 역할은 변화과정에서 요구되는 필요한 업무관계를 형성유지하고 다양한 클라이언트 및 여러 체계들과 일하는 데 있어서 사회사업가는 서로 다른 역할을 맡는다는 사실을 인식한다. 그리고 다양한 영향과 반응들과 다양한 관계 속에 내재하는 요구들을 처리해야 한다.

셋째, 클라이언트의 문제해결 및 의사결정에의 관여이다. 신뢰를 형성하고 클라이언트와는 다른 체계들이 문제를 경험하고 있는 시점에서 시작하고 차이점들을 타협하고 그리고 적절한 수준에서 의사소통할 수 있다.

클라이언트를 도와 점차로 문제해결 및 의사소통과정에 참여하도록 해야 하며, 표적체계와 변화를 위한 목적에 대한 계속적인 명확화를 요구한다. 변화를 요구하는 요소들을 세분화하고 클라이언트체계가 다양한 자원 및 서비스들을 활용하여 표적문제들에 영향을 미치도록 도와야 한다. 그리고 조언, 지시, 정보제공 그리고 수립된 계획과 관련 있는 기법은 클라이언트체계를 적절히 지지하고 필요한 안심과 피드백을 제공하고 클라이언트가 자신의 행동의 의미를 이해하는 능력이 증가되었다고 생각할 때는 표현된 분노나 적개심도 편안하게 처리해야 한다.

넷째, 목표를 향한 진전을 촉진한다. 실습상황에서 목표를 이해하고 여러 활동 혹은 면접 그리고 클라이언트체계와 수립된 전반적 목적을 위해 준비한다. 학생의 능력이 지속적으로 실행되지 않더라도 면접을 초점화하는 능력을 보인다. 구체적으로 클라이언트의 심리적 욕구에 신속히 반응하며 자원의 선택적 활용, 자원활용에 대한 적절한 설명 그리고 욕구충족을 점검하기 위해 필요시 사후점검 등을 제공한다.

(4) 개입노력에 대한 평가

클라이언트를 도와주기 위한 노력의 결과들에 대한 평가가 학생과 클라이언트 양자의 학습을 위해 중요하다는 것을 인식한다. 평가는 클라이언트에게 제공한 서비스에 대한 책임성의 보장을 위해 필요하며 평가기술이 문제해결에 관한 과학적 접근방법의 부분임을 안다. 학생과 클라이언트는 확립된 목적을 향하여 클라이언트체계가 이룩해 온 발전을 평가하고 그 결과를 계속되는 개입의 지침으로 활용한다. 구체적으로 평가과정에 클라이언트를 능동적으로 참여시키고 달성되지 못한 목적들과 지금까지 성취한 것들을 확인한다. 기관의 욕구들과 관련해서 기관의 정책상의 허점을 분석하고 변화에 관한 적절한 제안을 한다. 또한 솔직하게 자기자신의 업무행위를 평가하고 확장 발전되어야 할 지식 및 기술상의 취약점을 인식한다.

2) 실습지도와 학습활동

학습은 가시적인 과정으로 학습의 결과로 나타날 수 있는 행동은 다음과 같다.

학생들이 자신의 시간을 관리하는 능력은 출석과 시간의 정확성, 약속지키기, 사무실을 비울 때 자신의 역할을 대신할 계획세우기 등과 같은 행동에서 나타난다.

그리고 새로운 아이디어나 지식에 대해 사려 깊고 비판적인 태도로 반응하며 이러한 지식을 클라이언트와 일하는 데 적용하려 한다. 교실과 독서에서 습득한 이론을 통합하고자 한다. 그리고 자신의 아이디어를 공유하려고 하고 실습지도자나 다른 직원에게 질문한다.

실습지도를 통한 학습으로 실습지도는 학습의 한 과정으로 비판을 수용하고 활용하는 것이 용이함에 따라 지식, 기술, 자아인식의 발달에 도움이 된다. 실습지도자로부터 강화와 피드백이 변화과정에 중요한 부분임을 인식하고 실습지도 감독회의가 생산적으로 활용된다. 회의 결과에서 나온 생각과 제안을 실천하면 전문가로서의 역할들이 점차적으로 보다 명확해진다.

코로나19 상황에서 건물과 서비스 중심이 아니라 지역사회 중심으로, 사회복지사가 주체가 아니라 당사자와 지역사회가 주체로, 복잡하고 화려한 프로그램이 아니라 단순하고 소박한 일상으로 이루어야 한다는 점이 강조되고 있다.

연구과제

1. 학교사회복지사와 의료사회복지사의 자격, 이수내용, 역할에 대한 연구
2. 정신건강사회복지사의 자격, 이수내용, 역할에 대한 연구

CHAPTER 05

사례관리

학습과제

1. 목슬리(Moxley)의 사례연구
2. 사례관리의 등장배경
3. 노인복지실천원칙

제1절 사례관리의 일반

1. 사례관리의 의의 및 배경

1) 사례관리의 의의

사례는 한 개체를 의미하지만 사회복지분야에서는 특정한 문제나 욕구를 가진 클라이언트 또는 클라이언트체계를 의미하며, 클라이언트에게 보호를 제공하는 데 초점을 두는 임상적 측면에서 유래되었다. 사례관리는 사회복지실천 분야에서 새롭게 나타난 방법론이 아니라 기존 사회복지실천 방법론에 있어서의 직접적인 개입과 간접적인 개입의 통합적인 개념이며, 동시에 기존의 사회복지실천 방법론들을 통합한 방법론의 개념으로서, 전통적인 방법론들은 주로 사회복지기관이나 시설의 프로그램과 서비스에 초점을 맞춘 반면에, 사례관리는 클라이언트의 욕구에 초점을 두고 서비스를 개발하고 자원을 제공하는 적극적인 지역사회보호 중심의 방법론이다. 사례관리는 때로 보호관리(care management), 사례조정(care coordiantion), 자원조정(resource coordiantion)이라 불린다. 사례관리는 보건 및 사회서비스 분야의 다양하고 복잡한 문제에 대한 해답으로 폭넓게 받아들여지고 있다. 정신 장애인이나 만성질환을 가진 노인 및 그 가족은 다차원적이고 장기적인 서비스 욕구를 가지고 있는 반면, 이들에게 필요로 되는 다양한 서비스에 대한 정보가 부족하고, 더욱이 서비스 전달체계가 복잡하다. 다양하고 지속적인 서비스의 재원의 부재로 인해 결과적으로는 클라이언트와 서비스가 적절히 연결되지 못하는 문제들이 흔히 발생한다. 이러한 문제를 해결하는 유용한 방법으로써 사례관리 방안이 개발되었다.

사례관리에 대한 여러 학자들의 개념을 살펴보면 다음과 같다.

로버츠-드제나로(Roberts-DeGennaro, 1987)는 사례관리를 특별한 위험 대상 표적인구를 위하여 지역사회복지실천의 노력과 직접적인 서비스 실천인 개별접근이 혼합되어 있는 실천이라고 정의하였다. 오스틴(Austin, 1983)은 사례관리를 클라이언트에게 다양한 서비스를 전달하는 데 목적을 둔 일련의 연속적으로 관련된 직무들로 구성되어 있는 체계적인 문제해결과정으로 정의하였다. 오코너(O'Connor, 1988)는 사회복지실천의 '핵심기술들' 중의 하나로서 사례관리를 정의하였고, 사례관리의 개념과 사례관리체계에 관한 개념 간의 중요한 구별을 지어 논의하였다. 목슬리(Moxley, 1989)가 설명한 사례관리란 대인서비스 실천의 다양한 분야에서 복합적인 욕구를 가진 클라이언트를 대상으로 사례로서 복합적 욕구를 가진 사람들의 기능화와 복지를 위해 공식적·비공식적 지원과 활동의 망을 조직하고 조정하고 유지하는 것이다. 사례관리는 서비스와 지원들을 이용하고 접근하는 데 있어서 가능한 한 클라이언트 자신의 생활기술을 증진시키도록 하는 것으로서 클라이언트의 복지와 기능화를 증진시키기 위해 사회적 망과 관련 대인복지 서비스 제공자들의 능력을 발전시키도록 하는 것이다. 그래서 가능한 한 가장 효율적인 방법으로 전달되는 서비스 및 지원이 되도록 하고, 동시에 서비스의 효과성을 증진시키도록 하는 것이다.

바커(Barker, 1991)는 사례관리를 클라이언트의 이익을 위해 다양한 기관과 직원들로부터 제공받을 수 있는 서비스를 계획하고 수행하며 점검하는 일련의 절차로 보고 있다.

관리자가 클라이언트의 욕구를 사정하며, 적절한 서비스, 기회 또는 급여를 확인하고 포괄적인 서비스 계획을 개발하며, 클라이언트의 서비스에 대한 접근과 이용을 위한 옹호를 제공하고, 적절하고 효과적인 서비스의 전달을 점검하거나 평가하는 것을 통하여 클라이언트의 욕구를 충족시킬 수 있도록 원조하는 것이라고 정의하고 있다.

다음은 사례관리의 특성을 열거한 것이다.

첫째, 다양한 문제와 복합적인 욕구를 가진 클라이언트를 대상으로 한다.

둘째, 클라이언트의 문제해결과 치료보다는 욕구충족과 보호에 더 중점을 둔다.

셋째, 클라이언트의 사회적 기능과 독립을 극대화하기 위해서 보호의 연속성과 책임성을 보장한다.

넷째, 서비스의 효과성과 효율성을 높이기 위해 포괄적인 서비스를 제공하고 서비스의 조정과 점검을 실시한다.

다섯째, 클라이언트와 그들의 사회환경과의 상호작용에 관심을 집중시키며 다양한 지원체계의 광범위한 서비스를 위하여 조정과 점검을 실시한다.

여섯째, 가정방문과 같은 출장원조, 안내와 의뢰 등과 같은 적극적인 클라이언트와의 접근을 강조한다.

일곱째, 클라이언트 수준에서 클라이언트 각자의 욕구를 개별화하며, 개입과정에서 클라이언트의 참여와 자기결정을 촉진시킨다.

여덟째, 개별적인 실천기술과 지역사회 실천기술을 통합한 형태다.

결국 사례관리는 클라이언트의 욕구에 초점을 두고, 기관의 목적보다는 클라이언트의 목적에 기반을 둔다. 또한 계획된 프로그램에 기반을 두기보다는 개별화된 서비스 계획에 기반을 둔 실천활동이라고 할 수 있다.

사례관리는 특히 상이한 전문가, 기관, 대인서비스 프로그램이 필요한 클라이언트에게 유용하지만 서비스제공자가 교체될 때 서비스가 중단될 수도 있고 연계가 제대로 되지 않을 경우 서비스가 파편화될 수 있다.

2) 사례관리의 도입 배경

1950년과 1960년대의 탈시설화의 영향으로 인하여 정신장애인의 지역사회보호를 목적으로 사례관리가 수행되었고, 1976년 미국사회사업가협회에서는 사례관리가 클라이언트보호를 위한 실천의 새로운 출발점을 나타내는 개념이라고 제안하였다. 그 후 1990년 사회사업백과사전에서는 종래의 개별사회사업 항목이 사라져 버리고 대신 사례관리 항목이 새롭게 등장하여 미국사회사업계의 변화를 상징적으로 보여 주었다. 사례관리는 초기 사회사업 역사에서 행해진 사회사업실천의 형태로 사회복지실천에서 완전히 새로운 개념이 아니며, 1980년대에 들어서 개별사회사업보다 진보된 하나의 방법론으로 활용되고 있다. 우리의 경우 1990년대 이후 사례관리의 개념을 도입하여 클라이언트에게 필요한 도움을 통합적으로 제공하고자 노력하고 있다.

다음은 사례관리의 등장 배경의 구체적인 내용이다.

(1) 탈시설화의 영향

탈시설화란 사례관리의 필요성이 강조된 가장 중요한 배경으로서 클라이언트가 가족과 지역사회와는 분리되어 대규모의 수용시설이나 병원의 입원시설을 이용하던 시설보호의 방식에서 벗어나 다시 가족과 지역사회로 돌아오는 것을 말한다.

탈시설화로 인하여 시설보호에서 지역사회보호로 전환되었지만, 다양한 클라이언트의 욕구에 대하여 각기 다른 여러 기관에서 원조가 이루어지기에 서비스가 단편화되고 분산된다는 점, 클라이언트의 욕구에 대응하는 다양한 사회자원의 이용체계가 확립되어 있지 않아 서비스를 받기 어렵다는 점, 장기간의 시설보호로 인한 클라이언트들의 무기력과 동기부족, 클라이언트의 욕구에 대한 지역사회기관들의 무심함, 가족의 보호부담으로 인한 보호기피와 그로 인하여 지역사회보호기관의 부담이 증가된다는 점 등의 단점이 나타났다. 이러한 문제를 극복할 수 있는 보다 지속적이고 포괄적인 서비스 제공의 필요성과 각 기관들의 자원이나 수급 자격요건이 달라서 이를 통합적으로 관리하는 전문적인 서비스 전달체계, 즉 사례관리의 필요성이 요구되었다.

(2) 복잡하고 분산된 서비스체계

서비스 전달체계가 공공부문에서 점차 민간부분, 즉 지방분권적으로 변화되면서 지방을 중심으로 전개된 서비스들은 서비스들 사이의 통합을 위한 장치와 서비스 기관 사이의 조정을 위한 장치를 거의 갖지 못한 채 이루어졌기 때문에 클라이언트와 가족들의 입장에서는 분산되고 단편화된 지역사회 수준의 서비스를 이용하기가 어렵게 되었으며, 심지어 접근 기회마저 차단되는 경우가 생기게 되었다. 따라서 사회복지서비스의 지방분권화에 따른 부정적인 측면을 보완하기 위해서, 각 기관들의 서비스를 조직화하고, 함께 노력하여 클라이언트의 욕구를 통합적으로 충족시킬 수 있는 서비스 전달체계, 즉 사례관리의 필요성이 요구되었다.

(3) 클라이언트와 그 가족에게 부과되는 과도한 책임

지역사회 내의 적절한 환경자원이 제대로 마련되어 있지 못해 클라이언트와 그 가족들에게 너무 많은 책임을 감당하게 되었다. 그 결과 클라이언트와 그 가족들에게 과중한 부담이 발생하게 되면서 사회적인 환경자원들을 개발하고 이들 클라이언트에게 연결하고 제공할 수 있는 기증과 후원이 요구되었다.

(4) 복합적인 욕구를 가진 인구의 증가

두 가지 이상의 서비스를 필요로 하는 복합적인 욕구를 가진 클라이언트의 증가했지만 서비스를 덜 받게 되는 현상이 발생하였다. 일반적으로 한 기관이나 단일 서비스체계로는 복합적인 욕구를 가진 클라이언트에게 다양한 서비스를 제공하는 것은 불가능하다. 따라서 이들이 지역사회에서 살아가도록 하는 모든 서비스를 조직화하고 통합하여 상호 연계되는 서비스 전달체계, 즉 사례관리의 필요성이 요구되었다.

(5) 사회적 지지와 사회적 지원망의 강조

요보호 수용인구에 대한 책임이 민간부문으로 이양됨에 따라 공적 서비스를 비공식적 서비스로 대체하고자 하는 움직임이 일어나기 시작했다. 그 결과 복합적이고 만성적인 욕구를 가진 클라이언트들은 서비스 자원의 이용에 어려움을 겪게 되면서 가족, 친족, 친구, 이웃 등의 비공식적인 사회적 지지체계와 사회적 지지망에 대한 중요성 및 관심이 증가하게 되었다.

공적인 서비스가 제공하는 것과 비공식적인 사회적 지지체계와 사회적 지지망이 제공하는 서비스에는 양적·질적인 면에서 많은 차이가 존재한다는 것을 인식하면서도 공식적이고 전문적인 서비스와 비공식적인 사회적 지지체계와 사회적 지지망을 통합하고 조정하려는 사례관리가 필요하게 되었다.

(6) 서비스 비용 억제의 필요성

자원이 한정된 상황에서 서비스 비용을 억제하고 전달의 효과를 최대화하려는 노력은 항상 중대한 관심사다. 따라서 제한된 자원 내에서 서비스 전달의 효과를 최대화하면서 서비스의 비용과 중복을 점검해야 하는 전문기술의 필요성이 요구되었으며, 사회복지서비스에 대한 정부의 개입 역할이 혼합복지의 경향에 따라 대규모 시설의 고비용 서비스를 절약하게 되고, 사례관리가 보호의 총계획을 관리하고 비용을 억제하는 수단으로 적합하다고 평가하게 되었다.

2. 사례관리의 목적

사례관리의 목적은 클라이언트 개인의 능력과 자원들 간의 균형을 유지할 수 있도록 하는 데 있다. 다시 말해 사례관리의 목적은 클라이언트의 다양하고 복합적인 욕구를 충족시키고 사회적 기능과 자립을 극대화하려는 노력과 관련되어 있다. 또한 사례관리 개입의 초점은 사회복지실천의 가치를 반영하며, 클라이언트 능력과 환경 간의 조화를 증진하는 데 목적을 두고 있다. 이것은 기능 손상 또는 질병을 동반한 문제를 개선하거나, 지원망을 수립하거나. 클라이언트 수준에서 서비스 조정을 행하거나, 체계수준에서 효과를 창출하는 것 등을 포함한다. 사례관리의 주요 목적은 비공식적 지원체계인 가족·친구·친족 등과 공식적 지원체계인 국가 및 공공기관이 보유하는 각종의 자원을 통합하는 기능이다.

인타그리아타(Intagliata, 1982)는 사례관리의 목적을 구체적으로 제시하였다.

첫째, 클라이언트의 회복과 재발의 순환으로 지역사회와 시설 사이에서 이동하는 것과 같이, 어떤 일정한 장소나 기간 내에서 계속적으로 서비스를 제공하는 보호의 연속성을 보장하는 것이다.

둘째, 일정기간 동안 혹은 필요한 경우에는 개인의 일생을 통하여 개인의 욕구가 변화할 때, 서비스가 개인의 욕구의 모든 영역에 제공되도록 보장하는 것이다.

셋째, 서비스 이용자의 적격성, 기준, 규정, 정책, 절차 등과 관련된 서비스의 접근에 대한 장애물을 극복하고 개인이 필요한 서비스에 쉽게 접근할 수 있도록 원조하는 것이다.

넷째, 서비스가 클라이언트의 욕구에 적합하고, 적당한 시기에 적절한 방식으로 제공될 수 있도록 하며, 동시에 서비스가 중복되지 않도록 관리하는 것이다.

이외에 서비스 전달이라는 측면에서 사례관리의 목적을 구체적으로 정리하면 다음과 같다(조홍식 외, 2001).

첫째, 특정 시점에서 포괄적인 서비스를 조정하여 개인에게 제공하고, 시간의 경과에 따라 변화하는 개인의 욕구를 충족시킬 수 있도록 즉각적이고 포괄적인 서비스를 지속적으로 제공해 주는 보호의 연속성을 보장하는 것이다.

둘째, 클라이언트가 다양한 서비스체계와 협상하는 것을 원조해 줌으로써 서비스에 대한 접근 가능성을 증대시켜 주고, 서비스의 단편화로 인한 서비스 접근 장애들을 극복하여 클라이언트에 대한 전반적인 책임을 지도록 함으로써 책임성을 증대시켜 줄 수 있다.

셋째, 서비스가 클라이언트의 욕구에 적합하고, 적절한 방법으로 제공될 수 있도록 보장함으로써 서비스 계획의 효율성을 향상시킨다.

사례관리의 목적을 충족시키기 위하여 사례관리자의 활동을 중심으로 사례관리의 목적을 살펴보면 다음과 같다.

첫째, 클라이언트가 가능한 한 쉽고 편리하게 서비스와 자원들에 접근하고 이용 할 수 있도록 클라이언트 자신의 생활기술을 최대한 증진시킨다.

둘째, 클라이언트의 복지와 기능을 증진시키기 위해 사회적 망과 관련하여 사회복지서비스 제공자들의 능력을 개발한다.

셋째, 가능한 한 가장 효율적인 방법으로 서비스와 지원이 전달될 수 있도록 하고 동시에 서비스의 효과성을 증진시킨다.

넷째, 환경을 이용하는 것을 충족시키기 위해 각 개인의 잠재 가능성을 개발하고 그 활용을 극대화시킨다.

다섯째, 가족들과 일차적 집단들의 보호능력을 극대화시킨다.

여섯째, 일차적인 보호자원들과 보호의 공적 체계들을 통합시킨다.

일곱째, 개인들과 일차적 집단들의 욕구를 충족시키기 위한 공적 보호체계 내에서의 능력을 극대화시킨다.

결국 사례관리의 목적은 클라이언트의 다양하고 복합적인 욕구를 충족시키고, 사회적 기능과 독립을 극대화하려는 노력과 관련되어 있다. 이러한 측면에서 여러 학자들의 목적을 정리하면 다음과 같다. 사례관리의 목적은 클라이언트가 직면한 장애를 극복하기 위해서 직접적 서비스를 충분히 제공하고, 클라이언트를 자원과 연결시키고, 간접적인 서비스들을 충분히 제공함으로써 클라이언트가 사례관리자의 도움 없이도 자원들과의 연결을 유지할 수 있도록 하는 것이다. 이상의 내용들을 요약한다면 사례관리의 목적을 보호의 연속성, 서비스 전달 비용의 고려, 효과성 증대, 서비스에 대한 접근성과 책임성의 증진, 일차집단의 보호능력의 향상 그리고 클라이언트의 사회적 기능의 향상 등이라 할 수 있다.

3. 사례관리의 기능과 역할

사례관리의 기능은 사례관리 표적인구집단의 유형, 사례관리자를 고용하는 기관의 유형, 담당 사례관리 대상자의 규모, 환경의 구속 정도, 서비스 전달체계의 본질, 사례관리자의 역할과 지위, 프로그램의 특성, 서비스 제공 분야 등에 따라 다양하게 제시되지만, 일반적으로 사례발견, 사례등록, 사정 목표설정과 서비스 개입계획의 수립 및 개입 실행, 그리고 개입결과의 특정과 평가 등이 있다.

이 가운데에서 여러 학자들에 의해 정리된 사례관리의 기능은 다음과 같다.

첫째, 클라이언트와 필요한 서비스의 연결기능은 클라이언트의 욕구를 충족시키기 위해서 필요하고 유용한 서비스와 권리를 클라이언트에게 위임하고 양도하는 것이다.

둘째, 비공식보호체계와 클라이언트 간의 상호작용의 촉진기능이 있다. 이것은 다른 지원체계보다도 훨씬 더 클라이언트에게 실질적인 지원을 제공할 수 있으며 클라이언트를 돕는 비공식 지원체계는 가족, 친척, 친구, 이웃, 자원봉사자, 종교단체, 자조집단 등이 있다.

셋째, 사례관리 기관들 간의 조정기능으로서, 공식적인 정책이나 비공식적인 기관들 간의 협정을 통하여 기관들 사이의 연계를 촉진함으로써 사례관리의 효과성을 높이는 기능이다.

넷째, 상담기능으로서 상담은 사례관리 과정에서 클라이언트에게 유용한 서비스에 접근할 수 있도록 필요한 정보를 제공하며, 클라이언트 자신의 욕구와 문제에 대한 이해를 증진시키고, 그들 가족들에게 클라이언트에 대한 이해를 촉구하며, 서비스 제공기관과의 접촉을 향상시키는 기능을 수행한다.

다섯째, 문제해결기능으로서 문제해결은 사례관리 과정에서 발생할 수 있는 클라이언트 개인의 성격상 문제, 위기상황 또는 실직, 부부갈등과 같은 일상생활상의 문제 등을 잘 극복할 수 있도록 하는 기능이다.

여섯째, 옹호기능으로서 옹호는 클라이언트와 클라이언트 집단의 사회적 기능을 향상시키기 위해서 클라이언트의 무기력과 무능력을 제거하는 것이며, 명확한 욕구를 가지고 있는 개인 또는 집단에게 힘과 자원을 적절하게 분배하려는 목적을 둔 활동을 포함한다.

사례관리자의 역할은 다음과 같다.

사례관리자는 다양한 서비스 공급 주체에 의한 사회자원을 클라이언트가 활용하여 욕구를 충족해 갈 수 있도록 촉진하고, 조정하고, 연계시켜 나감으로써 클라이언트의 능력을 향상시키고 서비스 공급 주체들의 능력 또한 발전시키는 것이 사례관리자의 역할이라 할 수 있다. 또한 사례관리자는 지역사회 실천기술을 필요로 한다. 그리고 사례관리자는 클라이언트 욕구파악과 서비스 제공에 관해 명백한 인식을 가져야만 하고 사례관리 수행에 필요한 변화를 지지하기 위해 다른 관심 집단과 협력해야 한다.

구체적인 사례관리자의 역할로는 다음과 같다.

첫째, 사정자로서의 사례관리자는 클라이언트의 약점, 역기능, 질병 등과 같은 부정적은 요소보다는 강점, 능력, 성장과 발전 등 긍정적인 요소에 중점을 두고 그들의 욕구를 수집하고 분석하며, 종합한다.

둘째, 계획자로서의 사례관리자는 클라이언트의 욕구를 충족시키기 위한 사례계획, 치료, 기관의 협력 및 서비스 망을 설계한다.

셋째, 상담자로서의 사례관리자업무는 클라이언트에 대한 이해를 발전시키고 클라이언트 스스로 지지망 같은 자원을 개발하고 유지하는 방법을 알 필요가 있다는 사실을 가르치는 것이다.

넷째, 중개자로서의 사례관리자는 클라이언트가 필요로 하는 자원을 제공받지 못할 때 연계시켜주는 중개자의 역할을 수행한다.

다섯째, 조정자로서의 사례관리자는 클라이언트의 문제와 원조자들로부터 도움이 필요한 욕구를 사정하고 원조자와의 관계에서 필요한 조정과 타협의 책임이 있다.

여섯째, 평가자로서의 사례관리자는 프로그램의 효과성, 효율성 및 비용-효과성을 검토하기 위하여 사례관리과정 전반에 관한 정보와 자료를 수집하고 분석하는 것이다.

일곱째, 옹호자로서의 사례관리자는 클라이언트를 대변하여 그들의 욕구사항을 찾아내어 표면화하고, 가능한 한 자원이 적절히 공급될 수 있도록 노력하는 등 클라이언트의 옹호자로서 활동한다.

제2절 사회복지실천의 사례관리

1. 사회복지실천의 사례관리

사례관리란 복합적인 문제를 가지고 있는 클라이언트를 대상으로 필요한 서비스를 체계적으로 연계하여 제공하는 실천방법이다. 사례관리는 사회복지실천의 전통적인 방법인 개별실천, 집단실천, 및 지역사회복지의 몇 가지 측면을 통합적으로 적용한 사회복지실천의 핵심적인 기술 중의 하나다. 사회복지실천이 전문가에 의해 신뢰와 전문적인 지식 및 기술의 토대에 기반을 두고 있는 점은 사례관리가 사회복지실천 영역의 일부분임을 보여주고 있다. 하지만 사회복지실천의 개별적인 접근과 사례관리 사이에는 유사한 측면이 많지만 접근방법을 포함한 여러 가지 측면에서 사례관리는 종래의 사회복지실천 방법의 개별실천과는 상이한 특성을 가지고 있음을 알 수 있다.

첫째, 사회복지실천의 개별접근은 클라이언트 또는 주변 환경을 변화시키려는 직접적인 서비스의 제공에 초점을 맞춘 반면, 사례관리는 서비스의 연속성 보장, 비용 효과성의 증대, 접근성과 책임성의 증진, 일차 집단의 보호능력 향상 및 사회적 기능의 향상에 초점을 맞추고 있다.

둘째, 사회복지실천의 개별적 접근은 심리사회적인 문제 또는 스스로 해결하기

곤란한 문제를 가진 클라이언트를 대상으로 하지만 사례관리는 사회 기능상 복합적인 문제 또는 장기적인 보호가 필요한 클라이언트들을 대상으로 한다.

셋째, 사회복지실천의 개별적 접근에서 개입의 범위는 클라이언트 자신과 그 가족이고, 상담과 치료에 초점을 맞춰왔지만, 사례관리에서는 모든 클라이언트체계를 개입의 대상으로 보고, 상담과 치료는 물론 환경적 개입과 서비스 연계 등을 포함한다.

사례관리는 종래의 사회복지실천방법 외에도 탈시설화에 대한 대처, 클라이언트의 욕구의 다양화, 복잡화, 서비스 공급 주체의 다양화, 서비스의 단편성, 사회복지비용의 삭감 등과 관련된 문제들을 보다 효과적으로 해결하기 위한 시대적 요청에 따라 개발된 사회복지실천의 새로운 분야인 것이다.

2. 사회복지실천영역

이처럼 그 필요성이 강조되면서 사례관리는 지역사회복지관의 재가복지센터를 비롯한 다양한 사회복지서비스 기관에서 널리 활용되고 있는 서비스 전달방식으로 자리 매김하고 있다. 구체적으로 사회복지실천 분야는 다음과 같다.

첫째, 노인복지분야에서 노인의 경우 의학의 발달로 평균수명이 연장되었으며, 동시에 노인을 돌보아야 하는 가족의 책임감이 감소된 반면, 지속적이며 전문적인 보호 서비스의 영역이 확대되고 있다.

둘째, 지역사회 중심 재활서비스에 관한 관심이 증가함에 따라 지역사회에서 생활하고 있는 지체장애인들뿐만 아니라 지금까지 생활시설에서 재활과 보호서비스를 받던 만성 정신장애인들까지도 자신의 가족과 자신이 속한 지역사회로 돌아가 시설이 아닌 지역사회에서 지지와 재활원조를 받을 수 있게 되었다. 따라서 지역사회 재활 프로그램 영역에서 사례관리의 필요성이 더욱 강조되었다.

셋째, 가족해체, 아동학대를 포함한 가정폭력의 증가로 인해 가족의 보호와 양육문제는 물론 가족 밖에서 지속적인 관심과 보호가 필요한 아동의 수는 매년 증가하고 있으며, 이에 따라 아동복지 분야에서도 사례관리의 욕규가 증가하고 있다.

넷째, 정신보건분야에서도 만성정신장애인들에 필요한 향정신성 약물의 출현으로 증상을 조절할 수 있게 되었고 이들이 지역사회에서 독자적인 생활이 용이하게 됨에 따라 정신병원의 탈시설화 추세가 가속화되었다. 이에 따라 만성정신장애인들에게도 지역사회의 자연환경 속으로 클라이언트를 재배치하려는 움직임이 나타나면서 사례관리의 필요성이 더욱 강조되었다.

3. 사례관리의 과정

클라이언트의 문제극복 능력의 증진은 효과적인 사례관리 과정을 통해 이루어진다. 사례관리의 과정은 서비스체계의 목표에 의해서 진행되는 것이 아니라 클라이언트의 목표에 따라 클라이언트가 필요로 하고 원하는 서비스를 제공받을 수 있도록 원조해 주는 방향으로 움직여야 한다. 사례관리 과정을 초기접촉에서 접수면접, 사정, 실천계획 및 목표설정, 개입계획 수립과 자원개발, 클라이언트와 서비스체계와의 연결, 점검과 재사정, 평가, 기관 간의 조정, 상담, 치료, 옹호의 순서로 나와 있다. 그 내용은 다음과 같다.

1) 초기접촉

클라이언트는 기관, 가족, 지역사회, 조직, 교회, 경찰, 학교로부터의 의뢰과정이나 스스로의 방문과정을 통해 기관과 접촉하게 된다. 대부분의 기관들이 기본적으로는 의뢰에 의해 클라이언트와 접촉하게 되며, 이밖에도 또 다른 접촉방식으로는 사례관리자가 기관 밖으로 클라이언트를 찾아 나서는 아웃리치 방식이 있다. 아웃리치의 방법으로는 지역사회, 교회, 복지관, 노인회관, 공공기관, 주민센터 등지에 포스터나 간단한 인쇄물의 배포, 다양한 대중매체에의 광고, 공공장소에서의 광고문 설치, 지역사회 조직에서의 설명회, 가정방문 권유 등의 활동을 포함한다. 아웃리치 방식은 기관 상황에서는 현재 자연적인 클라이언트의 유입이 부족하거나 현재 서비스를 제공받는 클라이언트보다는 좀 더 많은 수의 클라이언트에게 제공할 자원이 있음을 말해 주는 것이기도 하다.

2) 접수면접, 사정, 실천계획 및 목표설정

사례관리자는 세 가지 과정인 접수면접, 사정, 실천계획 및 목표설정 사이를 오가며 각각의 조절과 조정역할을 하며, 동시에 각각 독립적으로 기능하기도 한다.

(1) 접수면접

접수면접의 기능은 클라이언트의 문제와 상황을 밝혀내는 것이다. 이것은 사례관리서비스가 필요한 집단과 개인을 설정해서 대상화하는 것을 말한다. 또한 사례관리자는 적합한 기관에 클라이언트의 배치가 이루어졌는지를 이 단계에서 결정한다. 다음은 스크리닝이다. 사례발견을 통해 서비스를 신청한 사람을 대상으로 서비스 제공의 적합성을 결정하는 것이다. 정해진 적격성의 기준에 적합한 사람인가를 확인하고, 사례관리서비스의 클라이언트로 결정하는 과정이다. 이는 부적절한 의뢰와 서비스가 필요하지 않는 사람을 사정 이전에 판단함으로써 실제적으로 서비스가 필요한 클라이언트에게 신속한 서비스를 제공하기 위함이다. 접수면접 과정은 때로 개인의 일반적인 사회 심리적인 정보를 모으고 신청서를 작성하고 일상적인 지시를 하는 일 등의 공식적인 과정이다. 이를 개입과정의 시작, 즉 계약이라고 한다. 계약은 클라이언트가 사례관리서비스를 제공받기 원하여 사례관리자와 함께 서비스 제공에 동의하는 서식에 서명하는 것이다. 계약은 사례관리자와 클라이언트 사이에 신뢰감을 형성하고 상호 간의 역할을 명료화 하며, 서비스에 대한 클라이언트의 기대치를 파악하고 협상하는 것이다.

(2) 사정

사정단계에서는 좀 더 철저하게 문제를 확인하기 위해 클라이언트의 사회심리적, 신체적 기능수행 정도를 자세히 파악해야 한다. 사정은 클라이언트의 발전과 성장을 가져올 수 있는 상황의 강점을 파악하기 위하여 노력하는 동시에 클라이언트의 제한점도 함께 인식한다. 사정은 사례관리에서 매우 중요한 단계인데, 이 과정을 통해 서비스의 수준과 성격에 관한 결정이 내려지며 서비스 전달의 양과 질에 대한 계획이 수립되기 때문이다. 여기서 중요한 것은 사정은 사례관리의 초기 단계로 끝나는 것이 아니라 사례관리자가 사례를 관리하는 동안 지속적으로 이루어지는 과정이라는 점이다.

① 클라이언트 욕구 및 문제 사정

사례관리자는 클라이언트와 함께 그들의 현재 상황에서의 다양하고 복합적인 욕구를 확인해야 한다. 클라이언트의 욕구 및 문제에 대한 정확한 사정은 사례관리의 목적달성에 매우 중요하며 개입의 근거를 제시한다. 클라이언트의 욕구에 대한 확인은 클라이언트의 진술을 토대로 사례관리자의 관찰이 함께 이루어져야 한다. 또한 클라이언트와 중요 관계에 있는 사람들과의 인터뷰, 과거 서비스를 제공받은 경험이 있는 경우엔 이전 서비스 제공자와의 인터뷰 등을 이용한 활용도 좋은 방법이다.

② 욕구에 대한 클라이언트의 능력 사정

사례관리자는 클라이언트가 자신의 욕구충족과 문제해결의 동기와 의지를 가지고 있는지, 스스로의 힘으로 해결할 능력과 의사결정능력을 가지고 있는지를 확인한다. 클라이언트의 능력을 사정할 때는 클라이언트의 약점이나 결함보다는 강점, 잠재능력, 활용 가능한 자원, 발전가능성, 문제해결능력 등과 같은 긍정적인 요소에 우선 초점을 두어야 한다. 클라이언트의 상태에 대한 정보를 수집할 때는 다양한 진단도구를 활용할 수도 있다.

③ 클라이언트 지원체계의 능력 사정

사례관리자는 클라이언트의 욕구를 충족시키기 위한 비공식 지원체계와 공식 지원체계의 능력을 클라이언트와 함께 사정한다. 클라이언트의 비공식 지원체계는 가족, 친척, 친구, 이웃, 종교집단, 직장동료 등 다양한 형태가 존재한다. 공식 지원체계에는 사회복지기관과 시설, 지역사회의 공식적인 단체와 기관, 정부기관 등이 있다. 비공식 지원체계에 대한 사정은 자원의 수, 그들의 이름과 관계, 관계의 질, 제공하고 있는 서비스의 종류, 그들의 능력, 부담감 등에 관한 정보를 통합한다. 공식 지원체계에 대한 사정은 이러한 지원체계가 클라이언트에게 도움을 줄 수 있을 정도로 동기화되어 있는가를 파악하여 실시하여야 한다.

④ 지원체계 활용의 장애 사정

사례관리자는 클라이언트가 공식 지원체계와 비공식 지원체계를 활용하는 데 있어서 장애에 대한 사정을 실시한다. 장애요인으로는 이동의 부자유나 교통편의 부족 등으로 인한 접근성의 문제, 지원체계에 대한 부정적 이미지로 자원이용에 대한 거부, 낙인감, 무기력, 동기부족 등 심리사회적인 문제, 신체적·인지적·정신적 능력의 부족 등으로 인한 자원이용의 불가능성, 자원의 부족, 정보의 부족, 서비스의 단편성과 불연속성, 비공식 지원체계의 무관심과 책임성 결여 등이 있다. 적절한 사정은 클라이언트 각 개인이 경험하고 있는 문제상황의 본질을 파악하게 할 뿐 아니라, 이러한 상황을 일으키는 요인들 간의 특별한 복합적 관계와 새로운 서비스 제공이 장애극복에 적절한 효과를 가져다줄 수 있는지에 대한 충분한 고찰을 가능하게 한다.

(3) 실천계획 및 목표설정

서비스 목표는 사정에 기초하여 종합적인 서비스 계획을 수립하는 것을 말한다. 서비스 계획이란 클라이언트에 대하여 설정한 목표를 달성하기 위해서 어떠한 서비스가 언제, 어떤 방식으로, 얼마 동안, 어느 정도 제공되어야 하는가에 관한 사항들을 문서화한 것이다. 서비스 계획의 기록은 사례관리자가 사정과정에서 수집한 모든 관련 정보를 조직화할 기회를 제공하며, 불필요한 사항을 제거할 수 있게 하고, 사례관리의 논리적 기초를 제공한다. 사례관리자는 모든 과정에 클라이언트를 동반자로 관여시켜야 하며, 클라이언트의 욕구에 관해 관련된 사람들이 검토, 논의하고 상호 간에 정보를 공유하는 통합적인 과정을 이끌어가야 한다. 대부분의 사례관리는 클라이언트가 개선이 필요하다고 인식하는 영역이 무엇인지를 알아보고 전문적인 목표에 클라이언트의 개인목표를 포함시킨다. 실천목표는 대체로 단기목표와 중기목표, 그리고 장기목표가 설정된다. 장기목표는 단기목표의 달성 후 희망하는 상태를 나타내게 되며, 단기목표는 클라이언트 현재의 욕구충족이나 위기상황을 해결하기 위한 직접적인 목표가 된다. 목표를 세울 때 비현실적이거나 모호하게 하게 되면 클라이언트의 변화 여부를 평가할 수 없게 하므로 관찰 및 측정이 가능한 형태로 명료하게 기술되어야 한다. 실천계획이나 목표를 설정할 때에는 클라이언트의 한계를 고려하는 등 현실적인 면을 이해하는 것이 중요하다. 현재의 상황을 유지하거나 곤란을 감소시킬 수 있는 구체적인 프로그램 개발과 같은 것이 주요 목표일 수도 있다.

이상과 같이 일단 서비스 목표가 설정되면 개입계획과 자원 확인 및 개발 작업 등 두 가지 기능을 수행하게 된다.

3) 개입계획 수립과 자원개발

이 시점에서 실천단계의 논리적 전개는 처음에는 특정한 목표를 겨냥한 개입 서비스를 계획하고, 그 후에 계획을 실행하기 위해 필요한 자원을 찾는 것이다. 이 단계의 문제점은 서비스 자원이 부족하고 서비스체계가 급속하게 변화한다는 것이다. 그러므로 사례관리자는 먼저 자원들 가운데서 사용 가능한 것이 무엇인지 찾아보고 거기에 맞추어 서비스를 계획해야 한다.

(1) 개입계획

개입계획은 상담과 치료를 포함한 치료계획과 좀 더 실질적인 원조를 위해 외부기관에 클라이언트를 연결시키는 일 등 서비스 실천 전략이다. 서비스 개입계획에는 보통 단기목표와 장기목표를 성취하기 위한 방법이 모두 포함된다. 개입계획을 수립하는 과정에서 클라이언트는 가능한 한 폭넓게 관여하면서 자신의 욕구를 정확히 밝히고 좀 더 효율적인 개입계획 수립을 가능케 하며 궁극적으로는 사례관리 목적을 달성할 수 있는 서비스 결과가 나오도록 해야 한다.

개입계획을 수립하는 데 있어 고려해야 할 사항은 다음과 같다.

① 계획 가운데 실행해야 할 관련 욕구영역에 대한 특성화

② 주요 목표의 명확화

③ 서비스와 지지적 목표들에 대한 분류화와 항목화

④ 계획된 목표달성을 위해 고안된 특정 활동을 수행할 활동자의 선정

⑤ 각각의 목표달성을 위한 시간 안배

⑥ 각각의 목표들이 달성되었을 시 기대되는 변화에 관한 진술을 포함한다.

(2) 자원 확인과 개발

자원 확인과 개발기능은 유사한 서비스 자원과 정보 자원에 대한 접근이 용이하도록 자료를 조직하는 것이다. 자원 확인과 개발에는 기관들과의 전화접촉, 기관 대표자 회의, 비공식적인 망, 사무실 보관문서의 확인이나 주소록 확인과 같은 많은 자원 확인 방법이 있다. 사례관리자는 기관 정책이나 프로그램 내용이 자주 바뀌기 때문에 정확하지 않은 정보일 가능성이 있음을 고려해야 한다. 사례관리자는 특정 클라이언트를 위한 특별한 자원제공 기회가 결여되었거나 공급이 부족할 때는 새로운 자원을 개발할 필요가 있다.

4) 클라이언트와 서비스체계와의 연결

사례관리자는 클라이언트를 위탁하기에 앞서 우선적으로 클라이언트에게 필요한 서비스의 내용과 서비스 방법을 결정해야 하고, 그 다음에 클라이언트가 서비스를 받을 수 있도록 조건과 환경을 조성하고, 필요한 또 다른 서비스에 연결될 수 있도록 클라이언트와 서비스체계와의 연결이 순조롭게 진행되도록 돕는다. 사례관리자는 서로 다른 유형의 자원들과 지역사회기관 그리고 클라이언트를 연결함으로써 클라이언트에 대한 서비스와 지원계획을 적용할 수 있는 매개자의 역할을 수행하게 한다. 효과적으로 매개에 영향을 미치는 또 다른 요소는 다른 기관들과 사례관리자의 연결이다. 사례관리자는 다른 기관들과의 개인적인 접촉을 통해 전문가 망을 형성하면서 상호관계성을 수립하게 되는데 이러한 망은 상호매개적인 서비스로 이용될 수 있다. 사례관리자는 각각 서로 다른 집단들은 서로 다른 자원체계를 가지고 있으므로 어떠한 공식적 혹은 비공식적인 접근이 강조되어야 하는지를 결정하는 데 사례관리자의 윤리적인 판단을 필요로 한다.

5) 점검과 재사정

점검과 재사정의 두 가지 기능은 부분적으로 중복된다. 점검과 재사정의 목적은 현재의 서비스 제공과 조정 등이 클라이언트에게 어느 정도 만족스러운 상태인지 혹은 개입계획의 새로운 변화의 필요성이 있는지 등을 평가하기 위해서 실시되고 있다.

(1) 점검

기관과 비공식적 망과의 접촉은 점검의 중심이 된다. 점검은 클라이언트의 수립된 실행계획에서 정해진 서비스의 전달과정을 추적하는 방법으로서 사례관리자에 의해 행해지는 활동적이고 유동적인 과정이라는 뜻을 지니고 있다.

사례관리자가 행하는 점검의 내용은 다음과 같다.

① 클라이언트 지원망의 구성원들이 목표달성을 위해 적절한 시간 안배가 이루어지고 있는지를 점검한다.
② 클라이언트에 대한 계획이 수립된 시점에서 욕구를 충족시킬 수 있는 필요한 서비스와 자원을 가지고 있는지를 점검한다.
③ 클라이언트에 대한 서비스와 지원계획이 어느 정도 잘 이해되고 있는지를 점검한다.
④ 그 계획이 성공적인지 혹은 역행적 결과를 가져오고 있는지 등을 점검한다.
사례관리자가 점검 기능을 수행하는 데 필요한 접근방법은 크게 두 가지가 있다.

첫 번째 방법은 비공식적 근거에서 이루어지는 유형으로 사례관리자가 자신을 이용함으로써 클라이언트 서비스와 지원계획이 적절하게 이행되고 있는지 그리고 바라는 결과가 이루어지고 있는지를 검토하는 것이다. 두 번째는 공식적이고 양적인 접근의 유형은 구조화되고 절차화된 공식이다. 사례관리자는 점검기능을 수행하는 데 있어 규범적이고 표준 지향적 기준으로 마련된 도구를 사용한다.

(2) 재사정

사례관리는 지속적인 점검뿐 아니라 일정한 간격을 두고 공식적으로 이루어지는 재평가 과정도 중요하다. 재사정은 서비스 계획의 수행 중에 주기적은 사정을 통하여 클라이언트에게 제공되는 서비스의 적합성, 보호계획 변화의 필요성과 변화방식을 결정하는 과정이다. 재사정과 평가의 차이점은 재사정은 서비스계획의 적합성을 판단하여 서비스에 대한 변화의 필요성 여부를 결정하는 반면, 평가는 가치와 종결을 포함한 내용으로 서비스계획이 클라이언트의 삶에 변화를 가져왔는지 효과성에 초점을 두는 과정이다. 재사정은 기관에 따라 3개월, 6개월 등의 표준화된 주기적인 간격을 정하고 서비스 계획의 일정에 따라 실시한다. 사정과 마찬가지로 재사정은 클라이언트 욕구에 기반을 두어야 하는데 이용자의 견해와 선호, 욕구를 다루는 서비스의 효과성에 맞추어져 있어야 한다. 재사정을 방해하는 요인으로는 잘못 설정된 목표로 인해 사정이 잘못된 경우, 클라이언트 호전상태의 불규칙성, 클라이언트의 변화에 대한 클라이언트나 서비스 제공자의 정확한 정보의 부족, 사례관리자의 시간적 제약 등을 들 수 있다.

6) 평가

사례관리의 맥락에서 평가라 함은 사례관리자에 의해 형성되고 조정되는 서비스 계획, 구성요소, 활동들이 과연 시간과 비용을 투자할 만한 가치가 있는지 혹은 없는지를 알아보기 위한 과정이다. 클라이언트 측면에서의 평가기준은 제공된 서비스 형태와 수준의 클라이언트 수용 가능성, 제공된 서비스의 적당성, 제공된 서비스 실천기준의 적합성, 의도와 결과 초래 여부, 클라이언트의 만족도, 한정된 서비스와 위기 클라이언트 전달 정도 등이 있다. 서비스체계의 측면에서의 평가기준은 클라이언트의 장·단기 목표달성에 있어 서비스 계획의 적절성, 서비스 계획에 기술된 활동과 서비스 실행방법의 적절성, 클라이언트 욕구충족에 있어 서비스 계획의 적합성, 서비스 제공 기관의 정책과 프로그램의 클라이언트 욕구충족의 기여 정도 등이 있다. 사례관리서비스를 평가하기 위해서는 다양한 자료를 수집하여야 한다. 서비스 평가의 도구로는 클라이언트에 대한 직접적인 면접, 전화면접, 사례회의, 전문가의 기록에 대한 검토, 시설과 기관의 이용빈도 등을 활용한다.

7) 기관 간의 조정

다양한 기관들 간의 조정기능은 공식적 정책을 통하거나 조직 간의 비공식적 동의에 의해 연결기능을 원활하게 하는 기관 간의 관계를 수립하는 것이다. 공식적 정책은 전형적으로 가장 높은 위계 차원에서 이루어진다. 비공식적 동의는 공식적인 정책에 비해 덜 구속적이며 때로 사례관리자에 의해 제공되는 프로그램의 실시 여부, 내용을 논의하는 등 프로그램 수준에서 행해진다. 사례관리자는 기관 간의 조정활동을 원활히 하기 위하여 기관 전체와의 공식적 조정뿐만 아니라 조직 내 개인과 비공식적이고 개별적인 서비스 조정을 하는 일도 중요하다. 또한 기관 간의 조정은 클라이언트와 서비스체계 간의 성공적인 연결을 조장하는 수단으로 기관 간의 상호 의존적이고 의미 있는 교환을 요구하고 있다. 이때 기관들 간의 교환활동이란 클라이언트에 대한 정보의 공유, 상호의뢰, 시설의 공동 활용, 직원의 교류 등을 포함한다.

8) 상담

상담 역시 사례관리 기능 가운데 중요한 활동으로서, 정보와 조언을 제공하는 것이며, 상담은 통상 전통적인 치료처럼 심리 내적인 것에 국한되는 것이 아니라 주거문제, 재정문제, 양육 그리고 고용과 같은 영역에서의 문제해결, 현실검증, 사회화기술 그리고 실제적 도움이 전 과정에 걸쳐 요구되는 기술이다. 상담은 자기관리기술을 촉진하고 긍정적인 강화의 사용을 조장하는 것으로서, 보통 단기적인 것이므로 사례관리의 각각의 단계 혹은 전 과정을 통하여 제공될 수 있다.

9) 치료

치료는 개인의 정신 내적인 문제로서 내면 깊이 자리 잡은 성격 문제에 초점을 맞추는 장기치료와 실직, 부부갈등 등과 같은 일상적인 생활문제에 초점을 두는 단기치료로 구분할 수 있다. 치료는 개별적이거나 집단적일 수 있으며 가족이 관여할 수도 있고, 위기적인 특징을 가질 수도 있다. 치료는 클라이언트가 일상생활 상황을 다루도록 돕는 '여기 그리고 현재(here and now)'를 강조해야 한다. 치료는 클라이언트의 변화추이에 따라 사례관리 과정 중 언제든지 이루어질 수 있으며, 필요에 따라 제공되고 철회될 수 있다.

10) 옹호

옹호는 사례관리의 중요한 기능이다. 클라이언트를 옹호하는 일은 사례관리 전체 과정 가운데 매우 초기에 필요할 수도 있고, 기관이 서비스를 제공하기를 거절하는 연결시기에 일어날 수도 있다. 사례관리에 있어 옹호는 두 가지 차원, 즉 클라이언트체계 차원과 서비스체계 차원에서 행해진다. 클라이언트체계 차원의 옹호는 클라이언트가 적절한 서비스를 제공받지 못하거나 부당한 처우를 받을 때 클라이언트를 돕는 확실하고 단언적인 접근이다. 서비스체계 차원의 옹호는 서비스를 제공하는 과정에서 겪게 되는 부당한 처우에 대한 접근이다. 옹호자는 관료적 규칙과 장애를 헤쳐 나가서 클라이언트 자신이 마땅히 받아야 할 혜택을 얻을 수 있도록 도울 준비가 되어 있어야 한다. 옹호는 사례관리 기관 등 조직의 구성과 운영방법 등에 따라 다양한 방법과 이해를 요구한다.

제3절 노인복지실천의 개요

사회복지실천 정의는 개인, 집단 또는 지역사회가 사회기능을 향상시킬 수 있도록 능력을 회복하거나 증진시키고, 목표달성을 위한 사회조건을 창조하도록 돕는 전문적 활동이다. 사회복지실천은 사회복지사가 클라이언트의 복지향상을 위해서 클라이언트와 함께 하는 대면서비스와 이와 관련된 활동을 의미하며, 그 의미에서 노인복지실천은 노인과 관련하여 여러 가지 문제와 욕구를 개별적・집단적・조직적・지역사회적 원조를 통하여 해결하기 위한 사회복지의 통합적 접근이라 할 수 있다. UN에서 주장하는 노인복지실천의 다섯 가지 원칙은 ① 독립성, ② 참여, ③ 보호, ④ 자기성취, ⑤ 존엄성이다.

1. 노인복지실천의 원칙과 개입역할

노인복지실천에 있어서 무엇보다 인간존엄성의 원칙이 전제되어야 한다. 인간의 존엄성은 외적 조건에 따라 영향을 받을 수 없는 절대적인 가치를 가진 가치인 것이다. 이런 원리에 따라 품위 있게 나이가 들고 죽는 날까지 존엄성을 유지할 수 있도록 지원하는 'Aging with dignity' 운동이 미국에서는 활발하게 전개되고 있다. 'Aging with dignity' 운동의 원칙은 사람은 연령이나 질병, 신체적 제약 또는 정신적 장애에 상관없이 누구나 다음의 권리를 갖고 있다

① 사람은 누구나 인간으로서 가치가 있고 존중받을 권리가 있다.
② 사람은 누구나 어른·아이처럼 취급당하지 않고 자신의 이름으로 불리고 말상대가 될 권리가 있다.
③ 사람은 누구나 사회의 생산적인 일원으로 인정받을 권리를 갖는다.
④ 사람은 누구나 합리적인 결정을 하기 위하여 적절한 정보를 활용한 권리를 갖는다.
⑤ 사람은 누구나 삶의 질을 높이기 위한 프로그램에 참여하고 지원서비스를 받을 권리를 갖는다.
⑥ 사람은 누구나 다른 사람의 도움을 거부하거나 "No"라고 말할 권리를 갖는다.
⑦ 사람은 누구나 몇 번이고 되풀이해서라도 말하고자 하는 바를 들어주고 말할 권리를 갖는다.
⑧ 일을 완수하고 생각들을 정리하기 위해서 여분의 시간을 더 필요로 하는 사람들에게는 조금 더 시간을 주어야 한다.
⑨ 사람은 누구나 우리가 동의를 하든 안 하든 자신의 종료를 가질 권리와 문화적 취향에 대한 권리를 갖는다.
⑩ 사람은 누구나 자기만의 위한 보살핌을 받을 권리를 갖는다.

사회복지실천의 기본원칙은 노인복지서비스의 실천에서는 사회복지실천의 기본원칙이 원칙적으로 적용된다. 노인에게 도움을 주는 데 있어서 다음과 같은 기본원칙을 지키는 것이 바람직하다.

1) 존엄성 존중의 원칙

노인은 성별, 사회적·경제적 지위, 학력, 노인의 근로능력, 경제적 생산성 등에 관계없이 한 인간으로서의 고귀한 존재임을 인식하고 노인의 인격을 존중하는 면으로 도움을 줄 수 있어야 한다.

2) 개별화의 원칙

노인은 타인과 구별되는 고유한 개성과 특성이 있으므로 개인에 적합한 방법으로 도움을 제공하여야 한다. 흔히들 노인이면 다 같다고 생각하거나 시대에 관계없이 다 같다고 생각하는 것은 곤란하다.

3) 자기결정의 원칙

인간은 정상적인 사고를 할 수 있는 경우 스스로 자기 운명을 스스로 결정할 수 있도록 하는 것이 바람직하다. 노인이라도 자기문제는 스스로 책임지고 주도적으로 해결하는 면에서도 여러 가지의 대안 중에 하나를 선택할 수 있도록 옆에서 도와주는 것이 바람직하다. 도움을 주는 사람은 여러 가지의 대안과 그 대안을 택할 경우에 예상되는 결과의 장점과 단점 등을 이야기해 주고 어느 것을 택하는 것이 좋겠다는 정도까지는 말할 수 있으나 상담자가 선택을 강요하는 것은 바람직하지 못하다.

4) 권리와 책임의 원칙

모든 노인은 타인과 가족, 국가 및 사회에 대한 권리가 있는 반면에 또한 책임도 있다는 것을 반드시 인식시키면서 도움을 제공하여야 한다. 많은 경우 노인은 권리만 주장하고 책임을 등한시하는 경우가 많은데 권리와 책임을 같이 인식하도록 하여야 한다.

5) 자기개발의 원칙

모든 인간은 발전할 수 있는 잠재력을 갖고 있어 비록 노인이라 할지라도 스스로 노력하면 발전이 가능하다. 노인이 우선 신체적으로 독립을 유지할 수 있도록 훈련이 필요하고, 경우에 따라서는 노동에 의한 경제적 자립도 필요하고 나아가서는 인간관계에 얽힌 어려운 문제도 노력하면 해결할 수 있는 경우가 많기 때문에 도움을 주는 사람은 노인이 스스로 문제나 욕구를 해결할 수 있는 능력을 키워나갈 수 있도록 노인의 능력을 개발하는 것이 바람직하다.

6) 전체성의 원칙

노인도 한 인간으로서 신체적·심리적 및 사회적 욕구를 갖고 있고, 노인에 대한 이해나 서비스 제공에서 적어도 이 3가지 측면을 균형 있게 전체적으로 고려할 필요가 있다.

7) 전문성의 원칙

상담자는 도움을 요청하는 사람에게 적합한 도움을 줄 수 있는 정도의 전문가일 수도 있지만 그렇지 못한 경우도 많고 또한 아무리 전문가라 할지라도 한 사람의 모든 복합적인 문제를 다 해결할 수 없는 경우가 많다. 그러므로 상담자 자신이 해결할 수 없는 경우는 그 문제를 잘 해결할 수 있는 전문가에게 의뢰하는 것이 바람직하다.

2. 노인복지실천의 개입수준 및 역할

1) 노인복지실천의 개입수준

노인은 독특한 경험과 생활양식으로 인해 다른 젊은 세대들과 상당히 다르다.

그러므로 노화과정과 관련해서 기능적 손상이 수준에 따라 많은 가변성을 나타낸다.

1차적 개입수준은 예방이다. 노인들이 높은 기능의 상태를 유지한다 하더라도 사회복지실천적 개입이 적용될 수 있다. 즉, 문제가 일어나기 이전에 미리 막기 위한 노력으로 대상은 건강한 노인을 대상으로 건강증진 및 특별한 보호를 실시하는 것이다.

1차적 개입의 대표적 유형은 ① 건강증진 캠페인으로 노인집단의 건강증진 예로는 겨울 부상사고 예방 캠페인, 노인 체육장려 캠페인, 노인자살예방, 노인 치매예방을 위한 일상체조운동 등이다.

② 홍보계획을 특별히 위험에 직면할 가능성이 높은 집단을 대상으로 하며 이는 자살예방교육, 일자리창출사업, 공공근로사업, 저소득 노인을 위한 취업알선 프로그램 등에 개입할 수 있다.

2차적 개입수준은 치료인데 노인이 어떤 문제에 직면한 상태에서 출발하여 초기 진단을 목표로 상황 치료를 증진시킨다. 대상은 신체적·정서적·사회적 변화로 위기 상황에 처하거나 만성질환으로 일상생활 수행에 지장이 있는 노인이다.

2차적 개입의 대표적 유형으로는 다음과 같다.

① 신체적 건강 관련 문제이다. 노인은 노화과정 동안 문제에 대한 적절한 대처 없이 문제 상황에 직면하게 되며 조기해결 미흡 시 알코올중독, 우울증, 자살 등의 문제 상황의 발생 가능성이 높다. 요양원 입소 등으로 노인 당사자의 혼란은 물론이거니와 가족의 죄책감을 동반하기 쉽다.

② 사회적 적응 관련 문제인데 과거사회는 최소한의 변화 속에서의 점진적 발전이었던 반면, 현대사회는 빠른 변화성으로 인한 노인의 사회적응에 대한 어려움이 있다. 사회적 기회와 자원의 감소로 인한 노인들의 무기력함, 외로움, 고립감, 소외감으로 현대사회의 개인화로 인한 상호작용에 대한 만족감 상실에 따른 신체적·정신적 문제가 발생하기 쉽다. 사회복지사의 역할로서 노인이 문제 상황에서 조기에 빠져나올 수 있도록 정보를 제공하고 상담, 치료 등의 대하여 합리적 의사결정 원조 등을 행한다.

3차적 개입수준은 재활과 자립으로 장애의 악화와 사회적 기능 퇴보를 막고 잔존하는 기능을 극대화시켜 노인을 재활시키는 장기적인 활동으로 노인의 장애 극복과 재활활동과 함께 그러한 노인의 가족에게 발생된 문제까지 포함한다.

2) 노인복지실천의 개입역할

중개자인 조정자, 안내자로서 클라이언트의 욕구와 환경자원을 사정하고 클라이언트와 클라이언트의 욕구를 가장 잘 충족시킬 자원 간의 연결로서 지역 내 자원현황과 욕구내용을 정확히 파악해야 한다.

가능자로서 원조자, 격려자로 클라이언트의 역량강화(empowerment)로 클라이언트가 스스로 설정된 목표로 향하도록 원조한다.

옹호자로서 지지자, 대변인의 역할인데 클라이언트의 입장에 대한 지지와 옹호에 대한 개입이다. 클라이언트를 대신해서 클라이언트의 입장을 옹호하고 권리를 주장하는 역할이다.

교사로서 노인에게 현대생활에 적응하도록 새로운 지식과 기술 습득의 기회를 제공하고 클라이언트가 부가적인 기술과 다른 자원들을 얻을 수 있도록 원조한다.

중재자로서 클라이언트와 다른 체계 사이의 갈등을 해결하고 가치개입 없이 제3자의 입장에서 클라이언트를 일방적으로 변호하지 않는다.

3. 노인복지실천의 기술 및 장애요인

1) 노인복지실천의 기술

노인복지실천기술이란 클라이언트체계와의 관계에서 사회복지실천의 가치와 지식에 기초하여 클라이언트와 관련된 특별한 상황의 변화를 위하여 심리사회적 개입을 할 수 있는 사회복지사의 능력을 의미한다. 노인복지실천은 노인과 관련하여 여러 가지 문제와 욕구를 개별적·집단적·조직적·지역사회적 원조를 통해 해결하기 위한 사회복지의 통합적 접근이라 할 수 있다.

노인복지실천의 기술은 효과적인 서비스 제공을 위해 구체적 실천기술이 필요하며, 노인복지실천의 구체적 기술로 노인복지실천기술은 관여기술, 사정기술, 의사소통기술, 면담기술, 자료정리기술의 다섯 가지로 분류할 수 있다.

① 관여기술로서 실천가는 클라이언트에 대한 존경과 수용, 그들의 독특한 욕구에 대한 공감을 전달해야 한다. 협력관계는 클라이언트의 문제에 대한 관점에 대해 실천가의 관심이 많을수록 강화된다. 존경심의 표시는 특히 노인 클라이언트와의 협력관계에 있어 중요하다. 노인들은 특정의 음성, 언어적 메시지, 비언어적 의사소통에 의해 품위가 손상되었을 때 유치해질 수 있다.

② 사정기술로서 사회복지사가 사례에 개입하기 전에 개입계획을 위해 복지대상자체계의 문제 혹은 욕구를 사회복지사의 활동에 요구되는 자원을 파악하는 과정이다.

사정의 요소는 클라이언트가 요구하는 서비스 욕구를 명확히 설정하고 클라이언트의 문제에 대한 인식을 발견하여, 그 상황에 관련되어 있는 다른 사람들을 발견한다. 그리고 그 문제를 지원해 줄 수 있는 주변의 지역사회 내지 기관 내에서 이용 가능한 자원에 대한 인식을 한다. 그리고 사회복지사로 하여금 아직 제공되지 못한 클라이언트의 서비스에 대한 욕구를 위해 비공식적인 지지체계를 고수할 수 있는 개입의 방법을 제공한다.

③ 의사소통기술인데 의사소통은 메시지의 전달, 메시지의 수용, 두 명 이상의 사람들 간의 내용 해석을 포함하는 상호작용 등이다(Compton & Galaway, 1994). 사회복지실천가는 노인들이 사용하는 언어에 대해 알고 있어야 한다. 전문적이거나 기술적인 용어는 피해야 한다. 복잡하지 않고 직접적인 언어는 언어적 의사소통에 있어 가장 효과적인 방법이다. 비언어적 의사소통(skin ship) 또한 중요하다. 시・청각 손상은 노화를 증진시키는 조건이 되며, 이러한 감각기능의 변화는 효과적인 소통을 방해한다.

④ 면담기술은 특정 이슈나 질문에 관해 정보가 필요할 때 사용되는 의사소통

의 한 형태이다. 면담은 목적 있는 의사소통의 교환이며, 우연한 정보의 교환 내지 비공식적 대화와는 대조를 이룬다(Compton & Galaway, 1994).

구조화·비구조화된 개방형 질문은 문제 상황을 탐색할 때 전반적으로 사용되며, 필요한 실제적인 정보를 얻기 위한 폐쇄형 질문은 면담의 종반부에 약간 사용된다.

(1) 면담의 요소

첫째, 문제를 확인하는 것으로 면담의 목적을 숙지하고, 기본적인 질문내용을 숙지한다.

둘째, 문제와 관련된 기초정보를 숙지한다.

셋째, 계획된 시간과 면담을 설정한다. 이때, 배정된 시간을 고려하고, 자리 배치를 고려하며, 또 시간대를 고려하도록 한다.

(2) 기 타

첫째, 충분히 큰 소리로 명확하게 이야기할 수 있어야 한다.

둘째, 비언어적인 단서에 유의해야 한다.

셋째, 클라이언트의 상담내용에 대해 보증할 필요가 있다.

넷째, 특히 면담을 종결지을 때는 요약기술이 필요하다.

(3) 자료기록기술

정확하고 적절한 자료기록은 클라이언트에 대한 서비스의 질을 명확히 하는데 필수적이다. 사회복지서비스 자료는 책임성, 효율성, 비밀보장의 원칙이 동시에 지켜져야 한다. 자료기록은 클라이언트나 기관에 있어 실천가의 기억을 늘리고 관련 사례에 있어 다른 전문가와 협력을 가능케 하며, 프로그램 평가를 위한 자료를 제시하는 등 다양한 목적을 가지고 있다.

2) 노인복지실천의 장애요인

노인복지실천의 장애요인에는 노인, 실천가, 서비스전달체계, 이렇게 3가지 요인에서 들 수가 있다.

노인은 노인들이 사회복지서비스를 이용하는 데 있어 하나의 장애요인으로 노인 자신을 들 수 있다. 노인세대는 관료체계를 불신하며, 사회복지서비스를 받는 것에 부정적인 낙인을 붙인다. 또한 노인들은 그들의 독립심이 상실되는 것에 대해 두려워한다. 끝으로 사회복지사와 클라이언트들 간의 연령 차이는 노인들이 그들의 문제에 대해 충분히 이해하지 못할 것이라고 느낀다.

실천가는 다른 전문가와 마찬가지로 사회복지사는 고령사회의 구성원이다. 사회복지사는 때때로 노인에 대한 고정관념과 사회의 보이지 않는 차별에 대해 알지 못한다. 사회복지학 교육에 있어 주요 문제점이 노년학에 대한 훈련의 부족이다.

서비스전달체계는 노인들이 서비스를 사용하는 데 있어 주된 장애는 서비스전달체계의 단편화이다. 대부분의 노인들은 서비스와 관련된 정보를 찾는데 가족이나 친구, 대중매체에 의존한다. 그러나 대부분의 노인들이 이에 대해 알지 못한다.

코로나19 사태가 장기화되면서 독거노인이나 취약계층 어르신들에 대한 돌봄 공백이 발생하고 있다. 가정 방문, 센터 이용 등을 통한 기존의 이용과 노인돌봄 서비스가 일부 또는 전면 중단된 상태인데, 이런 위기상황을 극복하기 위한 지자체와 공공기관들의 비대면 노인복지 서비스에 대해 새로운 방법의 서비스가 강구되어야 한다.

사물인터넷(IoT) 기기를 활용한 노인돌봄서비스인데 독거 노인 가정에 IoT 기기를 설치해 움직임이나 온도, 습도 등을 감지한 결과를 생활지원사가 관리하는 방법으로 위기상황을 재빠르게 파악하여 뇌졸중 등으로 인해 위험에 처한 독거 노인을 살릴 수 있다는 것이다. 2018년부터 시범운영한 이 제도는 코로나로 인해 2020년 대폭 확대되고 있다. 또한 비접촉 시대의 비대면 노인복지 서비스인데 스마트폰을 활용한 화상회의, 라이브챗 등으로 온라인 강의를 진행하고 이에 접속하기 어려운 어르신들에게는 사회복지사가 방문해 사용법을 설명해 드리는 방법이 있다.

전 세계 대다수 국가들이 60세 이상의 연령층을 코로나19 고위험군으로 분류하고 있는 가운데, 노인복지시설 등 노인 관련 시설에서의 각별한 주의가 요구되고 있다. 특히 당뇨병, 만성 폐 질환, 만성 신경계 질환 등을 가지고 있는 노인의 경우 코로나에 감염이 되면 더 큰 문제를 야기할 수 있기 때문에, 개인 방역은 물론이고 만성질환 관리에도 신경을 써야 한다. 포스트 코로나 시대, 노인요양시설이 나아가야 할 방향은 입소요양시설, 주·야간 보호, 시범사업 단기 보호, 방문 요양 등 포괄적인 장기요양서비스로 노인의 건강상태나 가족 환경에 따라 서비스를 선택하는 방법을 고려하여야 한다.

연구과제

1. 사례관리의 특성
2. 코로나시대 비접촉·비대면상태에서 노인실천방법

CHAPTER 06

단기상담과 슈퍼비전

학습과제

1. 단기상담의 의의
2. 단기상담의 특성
3. 해결중심단기상담에서 기적질문

제1절 단기상담의 의의

단기상담이란 짧은 시간 동안 목표를 빠른 시간 내 설정하고 해결하는 데 있으며 보통 정신역동 관련 상담은 7회에서 50회, 지지적 상담은 15회 미만이며, 일반적으로 25회 미만의 상담을 말한다. 단기상담의 필요성은 다음과 같다.

첫째, 21세기 복잡하고 다양하며 개별성이 요구되는 현대인의 삶의 상황이 급변하고 빠르게 전개되면서 장기상담을 받을 만큼 시간이 여유롭지 못하다.

둘째, 상담관계의 효과성이다. 장기상담에서 생기는 전이를 단기상담에서 느끼지 않음으로써 지나친 의존이나 퇴행을 일으키지 않는다는 점이다.

셋째, 상담의 효과성 정도이다. 장기상담에 못지 않게 단기상담도 효과가 있다는 점이다. 내담자들이 성격의 재구조화 같은 장기상담보다 단기해결의 목표를 원한다.

넷째, 경제성의 측면에서 비용부담이 장기상담보다 부담이 적다. 특히 선진국의 국가의 보험비용지출의 절약을 가져다 주는 차원이다.

다섯째, 상담시간의 제한성을 내담자가 인식하여 참여를 증대시킨다. 첫 만남에서 단기상담의 성질, 상담자 역할과 책임, 내담자 역할과 책임, 상담목표, 시간과 공간적 제한 사항에 대한 요점을 설명함으로써 구조화한다. 그리고 내담자의 문제와 본질을 빠르게 파악하고 내담자의 핵심문제에 맞추어 상담계획을 수립해야 한다. 상담시간의 제한성으로 상담목표도 제한된다. 특정한 내적 갈등의 해소,

어떤 구체적인 감정의 변화, 문제행동의 원인 통찰이나 성격의 재구성은 장기상담에서 가능하다. 따라서 가능한 한 빨리 내담자의 문제증상을 제거하거나 완화시켜 이전의 정서적 평형상태를 빠른 시간 내 재정립하여 현재 갈등의 원인에 대한 내담자의 자신의 이해를 증진시키며 상담종결 후 유사문제가 생길 때 적응할 수 있는 대처행동증진을 목표로 한다.

여섯째, 상담자의 적극적이고 지시적인 개입은 단기상담의 특징이다. 또한 신속한 문제해결이 목표이기 때문에 내담자가 제시하는 호소문제를 중심으로 핵심적인 증상을 중심으로 상담한다. 그리고 성공적인 단기상담을 위해 긍정적인 상담관계가 중요하다. 그래서 상담관계증진을 위한 기법, 상담의 구조, 정서적 지원 및 내담자 장점의 격려와 직접적인 조언 및 정보의 제공이 요구된다.

끝으로 현재중심의 치료에 초점을 두고 있다. 내담자의 현재의 문제증상, 반복적으로 문제를 일으키는 대인관계 등에 초점을 두고 있다. 과거 탐색은 현재에 직접적인 영향을 주는 경우에 한해 탐색되고 있다.

근래 상담과 심리치료에 대한 수요가 증가하면서 시간적·경제적 효율성이 높은 단기상담에 대한 관심이 높아지고 있다. 전문적 자질을 갖춘 상담자의 양성은 상담자 훈련 영역뿐 아니라 사회적으로도 중요한 과제다. 따라서 효과적으로 단기상담을 수행하고 체계적인 상담자 교육의 방안을 마련하기 위해 단기상담 슈퍼비전이 필요하다.

단기상담이 각광받는 이유는 ① 내담자들이 대개 상담기간이 장기간 진행될 것으로 생각하지 않는다. ② 상담자가 원하든 원하지 않든 실제로 단기상담을 하게 되며, 평균 6~8회에 이른다. ③ 심하고 만성적인 문제에도 상담히 효과적으로 적용될 수 있다는 것이 밝혀지고 있다. ④ 단기상담은 장기상담만큼 효과가 있는 것 같다. ⑤ 비용문제이다.

1. 단기상담의 의의

단기상담이란 비교적 짧은 기간에 가능한 한 빠른 변화를 가져오게 하는 심리적 개입으로서, 일관된 정의는 없으나 대체로 처치 기간, 경제성, 접근 가능성 등의 측면에서 장기상담과 구별된다. 바인더, 헨리와 스트러프(Binder, Henry, & Strupp, 1987); 버드만과 거만(Budman & Gurman, 1988); 에커트(Eckert, 1993)에 의하면, 단기상담의 요인으로 계획성(planning), 협조성(collaboration), 시간성(timing), 성장능력(empowering)을 가정할 수 있다. 여기서 계획성이란 단기상담의 초기 단계에서 상담자가 수행하는 초기 평가, 목표 설정, 전략 수립을 의미하고, 협조성은 상담자와 내담자가 상담협력관계를 구축하고 유지하는 방법이다.

단기상담의 목표는 상담자의 도움을 찾게 한 바로 그 문제를 극복하도록 돕는 것이다. 상담자는 내담자가 가지고 온 상담목표를 존중하여야 한다. 상담자 자신이 원하는 다른 목표로 바꾸려 하지 않는 것이 중요하다. 즉, 내담자들이 가장 절실하게 느끼는 불편함을 없애고, 합리적이고 적절한 수준에서 기능하도록 돕는 것이 가장 주된 목표다. 성격변화와 같은 지나치게 의욕적인 목표에 이르고자 애쓸 필요는 없다.

여기에 내담자들이 미래의 문제들을 더 잘 다루고 또 가능하면 미리 예방할 수 있도록 대처기술들을 개발하게 하는 것도 단기상담의 주요 목표가 된다.

내담자가 이전보다 더 생산적인 방식으로 자신의 문제들을 극복하고, 미래의 어려움을 다룰 수 있도록 돕는 것이 단기상담의 우선적인 목표다.

단기상담자는 단기상담이 가치 있고 바람직한 시도라는 견해를 가져야 한다. 내담자는 단기상담자의 견해에 예민하다. 그러므로 상담이 무엇을 제동할 수 있는지에 관해서 그리고 특정 내담자의 변화전망에 관해서 내담자는 확신과 현실성을 같이 지닐 필요가 있다.

또한 단기상담을 하는 상담자는 적극적인 참여자이다. 상담자는 상담의 구체적인 목표를 고려해서 상담과정을 이끌어야 한다.

단기상담에서는 특히 시간이 중요하므로 상담자는 장기상담보다 단기상담에서 내담자의 행동이나 다른 단서에 대해 훨씬 더 민감하고 반응적이어야 한다.

단기상담의 특성으로는

첫째, 문제중심의 접근방식으로서 호소한 문제를 다룬다.

둘째, 내담자선택의 중요성인데 내담자는 구체적 호소문제가 있고 발달상 문제를 가진다. 문제이전에 비교적 기능적인 생활을 하여야 한다.

셋째, 상담시간의 제한성이다. 처음부터 시간제한성에 직면한다.

넷째, 재상담을 개방하여 필요할 때 다시 상담을 받을 수 있다.

다섯째, 지금 그리고 여기의 역동성으로 지금・여기를 강조하여 내담자와 상담자의 역동과 상호작용 패턴을 적극적으로 활용한다.

여섯째, 생애발달적 접근으로 내담자의 심리, 사회적 발달단계와 수준을 고려한다. 종종 병리적 관점을 억제하면서 발달 경로적 관점을 내세우는 이유는 내담자가 문제를 보는 시각을 달리하고 그렇게 함으로써 생각, 감정, 행동의 변화를 촉진시킬 수 있기 때문이다.

일곱째, 내담자의 스타일에 의거한 융통성

여덟째, 자원의 조기활용으로 내담자가 힘을 느낄 수 있는 영역, 성공경험이 있는 영역을 내담자가 발견하도록 상담자가 돕고 격려하며 그 발견을 바탕으로 문제해결을 향한 활동을 하도록 도모하는 것이다.

아홉째, 상담성과평가이다. 상담성과에 대한 논의를 솔직하게 한다는 것은 상담자와 내담자의 관계를 더욱 기능적이고 개방적으로 해 주며 논의 자체가 치료적 경험이 될 수 있고 앞으로 상담전략수립과 상담운영에 도움이 된다.

성장능력은 내담자의 문제해결에 대한 잠재능력을 발휘시키는 것이고, 시간성은 상담의 기간, 횟수, 간격을 의미한다. 한정된 상담 횟수로 수행되는 단기상담의 효과에 관한 연구들은 대부분 짧은 기간에도 불구하고 그 효과를 보고하고 있다(Bolter, Levenson, & Alvarez, 1990; Davidson & Horvath, 1997; Gyorky, Royalty, & Johnson, 1994; Hill, et al., 2000; Regan & Hill, 1992; Sexton, Hembre, & Kvarme, 1996,

Turner, Valtierra, Talken, Miller, & DeAnda, 1996). 여기서 주목할 부분은 단기상담의 효과에 관한 연구들은 단기상담의 과정을 발달단계별로 구분하여 적용하고 있다는 점이다. 그 이유는 한정된 시간이 요구되는 단기상담은 고도로 구조화된 방식으로 진행하여야 하기 때문이다(Davidson & Horvath, 1997; Hill et al., 2000; Nieves-Grafals, 2001).

상담자의 역할을 정리하면 다음과 같다.

단기상담을 하는 상담자는 단기상담이 가치 있고 바람직한 시도라는 소신을 가져야 한다. 내담자는 상담자의 견해에 예민하다. 그러므로 상담이 무엇을 제공할 수 있는지 확신과 현실성을 아울러 지닐 필요가 있다. 또한 단기상담을 하는 상담자는 시간을 효율적으로 사용하기 위해서 적극적 참여자가 되어야 한다. 상담자는 상담의 구체적인 목표를 고려해서 상담과정을 이끌어야 한다. 상담자의 적극적인 역할을 강조하는 것은 상담자가 항상 언어적으로 적극적이어야 하고 해석과 지시를 많이 제공해야 함을 의미하지는 않는다.

단기상담에서는 특히 시간이 중요하므로 상담자는 자신의 행동을 주의 깊게 계획하고, 필요한 목표들이 이루어지도록 상담회기들을 이끌어야 한다. 그뿐 아니라 상담이 어떻게 진행되고 있는지 항상 평가하고, 어떤 변화들이 추가적으로 필요한지 늘 생각해야 한다. 사실 매 회기가 상담의 중요한 부분을 이루기 때문에 상담자는 장기상담의 경우보다 내담자의 행동이나 다른 단서에 대해 훨씬 더 민감하고 반응적이어야 한다.

2. 상담과정의 발달단계

단기상담의 절차로서 단기상담의 초기과제는 다음과 같다.

첫 면접을 끝맺을 때 상담자는 앞으로의 상담에 대한 대체적인 계획안을 짜게 된다. 이 계획안은 아주 상세하지 않아도 되며, 계속 고수할 필요도 없다. 그러나 효과적인 상담을 위해 약간의 계획안을 마련하는 것은 바람직하다.

상담 초기 단계 동안 상담자는 내담자가 자신에게 어떻게 반응하는지 그리고 관계가 어떻게 발전되어 가는지를 평가할 수 있어야 한다. 이 시기에 중요한 것은 매우 개방적이고 정직한 의사소통이 이루어진다는 것이다. 특히 부가적인 정보를 얻고, 불확실한 것과 의심을 명료화하고, 긍정적인 상담관계를 확립하는 것이다. 내담자를 도우려는 진실한 관심, 이해와 공감을 통해 상담자는 상담관계 또는 작업동맹의 발달을 촉진할 수 있다.

단기상담의 중기는 다음과 같다.

상담의 중기가 시작되면 상담자는 무엇을 해야 하는가에 대해서 처음 했던 생각을 수정하거나 확인한다. 그리고 상담계획이 제대로 적용되고 있는지 검토하기 시작한다. 상담자는 계속해서 내담자에게 관심을 보이고 주의 깊게 경청하고, 공감하며, 내담자의 감정과 관심사를 반영해 주어야 한다.

상담중기에 내담자는 초기 상담기간 동안 얻은 지식의 일부를 적용하고 자기에 대한 이해를 넓히기 시작한다. 이전에 제기된 자신의 문제에 대하여 잘 들여다 보고 실생활에서 검증해 보며, 다시 질문하고 수정할 수 있다. 때로는 역할연습이 사용될 수도 있고 과제가 부과될 수도 있다. 새로운 절차들을 장기간에 걸쳐 시도해 보게 되기도 한다.

단기상담의 종결기는 다음과 같다.

시간제한이 있는 단기상담을 할 때는 내담자들이 종결을 명확하게 예견하고 있으므로 그렇지 않은 경우보다 더 부드럽게 종결을 다루어 갈 수 있다.

종결에 이르는 변인은 내담자변인과 상담자변인으로 나누어 볼 수 있다. 대부분의 내담자들에게 종결은 예측할 수 있는 별로 어렵지 않은 일이다. 상담성과에 만족한다면 더욱 그러하다. 단기상담에서 내담자가 지나치게 의존하는 일은 적지만, 의존적인 내담자들이 상담자에게서 결국에는 분리될 수 있도록 준비시키는 데 보다 많은 주의를 기울여야 한다.

종결에 영향을 끼치는 변인으로 상담자와 상담자의 역할이 있다. 정신분석에서 역전이 문제라고 부르는 문제가 종결을 어렵게 한다. 상담자가 내담자와의 관계를 매우 만족스러워하면서 그 관계를 포기하지 않으려 할 수 있다. 또 내담자가 상담을 종결할 준비가 되지 않았다고 믿거나 상담을 좀 더 진행함으로써 보다 많은 이득을 얻을 수 있을 것이라고 믿을 수도 있다. 그러나 상담을 지속하려는 동기가 무엇인지 솔직히 검토해 보아야 한다. 또한 충분한 상담기간이 지난 후에도 별다른 진전이 없을 때 종결을 피하는 상담자가 있다. 의미 있는 개선이 없는 상태로 종결되는 것은 실패로 생각될 수 있다. 실패를 인정하는 것은 어려운 일이지만, 상담자는 내담자와 의논하고 종결을 제안하는 것이 바람직하다. 다만, 대처적인 방안, 다른 상담자를 소개시켜주거나 다른 치료방안을 논의하는 등의 대책을 세워 내담자가 받을 수 있는 피해를 최소한도로 줄이는 것이 중요하다.

마지막 상담시간에 내담자가 상담을 받으러 찾아오게 된 문제를 간략히 검토해 보고 이 문제들을 극복하는 데 있어 어떤 진전이 있었는지, 내담자가 스스로 주도적으로 노력해야 할 일들이 무엇인지를 살펴보는 것은 가치 있는 일이다. 내담자가 앞으로 만나게 될 미래의 문제를 효율적으로 대처할 수 있도록 돕는 것은 상담의 주된 목표 중 하나다. 따라서 종결하는 시간에는 앞으로 발생가능한 문제를 예측해 보고 그 내용에 대하여 어떻게 대처하는 것이 바람직한지 논의할 필요가 있다.

이형득(2003) 등이 주장하는 상담의 과정은 발달단계별로 구분하여 12회 내에 종결하는 과정중심 단기상담 모형을 제안하였다. 이 모형은 상담의 발달단계를 시작단계, 준비단계, 작업단계, 종결 단계의 4단계로 나눈다. 상담자는 각 발달단계별 역할을 수행하여 내담자의 비효과적 행동패턴을 교정하고 효과적인 대안행동을 학습하게 하여 내담자의 성장 발달을 돕는다.

구체적인 내용은 다음과 같다.

시작단계는 상담의 목적과 성격에 대한 오리엔테이션을 통해 내담자가 상담경험을 자신의 성장을 위해 최대한 활용할 수 있도록 하는 것이다. 주된 상담자역할은 상담자 소개와 예상불안의 취급, 상담의 구조화, 그리고 행동목표의 설정이다.

첫째, 상담자 소개와 예상불안의 취급은 상담 첫 장면에서 내담자가 경험하는 상담에 대한 기대와 예상불안을 감소시키고 긴장을 해소시킴으로써, 신뢰를 가지고 안정된 상담 분위기를 조성하는 것이다.

둘째, 상담의 구조화는 내담자의 특성과 준비도에 맞춰 상담의 성격과 목적을 설명하고 상담자의 역할을 설명한 후, 상담의 진행절차와 상담 중에 지켜야 할 행동 규칙에 대해 설명해 주는 것이다.

셋째, 행동목표의 설정은 상담에 대해 모호한 기대를 갖기 쉬운 내담자에게 구체적이고 가시적인 행동목표를 진술케 하는 것이다. 구체적인 행동목표는 계획적인 변화를 가져오게 하지만, 그렇지 않을 경우 내담자의 불안과 죄의식이 나타날 수 있다. 상담자는 내담자가 목표들을 정해진 상담기간 안에 능히 달성할 수 있을 정도로 가시적이고 구체적이며 조작적인 행동목표로 재진술하도록 도와야 한다.

행동목표에는 변화되어야 할 구체적인 행동, 변화가 일어날 상황, 변화에 필요한 예상기간 등이 포함되고, 상담자와 내담자가 그 목표 성취 여부를 확인할 수 있는 기준도 포함되어야 한다.

준비단계는 안정되고 신뢰로운 상담 분위기를 조성하여 작업단계를 준비하는 단계이므로, 상담자는 내담자의 말과 행동을 신뢰하고 수용하고 격려해 주는 태도와 반응을 보여야 한다. 주된 상담자 역할은 의존성, 저항, 갈등의 취급과 신뢰관계의 구축이다.

첫째, 의존성이란 내담자가 상담자에게 지시, 충고, 평가를 기대하거나, 인정과 수용을 바라는 태도이다. 상담자는 의존성을 나타내는 내담자의 질문에 직접 답하기보다, 반응의 방향을 내담자에게로 돌려서 내담자로부터 문제해결의 자원을 끌어내야 한다.

둘째, 저항은 상담자가 상담의 책임을 내담자에게 이양하게 될 때 내담자가 경험하는 부담감과 불안감의 표출 행동 양식이다. 상담자는 내담자의 저항 반응을 피할 수 없는 현상으로 인정해 주고, 그것을 스스로 인정하고 처리하도록 격려하여야 한다(Corey, 2004). 저항과 갈등이 생산적으로 처리되면 신뢰관계가 발달하기 시작하여, 내담자의 자기노출이 증가한다.

작업단계는 내담자의 행동 변화가 상담 장면과 일상생활에서 가시적으로 나타날 수 있도록 체계적이고 정교한 학습을 수행하는 단계이다. 이 단계의 상담자역할은 자기노출과 감정의 정화, 비효과적 행동패턴의 취급, 바람직한 대안행동의 학습이다.

첫째, 자기노출과 감정의 정화는 내담자가 의미 있는 자기노출을 감행하기 시작하는 작업단계의 초기에 상담자가 공감과 자기노출 기법을 활용하여 그 문제와 관련된 감정의 응어리를 토로하도록 돕는 것이다.

둘째, 내담자가 감정이 정화되어 심적 여유를 갖게 되었을 때, 상담자는 그 문제 상황에 연루되고 헤어나지 못하게 만드는 내담자의 비효과적 행동패턴을 피드백 기법으로 직면시키고 이해·수용시킨다. 이때 피드백과 맞닥뜨림은 상담 밖의 문제와 관련된 내담자의 행동패턴을 그동안 상담 장면에서 나타난 내담자의 행동패턴과 관련지을 수 있다.

셋째, 상담자는 내담자와 함께 브레인스토밍을 활용하여 내담자의 문제해결에 도움될 대안행동을 찾아 학습하고, 적절한 과제를 부여하며, 과제수행에 필요한 행동을 상담 장면에서 역할놀이를 통하여 연습시킨 후, 다음 회기 때 실행 여부와 그 결과에 관하여 보고하도록 한다.

종결 단계는 전체 상담이 마무리되면서 내담자의 학습결과를 정리하면서, 실천에 대한 의지와 희망, 그리고 상담에 대한 긍정적 시각을 갖고 떠나도록 돕는 단계이다. 이 단계의 상담자 역할은 상담 경험의 개관과 요약, 내담자의 성장과 변화에 대한 평가, 이별 감정과 미진사항의 취급, 최종마무리와 작별인사 등이다.

종결 단계는 첫째, 내담자로 하여금 전체 상담과정에서 특별히 의미 있었거나 도움되었던 경험을 상기하도록 요약해 준다.

둘째, 상담 시작 시점과 현재를 비교하여 내담자가 구체적으로 성장한 내용을 가시적인 행동용어로 진술하고 평가한다.

셋째, 그동안 상담 활동에서 마무리 짓지 못한 안건이나 상담자가 취급한 특정사항에 대해 남아 있는 부정적 감정을 취급한다.

제2절 단기상담 집단슈퍼비전

근래 상담훈련 분야에는 슈퍼비전에 대한 연구의 필요성이 높아지고 있다. 1990~2000년 사이의 연구 동향에서도 슈퍼비전은 상담훈련가들의 가장 주요한 활동 영역 중 하나임을 알 수 있다(Peake, Nussbaum, & Tindell, 2002). 여러 학자들은 슈퍼비전을 경험이 풍부하고 숙련된 상담자가 초보상담자를 어떤 방법으로 상담을 잘 수행할 수 있도록 도와주는 작업으로 정의하는 데에 동의하고 있으나, 슈퍼비전의 구체적인 방법과 효과에 대한 연구는 매우 부족한 실정이다.

최근에는 여러 명의 상담수련생들이 한두 명의 슈퍼바이저에게 슈퍼비전을 받는 형태인 집단슈퍼비전이 집단 활동의 이점으로 인해 상담자 훈련 분야에서 많이 사용되고 있다. 집단슈퍼비전이란 상담수련생들이 상담 수행에 필요한 상담자로서의 자기이해, 내담자 이해, 상담 활동 이해를 위해 일련의 집단 과정의 맥락에서 슈퍼바이저와 정기적으로 모이는 활동(Bernard & Goodyear, 1992)을 의미한다.

집단슈퍼비전의 장점으로는 슈퍼바이저에게 의존하지 않고 수련생들이 자연스럽게 참여할 수 있고, 수련생들과 슈퍼바이저 간에 위계적 갈등이 적으며, 개인슈퍼비전보다 넓고 다양한 관점을 경험할 수 있고, 협동학습과 인지적 기술발달이 잘 되며, 동료들 간에 상호 조력할 수 있다는 점 등을 들 수 있다. 그러나 이러한 장점에도 불구하고 연구방법론적 관점에서 볼 때 그 효과에 대한 과학적 탐색의 필요성이 제기되고 있기도 한다(Holloway & Hosford, 1983).

1. 동료집단슈퍼비전

집단슈퍼비전에 대한 다양한 접근의 하나로 동료집단슈퍼비전(peer group supervision)이 제안되었는데, 보더스(Borders, 1991)는 동료집단슈퍼비전을 '3~6명의 피험자들과 슈퍼바이저가 매주 또는 격주로 1.5~3시간씩 만나는 구조적 모임'으로 정의하였다.

이때 슈퍼바이저는 교사, 상담조언자 또는 집단지도자 역할을 하면서 수련생들이 개인목표와 과정목표에 도달할 수 있도록 돕는다. 동료집단슈퍼비전의 장점으로는 동료 집단원들이 유사한 수준의 대화와 정서적 경험을 통해 쉽게 도달할 수 있는 수준의 모델링 학습이 가능하다는 점과, 상호 지지적 환경으로 인해 자기효능감과 학습동기가 높아진다는 점이다(Hillerbrand, 1989). 보더스(1991)는 효과적으로 동료집단슈퍼비전이 이루어지기 위해서는 동료 집단원 상호 간의 참여, 명료하고 객관적인 피드백, 그리고 체계적인 슈퍼비전 틀의 제공 등이 필요하다고 하였다.

2. 구조적 집단슈퍼비전

한편, 구조화된 집단상담의 효과를 집단슈퍼비전에 응용한 구조적 집단슈퍼비전(structured group supervision)에 대한 효과 연구가 일련의 학자들에 의해 수행되었다(Torres-Rivera, Wilbur, Maddux, Smaby, Phan, & Roberts-Wilbur, 2002; Wilbur, Roberts-Wilbur, 1994; Wilbur, Roberts-Wilbur, Morris, Betz, & Hart, 1991).

구조화된 집단은 집단 발달 초기에 집단원들 간의 행동을 강화시키고, 집단 응집성이 발달될수록 구조화의 긍정적 효과가 감소하면서 집단원들 간의 자유롭고 깊이 있는 상호작용이 나타나게 된다(Stockton & Morran, 1980, 1981). 이러한 특징을 바탕으로 하여 윌버 등(Wilbur et al., 1991)이 제안한 구조적 집단슈퍼비전 모형은 5단계로 이루어져 있다.

3. 단계별 내용

단계별 내용은 다음과 같다.

1단계는 도움 요청 단계로서, 상담자가 상담사례를 발표하고 필요한 도움을 요청한다. 2단계는 질문과 초점 규명의 단계로서, 집단원들이 질문을 통해 추가 정보를 얻거나 명료화하고 잘못 이해한 내용을 바로잡는다. 3단계에서는 집단원들 스스로가 만약 이 상담사례의 상담자라면 어떻게 할 것인지에 대해 피드백한다. 이때 발표자는 동료 집단원들의 피드백을 경청하고 요약하며, 이어진 10~15분 정도의 휴식단계에서 피드백 받은 내용을 숙고한다. 4단계는 반응 단계로서, 상담자가 집단원들의 피드백 중 어떤 것이 효과적이었고 어떤 것이 비효과적 이었는지에 대해 발표한다. 5단계는 선택과 토의의 단계로서, 슈퍼바이저가 전 과정을 요약하고 피드백한다.

즉, 1단계 도움 요청 단계로 상담자의 상담사례 발표와 도움을 요청한다. 2단계 질문과 초점규명 단계로 집단원들의 추가 질문을 통한 사례 내용의 명료화이다. 3단계는 피드백 단계로 상담자에 대한 집단원들의 피드백이다. 휴식단계의 피드백 내용에 대한 상담자의 자기 검토이다. 4단계는 반응 단계 피드백에 대한 상담자의 소감과 대안 제시이다. 5단계 선택과 토의 단계는 슈퍼바이저에 의한 전체 과정 요약과 피드백이다.

최근에는 다양한 방법으로 집단슈퍼비전의 효과를 검증한 연구들이 수행되고 있다. 힐러브랜드(Hillerbrand, 1989)는 동료집단슈퍼비전과 숙련전문가 슈퍼비전을 비교하여 동료집단슈퍼비전 피험자들의 상담기술 습득 효과를 보고하고, 동료 상호작용의 가치를 확인하였다. 크러치필드와 보더스(Crutchfield & Borders, 1997)는 질적 연구를 통해 슈퍼비전에서 동료 집단원들 간에 주고받는 피드백의 효과를 보고하였다. 토러스-리베라 등(Torres-Riveraet al., 2001, 2002)은 구조적 동료집단슈퍼비전이 피험자들의 자기효능감을 변화시켰다고 하였고, 스탈링과 바커(Starling & Baker, 2000)는 동료 슈퍼비전을 경험한 피험자들의 자기효능감 증가와 불안 감소를 질적 분석하여 보고하였다. 레이와 알테크루즈(Ray & Altekruse, 2000)는 집단 규모를 달리하고 슈퍼비전의 방식을 집단 및 개인슈퍼비전으로 다양화하여 효과를 비교한 연구에서, 피험자들의 발달, 자율성, 의존성, 선호도 등의 영역에서 의미있는 효과를 규명하였다.

국내의 경우, 슈퍼비전의 효과 연구는 많지 않은 실정이나, 상담자 교육 과정에서 필수적인 과정으로 인식되고 있고 다양한 기초 연구가 수행되었다(문수정,

1998; 손진희, 2004; 왕은자, 2000; 유성경 외, 2004; 이승은, 2003). 슈퍼비전방법에 관한 연구들은 일관되게 슈퍼바이저가 상담수련생들의 발달적 욕구에 맞추어 지도감독할 것을 강조하지만, 여전히 슈퍼바이저의 직관과 경험, 그리고 슈퍼바이저와 상담자 간의 인간관계에 의존하는 경향이 있는 것은 사실이다(Littrell, Lee-Borden, & Lorenz, 1979). 이러한 관점에서 볼 때, 상담자의 능동적이고 전략적인 역할이 요구되는 단기상담에서는 고도의 구조적이고 체계적인 방법과 내용의 슈퍼비전이 요구된다. 또한 단기상담 슈퍼비전은 단기상담 발달단계별 상담자 역할의 학습과 상담수련생의 자기성장에 초점을 둔다고 볼 때, 슈퍼비전 보조전략이 적절하게 활용될 필요가 있다. 따라서 이러한 목적에 부합하는 단기상담 면접보고서를 슈퍼비전의 보조전략을 적용할 수 있다. 즉, 상담자는 매회 단기상담 수행의 전후에 계획과 과정, 그리고 평가 내용에 대해 ① 알려진 사실, ② 준비, ③ 관찰, ④ 면접내용, ⑤ 내담자의 행동패턴 분석, ⑥ 상담자의 자기평가, 그리고 ⑦ 상담에 소요된 시간과 다음 면접일시의 약속 내용을 간략하게 기술하고, 슈퍼바이저는 슈퍼비전에서 상담자가 작성한 단기상담 면접보고서의 내용을 바탕으로 상담과정에서 상담자가 경험 및 이론 기술들을 관리한다.

상담의 진전은 반드시 규칙적이고 일정한 비율로 일어나는 것은 아니다. 따라서 상담자는 상담과정에서 무슨 일이 일어나고 있는가 항상 주의 깊게 관찰하고 성급하게 결론을 내려서는 안 된다. 상담의 깊이를 늘려서도 안 되지만 일정한 시간적 틀 안에서 무엇이 성취될 수 있는가에 대하여 이성적으로 타당한 기대를 갖는 것도 중요하다. 상담자가 자신을 무엇을 하고 있는지 그리고 내담자가 어떻게 반응하고 있는지를 항상 평가한다면 내담자에 대한 지식의 접근방법을 수정할지 아니면 지속할지 혹은 다른 기법을 추가할지를 결정할 수 있다. 그러나 상담과정을 완전히 통제할 수는 없다. 내담자도 상담과정에서 매우 중요한 역할을 한다. 내담자의 문제와 성격, 정신병리, 친구나 가족과 같은 사회적 지지체계, 내담자의 삶에서 발생한 예기치 못한 사건들 모두가 상담과정에 영향을 미칠 수 있다. 상담자는 각 내담자의 문제와 개성에 적절한 접근방법을 항상 모색하면서 자신의 상담방식을 조정할 수 있어야 한다. 상담은 원칙과 절차가 있지만 동시에 상담자의 융통성을 요구하는 방식이다.

제3절 단기상담 사례

행동변화에 관심을 두는 해결중심 단기상담(Solution Focused Brief Counseling, SFBC)의 사례는 행동변화에 관심을 둔다.

해결중심단기치료가 발전하게 된 배경은 1970년 후반 정신건강연구소(Mental Research Institute, MRI)의 단기치료센터에서 활동한 드 세이저(Steve de Shazer)와 동료들(Watzlawick, Weakland, & Fisch, 1974; Weakland & Segal, 1982)에 의한 연구에 의해 출발하였다. 한국에 해결중심단기치료 모델이 소개되기 시작한 것은 1987년이었으며, 1991년 시작된 가족치료연구모임이 발전하여 현재의 한국단기가족치료연구소(Korean Institute of Brief Family Therapy, KIBEF)가 되었다.

해결중심단기치료는 문제의 진단과 제거에 초점을 맞추는 전통적인 치료모델과는 다른 가정과 철학을 가지고 있다.

이 방법은 병리적인 것 대신에 건강한 것에 초점을 둔다. 잘못된 것에 관심을 두기보다는 성공하는 것과 성공하게 된 구체적인 방법을 발견하는 데 관심을 둔다.

1. 해결중심 단기상담 개선관계

엄마와 고교생 딸의 해결중심 개선관계의 단기상담은 다음과 같다.

1) 목표

첫째, 엄마에게 정직하게 행동하고 싶다.

둘째, 엄마일을 도와 드리고 엄마와의 관계를 개선시키고 싶다.

셋째, 옳지 않은 일이라고 생각되는 것은 친구가 하자고 요구하더라도 하지 않는다.

엄마에게 좀 더 정직하게 대함으로써 엄마와의 관계를 개선하고 친구들과 함께 담배피우기, 쇼핑하기, 밤늦게 배회하기 등으로 문제를 일으키지 않기로 약속했다.

2) 선행과제

엄마가 "나는 너를 믿는단다. 네 친구와 함께 나가도 좋아."라고 말하는 것이 중요하며, 딸은 엄마에게 고통을 주고 싶지 않기 때문에 엄마에게 진솔해지는 것이고 나의 태도가 바뀌고, 엄마에게 협조적이고 "예, 좋아요."라고 말하는 것이다. 주말에 엄마와 더 많은 시간을 보내고, 함께 TV를 보며 시간들을 함께 보내는 것이 우선 중요하다. "그래요. 만약 엄마가 그것이 더 좋다고 생각한다면 내가 다르게 행동하도록 해 볼게요."라고 하면서 엄마의 대답을 받아주는 것이 선행되어야 한다.

3) 기적질문

"네가 오늘 밤 잠을 자고 있을 때, 기적이 일어난다고 가정해 보자. 그런데 너는 잠을 자고 있었기 때문에, 기적이 일어났다는 사실을 모르고 있어. 그 기적으로 인해 네가 여기에 상담을 받으러 온 문제가 해결되었어. 그렇다면 너는 아침에 눈을 떴을 때, 무엇을 보고 기적이 일어났다고 생각할 수 있겠니?" 혹은 "지금부터 5개월 후로 가보는 거야. 그때는 벌써 네가 겪고 있던 문제가 해결되었다고 상상해 봐. 네게 무엇이 달라져 있으면 우리가 더 이상 만나지 않아도 된다고 말할 수 있을까?"

4) 처음 나타나는 신호

첫째, 점점 태도가 덜 공격적이고 순응적이며 상대적이고 포용적으로 나아진다. 나는 눈을 흘기지 않고 엄마를 바라본다.

둘째, 가족들에게 아침에 집에서 나올 때 먼저 가족 모두에게 "안녕"하고 말한다.

셋째, 개와 고양이 등 동물들에게 다가가 애정표현을 하고 먹이를 준다.

넷째, 엄마에게 다가가 옆에서 옷가지를 개어주고 엄마를 돕겠다고 자발적으로 나선다.

5) 성공경험

예외상황으로 문제가 일어나지 않았던 예외적 과거의 상황 혹은 경험을 해 본다.

컴퓨터 게임을 하며 놀던 중에 엄마의 부탁을 받고 개와 고양이에게 먹이와 물을 주었다.

엄마가 더러운 옷을 가지고 오라고 했을 때, 그 옷들을 가져다주면서 도와 줄 것을 넌지시 보여준다.

평정은 0~10까지 가장 최악이거나 나쁜 상황은 0으로, 기적이 일어난 후의 상황을 10으로 평가한다. 대개는 2~4 정도, 한 단계는 10%가 발전하도록 강화한다.

예를 들어, 4점을 평정한다. 왜냐하면 나는 일요일에 엄마와 이야기를 했고 집안일을 이것저것 도왔고, 이곳에 상담을 받으러 왔기 때문이다.

5점을 얻기 위해서는 엄마를 더 많이 도와드리는 것이 필요하다.

예를 들면, 자발적으로 개집을 청소하고 집안청소를 하며 엄마가 직장에서 집으로 돌아오시기 전에 타월을 접고, 거실을 청소한다. 그리고 계속 상담을 받으러 이곳에 오는 것을 지키며 엄마와 얘기하고, 엄마와 신뢰하는 관계를 유지하는 것 등이 필요하다.

6) 메시지 구성

내담자가 행한 구체적 행동들을 최소한 3가지 이상 언급해야 한다.

나는 네가 엄마와 친구들과 믿을 수 있고 정직한 관계를 맺는 것을 매우 중시하는 것을 감명을 받았다. 네가 집에서 엄마를 도와드리고 싶어 하는 것이나 엄마의 속을 상하지 않게 하려는 마음은 네가 엄마를 매우 사랑하고 있다는 것을 보여주는 것이다.

나는 네 태도를 더욱 협조적으로 바꾸고, 엄마에게 대들기보다는 엄마의 말을 받아주고, 엄마와 더 많은 시간을 보내는 것이 엄마와의 관계를 개선시킬 수 있는 길이라는 점을 알고 있다. 그리고 너는 그렇게 되기를 매우 원하고 있다.

너는 또 집에서 상황을 좋게 만들기 위해 네가 무엇을 시작해야 하는지를, 가족들에게 "안녕"하고 인사를 함으로써 더욱 친밀해지는 것, 동물을 돌보는 것, 자발적으로 집안일을 하는 것, 시간을 지키는 것 등을 알고 있다. 거기다가 넌 이미 이러한 행동을 하고 있다.

연결 진술은 네가 집에서 상황을 호전시키려고 노력하기를 원하니까 하는 부분에서 계속된 진술의 대화가 요구된다.

과제제시는 다음과 같다.

나는 네가 스스로 효과가 있으면서도 이제 막 시작한 행동들을 계속했으면 한다. 또한 척도에서 5점까지 한 단계를 올리기 위해 네가 무엇을 하고 있는지를 주목하기를 제안한다.

2. 내담자 · 상담자의 해결중심 단기상담

해결중심상담에 있어서 상담자는 내담자에게 존중과 권한을 부여하는 분위기를 조성하며, 그에 도움이 되는 의사소통 기법을 사용한다. 또한 상담의 전 과정은 내담자의 준거 틀에 기초하여 해결책을 구축해 나간다.

내담자 준거 틀이란, 개인이 또는 집단이 자신들이 경험하고 지각한 것에 의미를 부여하고 체계화하기 위해서 활용하는 범주들의 집합이다. 이것은 사람들로 하여금 그들 주변에서 그들이 주목할 만한 가치가 있다고 생각하는 것을 선택하고, 선택한 것의 의미와 중요성을 결정하고, 어떤 방법으로 그것을 관리하거나 그것과의 관계를 맺을 것인가를 결정하는 데 도움을 준다.

상담자는 내담자로 하여금 자신의 인생에 대한 전문가의 위치에 서게 함으로써 그들에게 힘(empower)을 주고자한다.

따라서 가능한 한 자신의 준거 틀을 버리고 내담자의 준거 틀을 탐색해야 한다. 내담자의 인지와 설명 없이 내담자의 준거 틀을 '선험적'으로 아는 것은 불가능하므로, 최선의 방법으로 상담자는 내담자를 '알고 싶어 하는(Not-Knowing Posture)' 자세를 취해야 한다.

내담자를 알고 싶어 하는 기본적인 의사소통기술, 즉 경청, 내담자의 비언어적 행동(Practitioner Non-Verbals), 내담자가 사용 소통을 알고자 하는 자세를 보여야 한다.

단기상담은 다양한 가치관을 가진 내담자들이 보다 쉽게 받아들여질 수 있어야 하고, 개인적인 형편상 장기상담이 불가능한 내담자들에게 유용하며, 전이를 불필요하게 일으키지 않으며, 현재 중심의 치료적 초점과 상담적 개입에 초점을 맞추고 있다.

그리고 지금·여기에서 내담자의 감정과 행동에 주목하는 게 좋다. 내담자와 상담자의 단기상담대화를 소개하면 다음과 같다.

내담자: 상담에서 배운 대로 한 것이라고는 그만하자는 한 마디 뿐이었는데, 애들이 많이 달라졌어요. 아주 잘해 줘요. 내가 떨어뜨린 물건도 주워주고, 놀이를 할 때는 내 의견을 먼저 물어봐요. (목표 1과 목표달성 판단)

상담자: 그게 뭣 때문이라고 생각하니?

내담자: 전에는 삐치고 울고 하니까 그것이 우스워서 더 놀렸나 봐요. 안 삐지니까 안 놀려요. (목표 2와 목표달성 판단)

상담자: 이제는 그렇게 하지 않을 자신 있니?

내담자: 예.

상담자: 친구 관계에서 너의 어떤 점이 달라졌다고 생각하니?

내담자: 전에는 친구가 하자는 대로 끌려갔는데 이제는 내 생각을 확실하게 소신 있게 이야기해요. 전에는 그들 옆에 가기가 싫어서 피했는데, 이제는 내가 놀자고 권유하기도 해요. (목표 3과 목표달성 판단)

상담자: 아주 발전했구나. 학교에 결석할 때만 해도 별이는 어린이처럼 누가 뭐라 하면 한 쪽으로 도망만 다니던 모습이었는데, 이제는 성인처럼 완전히 성장해서 함께 어울리는 사람이 되었구나. 자신이 있다니까 더욱 자랑스러워 보인다. 앞으로 어려움이 없으리란 법은 없다. 발생하면 함께 풀어나가도록 하자. 선생님한테 하고 싶은 말은?

내담자: 저 때문에 시간이 많이 들었지요? 앞으로 선생님 말씀대로 노력하겠습니다. 감사합니다.

3. 학교상담자의 단기상담(Solution-Focused Brief Counseling: SFBC)

SFBC의 기본규칙은 첫째, 깨지지 않았으면, 붙이지 말라는 것이다. 상담자는 해결책을 만들어내는 데에 초점을 두어야지, 걱정거리를 덧붙이는 데에 초점을 두어서는 안 된다. 둘째, 일단 효과가 있는 것이 무엇인지를 알았으면, 그것을 더욱 많이 하라는 것이다. 내담자들은 자신에게 효과가 있는 것을 놓치는 경향이 있다. 그 대신에 그들은 잘못되고 효과가 없는 것에 주의를 집중하는 경향이 있으며 문제의 해결이 미처 깨닫지 못하는 사이에 이루어지는 것을 발견해야 한다. 셋째, 효과가 없으면 반복하지 말고, 다른 것을 하라는 것이다.

상담 및 심리치료에 대한 여러 다양한 이론과 기법들이 지난 수십 년간 발달해 왔다. 이들을 체계적으로 분류하는 일이 필요하지만 자칫하면 틀 속에 강제로 집어넣어 각 이론이 지닌 독특성을 잃게 할 수도 있다. 그 중에서도 상담기간에 따라 분류가 가능한데, 크게 장기상담과 단기상담으로 나눌 수 있다. 그러나 둘을 분류하는 기간의 정의는 학자들마다 다르다. 근간에 장기적인 정신 역동적 치료의 여러 문제점으로 인하여 단기상담 혹은 치료에 대한 관심이 증가하고 있다.

장기치료에 비하여 단기치료의 특성을 보면, 가장 실용적이고, 경제적인 개입방법을 사용하며 작은 변화가 전체에 대한 파급 효과를 가진다고 믿기 때문에 단기적 개입이라도 보다 큰 효과를 지닌다. 또한 단기치료에서는 내담자가 가진 장점과 잠재적 힘을 강조하고 내담자가 도움을 청하기 위해 내놓는 표면적인 문제를 중시한다. 그리고 내담자가 현실에 적응해 나가는 일을 더 많이 강조하며 따라서 내담자가 밖에 나가서 실제로 살아 나가는 현실적인 문제를 더 많이 다룬다. 즉, 단기상담은 언제나 실용성(pragmatism), 경제성(parsimony), 효율성(effectiveness)이 그 기본원리로 강조되고 있다.

단기상담 과정에서는 현재 단기치료로서 그 모델이 비교적 뚜렷하게 개발되어 가장 많이 사용되고 있는 단기 역동 심리치료(short-term dynamic psychotherapy), 문제해결중심적 단기치료(problem resolution focused brief therapy), 그리고 해결중심적 단기 가족치료(solution focused brief family therapy) 등 세 가지 단기치료의 형태를 중심으로 기본적 개념과 이론, 치료과정, 그리고 각 모델의 독특한 치료기법을 중심으로 공부한다. 또한 상담사례연구와 기법의 실습을 통해 현장에 단기상담을 적용할 수 있는 능력을 키운다.

해결중심적 단기상담은 드 세이저(de Shazer)의 연구를 토대로 초등학교와 중·고등학교 상황에 어떻게 적용할 것인가에 대해서 단계적으로 설명하고 있다. 상담의 방향이 해결중심으로 변화되면서 내담자의 문제의 내력을 심층적으로 탐색할 필요가 없어졌다. 상담과정에서 문제의 원인과 기원에 대한 탐색을 하지 않으면, 상담에 필요한 시간은 줄어든다. 문제에 초점을 두기보다는 해결에 초점을 둘 때, 상담기간은 짧아진다. 문제에서 해결로 변화됨에 따라, 행동이 가장 우선적으로 중요해지고 통찰은 덜 강조된다. 이 접근법은 통찰이 많이 필요하지 않기 때문에 아동에게 아주 적합하다. 어린이들은 자신이 지금 어디에 있고, 어떻게 해서 거기에 이르게 되었는지를 이해하는 데 필요한 인지적 기술을 아직 갖고 있지 않기 때문이다.

이 방법은 긍정적인 행동을 하도록 유도하는 언어의 사용에 초점을 둔다. 부정적인 어떤 행동을 하지 않기 위해서 아동은 구체적인 어떤 다른 행동을 대치해야만 하기 때문이다. 상담은 상담자가 바라는 것이 아닌, 내담자가 바라는 것에 초점을 맞춘다. 또한 학생이 가지고 있는 강점과 자원을 강조함으로써 학생의 자신감을 북돋울 수 있다

드 세이저가 제시한 해결중심적 단기상담 모형의 접근법은 학교 상담에 매우 유용하다. 이(Brief Counseling That Works: A Solution-Focused Approach for School Counselors) 접근법은 해결중심적 단기상담을 학교 상담에 어떻게 적용할 것인지에 대한 실제적인 지침을 제공하고 있다.

학교에서의 상담활동에 있어서는 현실적으로 제기되는 몇 가지 문제점으로 인해 상담활동이 침체되거나 뚜렷한 효과를 보지 못하는 경우가 많다. 그 원인은 대부분 전통적인 심리치료에서 가정하는 모형과 기술을 답습하기 때문이다. 그 결과로 상담의 특징은 학교상황에 적합하지 않은 두 가지 부정적인 경향을 나타낸다. 첫째, 상담이 문제중심적으로 진행되므로 피상담자인 학생을 방어적으로 만들고, 둘째, 문제의 원인을 찾는 탐색 과정에는 지나치게 많은 시간이 요구되지만 실제적으로 학교상담의 경우에는 단 몇 회기의 상담만이 허용되는 경우가 많은 것이 사실이다. 이는 앞으로 학교 상담이 문제보다는 해결에 초점을 두는 새로운 상담기술이 필요함을 의미한다.

학교에서의 상담에서 상담자와 학생은 더 이상 학생이 처한 모든 유형의 유쾌하지 못한 조건들을 생각하면서 우울한 상태에 빠져 있을 필요가 없다. 대부분의 상담 접근법에서처럼 내담자가 무언가 잘못되었다는 가정 아래 문제를 규명하고 문제의 원인과 문제에서 결과에 이르는 과정들을 탐색하느라 많은 시간을 허비할 필요도 없다. 해결중심적 단기상담(Solution-Focused Brief Counseling, SFBC)은 학생들의 약점보다 강점에 초점을 맞추기 때문에, 학생이 자신의 문제를 해결할 수 있는 실마리를 잡도록 도와주는 데에는 단 몇 회기면 충분하다. 학생은 처음

에는 알지 못했던 자신의 강점과 자원을 인식함으로써 자신감을 갖게 될 것이고, 당신은 학생이 계속해서 성공하는 것을 보게 되면서 이러한 성공은 또 다른 성공을 가져오게 된다. 상담 회기 중에 긍정적인 것에 초점을 맞춤으로써 상담자와 내담자는 승리감을 맛보게 된다. 일반적으로 상담실에 오는 학생들은 대부분 타의에 의해 의뢰된 학생들이다. 학생 자신은 변화를 원하지 않는 경우가 많다. 변화를 원하는 것은 부모나, 교사 등 다른 어른들이다. 따라서 학생들은 대부분 상담과정에서 '저항'을 나타낸다. 상담을 의뢰하는 교사는 교사대로 정해진 회기 안에 즉각적으로 눈에 보이는 변화가 일어나기를 기대하고 그 기대가 충족되지 못하면 실망한다. 충분치 못한 상담회기, 저항하는 내담자, 충족시킬 수 없는 의뢰자의 기대감 등에 있어서 기대에 미치지 못하는 경우도 있다. 이에 상담자는 마술사가 아니므로 절망할 수밖에 없다. SFBC는 이러한 문제들을 해결할 수 있는 혁신적인 모델이다. 드세이저는 내담자가 상담 진행 과정에서 무엇이 더 좋아졌는지에 주목하게 했다. 개선점을 발견하도록 유도하고, 이미 일어났으나 인식되지 않고 있던 성공과 해결됨을 주목하도록 했다. 여기에서 문제의 탐색은 최소화된다. SFBC에서는 문제의 내력을 심층 탐색할 필요가 없다. 행동이 중요하면 통찰은 덜 강조된다. 해결중심적 상담자들은 내담자의 언어를 사용함으로써 학생과 상담자 사이에 친숙하고 이상적인 상담상황을 조성한다. 해결중심적 상담자들은 긍정적인 행동변화를 유도하는 언어 사용에 초점을 둔다. 해결중심적 상담자들은 아동이 무엇을 할 수 있는지를 제시해 준다. 해결중심적 상담자들은 내담자가 목표를 스스로 결정하도록 할 것을 주장한다. 상담은 내담자가 바라는 것에 초점을 맞춘다. 내담자를 내담자 자신에 대한 전문가로 본다.

상담을 어떻게 시작하는가는 치료 모델에 따라 다르다. 해결중심단기치료에서는 '누가, 무엇을, 언제, 어디서, 어떻게'와 같은 질문들을 사용하나 '왜'의 사용은 피한다. 변화가 없다고 한다면 작은 변화라도 찾아보게 함으로써 변화의 파급효과를 기대한다.

해결중심 단기치료는 내담자의 문제를 해결하기 위해 내담자와 치료자가 함께 목표를 세우고 해결책을 구상하며 실행한다.

알지 못함의 자세란 치료자가 언어적·비언어적 행동을 통해 내담자에게 풍부하고 진실한 호기심을 전달하는 것을 말한다.

해결중심 단기치료의 기본가정은 변화란 불가피하며 계속적으로 일어난다. 그러므로 내담자가 상담을 약속한 후 상담소에 오기까지 경험한 변화에 대해 알아보는 상담 전 변화에 관한 질문(pre-session change question)은 문제해결에 매우 중요한 단서를 제공할 수 있다.

치료적 피드백인 메시지는 칭찬(compliment), 연결문(bridge), 과제(task)로 구성된다.

칭찬은 내담자가 중요하게 생각하는 것, 내담자가 성공적으로 하고 있는 것과 이러한 성공을 통해 나타나는 내담자의 강점을 강조하는 것이다.

연결문은 칭찬 다음에 나오는 제안이나 과제와 연결시켜 주는 것으로 치료자가 제안을 하게 된 근거를 제공한다. 그리고 과제는 고객형의 행동과제, 불평형은 관찰 또는 생각과제, 방문형은 상담 받으러 온 것에 대해 칭찬, 다음 상담 격려를 말한다.

이 방법은 치료의 효과가 단기에 끝나므로 경제적이다. 다른 가족치료 모델들이 내담자와 가족의 문제를 사정하고 평가하는 데 많은 시간이 걸리지만, 해결중심 모델은 내담자가 원하는 것에 초점을 맞춘다.

변하지 않는 것은 없으므로 비록 작더라도 긍정적인 변화가 시작되면 큰 변화도 가능하다. 변화는 파급되고 지속될 수 있다.

해결중심 모델에서는 목표설정을 잘할 수 있도록 함으로써 목표달성이 용이하게 한다. 해결지향적인 질문 중에 특히 상담 전 변화에 대한 질문, 예외질문, 기적질문, 척도질문, 대처질문 그리고 악몽질문 등이 상담의 목표 설정과 달성에 효과적이다.

해결지향적 질문을 다시 설명하면 다음과 같다.

첫째, 상담 전 변화에 관한 질문이다. 여기서 변화란 불가피하며 계속적으로 일어나고, 문제해결에 매우 중요한 단서를 제공한다.

둘째, 예외 질문인데 이 질문은 인지하지 못했던 예외를 찾아내고 그것을 계속 강조하면서 내담자의 성공을 확대하고 강화하여 예외적인 상황 발견과 내담자의 자원 활용 및 자아존중감을 강화한다.

셋째, 기적 질문이다. 기적 질문은 문제 자체를 제거, 감소시키지 않고 문제와 떨어져서 해결책을 상상하게 하는 것으로 문제에 대한 집착에서 벗어나게 한다.

넷째, 척도 질문이다. 척도 질문은 숫자를 사용하여 내담자에게 문제에 대하여 표현하도록 하는 방법으로 문제해결에 대한 내담자의 태도를 정확히 알 수 있고, 내담자의 변화를 격려하고 강화해 주는 사람과 상황에 대한 구체적인 정보도 얻을 수 있다.

다섯째, 대처 질문이다. 대처 질문은 자신의 미래를 매우 절망적으로 보아 아무런 희망이 없다고 하는 내담자에게 사용하여 내담자 자신이 대처 방안의 기술을 갖고 있음을 깨닫게 하다.

여섯째, 관계성 질문이다. 관계성 질문은 내담자와 중요한 관계에 있는 사람들의 생각, 의견, 지각에 대해서 묻는 질문이다. 자신의 입장에서 자신을 보다가 중요한 타인의 눈으로 보게 되면 이전에 없었던 가능성을 만들어 낸다.

일곱째, 악몽 질문이다. 악몽 질문은 유일한 문제 중심적 질문으로 뭔가 더 나쁜 일이 일어나야 현재와 다른 무엇을 하려고 하거나 벗어날 수 있을 것으로 생각될 때 이 질문을 사용한다.

여덟째, 간접적인 칭찬이다. 이는 "어떻게 그렇게 할 수 있었습니까?"하는 질문으로 내담자의 어떤 측면이 긍정적임이라는 것을 암시하는 질문으로 자신의 강점과 자원을 스스로 발견하게 한다. 그리고 "그 외에 또 무엇이 있습니까?"하는 질문으로 긍정적인 측면을 더 이끌어 낸다고 할 수 있다.

연구과제

1. 단기상담이 각광받는 이유
2. 학교상담자의 해결중심접근 단기상담(solution–focused brief counseling, SFBC)의 기본규칙

CHAPTER 07

정신건강슈퍼비전

제1절 정신건강과 정신질환
제2절 정신질환의 유형
제3절 정신건강슈퍼비전

학습과제

1. 정신건강의 의의
2. 공황장애
3. 엘리스(Ellis)의 합리정서행동치료

제1절 정신건강과 정신질환

1. 정신건강의 의의

정신건강이란 사전적 의미로 "정신질환이 없는 상태"를 말하나 "건강"과 "질병" 같은 단어는 추상적 개념이다. 하버드 의대 조지 베일런트(George Vaillant) 교수는 건강은 '갈등에 영향을 받지 않는 행동으로 현실에 잘 적응하는 것'이라고 말하였다. 그러면서 그는 정신생물학의 창시자 아돌프 마이어(Adolf Meyer)의 주장을 지지하고 있는데, 마이어는 "그 어떤 정신질환도 존재하지 않으며 단지 스트레스에 대한 특징적인 반응패턴이 있을 뿐"이라고 했다. 따라서 일부 유전적 결함에 의한 질병은 있으나 신경증, 우울증 및 성격장애 등 '병'이라고 불리는 대부분의 것들은 '삶에 적응하기 위한 내적 투쟁의 외현적 증거'에 불과하다고 보고 있다. 대부분의 정신질환은 골절이나 배아픔의 상태와 유사한 "정상적인 인간의 반응"으로 여기는 것이다.

특히 코로나19 장기화는 생활의 다양한 변화를 불러왔다. 마스크를 써야만 이용할 수 있는 대중교통, 모임을 꺼려하는 사람들의 모습, 줄어든 사회활동, 은행 창구에 세워진 투명가림막, 코로나19 이후에도 이런 모습은 새로운 일상(new normal, 뉴노멀)이 될 거라는 전망이 계속되고 있다.

대유행 초기, 우리는 두 가지 큰 걱정에 시달렸다. 코로나19에 감염될 수 있다는 우려와 확진 시 공개될 동선에 수반된 불안감이다. 상황이 장기화되면서 변화된 일상들이 개인에게 미치는 불안과 우울, 이른바 '코로나 블루'가 엄습하고 있다.

2. 정신질환

정신질환이란 사람의 감정이나 행동에 영향을 미치는 병적인 정신 상태를 의미한다. 사람마다 차이가 있고 대개 행동이상으로 나타나고 있는데 지각장애, 사고장애, 감정장애, 자아장애, 지능장애, 기억장애 등 여러 면을 참고하여 분석하며, 이런 정신장애를 초래하는 질환을 통틀어 정신질환이라고 한다. 정신질환 종류는 다음과 같다. 분열증, 약물중독, 조울증, 강박증, 우울증, 자폐, 외상 후 스트레스 등 다양하다고 할 수 있다.

첫째, 정신질환 종류 중 하나는 과거 정신분열증으로 불리던 '조현병'이다. 사고의 장애, 망상, 환각, 현실과의 괴리감, 기이한 행동 등의 증상을 보이는 정신질환이라고 보는데, 이런 증상이 일시적인 것이 아닌 6개월 이상 지속되는 경우 조현병으로 판단한다.

조현병의 원인은 정확하지 않지만, 유전적 원인, 신경전달물질의 이상, 대사 장애, 면역학적 원인 등이 복합적으로 작용한다고 볼 수 있다. 또한 현실과 다른 것을 믿으며 다른 사람에게 설득당하지 않는 상태인 망상이 가장 대표적인 증상이고, 환청, 환취 등도 나타나는데 무기력하고 기이한 행동을 보이기도 해서 사회활동이 어려운 것도 특징이라고 볼 수 있다.

둘째, 정신질환 종류 중 하나는 '조울증'이다. 조울증은 기분장애 질환 중 하나로 기분이 들뜨는 조증이 나타나기도 하고, 기분이 가라앉는 우울증이 나타나서 양극성장애라고 불린다.

기분, 생각, 행동 등에 극단적인 변화가 일어나는 증상으로 약물이나 상담 등을 통한 꾸준한 해결이 중요하다고 할 수 있다. 남성보다는 여성이 많으며 임신과 출산, 심리적인 스트레스의 영향이 크다.

셋째, 외상 후 스트레스 장애로 사람이 충격적인 사건을 경험한 후 발생할 수 있는 정신질환이다. 예로 어렸을 때 경험한 심리적 상처, 성격장애, 부적절한 가족, 최근 스트레스가 많은 경우 등 다양한 원인이 있을 수 있다. 외상 후 스트레스 장애는 충격적인 사건의 재경험과 이와 관련된 상황, 자극을 회피하려는 행동을 보인다.

질환의 경우 사건이 있은 후 1달 내 일어날 수도 있고 1년 이상 지난 후 나타날 수도 있다. 환자의 경우 해리 현상이나 공황발작을 경험하거나 환청 등을 느낄 수 있으며, 또한 공격적 성향, 충동조절 장애, 우울증, 약물 남용 등이 나타날 수 있다. 사람마다 극복하는 시기도 다르고 해결되는 양상도 다르다고 할 수 있다.

넷째, 강박장애로 본인의 의지와 무관하게 어떤 생각이나 장면이 떠올라 불안해지고 그 불안을 없애기 위해 어떤 행동을 반복하게 되는 정신질환이다. 주요 증상으로는 오염에 대한 불안감으로 과도한 청결을 보이는 현상을 나타내기도 하고 의심과 이에 따른 확인 행동을 반복적으로 보이기도 한다.

두 개 이상의 물건이 있을 경우 대칭이나 직각이 되도록 두어야 하는 정렬행동을 보이기도 하고 물건들을 버리지 못하고 모으기만 하는 행동을 보이기도 한다. 그리고 또한 뾰족한 물건을 보면 불안감을 느끼는 행동 등을 보일 수 있다.

다섯째, 자폐증은 다른 사람과 상호관계가 형성되지 않고, 정서적인 유대감이 일어나지 않는 아동기 증후군을 의미한다. 대부분 아동기에 많이 일어나며 의사소통장애나 반복적이고 강박적인 행동을 지속하게 된다. 자폐아동의 경우 70~80%가 정신지체가 동반되며 지적능력이 낮은 아동이 사회적 발달에서 더 심한 손상을 보이며 일탈된 행동을 하게 된다.

3. 한국의 정신질환

2018년 기준 우리나라 정신질환의 진료인원은 300여만 명에 이르며 우울, 불안 등 주요 정신질환의 평생 유병률은 25.4%에 달한다. 게다가 자살률은 OECD 회원국 중 최하위를 점하고 있다(2018년 기준 10만 명당 26.6명). 장기화된 코로나19 상황과 그 이후에 드러날 정신건강문제는 현재보다 훨씬 무겁게 우리 사회에 부담으로 다가올 가능성이 농후하다.

정서적 고통이 별로 없는 사람은 신체적으로도 건강한 것과 같이 직업적 성공, 훌륭한 결혼생활 등은 정신건강에 긍정적 영향을 준다. 그래서 정신건강은 스트레스에 효율적으로 적응하여 좋은 정서상태를 유지하는 것이 필요하다.

코로나바이러스감염증-19(COVID-19)는 SARS-CoV-2 감염에 의한 호흡기 증후군이며, 법정감염병으로 제1급감염병 신종감염병증후군이다. 전파경로는 현재까지는 비말(침방울), 접촉을 통한 전파로 알려지고 있으며, 코로나19 바이러스에 오염된 물건을 만진 뒤 눈, 코, 입을 만짐으로 전파되고 있다.

대증치료로는 수액 보충, 해열제 등 보존적 치료로 특이적인 항바이러스제가 없는 실정이다. 전 세계 치명률은 약 3.4%(WHO, 3.5 기준)이다. 단, 국가별・연령별 치명률 수준은 매우 상이하며, 고령, 면역기능이 저하된 환자, 기저질환을 가진 환자가 주로 중증으로 사망을 초래한다. 진단기준은 진단을 위한 검사기준에 따라 감염병병원체 감염이 확인된 사람인데 진단기준은 검체에서 바이러스 분리하여 검체에서 특이 유전자 검출하는 데 있다.

증상은 발열, 권태감, 기침, 호흡곤란 및 폐렴 등 경증에서 중증까지 다양한 호흡기감염증이 나타나며, 그 외 가래, 인후통, 두통, 객혈과 오심, 설사 등도 나타난다.

2019년 말부터 시작된 코로나19 사태가 장기화되면서 국내는 물론 전 세계적으로 경제・외교・정치・사회・문화 등 다양한 분야에서 어려움이 발생하고 있다. 특히 경제가 침체되면서 일자리를 잃은 사람들은 극심한 생계 위기에 처하게 되었고 사회 활동이 폐쇄되거나 약화되면서 많은 사람들이 정서적 우울과 고립감, 감염 위험에 따른 불안증 등을 호소하고 있다. 우리나라에서는 정부와 관련 단체가 코로나19 사태로 인한 국민 정신 건강 위험을 인지하고 비대면 교류를 통한 사회활동 및 문화예술 사업 확대, 정신 건강 서비스 및 심리상담 치료 지원 등의 방안을 강구하고 있다. 정부가 코로나19 감염 예방을 위해 최대한 발빠르고 지혜롭게 대처하려고 노력하고 전 국민이 생활 방역을 준수하며, 의료진과 관련 단체 인력들은 헌신적으로 힘을 기울인 바가 있다. 이른바 사회적 거리두기가 진행되면서 이른바 '집콕'이 자연스러워지자 집 안에서 다양한 여가 활동을 통해 몸과 마음의 건강을 돌보자는 취지였다.

미국 콜롬비아대학교 존 C 머터 교수는 <재난 불평등>이라는 책에서 '왜 재난은 가난한 이들에게만 가혹할까'라는 화두를 던진 바 있다. 실제로 요즘의 상황은 사회·경제적으로 선택지가 적은 '중독 취약계층'에게 더욱 가혹하다.

전 세계적인 감염 위기 상황에서 불안·우울 등의 감정이 생기는 것은 정상적인 반응이다. 문제는 대처하는 방법인데, 선택의 폭이 넓지 않은 대부분의 사람들이 '쉽고 편하면서 가성비가 좋게' 찾는 것이 디지털미디어다. 순간적 또는 지속적인 몰입, 적절 또는 과도한 자극을 받을 수 있기 때문이다. 다만 자신도 모르는 사이에 디지털 중독에 빠져들 수 있다는 것이 함정이다.

실제로 최근 중독 예방 연구네트워크인 '중독포럼'이 전국 성인남녀를 대상으로 한 '코로나19 전후 중독성 행동 변화 실태 조사' 결과에 따르면 이번 사회적·생활 속 거리두기 기간 중 과도한 인터넷 게임, 스마트폰 사용 등 이른바 '행위중독'의 위험 요소들이 증가한 것으로 나타났다. 온라인 게임 이용은 코로나19 사태 이전에 비해 24.4%가 늘었고 스마트폰 이용은 44.3%가 늘었다. 특히 이 기간 동안 응답자의 절반 가까이가 우울, 불안, 불면 증상을 겪었는데, 이들의 경우 정상에 비해 온라인 게임이나 스마트폰 이용, 성인용 콘텐츠 시청 등이 더욱 증가한 것으로 나타났다.

그뿐만 아니라 코로나19 사태 이후 온라인 불법 경륜·경정 사이트 신고건수가 늘고, '코로나19 확진자수 맞추기', 'TV 시청률 맞추기' 등 기상천외한 불법 도박 사이트도 횡행하고 있다. 특히 스마트폰 이용이 확대되면서 중독 취약층인 청소년과 어린이들의 도박 중독도 확산되고 있는 심각한 상황이다.

개인의 탓으로만 돌릴 문제가 아니다. 디지털 중독 예방을 위해서는 올바른 디지털미디어 활동 증진 프로그램 개발, 사행성·음란성 콘텐츠에 대한 접근과 마케팅 제한 등 균형 잡힌 대책 마련을 위한 범사회적인 고민이 시급한 시점이다.

제2절 정신질환의 유형

1. 공황장애

(1) 공황장애의 의의

공황장애란 심한 불안 발작과 이에 동반되는 다양한 신체 증상들이 아무런 예고 없이 갑작스럽게 발생하는 불안장애의 하나이다. 예전에는 일반인들에게 공황장애가 많이 알려지지 않았지만, 요즘은 여러 연예인이나 유명인들이 공황장애를 겪고 있는 것을 밝히면서 알려지기 시작했다. 공황은 공포와 유사한 의미를 갖는데 영어로는 'panic'이라고 한다. 공황의 어원은 그리스의 신화에서 시작된다. 그리스 신화의 판(Pan)은 반인반수의 목신인데, 그 성격이 어찌나 포악한지 대낮에 낮잠을 방해를 받으면 크게 노하여 인간과 가축에게 공포와 공황을 불어넣었다고 하여 'panic'이라는 단어가 만들어졌다.

공황장애 환자에 대해 최초로 기록한 사람은 영국의 심장내과 의사인 홉(J. A. Hope)이다. 그가 1832년에 저술한 심장학 교과서에는 신경성 심계항진을 보이는 환자에 대한 묘사가 실려 있다.

환자에게 이보다 더 극심한 공포와 불안감을 일으키는 것은 없었다. 그는 자신이 기질적 심장병으로 죽고 말 것이라는 터무니없는 상상을 하고 있었고, 그 때문에 공포로 몸서리쳤다. 환자의 그러한 생각은 떨쳐버리기 몹시 힘들었는데 왜냐하면 환자의 증상을 불러일으킨 신경증적 상태로 인한 우울과 절망감이 그의 상상을 더욱 부채질했기 때문이다.

의학적인 상태가 아니더라도 갑자기 놀라거나 극심한 불안상태가 되었을 때, 우리는 흔히 '공황 상태에 빠졌다'고 한다. 하지만 '공황발작'은 급작스럽게 놀라는 상태라는 것은 같지만 이와는 조금 다른 개념이라고 할 수 있다.

공황이란 쉽게 말하면 생명에 위협을 느낄 정도의 상황에서 오는 갑작스러운 공포감을 말한다. 따라서 공황 상태는 실제로 생명에 위협을 받는 상황이라면 누구에게서나 정상적으로 나타날 수 있는 우리의 몸의 반응이다. 하지만 공황발작은 특별히 위협을 느낄만한 상황이 아닌데도 불구하고 신체의 경보 체계가 오작동을 일으키며 위협을 느끼는 상황에서와 같은 반응을 일으키는 병적인 증상이다.

실제 위험한 상황에서 나타나는 불안은 우리가 스스로를 보호할 수 있게 도와주는 중요한 기능을 가지고 있다. 극한 상황에서 아무런 불안을 느끼지 않는다면 우리는 생명을 유지하기 어렵거나 크게 다치기 쉬울 것이다. 따라서 불안의 일차적인 목적은 자신을 위험으로부터 보호하는 것이다.

(2) 공황발작

일생에 있어서 공황발작을 경험하는 사람은 매우 많다. 일부 연구에 따르면 전체 성인 인구의 30% 정도가 한 차례 이상 공황발작을 경험하였다고 한다. 그러나 이렇게 흔하게 일어나는 공황발작은 대개 한 번에 그쳐서 반복적으로 나타나지는 않으며, 이러한 경우는 공황장애라고 진단하지는 않는다. 따라서 한번쯤 공황발작을 경험했다고 해서 나도 공황장애구나 라고 생각할 필요는 없다.

하지만 공황발작이 반복적으로 나타나고 이 발작이 특별한 스트레스나 신체적인 원인에 의하지 않는다면 공황장애로 진단 받을 수 있다. 우리나라에서의 공황장애의 유병률은 대개 1~2% 정도로 알려져 있다.

많은 공황장애 환자들이 자신이 공황장애라는 것을 알지 못하고 심장이나 다른 신체에 문제가 생긴 것으로 오해하고 여러 과를 전전하며 여러 가지 검사들을 반복해서 시행하기도 한다. 이는 비단 우리나라에서만 일어나는 현상은 아니다. 공황장애의 증상이 워낙 심한 신체 증상을 동반하기 때문에 정신적인 원인으로 생각하지 않아서 많은 사람들이 제대로 된 치료나 도움을 받는 데까지 오랜 시간이 걸리는 경우가 종종 있다.

(3) 원인과 진단

공황장애를 정신과에서 치료하다보니 많은 사람들이 공황장애가 마음이 약하고 겁이 많아서 생기는 것이라고 생각하는 경우가 많다. 하지만 현재까지 공황장애는 신경생물학적 원인에 의해 설명을 하는 것이 가장 적절한 것으로 알려져 있다. 이외에도 유전적, 심리사회적 요인들이 같이 작용을 하고 있다.

먼저 신경생물학적 원인에 대해 간단히 알아보면 공황발작을 일으킬 수 있는 물질들에 있다. 공황발작을 일으킬 수 있는 물질들은 중추신경계의 노르에피네프린, 세로토닌, GABA 수용체에 작용하는 신경화학적 물질과 과호흡, 생체 내의 산·염기 균형을 깨뜨리는 호흡 관련 물질로 나뉜다.

사람은 불안해야 하는 상황에서 불안을 느끼는 것이 당연한데 이때에는 뇌의 편도핵이라는 기관이 불안을 느끼게 해 주는 여러 기관을 중개한다. 불안하지 않을 상황을 잘못 인지해서 공포스럽게 받아들이는 데에는 대뇌 피질이, 공포에 대해 도망가거나 얼어버리게 하는 반응을 일으키는 데에는 뇌의 회색질이 이 기능을 담당한다. 땀이 나거나 가슴이 뛰는 등의 교감신경계와 호르몬의 분비를 자극시키는 것은 시상하부가, 중추신경계에서의 노르에피네프린 분비를 자극시키는 것은 청반이 역할을 하며, 이들은 편도핵과 함께 중추신경기관에서 불안을 종합적으로 조정하는 역할을 하게 된다.

인지행동주의 이론에 따르면 불안은 학습에 의한 것이거나 조건화 반응에 의해 나타나는 것으로 보고 있다. 예를 들어 A씨의 경우 공황발작이 처음 운전 중에 나타났기 때문에, 운전을 하게 되면 이전에 겪었던 공황발작을 떠올리게 되고 쉽게 불안해지게 되는 것이다.

또한, 공황장애 환자들은 사소한 신체 감각의 변화에도 지나치게 민감한 반응을 보여서 더 불안해하는 경우가 많다. 예를 들어, 심장의 박동이 빨라지거나 가슴이 답답한 증상이 조금이라도 생기면 심장마비로 죽을지도 모른다는 생각에 빠져들게 된다.

공황장애의 진단으로 공황장애는 반복적이고 예기치 못한 공황발작이 존재해야만 한다. 또한 공황발작과 더불어 또 다른 발작이 올까 봐 계속 염려하거나 공황발작이나 그 결과의 함축된 의미에 대해 걱정하거나 공황발작과 관련되어 행동의 뚜렷한 변화가 있어야 한다. 습관성 물질이나 약물, 일반적 갑상선 기능 항진증 등 신체적 상태의 직접적인 증상이 아니어야 하고 사회공포증, 특정공포증, 강박장애, 외상 후 스트레스 장애, 분리불안장애와 같은 다른 정신질환에 의한 것이 아니어야 한다.

공황장애의 인지행동치료는 공황장애에 대해 환자들에게 자세히 설명해 주고, 환자들이 오해하고 있거나 잘못 믿고 있는 여러 가지 편견들을 잡아주는 인지적 치료와 공포의 대상이 되는 장소나 상황에 불안감 없이 접근할 수 있도록 도와주는 행동치료가 포함된다.

2. 해리성 정체감 장애 등

다중인격 장애는 심리학적으로 사람의 무의식 속에 또 다른 사람들이 살고 있는 것을 말한다. 한 사람일 수도 있고 여러 사람일 수도 있다. 그러나 서로는 알지 못해서 한 사람이 뇌를 점령하는 동안은 다른 사람의 인격은 무의식 속으로 들어가 있게 된다.

해리성 정체감 장애의 사례를 보면, 숨어 있던 인격이 범죄를 저질러도 본인은 모르고 있는 경우가 많다. 다중인격 장애의 심리학적 명칭인 해리성 정체감 장애의 뜻은 '정체성(正體性. 존재의 본질)'이 '해리(解離. 떨어져 나간다)'되는 증상이란 의미이다.

어느 순간 본래의 성격은 사라지고 전혀 다른 사람처럼 행동하기 때문에, 토속적으로는 "귀신 들렸다"고도 하고 동양에서는 "빙의되었다"고도 한다. 심리 속의 다른 인격에게 정신과 몸을 점령당하는 것이다.

'마크 페더슨' 사건에서는 한 여성이 다중인격 장애가 되어 다른 인격에게 점령당한 후 합의하에 관계를 맺었는데, 제정신으로 돌아온 후 성폭행 당했다고 고소를 했던 해리성 정체감 장애 사례도 있다. 이 여성은 "결과"만 인식할 뿐 "과정"은 기억이 안 나기 때문에, 증인이 있을 수도 없는 상황의 마크 페더슨은 체포되어 재판을 받아야 했다.

다중인격장애라고도 하는데 전 세계 인구의 1~3%가 앓고 있으며, 다중 즉 여러 가지 인격을 가지고 있는데 평균적으로 5~10가지의 인격을 가지고 있다고 한다. 이 병의 가장 큰 원인은 스트레스라고 한다.

1) 회피성 인격장애

사회적으로 억제, 위축되고 부적절한 느낌을 받으며, 부정적 평가에 과민한 양상을 보이는 특징을 가지고 있는 인격장애로 거절에 예민하고 사회적으로 무기력한 모습을 보이는 증상이다. 거부나 상실에 대한 두려움으로 인해 혼자 있으려고 하지만 내적으로는 친밀한 관계를 원하는 특징이 있다. 여성에게 잘 생기면 사회공포증을 동반하기도 한다.

증상으로는 거절에 대한 경계심과 낮은 자존심을 보이고, 타인이 자기를 어떻게 평가하는지에 마음을 쓴다. 타인의 시선에 민감하고 싫어하는 눈치를 보이면 실망감과 모욕감을 느껴 사회참여나 대인관계에 문제를 느낀다.

국민건강보험공단 자료에 따르면 우울증과 조울증으로 진료를 받는 환자들이 해마다 증가해 최근 5년간 약 30%가량 증가한 것으로 나타났다. 이에 부정적인 사고와 스트레스로 인한 우울감이 지속돼 치료가 필요한 상황까지 이어지지 않도록 부정적인 감정 해소 방법이 요구됨에 따라 좀 더 쉽게 접근하고 공감하는 메시지를 전달할 수 있는 방법이 필요하다.

자살이나 우울한 감정을 경험한 사람들에게 무작정 모호한 메시지를 전달하기보다는 '나에게 의미 없는 부정적인 감정'들이나 '버리고 싶은 이야기'들을 적어보고 마음을 그리며 서로 공감하고 힐링할 수 있는 미술치료, 음악치료, 예술작품 등의 설치, 힐링 등이 필요하다.

우리나라 정신질환 치료 등 후진성은 정신건강서비스의 잘못된 재원 배분에서 초래한다. 정신질환은 신체질환과 달리 병을 장기적으로 관리해 줄 수 있는 지역정신건강서비스가 중요한데 현재 국내 정신건강치료를 살펴보면 지역사회서비스는 예산 기반으로 제공돼 예산이 적으면 절대적으로 서비스 제공량이 부족한 반면, 수가가 낮고 장기입원에 관대한 의료보험과 건강보험으로 장기입원이 많아진다.

2) 우울증과 클리닉

우울증은 평생 유병률이 남성에서 5~12%이며, 여성에서 10~25%로 아주 흔한 질환이다. 슬픈 일이 있을 때 우울해지는 것은 지극히 자연스러운 현상이지만, 우울증이란 우울한 기분의 정도가 심한 상태로 오랜 기간 지속되어 한 개인의 전반적인 삶에 부정적인 영향을 주는 상태를 말한다. 우울감과 의욕 저하를 주요 증상으로 하여 다양한 인지 및 정신 신체적 증상을 일으켜 일상 기능의 저하를 가져오게 된다.

주요우울장애 진단기준은 다음과 같다.

주관적이거나 타인에 의해 관찰되었을 때이다.

A. 적어도 2주 동안 다음 중 하나가 있어야 한다.

① 거의 하루 종일 우울하다.

② 거의 매일 모든 것 또는 거의 모든 것, 하루 대부분의 활동에서 흥미가 현저하게 감소되어 있다.

B. 또한 다음 증상에서 4가지 이상이 있어야 한다.

① 체중감소나 증가, 식욕의 감소나 증가(1개월 동안 체중이 5% 이상 변화)

② 불면이나 과수면

③ 정신운동성 초조나 지체

④ 쉽게 피로를 느끼거나 에너지 상실

⑤ 삶에 대한 무가치감, 부적절한 죄책감

⑥ 사고력, 기억력, 집중력 감소 또는 우유부단함

⑦ 반복적인 죽음에 대한 생각 또는 자살사고나 시도나 자살을 자행하려는 구체적 계획

치료하지 않는 경우 주요우울장애의 기간은 약 6~13개월이나, 치료를 하면 그 기간이 3개월 정도로 줄어들 수 있다. 가장 중요한 것은 증상이 악화되기 전 초기 증상 때 치료를 시작하는 것이다. 재발 예방에 있어서도 전문가에게 적절한 치료를 유지하는 것이 매우 중요하다.

치료 프로그램은 다음과 같다.

① 심리검사, 병력 청취 등을 통한 증상 평가

② 객관적 검사, 면담을 통한 환자 본인의 성격에 대해 알기

③ 문제영역의 파악 및 정확한 진단을 통한 치료 계획의 수립

④ 각 환자별 개인의 증상에 따른 맞춤형 약물 치료

⑤ 문제해결기술, 자기조절, 불안조절 향상을 위한 인지행동치료 및 정신치료 프로그램

⑥ 반복적 경두개자기자극술(rTMS), 광치료(Light Therapy), 바이오피드백(Biofeedback) 치료를 병행

⑦ 부작용 및 증상 변화 평가

⑧ 회복 및 재발 방지를 위한 심리교육

3) 알코올의존 약물남용클리닉

알코올중독은 주로 정신과에서 치료하는 병으로 알코올중독은 크게 두 가지로 분류할 수 있다.

첫째는 알코올 남용으로, 가정과 직장에 문제를 일으키거나 신체적으로 부담이 되는데도 술을 계속 마시는 경우이다.

둘째는 알코올의존으로, 알코올 남용이 발전되어 술에 대해 내성이 생기거나, 금단 증상이 있는 경우이다. 금단 증상이란 술을 줄이거나 끊었을 때 몹시 술 마시고픈 욕구가 생기고, 손이 떨리거나 식은땀이 나기도 하고, 속이 울렁거리기도 하며, 신경이 예민해지는 현상을 말한다.

알코올중독을 가진 사람은 사망률이 일반인에 비해 3배나 높다. 특히 자살율도 매우 높다. 알코올중독은 술은 우리 몸 세포 속속들이 침투하기 때문에 신체에 많은 영향을 주게 된다.

암에 잘 걸리고, 췌장염이 잘 발병하고, 간이나 위장에 손상을 주며, 심장의 근육에 손상을 준다. 그리고 혈액세포 숫자를 줄인다. 혈액세포란 피속에 들어 있는 성분으로 세균이 침범하면 싸우는 역할을 하며, 이것이 줄어들면 아주 쉽게 병에 걸리고 잘 낫지 않는다.

알코올중독은 병이며 치료될 수 있는 병이다.

4) 공황장애 클리닉

공황장애란 갑작스럽게 두근거림, 숨막힘 등의 신체증상과 함께 공포감이 엄습하는 것을 공황발작이라고 한다. 일반적으로 공황은 또다시 공황을 겪는 것에 대한 불안을 동반한다. 이러한 여러 차례의 공황발작과 공황에 대한 지속적인 불안이 나타나는 경우를 공황장애라고 한다. 공황장애는 전체 인구의 30% 이상이 일년에 적어도 한 차례 이상 경험할 정도로 아주 흔한 증상으로 공황장애로 진단을 받거나 치료가 필요한 정도의 심각한 경우는 전체 인구의 2.5%가 된다.

공황장애를 극복하기 위해서는 불안과 공포에 대한 자기통제력을 회복하는 것이 중요하다. 인지행동치료를 통해서 예기치 못하게 찾아오는 공황발작과 불안에 대해 올바로 이해하고, 상황에 대처하는 방법을 익힘으로써 불안과 공포를 스스로 다스릴 수 있다.

공황장애 클리닉 치료과정에서 공황장애 인지행동치료는 주 1회씩 8주간 진행되며, 공황 및 공황에 대한 불안을 스스로 조절할 수 있도록 지원한다.

- 1회기: 공황과 불안의 극복
- 2회기: 공황장애 극복하기
- 3회기: 신체 다스리기
- 4회기: 생각 다스리기, 과대평가, 과소평가
- 5회기: 생각 다스리기, 재앙화 사고
- 6회기: 노출 훈련
- 7회기: 광장공포증의 극복
- 8회기: 치료과정에 대한 종합평가

3. 강박증 클리닉

강박증이란 강박 및 관련 장애의 하나로서, 강박적 사고(obsession) 및 강박 행동(compulsion)을 특징으로 하는 정신질환이다. 잦은 손 씻기(hand washing), 숫자 세기(counting), 확인하기(checking), 청소하기(cleaning) 등과 같은 행동을 반복적으로 함으로써 강박적 사고를 막거나 그 생각을 머리에서 지우려고 하는 경우가 흔하다. 그러나 이런 행동은 일시적인 편안함을 제공할 뿐 결과적으로 불안을 증가시키게 된다.

전형적인 예를 보면, 강박장애 환자가 침입자에 대한 강박적 사고가 있다면 침실에 들어가기 전 문이 제대로 잠겼는지를 정상적인 수준 이상으로 여러 번 확인하는 경우이다. 흔한 강박적 행동으로는 손 씻기, 반복적인 확인, 순서대로 특정한 부분을 만지기, 숫자 세기 등이 있으며, 흔한 강박적 사고로는 사랑하는 사람을 해치는 등의 지속적인 폭력적 사고, 반복적인 성행위 관련 사고, 종교적 믿음에 반하는 사고 등이 있다. 강박장애 환자들은 종종 순서나 규칙성에 사로 잡혀 있는 경우가 많고, 불필요한 물건들을 버리지 못하고 쌓아 놓는 경우가 그 사례이다.

1) 강박증의 인지행동치료

다양한 치료방법들이 개발되어 왔는데, 그 중에서 현재까지 가장 효과적인 방법으로 사용되고 있는 것 중의 하나가 바로 인지행동치료이며 그 진행 과정은 다음과 같다.

우선 강박증상과 강박증에 대한 정확한 이해, 인지행동치료에 대한 이해를 도울 수 있는 교육이 진행된다. 또 자신의 구체적인 증상을 알아보고 기록하며 치료의 목표를 설정하게 된다. 그 다음으로는 강박증상에 맞설 수 있는 행동적인 치료 전략들을 세우고 이를 적극적으로 실행하게 될 것이다. 특히 가장 효과적인 방법인 '노출과 반응방지(Exposure Response Prevention, ERP)' 전략을 지속적으로 사용하게 된다. 이런 과정들을 통해 증상에 대한 통제감, 자신감 등이 증가되며, 이를 바탕으로 인지적 전략을 추가할 수 있다. 강박사고들의 합리성과 객관성을 철저히 따져 보고, 대안적이고 합리적인 생각들로 바꾸는 과정을 밟게 된다.

인지행동치료의 효과는 여러 연구들에서 보고되고 있는데, 대략 치료에 참여한 강박증 환자들의 50~80%가 강박증상의 감소, 불안 감소 등의 효과를 경험하고 있다.

2) 강박증 인지행동치료 과정

강박증 인지행동치료의 구성은 다음과 같고, 다음의 내용을 다루면서 약 10회 정도를 만나게 될 것이다. 치료를 진행하면서 몇몇 부분에서는 좀 더 빠르게 진행될 수도 있고, 반대로 느리게 진행될 수도 있다. 빠른 시간 내에 치료 과정을 마치는 것이 좋을 수도 있지만, 충분한 이해를 바탕으로 차근차근 앞으로 나아가는 것이 더 좋은 치료 효과를 가져올 수도 있을 것이다.

- 1회기: 초기 면접 및 구조화
- 2회기: 강박 장애와 치료
- 3회기: 자기 증상 분석하기
- 4회기: 증상 형성, 유지에 대한 설명
- 5회기: 강박증상 극복하기
- 6회기: 변화를 위한 준비
- 7회기: 강박장애에 대한 인지치료 전략
- 8회기: 회피 행동 물리치기
- 9회기: 강박적으로 떠오르는 생각, 의심, 장면 이겨내기
- 10회기: 재발 방지 및 호전 상태 유지하기

3) 과잉기억증후군

과잉기억증후군(hyperthymetic syndrome)이란 한 번 보거나 겪은 일을 잊어버리지 않고 세세하게 모두 기억하는 증상이다. 이는 특정한 학습능력이나 암기력이 아닌 자신의 인생을 통째로 기억하는 것으로, 2006년 미국의 질 프라이스(Jill Price)라는 여성이 최초로 진단받으며 알려졌다.

전 세계적으로 과잉기억증후군 판정을 받은 사람은 100명도 채 되지 않으며, 정확한 원인이 밝혀진 것은 아니다. 다만 뇌과학분야 학술지인 '뉴로케이스'에 제임스 멕거프 박사가 질 프라이스의 사례를 연구한 결과, 학습·암기력 등 다른 인지 능력은 보통 수준이었으나 기억의 인출을 담당하는 뇌 영역이 일반인들과 다른 모습을 보인 것으로 알려졌다. 일반인은 과거의 기억을 뇌의 우측 전두엽에 저장하는데, 질 프라이스는 우측과 좌측 전두엽 모두에 저장했다는 것이다.

제3절 정신건강슈퍼비전

심리·정서적 위기로 인한 부적응 대상자 관련 상담기법 연구와 전문적인 상담활동에 대한 슈퍼비전으로 상담전문인력의 전문성이 요구된다. 자기관리를 위한 상담자 임파워링 과정을 포함하는 상담전문인력의 역량이 기대되는 영역이다.

상담자 임파워링 과정은 상담전문인력이 자신의 스트레스를 이해하고 점검함으로써 스트레스 대응 전략을 향상시켜 상담자의 정서적·신체적 안녕을 돕고, 잠재력을 최대한 발휘할 수 있도록 하는 내용으로 특히 내담자 치유를 돕는 상담현장에서 매우 중요하게 인식되고 있다. 마음을 다루는 상담전문가들의 소진 예방을 위한 필수 과정이 인지행동치료이다. 슈퍼비전과 상담자 임파워링 과정이 상담전문인력의 전문성 강화와 더불어 자기를 점검하고 건강한 마음으로 정신건강증진에 많은 도움을 주는 기법이 인지행동치료이다.

1. 인지행동치료

1) 인지행동치료의 의의

행동치료의 이론적 뿌리는 1900년대 초기에 파블로프(Pavlov) 등의 심리학자들이 고전적 조건형성이라는 학습패러다임을 제시한 것에서 시작된다고 볼 수 있으며, 그 후 스키너(Skinner)에 의해 행동의 조작에 대한 이론이 제시되었다.

이와 같은 이론적 배경에서 1950년대부터 조작적 조건형성의 원리에 기초한 행동기법과 행동수정요법이 개발되었다. 그러나 인지의 중요성이 강조되고, 인지재구조화에 초점을 둔 벡(Beck)의 인지치료에 관한 저서가 발간되면서 1970년대 초반부터 행동치료에 대한 관심이 시들기 시작하였다. 인지치료는 인지적 개입을 강조하는 것으로, 감정이나 행동에 영향을 미치는 비합리적인 인지를 확인하여 좀 더 합리적인 인지로 변화시키는 것에 초점을 둔 접근방법이다.

인지행동치료(cognitive-behavioral therapy)는 1970년대와 1980년대에 들어서서 치료요법으로 자리를 잡기 시작하였다. 인지행동치료는 일상생활에서 발생하는 문제들을 극복하도록 돕는 것에 초점을 두고 있으며, 건강한 적응 행동은 촉진하고 부적응 행동은 변화시키는 것을 목적으로 하며, 임상이나 교육현장 및 직장 등 다양한 현장에서 적용할 수 있으며, 인지행동치료는 대상자의 문제를 무의식적 동기나 정신역동적인 현상으로 파악하는 등 원인을 규명하는 것에는 초점을 두지 않으며, 적응 행동이나 부적응 행동 등 모든 행동은 학습과정을 통해 획득되는 것으로 간주한다.

2) 인지행동치료의 특성

인지행동치료는 부적응 행동을 치료하는 데 중점을 두었던 기존의 행동치료가 소홀히 다뤄오던 인간의 내면의 세계, 즉 내현적 심리기전인 인지기능도 외현적 행동과 함께 다뤄야 할 것을 강조하면서 발전되었다.

인지행동치료는 인간의 행동반응에 있어서 사고과정의 중요성을 강조하며 인지적 중개과정을 기반으로 하면서 행동수정요법의 기법을 활용하여 부적응 행동을 치료하는 기법이라고 할 수 있다. 기존의 행동치료는 대상자의 부적응 행동을 변화시키기 위해 지나치게 대상자를 통제한다는 비판을 받았으며, 치료과정에서 대상자와 치료자 간의 관계나 대상자의 행동변화에 대한 동기화 등의 요소가 무인지행동치료의 특성은 다음과 같다.

전적으로 대상자를 정신병리적인 관점에서 보기보다는 살아가는 데 있어서 어떤 문제를 가진 고유한 인간으로 보고 치료과정은 대상자 스스로 자신의 행동을 점검하고 과제를 완성하는 것을 강조한다는 면에서 대상자 중심의 접근방법이다.

치료과정에서 치료자와 대상자의 상호관계성을 중요시하고 있다. 인지행동치료자들은 대상자를 통제하지 않고 대상자와 함께 문제를 정의하고, 목표를 확인하고, 치료 전략을 세우며, 이를 평가하는 데 있어 대상자와 협력하여야 한다.

인지행동치료의 핵심이 대상자의 자기통제에 있기 때문에, 치료자는 대상자가 바람직하게 행동변화를 촉진하도록 촉진자의 역할을 하며 교육자의 역할을 하였다. 따라서 대상자와의 치료적 관계가 중시된다는 점이 지적되어왔으며, 치료자의 온정, 공감, 이해가 치료의 효과에 중요한 영향을 미치고 있다.

인지행동치료에서는 인지, 정서, 행동은 서로 별개가 아니라, 전체적으로 통합된 기능으로 가정한다. 따라서 우리가 어떤 감정 상태에 있을 때 생각도 같이 떠오르며, 동시에 행동도 취하고 있다. 심리적인 부적응을 가진 사람은 자기 파괴적으로 생각하고, 느끼고, 행동한다. 인지치료는 인지, 즉 생각의 변화를 통한 치료 방법이다. 그리고 행동치료는 주로 행동의 변화를 강조한다. 현재 이 두 가지 방법은 각각의 장점을 극대화시키기 위해 인지행동치료로 통합되었다. 인지행동치료는 개인의 왜곡된 사고방식이 부적응적 행동이나 감정을 유지하는 핵심 요인임을 확인하고 이를 수정하는 것을 치료 목표로 삼는다. 예를 들어, 사람들은 특정한 생각(예 '나는 앞으로도 실패할 거야.')을 하기 때문에 특정한 감정(예 무력감)과 행동(예 위축된 행동)을 취하게 된다. 이러한 관점에서 부적응을 겪는 사람들을 변화시키기 위한 좋은 방법은 그 사람의 생각을 변화시키는 것이다.

인지행동치료는 내담자가 당장 경험하고 있는 불편감을 해결하도록 도와줌으로써 단기적인 문제해결을 목적으로 삼는다. 정신분석치료가 주로 장기화되는 반면, 이 접근은 대체로 단기로 진행되는 경향이 있어서 현대 심리치료에서 많이 활용되고 있다.

2. 인지적 접근법

1) 엘리스의 합리적 정서이론

앨버트 엘리스(Albert Ellis)는 합리적 정서치료이론에서 ABC 이론을 주장하였다. A란 선행사건 또는 역경(Adversity: A)을 뜻하고, B란 이러한 역경이나 사건에 대한 나의 생각 또는 신념(Belief: B)이며, 그로 인한 결과(Consequence: C)이다. 즉, 사람들은 사건이나 역경(A)에 대해 생각(B)하게 되며, 이로 인해 화가 난다(C)이다. 이때 중요한 사실은 사람들은 주로 일어난 사건(A) 때문에 화가 난다(C)고 알고 있지만, 사실은 그 개인의 사고방식(B)이 화가 나게 되는 데 결정적 역할을 한다는 사실이다.

우리는 대개 선행사건 때문에 주로 화가 난다고 생각하며, 화가 나는 것에 대해 그 사람이 나를 화나게 했다. 그녀가 이런 말을 해서 내가 괴롭다. 라고 표현한다. 그러나 대인지행동접근에는 엘버트 엘리스의 합리정서행동치료(REBT), 아론 티 벡의 인지치료(CT), 도널드 마이헨바움의 인지행동치료(CBT)가 있다.

인지행동적 접근의 특징은 ① 내담자와 상담심리사의 협동적 관계 ② 심리적 어려움은 주로 인지과정의 혼란으로 인해 생김 ③ 감정과 행동에서 바람직한 변화를 생성하기 위한 인지적 변화강조 ④ 일반적으로 구체적이며 구조화된 표적 문제에 대한 시간 제한적이고 교육적 치료를 가진다.

인지행동치료는 자기진술을 재구조화시키면 행동에 상응하는 재구조화를 만들 수 있다는 가정에 근거한다.

이 치료는 구조화된 심리 교육적 모형으로 숙제를 강조하며, 치료회기, 일상생활에서 적극적 역할, 내담자의 책임강조와 변화를 위해 인지적 전략과 행동적 전략을 사용한다. 그리고 조작적(능동) 조건형성과 모델링행동 연습 같은 행동적 기법들은 사고의 주관적 과정과 내적 대화에도 적용시킬 수 있다.

2) 엘리스의 합리정서행동치료

합리정서행동치료(rational emotive behavior therapy, REBT)는 최초의 인지행동치료이며, 오늘날에는 중요한 인지행동접근이며, 사고와 판단, 의사결정, 분석, 행동 등을 강조하여 인지와 행동을 지향하는 치료들과 공통점이 많다.

합리정서행동치료의 기본가정은 다음과 같다.

① 사람은 사상과 상황을 어떻게 해석하는가에 따라 구체적 증상을 만든다.
② 스스로의 심리적 문제를 만들어 낸다.
③ 인지와 정서, 행동이 서로 영향을 미치며 호환 가능한 인과관계라는 가정에 근거한다.
④ 철학양식과 행동양식을 재구성하는 도구의 제공을 목표로 하는 심리치료의 학파이다.
⑤ 고대 그리스(Greek) 철학자 스토아(Stoa) 학파의 에픽테투스(Epicteus)의 영향을 받았다('인간은 사상(events)이 아닌 관점 때문에 혼란스러워 한다').
⑥ 기본가설은 정서가 신념과 평가, 해석, 생활 상황에 대한 반응에서 주로 유발된다.
⑦ 치료과정을 통해 과거에 자기 구조화되고 지금은 자기 세뇌를 통한 비합리적 신념(irrational beoief)들을 규명하고 논박하기 위한 도구를 찾는 기술을 배운다.
⑧ 비효과적 사고방식을 효과적이고 합리적인 인지로 대체하여 정서적 반응을 변화시킨다.
⑨ 치료의 강조는 감정표현보다 사고와 행동에 있고, 치료를 교육과정으로 본다.
⑩ 상담심리사는 교사의 역할, 숙제를 도와주고 일관된 사고 전략을 가르친다.
⑪ 내담자는 학생이 되어 치료에서 배운 새로운 기술을 일상생활에서 실천한다.
⑫ '전이와 역전이'는 쉽게 분석할 수 있고, 전이와 역전이의 배경이 되는 철학은 쉽게 드러나고 치료과정에서 쉽게 사라진다.

3. 행동치료의 발달과정 3단계 및 인지행동치료의 현황

1) 행동치료의 발달과정 3단계

1950년에서 1960년대에 인간주의적 입장과 행동주의 입장의 발전이 시작되었고, 1960년대 중반부터 인지치료와 현실치료법이 태동하게 되었다. 행동치료와 인지치료가 별도로 발전하면서 1970년대에 들어와서 점차 인지행동치료적 접근으로 수렴하게 되었다.

라치만(Rachman, 1997)은 인지행동치료의 발달과정을 세 단계로 구분하였다.

제1단계는 행동치료의 발달단계이다.

행동치료는 영국과 미국에서 1950년대 거의 같은 시기에 발달하기 시작하였다. 울프(wolpe)는 동물의 신경증 연구를 수행하면서 점차 공포증에 대한 체계적 둔감법을 개발하였고 이 치료법을 적용하기 위하여 제이콥슨(Jacobson)의 근육이완법을 차용하였다. 또한 아이젠크(Eysenck)는 런던 대학교에서 행동치료의 연구를 주도하면서 이론적 기초를 제공하였다.

비슷한 시기에 미국에서는 스키너(skinner)와 그 제자들이 정신분열증 환자의 부적응행동을 개선하기 위하여 조작적 조건형성 기법을 적용하였다. 이것을 행동수정기법이라고 불렀다. 그리고 초등학교에서 아동의 문제 행동을 소거시키는 데에도 이런 기법을 적용하였다(Linsley, 1956; Ayllon & Azarin, 1968).

제2단계는 인지치료의 발달단계이다.

1960년대 초반 엘리스(Ellis)와 벡(Beck)에 의한 인지치료의 발달을 들고 있다(Beck, 1963; Ellis, 1962). 이들은 모두 정신분석 훈련을 받았으며 정신분석기법을 과학적으로 입증하려는 시도를 하면서 실망하여 각자 나름대로 새로운 심리치료기법을 개발하게 되었다. 우울증 환자는 분노보다는 역기능적 신념이나 잘못된 인지도식을 지니고 있으며, 특정한 스트레스 상황에서 역기능적 신념이 활성화되면서 우울증에 이르는 자동적 사고가 활성화되어 우울증을 유발하거나 지속시키는 것을 발견하게 되었다. 인지가 개인의 정서와 행동에 영향을 끼치는 중요한 요소로 보았다. 인지치료는 행동치료보다 좀 늦게 발전하기 시작했지만 초기부터 개인의 신념이나 부정적 사고뿐 아니라 행동을 치료표적으로 함께 고려하게 되었다.

제3단계로서 행동치료와 인지치료가 융합하는 단계를 들고 있다.

행동치료기법들이 발전하면서 점차적으로 자기지시법이나 사회학습기법들이 개발되었고 인지행동수정기법이 개발되었다. 이런 인지적 요인을 행동치료에 포함시킨 임상가는 메켄바움(Meichenbaum)을 비롯하여 마호니(Mahoney) 그리고 사회인지학습기법을 적용한 반두라(Bandura) 등을 들 수 있다. 이러한 행동치료기법의 확장이 점차적으로 행동치료에서 인지행동치료로 발전하는 계기가 되었다(Bandura, 1977; Mahoney, 1974; Meichenbaum, 1977).

융합단계는 시기적으로 보면 1980년대 들어와서 일이다. 특정한 심리장애나 이상행동에 대한 인지행동적 이론 모형이 세워지는 데에는 인지과학의 연구에 힘입은 바가 크다. 인지과학에서 정보처리에 관한 연구나 주의 과정의 연구가 활발해지면서 임상분야에서도 자연스럽게 불안이나 우울상태에서 기억이나 부정적 사고의 연구들을 수행하게 되었고 불안의 인지나 우울의 역기능적 신념 등이 연구에 의하여 밝혀지기 시작했다.

1980년대 후반에서부터 1990년 초에는 가족치료에 있어서 인지행동적 접근이 보다 광범위하게 적용되었다. 엡스틴, 쉴레싱거와 드라이든(Epstein, Schlesinger, & Dryden, 1988)에 의해 편집된 연구문헌들이 있으며, 휴베와 바르티(Huber & Baruty 1989)의 단편적인 자료들은 가족치료를 표명한 최초의 작품이다. 1992년에는 쉬베엘과 파인의 연구가 이루어졌다.

다틸로(Frank Dattilo)는 최근에 사례집을 발간하였는데 인지행동주의 전략과 부부치료 및 가족치료의 다양한 형식들과의 통합에 대해 논의했다.

2) 인지행동치료의 현황

(1) 인지행동치료의 현황과 발달

우리나라에서는 1980년대 중반 이후로 관심을 갖기 시작했다. 그러나 이상행동과 인지적 특성을 연관 짓는 연구는 1970년대 후반부터라고 여겨진다. 행동적 접근은 인지적 접근보다는 약간 앞서 행동수정상담이 소개되었다. 이렇게 이상심리에 관한 인지적 연구와 행동치료를 하면서 점차 인지행동치료에서 강조하는 평가도구들이 번역되거나 개발되기 시작하였고, 1990년대 들어와서 인지행동치료 모형에 대한 연구와 특정한 증상에 대한 인지행동치료기법들의 연구가 이루어졌다.

1970년대에 행동주의 치료자들은 학습이론의 원리를 근거로 부모들의 행동 교정, 부부의사소통이나 문제해결에 적용하여 치료하였다. 이 시기에는 규칙적이고 직접적인 행동주의 접근법이 분명하게 드러나는 자녀들의 행동문제들, 그리고 치료 동기가 분명한 부부들에게는 매우 효과적인 방법이라고 증명되어 부모훈련, 부부치료, 성치료 등 세 분야에서 괄목할 만한 발전을 하였다. 비록 이 접근법이 행동장애 비효율적 의사소통 문제 등을 다루는 데 효과적이라고 하더라도 행동주의는 기본적으로 개인 심리치료 방법론이기 때문에 관계상의 문제점에는 별로 주의를 기울이지 않았다. 이와 같이 행동주의자들은 체계역동에 대해 익숙하지 않을뿐더러, 가족 치료 대가들이 주로 임상현장에서 작업한 것과는 달리 이들은 주로 대학교 심리학과 연구실에서 작업하였기 때문에 방법론의 효과성과 유용성에도 불구하고 1970년대 그리고 1980년대에는 가족치료의 주류로부터 상대적으로 소외되어 왔다.

그러나 지난 10년 동안 행동주의자들은 많은 변화를 하였는데 우선 가족 체계역동에 대한 이해가 깊어졌고, 인지이론을 행동주의 방법론에 통합하였으며, 또한 행동주의 방법론 자체에 많은 변화가 있었다. 그리고 행동주의 치료사가 아닌 다른 학파 가족치료사들이 부분적으로 자신들의 치료에 행동주의 방법들을 선택적으로 실시하여 행동주의 치료방법이 대중성을 얻고 많은 영향력을 끼치게 되었다.

(2) 인지행동 가족치료의 발달과 주요인물

① 파블로프(Ivan Pavlov)

행동주의 치료사들은 러시아의 생리학자 파블로프의 직접적인 후계자들이다. 파블로프의 조건반사에 대한 연구는 고전적 조건화의 발전으로 연결된다. 고전적 조건형성에 있어서 무조건적 자극(음식)은 반사, 즉 무조건 반응(타액분비)으로 연결되며, 조건적 자극(종소리)과 짝을 이룬다. 그 결과는 조건적 자극은 무조건적 반응과 동일한 반응을 유도하기 시작한다는 것이다. 파블로프는 동물들을 대상으로 한 그의 연구 결과들을 출판하였고, 또한 그의 연구결과를 인간의 비정상적인 행동에 적용시킨 실험에 대해서도 보고하였다.

② 왓슨(John B. Watson)

고전적인 조건형성원리로 공포심을 유발시키기 위한 실험을 실시하였다. 피험자는 생후 11개월 된 건강한 남자아기인 알버트(Albert)였는데, 그 아기는 흰쥐, 비둘기, 토끼, 개 원숭이, 또는 불타는 신문지 등에 대해 공포반응을 보이지 않았다. 그 아기는 행복하고 정상적인 아기로 보였으며 별로 울지도 않았다. 연구자들은 큰소리가 공포를 일으키는 무조건자극임을 알게 되었다. 그래서 알버트에게 흰쥐를 보여주고, 실험자 중 한 사람이 망치로 쇠막대를 때렸다. 이것은 알버트를 놀라게 했다. 이런 방식으로 몇 번 짝 지우고 나니 알버트는 쥐를 보자마자 울기 시작하였으며 또 기타의 공포반응을 보였다. 파블로프 조건화를 통해 흰쥐에 대한 공포를 학습한 것이다. 왓슨(Watson)은 1913년 "행동주의자로서 바라보는 심리학에 대한 견해"라는 논문에서 관찰 가능한 행동은 심리학의 주제가 될 수 있으며 모든 행동은 환경 사건을 통해 통제될 수 있다고 주창하였다. 특히 환경사건(자극)이 반응을 유발한다는 자극·반응 심리학을 주창하였다. 이러한 심리학 운동을 행동주의라고 부르기 시작했다.

1930년대와 1940년에는 파블로프의 조건형성 이론이 보다 확대되고 정교해졌으며 수많은 임상 문제에 적용되었다. 그렇지만 고전적 조건화는 여전히 실용성에 있어서 제한을 지니고 있었다.

③ 울프(Joseph Wolpe)

울프(Wolpe, 1948)는 체계적 둔감화를 소개하였는데 공포심 치료에 대성공을 거두면서 동시에 행동주의 치료에 대한 관심을 크게 불러 일으켰다. 울프에 의하면 불안은 고전적 조건화를 통해 획득된 자율신경체계의 지속적인 반응이라고 보고 있다. 체계적 둔감화는 상호억제, 즉 앞서 불안을 발생시킨 자극들에 대해 불안과는 공존할 수 없는 반응들을 연결시켜줌으로써 불안에 대한 조건반사를 제거하는 것이다.

체계적 둔감화는 불안을 감소시켜 나가는 강력한 기법이라는 것이 증명되어 왔으며, 공포심을 유발하는 대상이나 상황에 점진적으로 접근하는 실제적 훈련에 적용할 때 더 효과적이다. 울프는 이러한 고전적 조건화의 방법들을 처음으로 가족문제에 적용을 시도하였는데 주로 광장공포증과 성기능장애와 같은 불안장애 분야였다. 후에 마스터와 존슨(Masters & Johnson, 1970)에 의해 더욱 발전되었다.

④ 스키너(B. F. Skinner)

행동주의 가족치료에 가장 큰 영향을 끼친 것은 스키너의 조작적 조건화이다. 조작적이란 용어는 자율적 행동 반응들을 가리키는 말로서, 본능적인 행동 또는 반사 행동과는 반대되는 말이다. 조작적 조건화에서는 우리가 행동하는 원천을 외적 환경에서 발견하려고 하였다. 행동반응 중에서 보상과 같은 긍정적인 강화를 가져오는 반응은 더욱 빈번하게 발생할 것이며, 처벌받거나 무시된 반응들은 소거될 것이라는 가정을 가진다. 그러므로 조작적 반응의 발생빈도는 이러한 강화의 결과에 의해 결정된다. 가장 먼저 행동치료라는 용어를 사용한 스키너는 행동문제란 근본적인 심리적 갈등의 증상이 아니므로 직접적으로 처리될 수 있는 것이라고 주장하였다. 1953년에 <과학과 인간행동>이라는 책에서 인간행동에 대한 행동적 접근을 제시하여 행동치료에 많은 발전을 가져왔다.

(3) 사회교환이론(Thibaut & Kelly)

인지행동주의적 가족치료가 그들의 관심을 고립된 개체에서 가족 관계로 옮길 수 있도록 커다란 영향을 준 인물이다. 사회교환이론은 인간의 행동이 어떻게 오랜 기간 진행되는가를 행동적 교환의 입장에서 분석한 모델로, 사람은 어떤 관계

속에서 보상을 극대화시키고 비용은 최소화시키려 한다는 것이다. 이러한 이론을 결혼생활에 적용하면 우리는 보다 쉽게 부부 사이에서 보이는 상호적 호혜를 이해할 수 있다. 즉, 만족스럽지 못한 결혼 관계는 받고 있는 보상이 자신이 지불한 비용보다 적다고 생각하는데서 비롯된다는 것이다.

(4) 부모훈련프로그램

패터슨(Patterson)은 실제로 인지행동주의적 가족치료를 이끌어간 대표적 인물이다. 패터슨은 인지행동주의적 가족치료의 최대의 실천가이며 연구자이다. 그는 부부관계의 문제뿐만 아니라 상당히 심각한 행동상의 문제를 가진 아동의 가족에게도 인지행동주의적 가족치료를 실시하였다. 27명의 공격적인 아동에 관한 연구와 치료를 토대로 인지행동주의적 부모훈련 영역을 개발하는 데 공헌하였다. 그의 공헌은 무엇보다도 오레곤 부부관계 연구팀을 이끌면서 부부의 상호작용에 사회교환이론을 적용한 많은 연구 업적을 남겼다는 것이다. 그들은 결혼의 어려움은 낮은 수준의 강화자극과 높은 수준의 혐오자극에 기인한다고 주장하였다. 부부생활에 불화가 생기는 것은 두 사람이 상대에게 긍정적인 만족을 주는 것과 같은 보상행동이 충분치 않았기 때문이라고 생각하여 치료에서는 이러한 긍정적 행동을 증가시키도록 설정하였다.

(5) 합리적 정서 치료(Ellis)

가족 내에서 발생하는 사건들을 개인이 어떻게 인식하고 해석하는지에 초점을 맞추어 치료하였다. 그는 선행사건(A) – 사고/신념(B) – 결과(C) 모델에 의거하여 불안, 우울, 열등감, 시기, 질투, 죄의식 등과 같은 정서적 반응(emotional consequence: C)은 주로 개인의 신념 체계(belief system: B)에 의해서 발생한다고 설명한다. 즉, 심한 불안과 같은 바람직하지 못한 정서적 반응(C)의 원인은 어떤 사건의 발생(activating events: A) 때문이 아니라 그 사건에 대해 가지는 자기 자신의 비합리적 신념(irrational belief: IB) 때문이며, 그러한 혼란된 정서는 합리적인 신념(rational belief: rB)에 의해 효과적으로 논박(dispute: D)될 때 사라지며, 이러한 논박의 결과로 새로운 철학이나 새로운 인지체계를 가져오는 결과(effects: E)를 낳게 된다고 보고있다.

(6) 벡(Beck)의 인지치료

우울한 사람은 인생의 초기에 다양하고 불운한 개인적 경험을 하게 되어서 부정적 도식(핵심적 신념, 사람들에 대한 태도, 관계 등이 지속되는 자세)을 습득한다고 가정하고, 이러한 도식은 비슷한 상황이 발생하게 될 때 재개된다고 보았다. 인지에 관한 왜곡은 진실을 제대로 지각하지 못하게 하므로 인지치료에서는 내담자의 역기능적 사고를 재평가하고 수정함으로써 알코올중독 치료를 위한 인지행동치료의 특징을 몇 가지 제시하면 다음과 같다.

첫 번째, 단주만으로는 치료가 어렵다.

환자들은 알코올에 생리적으로 의존된 것이 아니라 알코올에 중독되기 쉬운 상태에 있기 때문에 단주라는 유일한 방법만으로는 치료하기 어렵다. 즉, 단주에 이르는 적절한 사고와 관점, 감정 상태, 행동 기술들을 연습하고 습득하는 것이 필요하다는 것이다.

이러한 연습이 충분히 이루어졌을 때 음주라는 부적응적 대처 습관에서 벗어날 수 있고, 좀 더 적응적인 대처기술을 적용할 수 있게 되며, 이러한 과정을 통해서 단주라는 목표에 도달할 수 있게 된다.

두 번째, 개입 목표는 구체적, 단기간적, 목표지향적이어야 한다.

개입의 목표는 매우 구체적이어야 하며 보통은 단기간적이고, 목표지향적이어야 하며, 입원과 외래 상황 사이에 다소 차이가 있으나 두 경우 모두 기본적으로 치료 회기에 반드시 참석하고 회기마다 주어지는 과제를 반드시 수행해야 하며, 치료기간 동안 알코올 사용 감소 등의 과정이 포함되어야 한다. 일반적으로 한 치료 회기를 세 부분으로 나누어 처음 도입 부분은 최근 알코올 사용의 전반적인 기능을 알아보고, 그 다음으로 보통 교육적인 기술훈련과 연습이 진행되며, 마지막 부분에서는 다음 회기까지의 계획을 세우고 새롭게 배운 기술들을 어떻게 적용하고 활용할 것인가에 대하여 토의하고 연구를 해 보자.

연구과제

1. 정신질환의 종류
2. 인지행동치료의 의의와 적용연구

CHAPTER 08

상담관계와 슈퍼비전

학습과제

1. 상담자와 내담자의 관계
2. 상담의 핵심조건
3. 전이와 역전이

제1절 상담관계의 의의

1. 상담자와 내담자의 관계

내담자가 정한 목표를 달성하도록 돕기 위해, 사회복지사와 한 명 또는 그 이상의 내담자가 일정 기간 동안 상담할 때 맺는 관계를 말한다. 효율적인 상담관계를 맺고 유지하는 것이야말로 상담을 성공으로 이끄는 핵심이라는 사실이 널리 인정받고 있다. 실제로 관계 그 자체를 가장 중요한 것으로 여기는 사람들이 많다.

카푸치와 그로스(Cappuzzi & Gross)는 "구체적인 절차와 기법보다 상담자와 내담자의 동맹이 더 중요하다."라고 결론지었다. 40여년 전 로저스(Carl Rogers)는 상담자의 태도와 감정이 기법보다 더 중요하며, 상담자의 태도에 대한 내담자의 지각이 무엇보다 중요하다는 사실을 강조했다.

영(Young)의 경우 "치료적 동맹이 튼튼하지 않으면, 그 어떤 치료목표도 달성될 수 없다."라고 말했다. 더욱이 상담이 계속될 수 있는가 없는가 하는 것도 바로 상담관계의 질에 달려 있다.

로저스(Rogers)는 상담의 고전이라 할 수 있는 '내담자 중심치료'에서 한 상담자와의 상담에서 실패한 후 다른 상담자를 만나 성공을 거둔 사례를 들었다. 두 번째 상담자에게서 "이번 상담에서는 어떻게 문제를 잘 해결할 수 있게 되었느냐?"는 질문을 받은 내담자는 "선생님은 앞서 상담 받은 상담자와 똑같이 상담을 진행했지만, 저에게 진정으로 관심을 가져주신 것 같습니다."라고 대답했다.

로저스(1957)가 언급한 상담자와 내담자 간의 관계가 지니는 6가지 조건은 다음과 같다.

① 두 사람은 심리적 접촉을 한다.
② 상처를 받았거나 통합되지 않은 불안한 상태에 있는 사람을 내담자라 부른다.
③ 상담자라 부르는 사람은 관계에서 일치적이거나 통합적이다.
④ 상담자는 내담자에 대한 무조건 긍정적 존중을 경험한다.
⑤ 상담자는 내담자의 참조체계에 대한 공감적 이해를 경험하고 이 경험을 내담자에게 전달하기 위해 노력한다.
⑥ 상담자의 공감적 이해와 무조건 긍정적 조건이 어느 정도는 전달되어야 한다.

그런데 상담관계가 항상 좋을 수는 없다.

케이스-루카스(Keith-Lucas)는 "상담관계를 즐거운 수준으로 유지하려는 시도는 무익하다."라고 말했다. 상담관계는 내담자가 자신의 감정과 생각을 드러내는 데 필요한 안정감을 제공해 준다. 두 사람의 관계에서 신뢰가 쌓여감에 따라 내담자는 점차 자신을 개방할 수 있게 된다. 내담자는 상담자와의 관계를 통해 새로운 방식으로 사고하고 행동하는 모험을 감행할 수 있게 된다. 이처럼 관계는 변화의 촉매가 된다. 내담자가 상담자와 긍정적인 관계를 맺을 때에는 상담자를 자신의 동맹자로 지각한다. 내담자가 상담자에게서 배척 또는 평가 받거나 변화를 강요받을지 모른다는 두려움을 느끼지 않기 때문에 점차 자신을 개방할 수 있다. 상담관계가 이와 같이 순수한 형태로 지닐 때 서로 협조해 가며 상담을 진행할 수 있다.

상담관계도 친밀한 인간관계의 특징이라고 할 수 있는 친밀감, 배려, 지지와 같은 동일한 구성요소로 이루어진다. 수준 높은 커뮤니케이션 기술은 우정에서와 마찬가지로 상담에서도 중요하다. 사실, 상담에 사용되는 많은 기술들이 효율적인 일상생활의 커뮤니케이션 기술과도 대동소이하다. 우정이 상호 매력과 공통 관심사를 통해 깊어지지만, 상담관계는 위기해결, 의사결정, 새로운 기술의 학습 등 내담자가 목표를 달성하도록 돕는 데 초점을 맞춘다. 상담관계는 어디까지나

이러한 목표를 달성하기 위한 것으로서 내담자가 이러한 목표를 달성하고 나면 관계가 종결된다.

개인적인 인간관계는 개인적인 사정으로 끝날 수 있다. 그러나 사회복지사는 상담에 진전이 없거나 내담자가 저항하여 좌절을 경험하더라도 내담자를 위해 지속적으로 노력해야 한다. 상담 목표에 도달할 가능성이 없을 때는 상담을 종결할 수 있다. 그러나 사회복지사가 다른 내담자를 더 좋아한다고 해서 상담을 종결할 수 없다. 여러 장애 때문에 좌절을 경험하더라도 투신과 인내와 배려를 유지해 나가는 것이 전문성의 한 특징이기도 하다. 그리고 심리상담은 다른 사람에게 관심을 기울이는 하나의 방식, 가장 순수한 형태의 사랑이다.

2. 상담관계의 특성

상담은 정답과 해답을 주는 것이 아니라 내담자가 스스로 자신을 탐색하고 통찰해 나가는 과정이므로 해답을 주려는 자세보다는 경청하는 자세가 오히려 내담자에게 도움이 된다. 상담자가 충분히 들어주는 것만으로도 내담자는 문제를 파악하고 해결하는 방법을 스스로 찾을 수 있다. 상담의 목표는 내담자의 자기개념과 유기체적 경험 간의 불일치를 제거하여 충분히 기능하는 사람이 되도록 돕는 데 있다고 할 수 있다. 따라서 상담자의 역할은 내담자가 긍정적인 자기 개념을 확장해 나갈 수 있도록 진솔, 수용, 무조건적 긍정적 존중, 공감적 이해를 통해 지지 및 따뜻한 환경을 제공해 주어야 한다.

상담관계는 조력관계이다. 미국의 심리학자이자 심리치료사인 카커프(Carkhuff, 1972)는 우리의 인간관계를 조력관계라는 맥락에서 이해하고 설명한다.

심리적인 조력관계에서는 정의가 두드러지게 나타나고 명백히 드러나는데, 그것은 심리적인 조력과정에서는 자아를 노출하고 자아에 몰입하며 피조력자의 정서와 심리적인 동기에 예민하게 반응하기 때문에 이루어진다. 상담에서는 개인의 주관적인 지각, 정보, 태도 등이 아무리 독특하고 애매한 것이라도 이의 표현이 이루어지기 때문에 심리적인 긴장과 불안이 생기게 마련이다. 인지의 내용도 물론 다루어지나 상담을 포함한 심리적인 조력관계에서는 정의적인 요소에 강조점을 두는 것이 특징이다.

심리적인 조력관계에는 인간의 종합성이 강조되어야 한다. 상담이나 그 밖의 모든 심리적인 조력에서는 인간의 전체성과 통합성을 강조한다. 조력의 과정에 참여하고 있는 사람들은 다 같이 서로 간에 지적으로만이 아니라 정서적으로 솔직하다. 아동이나 모든 인간은 다 같이 존중받아야 될 존재이기 때문에 모든 사람이 한 인간으로서 존경되는 것이 심리적으로 조력관계의 특징이다. 또한 인간의 심리적인 문제의 한 측면에만 치중하는 것이 아니라, 인지·정의·행위의 모든 측면을 하나의 전체 속에서 균형 있게 다루는 것이 특징이라고 하겠다.

이와 같이 상담관계는 상담자의 기술, 능력 그리고 내담자와 상호작용하는 관계속에서 내담자의 변화를 촉진시킨다. 이 관계는 문화적 맥락 속에서 고려해 볼 수 있다. 치료적 관계는 각 개인의 가치, 내담자의 욕구, 내담자의 문화적 배경과 유관하다. 상담관계 속에서 일어나는 상호작용은 시간을 가장 효과적으로 사용하기 위해 구조화하여 쓸데없는 잡담 등은 일어나지 않는다. 변화의 핵심조건은 진실성, 수용, 신뢰, 공감적 이해로서 이들은 관계 속에서 드러나야 하긴 하지만 변화의 지속과 내재화에 충분한 것은 아니다.

조력관계는 사고, 태도, 행동, 정서와 같은 다양한 인간행동을 다룬다. 일상적인 만남에서는 거의 표출되지 않는 정서의 표현과 감정의 탐색에 초점을 둔다.

제2절 상담관계 형성

로저스는 인간을 부단히 '성장해 나가는 과정' 중에 있는 존재로 보았다. 이러한 인식은 변화 능력에 대한 근본적인 신뢰를 나타낸다. 내담자는 자신의 과거에

얽매이지 않아야 하며, 사회복지사는 진단이나 분류를 통해 내담자를 비인격화하거나 단순한 대상으로 삼는 일이 있어서는 안 된다. 내담자는 상담에서 자신의 가능성, 강점, 내면의 힘, 변화할 능력을 볼 수 있어야 한다. 로저스의 철학은 상담과정에 계속하여 막강한 영향력을 행사하고 있다.

로저스는 사회복지사가 내담자와의 관계에서 자신의 태도와 행동을 성찰할 수 있는 많은 물음을 다음과 같이 제시하고 있다.

① 내담자가 나를 신뢰할 수 있는 사람으로 지각하게 하려면 어떻게 행동해야 되겠는가? 신뢰를 주기 위해서는 언행이 일치하고, 감정과 일관되게 행동해야 한다.

② 내담자에게 따뜻하고 배려 깊고 좋아하고 관심을 가지고 존중한다는 긍정적 태도를 어떻게 표현할 수 있을까?

③ 나는 내담자와 나 자신을 분리할 수 있을 만큼 강해질 수 있는가? 이렇게 되기 위해서는 고도의 성숙, 자각 및 용기가 필요하다.

④ 내담자를 나와 분리시켜 놓아도 좋을 만큼 나는 강한가? 내담자가 사회복지사의 통제하에 있는 것은 아니다. 또한 사회복지사가 이렇게 되어야 한다고 믿고 있는 모습대로 주조해서도 안 된다.

⑤ 내담자를 평가하거나 판단하지 않고 내담자의 감정과 세상을 보는 관점을 충분히 공감할 수 있는가?

1. 상담의 단계

상담의 네 단계(예비단계, 시작단계, 실행단계, 종결 단계)마다 좋은 관계를 맺기 위한 과업이 있다. 어떤 단계에서든 사회복지사는 성실, 명민, 정직, 차이 존중, 대화를 여는 능력, 좋은 경청자가 되는 능력, 터놓고 감정을 나눌 수 있는 편안함, 공감, 신뢰를 전달할 수 있는 기술, 따뜻함 등을 포함하여 내담자와 좋은 관계를 맺고 유지해 나갈 효율적인 기술과 태도를 발달시켜나가야 한다.

1) 예비 단계

관계를 맺는 데 필요한 신체적, 심리적 조건을 형성하는 일이다. 상담환경은 상담이 시작되기 전부터라도 내담자의 기분이나 기대에 큰 영향을 미친다. 예비 단계 작업은 "내담자에게 당신이 여기 온 것을 환영합니다.", "당신은 중요한 사람입니다.", "이곳이 당신에게 큰 지지와 장소가 될 것입니다."라는 첫인상을 심어 주는 것이다.

2) 시작 단계

라포 및 신뢰감 형성, 상담계약 또는 동의, 상담목표 및 참여자의 역할 설정이다. 시작 단계에서는 상담자와 내담자의 관계에서 상담을 시작하여 계속할 마음이 일 수 있는 안정감을 제공해야 한다. 사회복지사는 내담자를 판단하지 않고 변화가 가능하다는 사실을 전달함으로써 안전한 환경을 조성해야 한다. 상담에서 자신의 고민과 감정을 털어놓는 것이 내담자에게는 모험일 수 있다. 상담자와의 이러한 관계는 내담자가 자기 감정과 관심사를 나눌 모험을 감행할 만큼 개방을 가능하게 한다.

3) 실행 단계

관계가 더욱 발달되고 강화되어, 내담자가 자신의 사고와 감정과 행동을 변화시켜 나갈 용기와 힘을 얻을 새로운 모험을 감행하게 한다. 이 단계에서는 긴장이나 갈등을 포함한 커뮤니케이션 문제를 드러내는 데 초점을 맞출 필요가 있다.

4) 종결 단계

내담자가 목표를 달성하면 상담관계는 종결된다. 종결 단계에서는 그동안의 성과를 돌이켜 보고 내담자가 학습한 것을 공고히 할 수 있도록 돕는다.

2. 상담의 핵심조건

트룩스와 카커프(Truax & Carkhuff)는 로저스(Carl Rogers)의 업적을 토대로 하여, 효율적인 상담관계를 형성, 유지할 수 있는 효율적인 관계의 조건으로 따뜻함, 공감, 진실함이라는 세가지 태도를 제시했다. 지식과 기술은 상담을 성공으로 이끄는 데 중요하지만, 사회복지사가 내담자를 얼마나 따뜻하게 배려하고 있는가를 알기 전에는 사회복지사가 가진 지식과 기술을 알 수가 없다. 사회복지사가 이러한 핵심조건들을 드러낼 행동과 기술을 사용하더라도, 이러한 조건들이 진정한 가치와 태도를 띠어야 한다. 사회복지사가 이러한 핵심조건들을 나타낼 때, 내담자와 긍정적 관계로 발전될 가능성이 높아진다. 물론 사회복지사의 따뜻함, 공감, 진지함을 내담자가 있는 그대로 받아들인다는 보장은 없다. 왜냐하면 문화적 차이나 개인 차이가 있을 뿐만 아니라 경험과 기대가 달라 사람마다 커뮤니케이션을 지각하는 방법이 다를 수 있기 때문이다. 사회복지사가 최선을 다해도 때로는 거부당할 수 있다는 사실을 염두에 두어야 한다. 사회복지사가 공감하려고 해도 자기 마음속으로 침투하려는 시도로 지각할 수 있고 배려도 조작으로 지각할 수 있다. 그러나 유능한 사회복지사라면 내담자와 관계를 발달시켜 나가는 과정에서 흔히 봉착한다는 사실을 알고 수용한다.

1) 따뜻함

로저스는 전문가가 상세한 진단명을 붙여 내담자를 하나의 대상으로 다룸으로써 거리를 두는 일이 없어야 한다고 강조했다. 그 대신 내담자에게 따뜻함을 표하고 내담자를 배려하고 있다는 것을 깨닫게 하는 법을 배워야 한다고 말했다. 따뜻함이란 정의하기가 어려운 개념이지만 비소유적 배려의 표현이라 하겠다. 이에 대하여 미어(Mehr)는 이렇게 설명하고 있다.

미어는 따뜻함이 결여된 사람을 차갑고 인정머리 없고 무관심한 사람이라 말한다. 이와 같이 따뜻함이란 관여를 뜻한다. 따뜻함에는 판단과 비난하지 않는 태도가 필요하다. 따뜻함이란 상대방에게 동일한 가치를 부여하고 수용하는 것을 말한다. 비소유적인 따뜻함이란 어떤 조건도 내걸지 않고, 관심과 배려를 나타내는 것을 의미한다.

따뜻함은 신뢰의 전조다. 따뜻함이란 상담자의 선의와 동기를 말해 주기 때문에 내담자가 모험을 감행할 용기를 준다. 상담 초기에는 외부의 압력이나 문제의 심각성 때문에 마지못해 상담에 응하는 경우가 많다. 이때 치료의 첫 번째 과제는 사회복지사가 가진 마음을 전달하여, 내담자가 상담에 임할 마음을 먹고 다음 상담 시간에 찾아오게 하는 것이다. 따뜻함이란 "나는 다가오기 쉬운 사람입니다. 나를 어려워할 필요가 없습니다. 나는 당신의 약점을 이용할 사람이 아닙니다. 친절한 사람입니다."라는 메시지를 전달한다.

따뜻함은 상담관계를 형성하는 초기 단계에서 특히 중요한 역할을 한다. 또한 따뜻함은 내담자가 위기에 처했을 때 내담자를 지지해 주는 데 큰 도움을 주며, 자신의 문제에 직면하게 하는 데에도 필수적인 동반자다. 상담자가 따뜻한 배려를 통해 설득할 때 내담자도 상담자의 피드백을 좀 더 잘 수용할 수 있다.

따뜻함의 특징을 행동적으로 어느 정도 정의할 수 있지만 내담자에 대한 진지한 배려의 감정에서 우러나와야 한다. 그렇지 않으면 사회복지사의 행동에 진실이 결여된 것처럼 보일 것이다. 상담자가 내담자에게 적절한 때에 미소 짓거나 내담자에게 진지한 관심을 드러냄으로써 따뜻한 마음을 전달할 수 있다. 사회복지사는 전적으로 내담자에게 초점을 맞추고 있다는 사실을 비언어적으로 전달함으로써 따뜻함을 드러내야 한다. 면담할 때 주의를 분산시킬 일을 자제한다는가, 편안한지 묻는다든가, 음료를 제공하고 시선을 맞추는 등의 단순한 예의도 따뜻함을 표현하는 방법이 된다. 적절한 농담 역시 따듯함을 더해 준다.

브래머와 맥도날드(Brammer & MacDonald)는 내담자가 편안함을 느끼는 정도에 따라 온정이나 배려를 표현하는 데 유연성을 띠어야 한다고 말한다. 그들은 연구결과를 다음과 같이 결론지었다.

다문화적 관점에서 볼 때, 감정을 밖으로 표출하는 것은 민감한 문제이다. 내담자가 아시아계 미국인인 경우, 강한 정서적 지지를 불편해하며, 특히 상담관계의 초기 단계에서는 더욱 그러하다. 그리고 스페인계 미국인인 경우 상담자와 내담자 모두 여성일 때, 외형적 따뜻함이 잘 받아들여지며, 남자일 때는 그렇지 못하다고 한다.

따뜻하게 대한다고 해서 어려운 주제를 다루는 것을 회피하거나 일상적인 만남에서와 같이 면담할 때 사소한 이야기에 긴 시간을 소비한다는 것은 아니다.

사회복지기관에서는 담당하고 있는 건수가 버거울 정도로 많고, 일을 처리해야 하는 속도도 엄청나게 빠르다. 끊임없이 발생하는 문제와 과중한 문서업무 때문에, 처음 이 분야에 발을 들여놓은 사회복지사는 일에 지쳐 처음 가졌던 정열을 잃기 쉽다. 적절하게 일을 조절하지 못하면 사무적인 일에 묻혀 상담 서비스를 뒷전으로 제쳐두게 된다. 그리고 내담자를 수적으로만 보게 되고 모든 일을 업무 중심으로 처리하게 된다. 어떻게 하면 이러한 조건 속에서도 따뜻함을 느끼고 표현할 수 있겠는가? 그 답은 개인적으로 찾을 수밖에 없다. 25년의 경험을 가진 한 사회복지사의 사례에서 그 방법을 배울 수 있다.

갈림길에 서 있다. 그들은 나를 자기네 문제 속에 포함시키고자 하지 않았다. 비관주의에 빠지는 것은 아무 소용이 없었다. 여러분도 아시다시피, 이러한 사람은 좋게 말하는 법이 없고, 항상 상황을 좋지 않게 내다본다. 면담 중에 몇 분, 아니면 몇 초라도 명상의 시간을 가지면 도움이 될 것이다. 내담자를 만날 때 나는 친근한 시간을 보내도록 노력한다.

2) 공감

공감은 상대방의 감정과 관점을 이해할 수 있는 능력을 말한다. 공감적인 태도와 공감의 기술은 강력한 신뢰와 라포의 유대를 형성한다. 사회복지사는 공감적인 기술을 통해 내담자에 대한 이해와 수용을 제대로 전달할 수 있다. 공감적인 태도란 판단을 뒤로 미루고 상대방의 세계를 있는 그대로 이해하려는 자세를 말한다. 함부로 판단하지 않기 위해서는 편견이나 가정, 그리고 내담자를 이해하는 데 방해가 되는 반응을 자제할 수 있어야 한다. “사회복지사는 내담자의 행동을 좋다고 인정할 수는 없지만, 내담자를 판단하지 말고 그의 감정을 수용하면서 문제를 이해하도록 노력해야 한다.”

사회복지사는 내담자의 고통에 말려들지 않으면서 내담자의 정서적 세계에 들어갈 수 있어야 한다. 자신과 자신의 감정에 안정감을 가진 사회복지사는 자신의 정체성을 잃지 않고 내담자의 세계로 들어갈 수 있다. 브릴(Brill)에 따르면 내담자는 상담자의 수용을 받을 때, “상담자와의 관계에 위협을 느끼지 않고 진정한 자신이 될 수 있는 자유, 다시 말해 자신의 두려움, 슬픔, 기쁨, 분노를 표현하고 성장과 발달 및 변화를 추구해 나갈 수 있다.”

공감 기술은 두 가지 요소로 구성되어 있다.

① 사회복시사는 내담자의 감정과 시각을 지각할 수 있어야 한다. 그러자면 자신의 경험과 내담자의 경험을 혼동하지 않을 만큼 풍부한 자각과 정서적 성숙이 요구된다. 카빈과 시버리(Carvin & Seabury)가 말했듯이 “공감이라는 개념은 자신이 누구인가 하는 자의식을 유지하면서 상대방과 비슷한 방법으로 경험하는 행위를 일컫는다.”

② 공감적 반응이다. 내담자가 표현한 감정을 상담자가 자신의 말로 바꾸어 전달하는 것이다. 이렇게 반응하기란 참으로 어렵다. 왜냐하면 내담자는 자신의 감정을 추상적으로 애매모호하게 표현하거나 비언어적으로 표현할 때가 많기 때문이다. 공감적 반응을 할 때는 내담자의 감정을 정확하게 반영할 어휘나 구를 사용해야 한다. 기본적인 수준에서의 공감적 반응을 할 때에는 분명하게 표현된 감정에 대해 반영한다. 그러나 좀 더 높은 수준에서 공감적 반응을 할 때는 내담자가 주는 힌트나 비언어적 단서를 통해 반영한다.

3) 진실함

진지하다는 말은 진정성과 진실성을 의미한다. 진실한 사회복지사는 생각과 행동, 감정과 표현이 일치한다. 로저스(Rogers)는 이러한 자질을 표현하기 위해 일치란 용어를 사용했고, 모든 커뮤니케이션에 대한 자각의 중요성을 강조했다. 사회복지사가 모순된 메시지를 전달하지 않으려면 자신이 어떤 감정을 느끼고 있고 자기 감정을 어떻게 전달하고 있는지 깨달을 필요가 있다.

진실한 사회복지사는 매우 신뢰할 만하다. 진실한 사람은 내담자에게 거짓말을 하지 않는다. 적절한 때에 도움이 될 피드백을 주려고 한다. 내담자에게 따뜻하고 공감적이면서 동시에 개방적이고 정직하게 대함으로써 내담자에 대한 존중을 표현한다. 숨은 의도를 가지고 대하거나 가면을 쓰거나 진정한 감정을 감추려 하지 않는다. 또한 진실한 사회복지사는 믿을 만하다. 자신이 하겠다고 말한 것은 꼭 행동으로 옮긴다. 미어는 진실함과 일치에 대해 다음과 같이 말했다. "내적 경험과 외족 표현 사이에 일치를 이룰 수 있는 첫 단계는 바로 자각이다. 그러나 진실하려면 성숙이 요구되고, 따뜻하고 공감적인 관계를 유지하면서 이러한 감정을 표현할 기술이 요구된다."

벤자민(Benjamin)은 내담자를 만날 때 인간적이어야 하며 거짓으로 대하거나 너무 전문가인척하여 내담자와의 관계에 거리감이나 장애물을 놓아서는 안 된다는 사실을 강조한다. "상담자가 거리를 두거나 차갑게 대한다면 내담자가 가까이 다가와 따뜻함을 느끼겠는가? 상담자가 지나치게 신중하고 조심스러워한다며 내담자가 편안함 마음으로 대할 수 있겠는가? 내담자가 전문가를 직업의식으로 대하는 사람에게 자기 생각과 감정을 솔직하게 털어놓겠는가? 우리는 성실하고 진실하며 겉과 속이 일치되어야 한다. 그런 척이 아닌 실제로 그러해야 한다."

사례(진실함–대화)

학생	어느 정도까지 진실해야 하나요? 내담자에게 화가 났을 때 솔직하게 말해야 하나요? 또 내가 내담자에게 정이 떨어졌을 때 그런 것도 솔직하게 말해야 하나요?
교사	아주 중요한 문제를 짚었습니다. 진실해야 한다는 것은 내담자에게 솔직하고 정직하게 대하라는 것입니다. 내담자에게 거짓을 꾸미거나 거짓말을 하거나 감정을 속여서는 안 됩니다. 윤리적 원칙상 해를 끼치지 말아야 합니다. 진실해야 한다고 해서 내담자에게 모든 것을 다 쏟아 내려는 것은 아닙니다. 진실한 사회복지사는 정직해야 하지만 적절한 때에 그러해야 합니다. 화를 낼 수도 있지만 내담자를 벌하거나 비웃거나 경멸하거나 골탕 먹이려는 의도 없이 해야 합니다. 내담자가 넌더리가 날 때 어떻게 하면 좋을지 꼭 짚어 말하기 어렵군요. 내담자가 당신에게 좋지 않은 감정을 불러일으킨 구체적인 행동을 지적해 주면 도움이 될 수 있을 것입니다. 내담자는 당신의 피드백을 보고 자신이 타인에게 미치는 영향을 깨달을 기회가 될 수 있겠지요. 내담자에 대한 심한 반응은 자신의 약점에 대한 힌트가 될 수도 있습니다. 내담자가 싫어지면 이렇게 한 번 자문해 보세요. “이런 감정은 어디서 나올까? 정말 내담자 때문에 그런 것일까?”

3. 계약과 상담의 역할

사회복지사와 내담자가 상담의 중요한 변인에 대해 합의를 하는 것이다. 내담자와 상담자 사이에 상담의 목적과 방법에 있어서 견해가 다른 경우가 자주 있기 때문에, 상담의 특징에 대해 공통적인 이해에 도달하는 것이 중요한 일이다. 이러한 이해를 토대로 계약이 이루어지는데, 이렇게 해야 상담자와 내담자의 관계 및 앞으로의 방향이 분명해지고, 상담자와 내담자의 권리와 역할과 의무가 보호되고 상담의 성공을 보장받을 수 있다고 본다.

계약은 지도처럼 어디에서 어디로 갈지 대체적인 방향을 제시해 준다. 어떤 길로 가든 동일한 목적지를 향해 간다. 사회복지사와 내담자가 서로 합의한 목표를 가지고 있을 때, 상담에 수동적으로 임하지 않고 능동적으로 참여할 가능성을 높인다. 그리고 계약을 하면 사회복지사가 어떤 숨은 계획을 가지고 있지 않은가 하는 의혹을 감소시켜 준다.

상담계약은 상담관계가 언제 종료될지 예측할 수 있게 해 준다. 상담 과제와 목표를 세움으로써 상담관계가 언제 종결되어야 하는지 분명하게 해 준다. 이와 같이 상담관계는 언제까지나 이어지는 우정과는 다르다.

슐만(Shulman)의 연구에서 상담을 성공적으로 이끄는 데 있어서 계약의 중요성이 밝혀졌다. 특히 그의 연구에서는 상담계약을 할 때 내담자의 참여가 필요하다는 사실이 밝혀졌다. 이건(Egan)은 계약이 상담에 미치는 영향을 강조하여 계약이 내담자에게 상담과정을 제시해 주고 초기의 불안과 망설임을 감소시키고 방향을 제시하며, 내담자에게 선택의 자유를 주는 일종의 선언문처럼 생각했다.

계약은 상담자와 내담자가 공식적으로 작성하여 사인을 하는 경우도 있지만, 대부분 비공식적으로 구두로 하거나 악수로 한다. 가장 단순한 계약 형태가 면담이나 상담관계의 목적에 대해 동의를 얻는 것이다. 계약의 본질적인 구성요소는 다음과 같다.

1) 계약의 본질적인 구성요소

(1) 상담관계의 목표정의

상담의 목표에 대한 합의가 없는 경우 방향을 잃기 쉽다. 상담하는 목적을 세우지 않을 경우 사회복지사는 내담자가 필요로 하거나 원하는 것을 추정할 수밖에 없는데, 이렇게 하면 엉뚱한 방향으로 나아가기 쉽다. 상담의 목적에는 내담자가 문제를 해결하고 의사결정을 하고 감정을 통제하도록 돕는 일이 포함될 수 있다. 그리고 내담자를 지지하고 정보를 제공하고 기술획득을 발달시키는 것도 포함될 수 있다.

(2) 참여자의 역할 및 기대 논의

사회복지사는 내담자가 사회복지사에게 무엇을 기대하는지 알아야 한다. 내담자가 자기 문제를 해결하는 데 조언해 주기를 기대하는가? 새로운 정보와 시각으로 도전하고자 하는가? 따뜻하고 부드럽게 지지해 주는 사람을 찾는가, 아니면 그저 경청해 줄 사람을 찾는가? 사회복지사도 내담자에게 가진 기대를 말할 필요가 있다. 역할을 논의할 때 갈등을 어떻게 말할지 피드백을 어떻게 줄지 이야기할 수 있다.

(3) 상담의 방법과 절차 논의

사회복지사는 내담자가 모르는 신비스러운 기법으로 비밀 각본에 따라 상담할 필요가 없다. 자신이 진행할 작업을 단순한 말로 표현하는 능력을 키워야 한다. 그러면 내담자도 현재 어떻게 진행되어 가고 있으며 어떻게 전개될지 알 수 있다.

(4) 구체적인 세부사항

상담할 장소와 시간, 상담료 등과 같은 주제를 다룬다. 또한 비밀보장이 한계를 포함한 윤리적인 문제도 계약의 한 부분을 이룬다.

집을 지을 때 텔레비전 등을 꽂을 수 있도록 미리 전선을 깐다. 이와 마찬가지로 상담관계에서도 커뮤니케이션상의 어려움을 쉽게 해결할 수 있도록 '미리 선을 깐다.' 갈등이 일 때 이를 어떻게 표현하며 어떻게 개방적인 커뮤니케이션을 할 것인가 하는 계약 전략은 미리 배선을 까는 도구이다.

사회복지사와 상담전문가들은 처음 만날 때 상담의 목적에 대한 계약을 한다. 그러나 무조건 계약부터 해야 한다고 여기면 위험하다. 필요하다면 상담계약을 정기적으로 재검토하고 수정해 나가야 한다. 상담하다 보면 다루어야 할 주제의 순서가 바뀔 수 있다. 신뢰가 쌓이다 보면 내담자가 처음 드러내기를 꺼렸던 어려운 문제를 꺼낼 수도 있다. 이와 같이 상황이 바뀌면 새로운 문제나 주제가 떠오를 수 있는 것이다.

2) 상담의 역할과 목적에 대한 계약

기관의 특징에 따라 제공할 수 있는 서비스가 다르다. 쉼터와 같은 곳에서는 위기상담과 머물 곳을 제공하는 반면에, 직업상담센터와 같은 기관에서는 진로검사나 직업탐색검사를 실시한다. 한편 종합사회복지관에서는 상담, 교육, 집단지도 등 광범위한 서비스를 제공한다.

따라서 어떤 기관에 종사하며 어떤 훈련을 받았는가에 따라 역할이 다르다. 예를 들어, 지역사회를 담당하는 복지사는 자의적으로 상담을 받으려고 하지 않는 내담자를 찾아다니는 반면에, 접수면담을 담당하는 복지사의 역할은 스크리닝과 검사에 국한되어 있다.

내담자는 구체적인 필요와 욕구를 지니고 있다. 매슬로우(Maslow)의 유명한 욕구 위계는 내담자가 원하는 욕구의 순위를 이해하는 데 도움이 될 것이다. 매슬로우는 대체로 상위 단계의 욕구를 추구하기 전에 먼저 하위 단계의 욕구부터 충족시키려 한다고 보았다. 그는 욕구의 위계를 다음과 같은 순으로 제시했다.

① 생리적 또는 생존의 욕구(공기, 물, 음식)
② 안전의 욕구(개인적 안전, 안정성, 보호, 두려움에서의 자유)
③ 소속감 · 사랑의 욕구(대인관계)
④ 자기존중감 욕구(자신에 대한 가치와 중요성 인식)
⑤ 자아실현의 욕구(가능성의 충분한 실현)

매슬로우의 이론은 사회복지사에게 좋은 참고가 될 수 있다. 한 사회복지사는 "굶주린 사람을 대상으로 상담할 수는 없다."라고 말한다. 상담자는 내담자가 충족시키기 못한 욕구가 어떤 것인지 살펴볼 필요가 있다. 기본 욕구와 그 위의 상위 욕구가 충족되었을 때 상담의 목적도 여기에 맞추어 진행되어야 한다.

계약할 때에는 상담기관과 상담자와 내담자라는 세 가지 변인을 살펴보아야 한다. 내담자의 욕구가 상담기관의 특징과 상담자의 능력과 맞아야 계약이 이루어질 수 있다. 내담자가 필요로 하는 서비스가 기관이나 상담자가 제공할 수 없는 것이라면 다른 기관이나 상담자에게 의뢰하는 것이 좋다.

계약은 내담자와 사회복지사가 동등한 관계에서 각자의 역할을 깨닫고 맺는 것이 좋다. 재스트로우(Zastrow)는 사회복지사의 역할을 이렇게 말하고 있다.

사회복지사의 전문성이란 내담자에게 무엇이 최선의 것인지 알거나 추천하는 데 있는 것이 아니라, 내담자가 자신의 문제가 무엇인지 찾고 문제를 해결할 대안을 찾아 검토하고 내담자 스스로 결정할 능력과 기회를 최대화시켜 내담자가 자신이 내린 결정을 실행에 옮기도록 돕는 데 있다.

내담자는 자신의 고통을 깨닫고 변화와 도움의 필요성을 인식하여 수용할 수 있다. 그러나 이러한 도움이 어떤 형태의 것인지 알지 못한다. 이러한 상황에서 사회복지사는 상담을 통해 줄 수 있는 도움을 이해하도록 도울 필요가 있다.

일부 내담자는 사회복지사나 상담과정에 대해 비현실적인 기대를 품고 있다. 그들은 사회복지사가 무엇을 해야 할지 가르쳐 주고 모든 문제를 다 해결해 주리라 믿는다. 아니면 상담에 대해 전적으로 불신한다. 윅스와 파슨스(Wicks & Parsons)는 사람들이 상담을 받으러 들어올 때, "기적을 바라거나 아무 소용 없을 것이라고 예측한다."라고 한다. 계약은 상담과 정에 대한 편견을 불식시키고, 긍정적이든 부정적이든 불합리한 기대를 불식시킬 중요한 기회다. 다음 사례는 두 번째 상담에서 일어났던 일이다. 사회복지사는 내담자가 상담관계에 대해 잘못 생각했던 점들을 다시 검토하도록 잘 이끌고 있다.

- ■ 내담자: 제 감정은 털어놓지 않겠습니다. 저는 다만 제 아들과의 관계를 개선시킬 방법만 찾고 싶습니다. 기법을 좀 가르쳐 주시면 감사하겠습니다.
- • 사회복지사: 물론 이야기 하고 싶지 않은 주제나 감정 같은 것은 말하지 않아도 됩니다. 그런데 우리가 이야기 할 내용을 너무 빨리 제한해 버리는 것 같군요
- ■ 내담자: 무슨 말씀이신지..... 잘 이해할 수 없군요.
- • 사회복지사: 그동안 너무 많은 일을 겪으셨네요. 아드님이 구속되고 한 달 이상이나 잠적했으니, 스트레스를 받지 않았다면 이상하군요.
- ■ 내담자: 누가 스트레스를 받지 않았답니까?
- • 사회복지사: 바로 그 점입니다. 나를 괴롭히는 감정에 대해 말하지 않으면, 마음속에 묻어 두고 지내야 하거나 그런 감정이 없는 것처럼 행동해야 합니

다. 그러나 감추거나 위장해도 아무 소용이 없다는 것을 알았습니다. 언제가는 직면하지 않으면 안 되기 때문입니다.

■ 내담자: 눈물이 나오기 시작할까 봐 겁이 납니다. 한번 나면 그치지가 않습니다.

• 사회복지사: 고통이 아주 심하다는 말로 들리는군요. 강요하고 싶진 않아요. 그러나 편안한 관계가 되었으면 좋겠어요. 얼마든지 우셔도 됩니다.

많은 내담자가 신뢰를 쌓는 데 시간이 걸린다. 왜냐하면 한평생 신뢰했던 사람에게서 배신을 당하고 상처받은 경험을 가지고 있기 때문이다. 따라서 상담자에게도 어느 정도 불신을 가지고 대하는 것이 이해할 만한 일이 아닌가.

윅스와 파슨스는 다음과 같은 관찰결과를 보고하였다.

"상담의 초기에는 사회복지사와 내담자 사이에 큰 거리감이 있을 수 있다. 그러나 내담자는 그 어떤 사람보다 상담자에게 가까이 다가오기 때문에 실망시켜서는 안 된다." 사실 사회복지사가 내담자에게 적절한 반응을 하려고 노력한다면 좋은 관계로 발전시켜 나갈 수 있다. 예를 들면 다음과 같다.

■ 내담자: 정말이지 여기 있을 이유를 모르겠어요. 만사가 절망적입니다. 다른 상담자를 여럿 만나 봤지만 아무 소용이 없었습니다. 여기 온 것도 아내 고집 때문입니다. 아내는 선생님께 도움을 받을 수 있다고 생각한 모양입니다.

• 사회복지사〈선택1〉: 실망이 크셨던 모양입니다. 그렇지만 다시 한번 기대를 걸어보는 것이 좋을 것 같습니다. 문제를 털어놓음으로써, 그동안 보지 못했던 해결책을 찾을 수 있지 않겠습니까.

• 사회복지사〈선택2〉: 과거 경험에 비추어 보건대, 왜 그렇게 비관적인지 알 수 없군요. 저를 신뢰할 수 있을 때까지 회의적인 마음을 품고 계셔도 좋습니다. 무엇보다 결과가 중요하지 않겠습니까.

<선택1>에서는 의미전달은 좋았으나 타이밍이 적절하지 않았다. 이러한 반응은 내담자의 협조를 얻어내기 힘들다. 특히 이전의 상담자가 긍정적이고 낙관적

인 관점으로 상담을 시작해 놓고도 아무 효과 없이 실망만 안겨 주었다면 더욱 그렇다. 반면에 <선택2>에서는 자신 있는 척하지 않고 헛된 희망을 불러일으키지 않는다.

슐만(Shulman)은 사회복지사가 상담의 효과를 설명할 때 너무 전문적인 어휘를 쓰지 말고 명확한 어휘를 쓰라고 강조한다. 첫 계약을 맺는 상황에서는 더욱 그렇다. 만남의 목적이 분명할 때, 내담자는 사회복지사가 드러내 놓지 않은 다른 의도에 대한 의혹을 덜고, 무엇을 도와주려고 하는지 알고 상담에 임할 수 있다. 아래 사례에서는 학교 사회복지사가 학기 중간에 의뢰된 11세 소년을 상담하고 있다. 담임교사는 그가 우울하고 고독해 보인다고 의뢰하였다.

제3절 슈퍼비전의 의의

1. 즉시성과 전이

즉시성은 관계를 탐색하고 평가하고 심화시키는 도구다. 즉시성의 목표는 상담관계를 강화시키는 것이다. 이건(Egan)은 '관계즉시성'과 '지금-여기서의 즉시성'이라는 두 가지 유형으로 나누어 설명한다.

1) 관계 즉시성

상담자와 내담자 사이에서 일어나고 있는 일반적인 상담 분위기를 평가하는 과정을 말한다. 이때에는 특정 사건에 초점을 맞추는 것이 아니라 상담자와 내담자의 관계가 잘 형성되고 발전되어 나가는지, 이 관계가 앞으로의 과정에 도움이 되는지 장애가 되는지에 초점을 맞춘다. "관계를 평가하거나 검토하고, 각자의 감정, 희망, 좌절을 탐색함으로써 관계의 강점과 약점을 검토한다."

화, 분노 또는 상담에 대한 저항과 같은 감정이 상담관계에 악영향을 미치고 있을 때 상담자와 내담자의 관계를 점검해 보면 도움이 될 수 있다. 이와 마찬가지로 좋아하거나 매력과 같은 긍정적인 감정이 객관성이나 상담의 진척에 지장을 초래한다면 점검해 보아야 한다. 다음은 사회복지사가 관계즉시성을 사용한 예를 보여준다.

- 사회복지사: 우리가 이야기하던 주제를 잠시 접어 두고 우리 사이에 일어나고 있는 일을 잠깐 살펴보았으면 합니다. 우리는 뜻이 맞고 함께 있을 때 편안함을 느낀다고 생각합니다. 그런데 제가 전적으로 정직했다고는 말하기 어렵습니다. 혹시나 언짢은 기분을 들게 하지 않을가 싶어서 그랬던 모양입니다. 제 예감이 틀리지 않았다면 선생님도 그랬던 것 같군요.

상담계약을 정기적으로 검토해 볼 필요가 있다는 사실을 명심해야 한다. 문제를 탐색해 나가다 보면 새로운 통찰을 하게 된다. 그러다 보면 기대나 목표가 달라질 수 있다. 상담관계가 성숙되어 감에 따라 사회복지사와 내담자의 역할도 서서히 변화해 나가야 한다.

2) 지금-여기서의 즉시성

지금-여기서의 즉시성은 면담 중에 일어나는 상호작용에 초점을 맞추어 사회복지사가 자신의 현재 감정과 시각을 드러내는 것이다. 지금-여기서의 즉시성은 긴장이나 신뢰감 부족, 상담 중의 방향 상실과 같은 관계 문제를 다룬다.

상담관계를 포함한 어떤 인간관계에서든 크고 작은 성격적 갈등이나 커뮤니케이션 문제가 발생하게 마련이다. 콤프톤과 갤러웨이(Compton & Galaway)는 상담관계에 대해 기술하면서, "항상 유쾌하거나 호의적일 수는 없다. 분노나 갈등도 협조나 협상만큼 문제해결에 도움이 될 수도 있다."라고 결론내렸다. 갈등도 현명하게 잘 처리하면 관계를 손상시키기보다 심화시켜 줄 수 있다.

지금-여기서의 즉시성은 커뮤니케이션상의 문제를 예방할 수 있는 도구다. 관계상의 문제가 발생할 때 이를 드러내면 앞으로 감정을 표현하지 않고 쌓아 두는 일을 방지할 수 있다. 그렇다고 모든 관계상의 문제를 다 살펴보아야 한다는 뜻은 아니다. 지금-여기서의 즉시성은 상담관계에 영향을 끼칠 만큼 중요한 감정이나 주제에 국한시켜야 하며 적절한 때에 해야 한다. 지금-여기서의 즉시성이 상담 마지막 부분에 이루어져서는 안 된다. 왜냐하면 해결할 시간적 여유가 없기 때문이다. 그리고 충분한 신뢰감이 형성되기 전에 해서도 곤란하다. 그러나 즉시성이 신뢰를 심어 줄 가능성도 있다.

사회복지사는 다음과 같은 자문해 봄으로써 지금-여기서의 즉시성 사용의 적절성 여부를 판단한 수 있다. 즉시성이 내담자에게 도움이 되겠는가? 내담자는 이번에 즉시성을 통해 도움을 받을 능력을 갖고 있는가? 즉시성이 내담자와의 관계를 더 가깝게 만들겠는가? 다음의 사례를 보면 사회복지사가 지금-여기서의 즉시성을 통해 면담 분위기를 변화시키고 있음을 감지할 수 있다.

사례 1

- 사회복지사: 다소 말수가 적어지셨네요. 제가 질문을 해도 한두 단어로 대답하시네요. 평소에는 말을 참 잘하셨는데, 무슨 언짢은 일이라도 있으신가요?
- ■ 내담자: 이왕 말씀이 나왔으니까 고백하지요. 제가 선생님을 얼마나 신뢰할 수 있을지 의구심이 드는군요. 처음에는 좋았지만 이제는 제가 드러내고 싶지 않은 문제까지 밀어붙이시는 것이 아닌가 하는 생각이 듭니다.
- 사회복지사: 우리가 다루기로 동의하지 않은 문제를 제가 너무 서둘러 꺼냈나 봅니다.
- ■ 내담자: 어떤 문제는 제가 드러내고 싶지 않거든요.
- 사회복지사: 오늘 상담을 시작하면서 아내와 관계가 단절되었을 때 어떤 느낌이 들었는지를 계속 물어 부담을 느끼셨군요.

■ 내담자: 바로 그겁니다.
• 사회복지사: 제가 봐도 그랬던 것 같군요. 그 문제에 대해 회피하시는 것을 알고 있었지만, 그때 감정을 표출하는 것이 도움이 되겠다 싶어 그랬습니다. 그것이 고통스러웠던 모양입니다.
■ 내담자: 예, 그렇습니다. 그 문제에 직면해야 하는데 그렇게 하기가 두렵습니다.

두 사람의 관계를 점검해 볼 때 감정을 느끼는 주체와 책임을 분명히 하기 위해 나-메시지를 사용하는 것이 좋다. 일반적으로 "당신이 나를 불편하게 만들었다."고 말하기보다 "내 마음이 불편하다."고 표현해야 한다.

사례 2

• 사회복지사: 잠시 쉴까요? 어떻게 해야 할지 모르겠군요. 어디로 나아가고 있는지 모르겠습니다. 혹시 무슨 문제가 있습니까?
■ 내담자: 우리 이야기가 계속해서 빙빙 도는 것 같습니다. 저 역시 방향을 잃은 것 같습니다.
• 사회복지사: 그렇군요. 어떻게 하면 제대로 돌아갈지 얘기해 보죠.

3) 전 이

(1) 전이

내담자가 과거 주요한 사람들과 커뮤니케이션했던 것과 같은 방법으로 상담자와 커뮤니케이션하려는 경향을 말한다. 전이에는 좋아하는 감정과 싫어하는 감전이 모두 포함될 수 있다. 전이가 강하게 나타날 때, 내담자는 상담자와의 전혀 무관한 일로 격렬한 감정이나 반응을 보인다. 전이는 초기 기억에서 다른 사람에 대해 좋아하는 감정이나 싫어하는 감정이 강할 때 발생하는 것 같다. 예를 들어, 어린 시절 가족과의 관계에서 받은 상처로 인해 생긴 분노를 상담자에게 느끼는 것을 말한다. 이건(Egan)에 따르면, 내담자가 일상생활에서 겪는 인간관계의 어려움이 상담자와의 관계에서 표출된다고 한다. 예를 들어, 평소에도 불평이 많다면 상담에서도 불평을 자주 할 것이다. 또 평소에 권위자에게 반항적이고 공격적인 태도를 갖고 있다면 상담자에게도 반항적이고 공격적인 태도를 취할 것이다.

(2) 전이의 이해와 취급

정신분석적 상담은 내담자의 내면세계를 중요시한다(Winnicott, 1953). 내담자가 상담관계를 맺으려고 할 때는 자신의 가장 심층적 차원에서 상담관계를 맺으려고 할 때는 자신의 가장 심층적 차원에서 상담관계를 맺는다. 내담자의 내면세계의 성격 혹은 내담자의 전이적 대상들의 성격특성은 내담자가 상담자와 맺는 관계의 특성을 형성하는 밑거름이 된다(최경희 역, 2000). 이러한 전이는 과거 내담자의 중요한 타인에 대한 반응에서 생기는 일종의 치환으로서 긍정적이거나 부정적인 내담자의 느낌이나 환상이 상담자에게 무의식적으로 옮겨가는 것이다. 전이는 내담자로 하여금 그들의 과거 관계에서 생긴 '미해결문제'를 상담자에게 넘기도록 허용한다. 상담과정은 내담자의 과거를 재구성하고 재생시키는 것을 포함하여 상담과정을 통해 유아기의 갈등과 감정을 무의식의 깊은 곳에서부터 표면화하도록 한다.

내담자는 이러한 것을 부정하거나 무시하는 반응을 보일 수도 있고 그렇지 않으면 그러한 생각과 감정으로부터 자신을 방어하기도 한다.

반대로 무관심, 의식적 감정의 결여, 개인적인 관심의 결여, 의심, 대항 위축과 같은 것들이 나타날 수 있는데 이것을 전이의 표현이라고 볼 수 있다.

만약 상담이 성공적으로 되려면 이러한 전이관계를 극복하고 해결해 나가야 한다. 다음 사례를 살펴보면 전이가 명백하게 드러난다.

가. K군은 사랑받고 싶어 안달이다. 상담자에게도 불필요한 칭찬이나 선물을 하곤 한다. 그는 점차 상담자처럼 말하고 행동한다.

나. C양은 아버지와 오빠들에게 성폭행을 당했다. 상담실에 들어올 때에는 낙관적이고 자기신뢰를 느끼고 있었으나, 첫 회기에 남성 상담자를 만나자마

자 울기 시작했다.

다. A씨는 인정받으려는 욕구가 강했다. 상담자가 수긍하지 않을 말은 꺼내지 도 않았다.

라. 성폭행을 당해 온 6세의 J양은 성적으로 자극적인 행동을 한다.

마. 18세의 T군은 아버지와 항상 긴장관계에 놓여 있었다. 상담자는 상담할 때 사소한 일에도 T군이 쉽게 화를 낸다는 것을 발견했다.

과거의 해결되지 않은 문제는 전이를 통해 왜곡으로 일으킨다. 상담자와 내담자의 관계를 잘 검토하여 해결하면, 내담자가 일상생활에서도 적용할 커뮤니케이션 및 문제해결기술을 발달시킬 수 있을 것이다. 사회복지사는 현재 두 사람 사이에서 일어나는 반응이나 감정을 전이에 의해 일어나는 반응이나 감정과 식별할 수 있어야 한다. 사회복지사는 성급하게 내담자의 행동을 전이로 판단해서는 안 된다. 왜냐하면 내담자의 반응이 상담회기에서 자연스럽게 나올 수 있는 행동일 수 있기 때문이다.

4) 역전이

상담자가 내담자에게 감정이나 행동을 부적절하게 전이시키는 것을 말한다. 영(Young)은 역전이를 윤리의 문제로 보고, 슈퍼비전을 통해 지나치게 도와주려는 경향이나 성적 호감, 두려움, 분노, 불안정한 감정을 다루고 그것들을 통제할 수 있도록 해야 한다고 말했다. 코리와 코리(Corey & Corey)는 역전이의 위험성에 대해 다음과 같이 경고했다. 내담자와의 관계를 발전시키는 과정에서 상담자 자신의 미해결된 감정이 드러날 수 있다. 왜냐하면 역전이는 상담자가 내담자를 동일시하기 때문에 결국 상담에서 내담자의 세계를 잃어버리게 되며, 이는 상담자로서의 가치를 제한하게 된다.

역전이의 문제는 내담자에 대한 정서적 반응으로, 상담자는 내담자를 프로젝트, 성적대상, 친구 또는 자신의 확장으로 보려고 한다. 다음의 사항은 상담자에게 역전이가 일어나고 있거나 일어날 위험이 있다는 신호다.

가. 잘 알지 못하는 내담자에 대해 일어나는 격렬한 감정(짜증, 분노, 지루함)

나. 호감 또는 반감

다. 특정 주제나 감정에 대해 직면하기를 꺼리거나 회피하려는 경향

라. 특정 내담자에게 지속적으로 상담 시간을 초과하거나 특정 내담자가 약속 시간에 오지 않았으면 하는 바람

마. 돈을 빌려 주고 싶어 하거나 학대아동을 입양 또는 내담자를 보호하고 싶어하는 행동

바. 내담자를 보고 알고 있는 다른 사람이 연상될 때

사. 자신과 비슷한 문제나 역사를 가진 내담자를 상담할 때

아. 불필요하거나 과도한 자기개방

자. 상담관계를 종결시키기 싫을 때

5) 의존관계

내담자가 의사결정을 하면서 지나치게 상담자에게 의존하려고 할 때 발생한다. 무엇이든지 상담자의 허락을 받으려고 하거나 자주 전화하고 정보를 구하러 방문하거나 상담자의 도움 없이 사소한 결정을 못하는 것도 의존관계의 신호다. 의존관계는 내담자의 자기결정 원리를 손상시키며 독립성 발달을 저해한다.

어떤 관계에서든 전이가 일어나게 마련이다. 그러나 권위를 가진 사람과의 관계에서는 더욱 많이 일어난다. 상담관계에서도 어느 정도 권위와 힘이 작용한다. 내담자가 가진 문제가 사회통제 문제일 때, 사회복지사와 기타 상담전문가는 권위자의 역할을 하기 쉽다. 보호관찰관이나 집행유예 담당관은 공적 권위를 띠고 내담자에게 법집행자로서의 역할을 담당한다. 상담자는 내담자에게 전문적 지식을 가진 사람으로 지각되어 권력을 가진 사람으로 비친다. 사회복지기관의 일부 사회복지사는 내담자가 얻고자 하는 서비스나 혜택을 통제할 수 있다. 내담자는

또한 연령, 사회경제적 지위, 성, 결혼 여부, 외모, 몸집, 지능, 사회적 매너에 대해서도 달리 반응할 수 있다.

2. 역량강화의 필요성

내담자가 자신의 자원을 활용할 줄 알고 자신의 삶에 영향을 미치는 문제를 통제해 나가도록 하는 것이다. 내담자가 이러한 능력을 발달시키면 자신에 대한 존중과 신뢰와 지식과 기술이 증대된다.

1) 내담자 역량강화 전략

상담의 목적과 과정에 내담자를 참여시킬 때 이미 내담자의 역량을 강화시키고 있는 것이다. 역량강화는 내담자의 능력과 강점에 우선순위를 둔다. 이와 같이 사회복지사는 내담자의 능력과 자원을 찾고 깨달아야 한다. 면담 때의 질문이나 말도 이러한 방향으로 사용해야 한다. "잘할 수 있는 일은 어떤 것입니까? 그동안 이러한 문제에 어떻게 대처할 수 있었는지 한번 얘기해 보지요. 일을 잘 처리했을 때 어떻게 했기에 성공을 거둘 수 있었습니까? 자신이 가진 강점을 목록으로 한번 작성해 볼까요?" 어떤 사회복지사는 내담자의 역량강화를 위해 다른 시각을 제공하기도 한다. 예를 들어, 정부보조금이 중단된 상태에서 여섯 달 동안 일자리를 찾아 헤맨 여성에게 이렇게 말한다. "그만큼 노력을 기울였다니 대단합니다. 대부분의 사람들은 이미 포기했을 겁니다." 자기존중감을 강화시키기 위해 자기 비난적 발언을 무시하는 것도 강점에 초점을 맞출 수 있는 또 다른 선택이다.

내담자가 여러 대안을 볼 줄 알고 독립적으로 결정하도록 돕는 자기결정의 원리도 역량을 강화시키는 데 도움이 된다. 의존성을 수정하기 위해 내담자가 할 수 있거나 해야 하는 것을 사회복지사가 해서는 안 된다. 자신의 행동 결과가 성공적이었을 때 내담자는 신뢰와 자기존중감이 증대된다. 사회복지사는 성공을 인정해 주고 내담자의 공으로 돌려야 한다.

2) 강점 접근

내담자는 지치게 만드는 여러 문제에 사로잡혀 혼란을 경험하는 경우가 많다. 사회복지사는 진정한 문제를 무시해서는 안 된다. 그러나 상담할 때 문제 상황이나 역기능적인 측면에만 모든 관심을 쏟아서도 안 된다. 사회복지사는 균형 잡힌 시각을 가지기 위해 내담자의 강점에도 초점을 맞추어야 한다. 강점 접근이란 사람들의 타고난 능력에 초점을 맞추는 것이다. 개인이나 사회는 문제를 해결하는 데 사용할 수 있는 자원을 가지고 있다.

Sheafor, Horejsi, Saleeby, Cowger 등 많은 사람들은 다음에 제시된 바와 같이 내담자의 강점에 초점을 맞추는 기법이나 지침을 제시했다.

① 변화될 수 있고 자신의 문제에 대처하고 도전할 수 있는 내담자의 능력을 신뢰하라.

② 강점에 관심을 기울여라. 내담자의 기술, 자원, 동기 및 덕을 인정하라. 다음과 같이 강점을 발견할 수 있는 질문이나 진술을 하라. 지금과 같이 어려운 문제를 해결할 수 있었던 때를 생각해 보라. 어떤 기술이나 자원으로 대처할 수 있었던가? 자신의 삶에서 좋게 여겨지는 것은 어떤 것인가? 친구들은 무엇이 당신의 가장 좋은 자질이라 여기는가?

③ 내담자의 우선순위, 목표, 원하는 상담방법을 찾고 책임을 나눌 방법에 대해 상의하라. 내담자를 기술할 때 진단명을 붙이지 말라.

④ 비난에 대해 논의하거나 현재 행동 또는 문제의 뿌리를 찾지 말고, 문제해결이나 목표설정에 초점을 맞추어라.

⑤ 가족, 이웃, 사회가 내담자에게 도움이 될 공식 또는 비공식적 자원임을 고려하라.

3. 상담관계 종결

미국의 저명한 임상심리학자이자 뉴욕타임스 베스트셀러 <리바이빙 오필리아 Reviving Ophelia>의 저자 메리 파이퍼(Mary Pipher)가 30여 년 동안 심리치료사로서 일하면서 얻은 심리치료의 본질, 관계와 삶의 진실을 이제 시작하는 젊은 심리치료사들에게 보내는 편지로 담아냈다. 저서 <나는 심리치료사입니다>에서 이른 아침마다 네 번의 계절에 걸쳐 쓴 이 편지에서 파이퍼는 독단적 이론이나 별 뜻 없이 남발하는 심리학 용어를 경계하면서 너그럽고 따뜻한 어조, 실질적인 조언으로 심리치료라는 영역의 핵심에 다가선다.

대학원에서 임상심리학을 가르치면서 30여 년 동안 개인 상담실을 운영해온 저자 메리 파이퍼는 첫 내담자와의 만남을 "우리는 매주 한 번씩 만나서 그녀의 외롭고 혼란스러운 삶을 이해하기 위해 애썼다"고 회고한다. 파이퍼는 이후 온갖 유형의 사람들을 만났다. 과잉행동 장애가 있는 남자아이, 학대당한 여성, 재능이 넘치는 학생, 아이를 입양한 게이 커플, 비통에 빠진 미망인, 분노에 찬 십대, 온갖 종류의 어리석은 행동을 하는 어른, 사이코패스, 지나치게 많은 사람들을 돌보는 사람, 서로 붙어 있으려고 혹은 서로 떨어지려고 필사적으로 애쓰는 가족. 그녀는 자신의 내담자들을 떠올리며 지난 세월 수많은 고통이 흘러가는 모습을 다리 위에서 지켜봤다고 말한다. 그리고 내담자와 고통을 함께하면서 사람들이 어떤 방식으로 자기 자신과 다른 사람을 아프게 하는지, 살아가면서 어떤 실수들을 저지르면 안 되는지를 배웠음을 고백한다. 그리고 첫 내담자와의 만남을 "그녀가 저로부터 배운 것보다 제가 그녀로부터 배운 게 더 많았다"라고 회고했듯이 다양한 선택들로 인한 결과들을 보면서 평생 가지고 갈 교훈을 배울 수 있었다고 말한다.

상담관계는 단 한 번의 면담이나 짧은 기간의 만남에서 몇 년에 이르기까지 지속 기간이 다양하다. 어떤 사람은 정서적 관여가 적어 피상적이기도 하지만, 어떤 사람은 친밀한 정서적 관여를 많이 할 수 있다. 그러나 상담관계와의 지속 기간에 관계없이 친밀해질 가능성을 가지고 있다. 상담자와 내담자의 관계가 영원히 지속될 수 없음에도 그동안의 친밀감 때문에 내담자나 상담자나 상담관계를 종결하기가 어려울 수 있다. 어떤 내담자는 흡족한 만족감과 성취감을 느끼며 끝맺을 수 있지만, 어떤 내담자는 버림받는 듯한 느낌을 가질 수 있다. 종결은 과거 종결의 고통과 슬픔을 상기시킬 수도 있고, 상실과 슬픔에 대처할 수 있도록 도움을 필요로 할 수도 있다. 헤스 등(Hess & McCartt Hess)에 따르면, "다가올 이별에 관계가 계속 이어지리라는 애착에 대한 소망이 무너지듯이 상담관계를 종결할 때에도 이러한 사실에 관심을 기울여야 한다"고 말한다.

처음 상담자나 내담자나 곧 끝날 친밀한 상담관계에 대한 반응을 부정하기 쉽다. 사회복지사는 상담이 종결될 때 내담자가 겪는 어려움을 잘 살펴보아야 한다. 상당한 진척을 보인 내담자도 과거의 방법으로 퇴행하거나 "아직 끝낼 준비가 되지 않았어요."라고 말하듯 새로운 복잡한 문제를 드러낼 수 있다.

어떤 내담자는 종결에 대한 고통을 회피하기 위해 근거 없는 화나 분노를 표현하기도 한다. 어떤 내담자는 종결의 고통을 피하려고 마지막에 나타나지 않는 경우도 있다.

상담관계에 에너지를 쏟았던 사회복지사 역시 종결에 대한 자신의 감정에 대처할 수 있어야 한다. 상담관계를 종결할 때 다음과 같이 다양한 부정반응을 나타낼 수 있다.

① 상담기간을 필요 이상으로 길게 잡아 종결하기를 회피한다. 상담관계는 일생 동안의 관계가 아니다. 상담계약에는 종결이 분명하게 포함돼야 한다. 개인 면담도 정해진 시간의 틀 안에서 이루어져야 한다. 기간을 정해 두어야 "복지사와 내담자가 정해진 시간 안에 계약의 과제를 달성하기 위해 더욱 효율적인 노력을 기울일 수 있다." 그 다음에는 상담을 종결한다.

② 그릇된 또는 비현실적인 양보나 약속을 함으로써 종결을 피하려고 한다. 예를 들어 내담자를 방문하거나 왕래하기를 허락하거나 약속하기도 한다.

③ 종결에 대해 무관심하게 행동하거나 종결을 앞두고 일어나는 감정에 대한

논의를 회피함으로써 종결을 부정하려고 한다.

④ 갑자기 상담을 종결시킴으로써 감정을 부정하려고 한다.

1) 종결에 대한 대처

내담자에게 부정 반응을 포함하여 종결에 잘 대처하도록 돕기 위해 "상실에 다른 예측 가능한 반응을 알려주고, 직접적으로나 간접적으로 표현되는 이러한 반응을 깨닫도록 돕는다. 종결 단계에 잘 대처하면 내담자에게 많은 가능성을 제공하게 된다. 놀랍게도 상담 관련 서적 중에 종결 단계의 치료적 가능성을 다룬 것이 거의 없다. 내담자는 상담자와 돈독한 신뢰가 형성된 상태에서 상담을 끝낼 단계에 도달하면 새로운 문제나 주제를 끄집어 낸다. 슐만은 내담자가 더 이상 다룰 시간이 없는 마지막 단계에 중요한 문제를 꺼낸다고 하여, 이를 문 손잡이 대화 현상이라고 부른다. 상담의 종결을 앞둔 내담자는 대체로 양가감정을 드러내는데, 문제를 새로이 꺼내는 것이 종결을 피하는 방법이라 여기는 것이다.

다음으로는 사회복지사가 상담의 종결에 대한 자신의 감정을 솔직하게 표현하는 것이다. 이러한 행동은 내담자에게 모델이 될 수 있으며, 내담자가 자신의 감정과 반응들을 이야기하도록 자극이 될 수 있다. 물론 이러한 대화는 슬픔이나 분노와 같은 강렬한 감정을 솔직하게 개방하기를 요구한다. 슐만은 사회복지사가 자신의 감정을 솔직히 토로하는 행동이 얼마나 중요한지 강조했지만, 이러한 기술이 대단히 어렵다는 사실을 인정했다. 사회복지사가 내담자와의 관계를 종결할 준비를 하면서 상실감으로 고심한다는 사실에서부터 이미 시작된 것이다. 이와 같이 지속적인 자기성찰은 종결과 이별에 대한 행동과 감정의 자각을 개발하도록 도와줄 것이다.

2) 상담관계 정리

상담관계란 상담 목표를 달성하도록 내담자를 돕기 위해 협의하는 것이다. 상담이 성공적으로 이루어지기 위해서는 효율적인 상담관계가 형성되고 유지되어야 한다. 상담관계는 우정과 비슷한 요소를 가지고 있지만 시간의 제한을 받고 목표달성을 강조한다는 점 등 중요한 차이가 있다.

상담관계는 상담의 네 단계, 즉 예비, 시작, 실행, 종결 단계에 따라 발달 및 유지되다가 종결된다. 어느 단계에서든 상담자의 따뜻함, 공감, 진실함이 따라야 한다.

상담계약은 사회복지사와 내담자가 합의한 각자의 역할과 상담관계의 목적을 달성하게 하는 중요한 도구다. 상담 초기에 계약을 해야 하지만, 내담자의 욕구나 우선순위가 바뀜에 따라 조정되어 나가야 한다. 상담관계는 지지, 문제해결, 기술학습, 고통스러운 감정처리 등 하나 또는 그 이상의 광범위한 목적을 위해 형성되는 것이다.

즉시성은 의존적인 관계를 탐색하고 평가하고 심화시켜 나가는 도구다. 관계 즉시성은 상담자와 내담자 관계에서의 전반적인 상담 과정을 점검하는 것이다. 지금-여기서의 즉시성은 상담회기 중에 일어나는 상호작용에 초점을 맞춘다.

자기개방은 상담에서 주요한 비중을 차지한다. 그러나 사회복지사는 내담자의 필요에 맞추고 내담자를 위한 초점에서 벗어나지 않도록 지혜롭게 개방해야 한다.

전이는 내담자의가 과거 중요한 타인과 커뮤니케이션 했던 방식대로 상담자에 커뮤니케이션하려는 경향을 말한다. 역전이란 상담자가 내담자에게 자기감정과 행동을 부적절하게 전이시키는 것을 말한다. 내담자의 반응과 감정이 현재의 관계에서 발생하는 것이나 전이에서 발생하는 것인지 식별할 수 있어야 한다. 어떤 상담관계에서든 권력과 권위가 내포되게 마련이다. 따라서 내담자는 전이반응의 영향을 받지 않을 수 없다.

학습된 무력감을 가진 사람은 아무리 노력해도 변화될 수 없다고 믿는다. 이러한 사람은 자기 스스로 자신의 삶을 살 수 있도록 역량을 개발할 방법을 찾아야 한다. 그 한 가지 방법으로 누구나 문제해결에 동원할 수 있는 장점과 자원을 가지고 있다고 추정하는 강점 접근을 들 수 있다.

상담관계의 종결은 내담자와 상담자 모두에게 심한 반응을 유발할 수 있다. 종결 단계에서 효율적으로 잘 대처해야 풍부한 가능성을 실현시킬 수 있다.

연구과제

1. 상담의 단계별 이해
2. 계약의 본질적인 구성요소

CHAPTER 09

집단지도상담

학습과제

1. 상담의 특징
2. 집단지도의 개요
3. 집단슈퍼비전의 과정

제1절 상담의 일반적 개요

1. 상담의 기본지식

상담은 일반적 대화와 달리 증상완화 또는 문제해결적 목표와 성장 촉진적 목표를 가지고 있고, 이 목표를 달성하기 위해서는 다음의 전문적 자질을 갖추어야 한다.

카운슬러가 도움을 필요로 하는 사람에게 전문적 지식과 기능을 가지고 내담자 자신과 환경에 대한 이해를 증진시키며, 합리적이고 현실적이며 효율적인 행동양식을 증진시키거나 의사결정을 내릴 수 있도록 원조하는 활동이다.

상담에는 다음과 같은 특징이 있다.

① 모든 행동변화나 의사결정은 내담자가 원하는 것이어야 한다.

② 상담은 자발적 변화가 일어날 수 있는 조건을 제공하는 것이어야 하며 개인이 선택하고 결정할 권리를 존중해야 된다.

③ 합리적 계획, 문제해결, 의사결정, 환경적 압력에 대한 대응, 일상 행동습관 등과 같은 일상생활의 문제에 중점을 둔다.

상담은 흔히 심리치료와 같은 의미로도 쓰인다. 그러나 상담은 정신질환이 없는 정상적 사람을 대상으로 하는 것임에 반해서 심리치료는 신경증이나 정신병 같은 이상행동(異常行動)을 주대상으로 하고 있다. 심리치료와 같이 그 이론적 배경이 정신분석학·행동주의심리학·인지심리학·생태심리학 등의 발달과 밀접하게 관련되어 있으며, 그 대상문제에 따라서 성격상담·학업상담·진로상담 등으로 분류하기도 하고, 그 형태에 따라서 개인상담·가족상담·집단상담 등으로 분류하기도 한다.

개인상담(individual counseling)은 개인이 지니고 있는 여러 가지 형태의 문제를 개별적 면담을 통해서 해결하는 상담의 한 형태이다. 흔히 집단상담과 대비되어 사용된다. 개인상담에서는 단순히 정보나 지식을 제공하기보다는 감정·태도·동기·행동성향 등의 명료화와 변화의 촉진이 그 초점이 된다.

집단상담(group counseling)은 개인의 내적 변화와 심리치료 중심의 상담은 1 : 1의 면 대 면 상담이 주로 이용된다. 집단상담은 가정, 조직체, 지역사회 등의 구성원들을 대상으로 하여 집단적으로 이루어지는 상담으로 예방 및 보다 나은 정신건강의 증진과 개인의 발달을 돕기 위해 주로 이용되며, 특히 인간관계 훈련을 위한 상담의 경우 집단상담이 많이 이용된다.

가족상담(family counseling)은 흔히 개인상담의 문제로만 고려하기 쉬운 한 개인의 고민이나 심리적 또는 행동상의 부적응 그리고 대인관계, 특히 가족관계에서의 갈등과 같은 문제들은 그 원인이 당사자에게만 있다기보다는 전체 가족구성원들 간의 관계문제에서 비롯된다는 가정하에 가족구성원 전체 혹은 다수를 대상으로 상담을 진행해가는 접근방법을 지칭한다.

가족 중 어느 한 사람이 증상을 보이면, 가족 모두는 각기 그 나름대로 이 고통을 느낀다. 즉, 가족의 역동성은 모든 가족들 사이에 서로 맞물려 있기 때문에 이것을 깨닫도록 도와준다. 따라서 가족 치료자들은 가족의 고통을 다룬다. 또한 가족은 하나의 단위처럼 행동하면서 가족 평형을 유지하고자 한다. 가족은 관계의 평형을 유지하려 하고 가족원들은 이 평형을 유지하기 위해 공공연하든, 은밀하든 작용한다. 가족의 반복적, 순환적, 예측적 의사소통 양식은 이 평형을 나타낸다. 부부관계는 가족 평형에 영향을 준다. 부부관계는 가족관계가 이루어지는 축이다. 부부는 가족의 '설계자'이며 고통스런 부부관계는 역기능적 부모역할을 하게 한다. 아픈 자녀는 고통스런 부부관계의 영향을 가장 심각하게 받고, 역기능적 부모역할에 굴복한 가족원이다. 또한 아픈 자녀의 증후는 부모의 고통과 그로 인한 가족의 평형을 구해달라는 '재난구조 신호'이다. 아픈 자녀의 증후는 아픈 자녀가 부모의 고통을 경감하고, 소화하려고 노력한 결과, 자신의 성장을 파괴하고 있다는 것을 전하는 전문이다. 치료자는 모와의 첫 만남 이후부터 모가 남편과 어떤 관계를 맺는가를 추리한다. 역기능적 부부관계가 자녀의 증후를 일으킨 주요인이라고 가정하는 것이 옳다면, 부부의 관계는 치료자의 첫 관심일 것이다.

상담 이론은 내담자의 문제 파악과 문제해결을 위한 앞으로의 방법, 방향을 알려주고 비행 시의 나침반의 역할과 유사하다. 상담 이론의 주요 내용은 인간에 대한 기본적 관점으로 이에 따라 이상 행동의 원인이나 구체적 치료 방법이 달라질 수 있다. 벡의 인지치료에서는 우울증을 자기, 세상, 미래에 대한 비관적 생각에서 발생한다고 보고 변화를 일으키는 구체적 방법에 관한 내용으로는 상담기법, 전략, 상담관계를 맺는 법, 난관을 극복하는 법 등이다.

상담의 진행 과정은 다음과 같다.

첫째, 초기 단계이다. 내담자 문제에 대한 체계적 평가와 이해, 신뢰 있고 안정적인 상담관계 형성 그리고 상담에 대한 안내이다.

둘째, 중기단계는 작업 또는 문제해결 단계이다. 이는 내담자를 변화시키기 위한 구체적 시도를 시행한다.

셋째, 종결 단계이다. 내담자가 실생활로 돌아가 문제를 재경험할 때 대처방법을 예방해 준다. 종결은 그 의미로 심리적 재탄생으로서의 종결로서 상담을 통해 문제가 해결되고 삶에 대한 용기와 자유를 회복하게 된다. 또한 타협 형성으로서의 종결인데 문제에서 완전히 자유로울 수 없는 인간으로서의 한계와의 타협을 의미하며, 성과 다지기로서의 종결은 점진적인 과정을 통해 실생활 적응을 훈련함을 의미한다.

상담 면접의 진행방법은 놀이, 미술, 음악, 무용, 심리극 등 다양한 방법을 활용하며 대화치료(talking therapy)는 주로 상담자와 내담자 간의 언어적 대화와 의사소통을 통해 이루어지는 상담이다.

상담 회기 진행 시 구체적이고 효과적인 면접 진행 방법에 대한 지식과 이해가 필요하며, 문제 유형별 상담방법은 내담자가 호소하는 문제의 증상이나 종류에 알맞은 상담방법을 적용하는 것이 필요하며, 상담에서 머리로 아는 것과 실제로 행하는 것에는 괴리가 있으므로 따라서 폭넓은 실습 경험과 선배 상담자의 지도, 감독(supervision)을 통한 훈련이 필요하다.

인간적 자질로서는 내담자와 내담자의 문제는 별개가 아니므로 인간적 신뢰감을 주고, 내담자를 이해·존중·배려하는 인간적 태도가 필요하다. 치료적 도구로서의 상담자는 상담자 자신이 가장 신뢰로운 치료적 매개체로서 상담자의 온전한 마음만큼 더 예민하고 민감한 검사 도구는 없다. 본보기로서의 상담자는 아이가 어른을 모방하듯 부지불식간에 상담자는 내담자에게 여러 가지 영향을 주게 된다.

성공적인 상담종결조건은 문제 증상의 완화, 현실 적응력의 증진, 성격 기능성의 증진, 성공적인 상담 종결을 시사하는 내담자의 태도나 생각이다.

상담은 대상자에 따라 첫째, 시간의 경과에 따라 심리적 문제가 적응에 방해가 된 시간의 정도에 따른 분류이다. 일시적(1, 2개월), 지속적(3개월 이상), 만성적(몇 년 이상)인 분류로 시간의 기준이 꼭 문제의 심각성과 관련 있는 것은 아니다. 일시적인 문제라도 반복 가능성을 평가하고 접근해야 한다. 둘째, 발생 원인의 소재에 따른 분류로 문제의 원인이 내부에 있을 경우의 성격적 문제와 외부에 있을 경우의 상황적 문제이다. 상황적 요소와 성격적 요소가 상호작용하는 경우가 많다. 셋째, 심각성의 정도에 따른 분류이다.

정상적 상태는 일상생활에서 잘 적응하고 있는 경우로 상담의 주요 대상은 아니지만 문제해결보다 성장촉진적 상담을 하게 되는 경우는 있다. 신경증적 상태는 현실 인식과 생활 적응에 극심한 결함은 없으나, 정서·행동·인간관계에서 상당한 불편과 고통을 경험한다. 상황적 원인과 성격적 원인으로 일시적이기보다 장기간 반복적으로 나타나며 자발적으로 상담에 참여하고, 예후도 좋은 편이다.

정신증적 상태는 현실 인식과 기본 생활적응 자체가 심각하게 손상된 경우, 상황에 맞지 않는 정서, 기이한 행동, 사고방식과 내용의 기이성을 보인다. 비자발적으로 의뢰되며, 대부분 의학적 치료를 받지만, 최근에는 상담을 받기도 한다.

상담의 대상으로 가족상담은 가족구성원 전체를 대상으로 하며, 가정을 직접 방문하기도 하고, 구성원 일부로, 개별로 상담하기도 한다. 학교상담은 초, 중, 고, 대학생 대상으로 하며 상담자가 상주하거나 방문하여 상담하는데 학업, 인간관계, 심리발달상의 문제가 많다.

기업체 및 산업상담은 직장인을 대상으로 한다. 기업이나 산업체에 상주하여 상담하며 직장 적응, 사내 관계 갈등, 경력개발, 의사소통, 개인 또는 가정 문제 등이 있다.

이러한 상담에 있어서 상담 면접의 원리는 다음과 같다.

첫째, 내담자의 모든 행동에는 이유와 목적이 있다는 사실을 주목하며, 이에는 갑자기 긴장된 자세 취하기, 침묵하기, 약속 지키지 않기 등을 들 수 있다.

둘째, 내담자의 반응 중 즉각적으로 관찰되는 것뿐 아니라 관찰되지 않고 지연되는 반응에 주목하여 가능한 한 정확히 예측한다.

내담자의 반응 4가지는 즉각적으로 관찰할 수 있는 반응, 즉각적이면서 관찰될 수 없는 반응, 자연된 것이면서 관찰될 수 있는 반응, 지연된 것이면서 관찰할 수 없는 반응으로 구분된다. 상담의 최종 목표와 중간 목표를 구별하여, 먼저 중간 목표를 달성하도록 노력한다.

상담의 최종 목표는 내담자의 문제에 따라 합의한 상담의 최종 목표는 다양하며, 이는 중간 목표를 통해 달성된다. 내담자의 행동 변화, 정신건강, 생활 과제의 해결 및 의사결정 등에 있다. 상담의 중간 목표는 상담자와 내담자 간의 개방적인 신뢰 관계인 상담면접의 촉진 조건과 내담자의 자각 및 자율성의 회복인 내담자 문제해결의 기본 과제 등을 들 수 있다.

2. 집단상담의 의의

집단상담이란 상담이나 심리치료의 집단적 접근으로 집단의 내담자들이 상담자의 인도 아래 개인 문제를 토로하는 형태로서 상담의 '예방' 역할을 강조한다.

집단상담(group conseling)은 개인이 지니고 있는 여러 가지 문제를 소집단의 경험을 통하여 해결하는 상담의 한 형태로서 흔히 개인상담과 대비되어 사용된다. 집단상담에는 내담자에게 정보나 지식을 제공하는 것보다는 개인의 감정·태도·동기·가치·행동의 구체화와 이들의 변화를 촉진함에 중점을 둔다. 그것은 집단충동효과에 의의를 두고 있는데 집단행동은 옆 사람을 따라 하는 것에서 시작하기 때문이다.

집단상담의 필요성은 비인간화된 시대적 배경에서 집단상담의 필요성이 요구되며 의사소통, 대인불안, 사회적 행동 학습 등에서 효과가 입증되고 있다. 그래서 인간은 고립에서 탈피하기 위해 선택하는 행동이 집단이라고 볼 수 있다.

집단상담목표설정은 구체성, 현실성, 그리고 개인적 특성이 반영되어야 한다.

일반적인 집단상담의 목표는

첫째, 감정의 바람직한 표현, 발산의 촉진

둘째, 자기 문제(관심사)에의 직면, 해결의 권장

셋째, 집단생활에서 자아개념의 강화 또는 자기표현의 향상

넷째, 협동심의 향상

다섯째, 대인관계 기술의 향상에 있다.

상담 집단의 구조적 특성은 다음과 같다.

첫째, 집단지도력은 민주적 토론식 또는 참여적 지도자일수록 좋다.

둘째, 집단의 크기는 4~8명 정도이나 내담자의 성숙도, 주의력, 타인에게 관심을 가질 수 있는 능력 등에 따라 결정된다. 아동은 적은 인원, 짧은 시간의 상담이 바람직하다.

집단과정의 단계는 탐색·방황, 자기중심·경쟁, 타인과의 비교·갈등, 집단중

심·순응, 집단과의 개인적인 융화로 이루어진다.

특징적 내담자로는 도발자, 중화자, 방관자 등을 들 수 있다.

변화를 위한 내담자의 행동은 순응, 동일시, 내면화의 심리적 과정이 작용한다.

단기상담이란 정신분석 등의 장기상담과 달리 25회 이내에 종결하는 상담이다. 내담자가 호소하는 한두 가지 핵심문제를 중심으로 빠른 시간 내에 변화할 수 있도록 도와준다.

단기상담에 관심이 높아지는 이유는 내담자는 상담에서 단기에 구체적인 문제를 해결할 것을 기대하고, 상담이 실제로 단기로 진행되며, 평균 상담회기는 6~8회로 단기상담의 적용 범위가 넓어진다. 이로서 장기상담만큼이나 효과가 입증되고 있다. 경제적인 문제는 25~26회까지 상담 효과가 뚜렷하나, 그 이후는 큰 변화가 없다.

정신역동적 접근은 장기간의 분석에서 분석 길이를 줄이려는 시도로 전환되고, 아동기보다 현재의 대인관계 해석을 중요시하며 '전이 신경증'이 아닌 '전이'에 주목한다.

인지행동치료는 전통적 정신분석의 대안으로 등장해, 처음부터 단기상담을 지향하고 자동적 사고를 변화시키기 위해 적극적으로 개입한다. 이 치료는 우울, 공황장애, 대인공포증, 강박장애, 섭식장애 등에 성과가 있다. 최근 부적응적 인지 내용을 변화시키기보다, 생각과 감정을 자신과 동일시하지 않는 새로운 시도가 도입되고 있다.

위기상담의 경우는 충격적이고 고통스런 경험의 심한 스트레스로 위기를 겪는 내담자를 도와준다. 성격에 따라 내용이 다른데 특정 상황별 위기상담, 개인중심적 위기상담 등이 있다.

절충주의적인 접근은 내담자의 문제에 따라 한 가지 접근법보다는 여러 효과적인 접근법을 두루 이용하는 접근법이다.

효과적인 집단상담의 특성은 내담자의 높은 참여의식, 분명하고 구체적인 기대와 집단에의 소속감 및 책임감, 바람직한 분위기 및 '생산적 긴장' 조성이다. 여기서 생산적 긴장이란 경쟁, 갈등, 수치심, 열등감, 불만 등이 내담자의 행동변화에 촉진제 기능을 발휘하는 경우이다. 바람직한 분위기 기준이란 솔직과 존경, 자유로운 의사소통, 경청하고 반응하기 등에 있다.

집단상담에 의한 집단치료에서 인간이란 타인과의 중요한 상호작용 속에서 계속 발전하는 존재라는 인식을 기초로 한다. 단순히 모인 개인들이 아니라 지속적이고 일정한 같은 목표를 가진 체계를 말한다. 인간이 살아가면서 받는 집단경험의 영향은 인간발달과 함께 자기형성에 영향을 받게 되고 전 생애를 통하여 발달은 계속되게 되어 있다. 따라서 모든 인간은 공통성을 가지고 있는 동시에 개별성을 가지고 있다. 집단치료의 특성은 인간은 누구나 주변체계와 다양하고 많은 여러 가지 환경의 영향으로부터 벗어날 수 없다고 보기 때문에 그의 인간관계와 자연 그리고 사회 경제적인 환경을 고려한다. 개인과 자연집단의 환경은 변화되고자 하는 이러한 개인들의 역동을 이해함으로써 집단치료의 가능성을 더욱 깊게 할 수 있다. 개인역동을 이해하기 위하여는 다음과 같이 개념의 설정이 중요하다.

첫째, 아동의 초기경험이 중요하다.

둘째, 전생애를 통한 성장과 변화의 능력이 인정된다.

셋째, 무의식적 전의식적 동기를 가진 존재로서의 수용이다. 그리고 무의식적 전의식적 동기존재로서뿐만 아니라 의식적이고 이성적으로 행동할 수 있는 능력을 가진 개인의 자아기능이 있다.

넷째, 인간의 감정은 동일한 사람과 상황에 대해서 양극의 상반된 감정을 동시에 경험할 수 있는 존재임을 인정해야 한다.

다섯째, 모든 인간은 자기 내적인 힘과 외부의 관계를 취급하는 자아의 수단으로서 방어기제를 사용하려는 기본욕구를 가진다.

집단경험의 발달단계를 살펴보면 다음과 같다.

첫째, 유아동기의 집단경험이다. 유아기는 유아와 양육자의 일대일 관계에서 기본적이고 본능적인 애착욕구가 충족되지 못한다면 극도의 외로움과 불안을 갖게 되어 성장 후에 장애로 나타날 수 있다. 초기불안이 극심한 사람은 집단에서 도움을 기대하기 어렵고 일대일의 구체적인 대상관계를 통해서만 도움을 받을 수 있다. 인간의 가장 초기적인 경험으로 돌아가 정서적 충전의 기본욕구를 재경험해야만 다음 단계인 집단경험이 가능하기 때문이다.

3세에서 4세가 되면 집단 내에서 상호작용을 가지며 자신의 성격을 드러내고 갈등해결을 하기 시작한다. 이때 초기 가족관계에서의 의존과 보호경험은 이 시기의 대인관계에 중요한 영향을 미치며 사회적 가치나 동일시에 영향을 주는 신뢰감과 자존감을 발달시킨다.

둘째, 청소년기의 집단경험이다. 집단경험은 청소년기에 가장 강렬한 경험이다. 청소년기의 신체적 발달 및 성인의 보호에서 벗어나 자기가 자신의 주인이 되고자 하는 노력과 주위의 도움으로부터 벗어나고자 하는 독립의지가 있다. 청소년기 특징은 광범위한 사회집단과 관계를 맺으며 그 관계 속에서 경제적·사회적 계층과 능력 등의 개인차에서 오는 수용과 차별대우를 의식적으로 경험한다는 점이다. 이러한 경험은 청소년에게 깊은 상처와 분노를 안겨 주고 좌절감을 경험하게 한다. 이때 청소년들은 자신의 보호와 가치를 위해 집단을 형성하고 반대가치에 도전하려 할 것이다. 이 시기의 청소년 집단치료는 청소년기의 정상적 욕구를 존중하고 보호하는 안전한 공간으로서의 집단이 제공되어야 한다. 그리고 성인기는 청소년기에 비해 집단경험이 강하지는 않으나 보다 성장을 자극하는 지역사회의 환경적 풍토가 존재함으로써 소속감과 참여욕구의 분출구가 필요한 단계이다. 보편적으로 성인들은 배우자나 가족을 통해서 의존욕구를 충족하며 참여욕구는 책임 있는 자녀양육과 이웃과 지역사회집단에 참여함으로써 충족된다. 집단에 소속됨으로써 건강하고 계속 발전하는 삶을 통해 성숙한 자기감을 가질 수 있다. 집단치료는 이처럼 기본적인 인간발달의 욕구를 전제로 이루어진다.

여기서 집단 심리치료(group psychotherapy)는 신경증이나 정신병 등의 이상심리를 소집단에서의 여러 가지 학습경험을 통해서 현실적이고 합리적인 심리로 변화되도록 재교육하는 전문적 활동이라고 할 수 있다. 정신분석이론이 지배적일 때는 전이신경증(轉移神經症)의 복잡성 때문에 집단 심리치료는 성공할 수 없다고 보았으나 20세기 후반기부터 집단 심리치료의 효과가 상당히 큰 것으로 보고되고 있다. 집단의 형태나 활동원리에 따라서 집단 심리치료는 여러 가지로 분류될 수 있으며, 대표적인 예로는 ① 가족치료, ② 티 그룹(T. group), ③ 마라톤 그룹(marathon group), ④ 정신분석적 집단 심리치료, ⑤ 행동주의적 집단 심리치료, ⑥ 내담자중심적 집단 심리치료 등이 있다.

3. 집단상담의 준비 및 구성

1) 집단구성원의 선정

성별, 연령, 과거의 배경, 성격 차이 등을 고려한다. 연령 및 사회적 성숙도는 동질적인 것이 좋으나, 성별은 발달 수준을 고려하는 것이 좋다. 도움을 기꺼이 원하는, 자신의 문제를 기꺼이 말하는, 집단 분위기에 잘 적응하는 집단원이 효과적이다. 그리고 사전 면담을 통해 결정하는 것도 좋다.

2) 집단의 크기

5~8명이 바람직하며 너무 작으면 상호관계 및 행동범위가 좁아지고 압력이 높아진다. 너무 크면 실질적 참여가 줄고, 상담자가 공평한 주의를 기울이지 못한다.

3) 모임의 시간

구성원의 연령, 집단의 성격, 모임의 빈도에 따라 달라진다. 일반적으로 주 1회 1시간~1시간 반, 2주 1회 2시간으로 하고, 청소년은 1시간~1시간 반, 그리고 아동은 20~40분이 적당하다. 마라톤 집단이란 집단상담의 일반적인 시간보다 더 오랫동안 한 모임을 계속하는 것이며, 일단 정해진 시간은 반드시 지켜야 한다.

물리적 시설은 너무 크지 않고, 외부 방해를 받지 않아야 하며, 서로 잘 볼 수 있는 공간으로서 원형이 좋고 테이블 사용은 장단점이 있다.

폐쇄집단은 집단이 시작될 때 참여했던 사람들로만 끝까지 밀고 나가는 것이 되고 도중 탈락될 경우 집단의 분위기가 위축될 염려가 있다. 개방집단은 집단이 허용하는 한도 내에서 새로운 사람을 받아들이는 것으로 의사소통, 수용, 지지 등이 부족해지거나 갈등이 일어날 수 있으며, 변동 전에 반드시 논의해야 한다.

작업단계는 집단상담의 가장 핵심적인 부분으로 자신의 구체적인 문제를 활발히 논의하고, 바람직한 관점으로 행동 방안을 모색한다. 높은 사기와 분명한 소속감을 갖게 되며, 이해와 통찰뿐 아니라 행동의 실천이 필요하다.

4) 종결 단계

집단 과정에서 배운 것을 일상생활에서 적용할 수 있다는 것과 자신을 보다 더 깊이 알고 자신과 타인을 수용하면서 살 수 있다는 것이 기본 원리이다. 종결이 다가오는 것에 대한 느낌을 토의하는 것이 필요하다. 집단 후 모임에 대한 책임에 대해서 미리 재교육하는 것이 필요하다. 특히, 청소년의 경우 거부당한 느낌이 있을 수 있으므로, 집단원 간의 유대관계가 지속되도록 노력하는 것이 필요하다.

5) 집단상담의 과정별 접근방법

상담자의 역할은 첫째, 심리적 탈락자나 지각자를 막는 수위역할을 하고, 둘째, 집단의 목표와 일치하는 분위기를 형성하는 산파역할, 셋째, 참여자들 간 대화를 원활하게 하는 교통순경역할, 넷째, 시범자역할이다.

상담자의 기법 및 해석으로는 첫째, 집단 내 대인관계 해석 및 전체 집단 흐름 해석과 단정적, 교리적이 아닌 시사적, 가설적으로 의향을 묻는 방식이 고려되어야 한다. 둘째, 좁은 대인관계 문제보다는 전체 집단 문제를 우선 요구하는 기법으로 회피하는, 두려워하는 관계를 중점적으로 고려해야 한다. 느낌, 지금-여기, 나와 너, 직접적인 것, 구체적인 것, 스스로 탐색하는, 자기개방을 권장한다. 문제행동을 하는 심리적 갈등을 공감해 주고, 타인의 반응을 그 행동의 비효율성을 스스로 인식하도록 하게 해 준다.

계속되는 문제행동을 보이는 경우, 개인면담으로 해결하거나 탈퇴를 권유한다.

상담자의 구체적인 개입반응의 예로는 감정의 명료화 및 반영, 행동적 자료의 명료화 및 반영, 인지적 자료의 명료화 및 반영, 초점 자료의 탐색 및 질문, 직면적 태도의 촉진, 중요한 자료의 요약 및 재정리를 한다. 집단에 관한 충분한 사전 안내와 양해가 필요하다. 그리고 집단의 목적, 절차, 참여자 수칙, 비용, 집단지도자의 자격, 연락처 등은 유인물로 준비한다. 지도자와 참여자의 역할관계, 참여목적과 집단구조의 관계, 집단 참여로 인한 부담요소 등은 집단이 본격화되기 전에 논의한다. 그리고 집단에 참여하고 이탈하는 것은 자발적이어야 한다. 예외적으로 의뢰된 내담자들의 자발성 문제, 이탈할 경우 처리방법, 개인정보를 보호받을 권리와 책임을 들 수 있다. 또한 상부에 보고해야 하는 의뢰된 내담자들, 미성숙한 아동들은 예외적으로 볼 수 있다.

내담자 이익을 위한 윤리문제는 다음과 같다.

① 가능한 한 신체적 위협, 협박, 강제, 부당한 집단 압력에서 참여자들을 보호
② 각자가 집단과정의 시간을 공정하게 나누어 가질 기회 보장
③ 연구나 실험이 있을 경우, 관련 정보를 미리 알리고 사전동의를 받음
④ 집단 참여로 생길 수 있는 심리적 부담에 대해 미리 알려주기
⑤ 집단 밖의 개별 모임이 있을 경우, 집단에서 보고하도록 권유하기
⑥ 집단 상담자의 개인적 가치관과 기법이 집단의 목적과 부합하는지 확인하고 책임의식을 가질 것
⑦ 집단 참여자들과 부적절한 개인적 관계를 갖지 말 것

제2절 집단지도의 개요와 기본원리

인간은 태어나면서 집단에 소속되며 집단을 통하여 성장과 발달을 경험한다. 집단지도는 의도적인 집단 경험을 통하여 개인의 욕구를 충족시키고 사회심리적 기능을 향상하도록 하며, 개인이나 집단의 당면문제를 해결할 수 있도록 하는 사회복지실천방법 중의 하나이다.

1. 집단지도의 개요와 장·단점

집단지도란 역동적인 인간관계나 대인관계를 통해 집단 성원 각자가 자기의 생각, 의견, 사상·사회적 태도 및 인격을 형성하게 하는 지도 형태를 말한다.

집단의 역동적인 상호작용을 바탕으로 한 의도적인 집단활동을 통해 개개 구성원의 필요와 욕구를 충족시키고 집단 전체의 공동목표를 달성하기 위한 전문가의 계획적이고 조직적인 활동이다.

집단지도란 사회사업방법 가운데 하나로서, 전문가에 의한 의도적인 집단과정과 경험을 통해 개인의 사회적 기능 수행을 향상케 하며, 또한 개인, 집단, 지역사회의 당면 문제들에 대해 보다 효과적으로 대처해 나갈 수 있도록 도움을 주는 것이다.

1) 집단지도와 개별지도의 차이점

① 나뿐만 아니라 다른 사람들도 비슷한 문제를 가지고 있다는 사실을 알게 된다.

② 자신에 대한 이해를 증진시킴으로써 자아존중감을 증진시키고 개인적 성장에의 자신감을 갖는다.

③ 타인과 대화에서 공감적 경청자가 되며 정확한 의사소통 능력을 발전시킨다.

④ 자신도 타인을 이해하고 수용하며 도와줄 수 있다는 사실을 알게 된다.

⑤ 개인과 사회생활 면에서 발달과제를 해결해 나가는 데 필요한 사회적 기술과 대인관계능력을 발전시킨다.

2) 집단지도의 장점

① 집단지도는 시간, 에너지 및 경제적인 면에서 효율적이다. 즉, 집단지도자는 집단지도를 통해 제한된 시간 내에 적은 비용으로 보다 많은 대상자들과 접촉할 수 있다.

② 집단지도는 현실적이고 실제생활에 근접한 사회장면을 제공한다. 이러한 현실적 사회관계는 참여자들의 개인적 습관, 태도 및 사고방식 등을 사실적으로 평가 또는 수정하는 데 유용하다.

③ 집단의 참여자들은 같은 내용이라도 개인적인 조언은 거부하거나 저항하지만, 동료들의 집단적인 공통의견은 잘 수용하는 경향이 있다. 이것은 인간의 집단의존적 혹은 집단지향적 성향을 반영하는 것으로서, 같은 의견이나 결정이라고 해도 동료집단의 강화에 의해 이루어지면 보다 큰 책임감과 참여의식을 갖게 된다.

④ 집단지도는 문제해결적 행동이나 새로운 행동을 보다 구체적으로 실천할 수 있게 한다. 즉, 집단 내에서 문제해결적인 행동을 시도하고 다른 참여자들로부터 그 행동에 관한 여러 관점의 평가와 조언을 들을 수 있기 때문이다. 또한 집단의 지지적인 분위기로 말미암아 안정감을 느끼게 되기 때문에 다른 상황에서는 불가능했던 새로운 행동을 시도하도록 하는 원동력이 된다.

⑤ 집단에서는 집단지도자의 지시나 조언이 없이도 참여자들 간의 깊은 사회적 교류 경험을 가질 수 있다. 이 경우 집단지도자는 한 사람의 구성원인 동시에 객관적 관찰자와 촉진자로서의 역할을 수행한다.

⑥ 집단지도는 다양한 자원과 경험을 제공한다. 집단지도를 통해 각 구성원이

제시하는 다양한 욕구와 관점, 가치관 등을 집단이 공유할 수 있게 하기 때문에 행동변화를 위한 자원으로 활용이 가능하다.

⑦ 집단은 구성원들에게 보편적인 경험을 제공해 준다. 집단구성원으로 하여금 그들 모두가 문제를 가지고 있고 그 문제는 비슷하다고 느껴 서로를 신뢰하게 만든다.

⑧ 집단지도는 집단구성원들에게 소속감을 제공한다. 즉, 집단에의 소속감으로 인해 각 구성원들은 다른 사람과의 인간적이고 생산적인 관계를 경험할 뿐만 아니라 친밀감과 관계욕구를 충족시켜 준다.

⑨ 집단지도는 대리활동을 가능하게 한다. 집단구성원들은 다른 사람들이 문제에 접근하고 해결을 시도하는 방법을 관찰함으로써 대리활동이 가능하게 되며 또한 동일시를 통하여 문제해결에 접근할 수 있게 된다.

3) 집단지도의 단점

① 집단지도에서는 집단과정에 몰두하게 됨으로써 각 구성원의 개인적인 문제가 간과되거나 충분히 다루어지지 않을 가능성이 많다.

② 집단지도가 대체로 유리하지만, 그 반대의 경우도 생길 수 있다. 집단의 동질성과 이질성의 문제에 대한 집단지도자의 정확한 이해가 부족하면 집단지도자가 집단의 상황을 제대로 통제할 수 없는 경우도 있다.

③ 개인지도에 비해 비밀유지가 어렵다. 집단에서는 구성원 각자의 사적인 경험을 구성원 모두가 공유하기 때문에 구성원들이 자기 노출을 꺼리는 경우가 있다.

④ 집단구성원이 심리적으로 준비가 되기 전에 자기의 마음속을 털어 놓아야 한다는 부정적인 집단압력에 희생될 우려가 있다.

⑤ 집단은 때때로 특정구성원을 희생양으로 삼는 경향이 있다. 이런 현상은 매우 파괴적인 결과를 유발시켜 집단이 효과적으로 기능할 수 없도록 한다.

2. 집단지도의 기본 원리

1) 집단지도자와 집단성원 간의 의도적인 지도관계의 성립

집단지도에서 개인의 변화는 타성원과의 상호작용을 통해서만 이루어질 수 있다는 전제를 기초로 하여 집단지도자는 집단성원들 간의 관계가 성원들에게 보다 유익한 방향으로 변화할 수 있도록 의도적 개입을 통해 지도하여야 한다.

2) 다양한 특성을 지닌 집단을 하나의 집단으로 인정

집단지도자는 집단이 개인들의 집합을 의미하는 것이 아니라는 점을 인식해야 한다. 집단은 각기 특별한 성격을 지닌 유기체이며, 그 특수성격은 결속력의 유형, 성원 간의 상호작용, 하위집단 또는 지도력의 향상과 결여 등이 포함된다.

3) 개인은 고유한 장점과 단점을 가진 존재임을 진정하게 수용

집단지도자는 개인을 이해만 해서는 안 되며, 개인에 개입하고 개인을 존경하여야 한다. 그러나 이것은 집단지도자가 각 개인의 행동이나 그 행동의 질을 있는 그대로 다 인정해야 한다는 의미는 아니며, 집단지도자는 개인의 한 측면만을 수용하는 것이 아니고 전체로서의 개인을 수용하여야 한다는 의미이다.

4) 각 개인의 고유한 상이성에 대한 인정

집단지도자는 집단을 이름없는 군중으로 보아서는 안 된다. 집단지도자의 책임은 개인을 이해하는 것이며, 개인의 특수한 욕구, 집단 전체의 욕구, 집단이 속한 지역사회의 욕구에 근거하여 개인을 지도하는 것이다.

5) 집단과정의 적절한 수정

집단과정은 집단성원 간의 상호관계, 하위집단 형성, 결속력, 지도력 발달, 소외자 형성 등으로 나타난다. 집단지도자는 이러한 집단과정을 평가하고, 집단과정에 따라 통제를 가할 때와 격려해 주어야 할 때를 인식할 수 있어야 한다.

6) 각 성원이 자신의 능력에 따라 참여하도록 격려

참여는 집단지도의 주요 용어 중의 하나이며, 각 성원들로 하여금 집단이 하는 일의 일부분이 되도록 지도한다는 것을 의미한다. 참여능력은 개인에 따라 차이가 있으며, 집단지도자는 개인의 참여능력 정도를 수용하여야 한다. 자발적으로 그리고 창피한 감정을 느끼지 않고, 개인의 현재 참여능력 수준에서 참여하도록 하며, 나아가서는 그의 참여 능력과 범위를 향상시키도록 지도해야 한다.

7) 문제해결과정에 성원들이 직접 참여하도록 지도

집단지도자는 집단을 위해서 문제를 해결해 주어서는 안 된다. 그리고 집단을 위해서나 개인을 위해서 무엇이 최선인가를 알고 있는 전지전능한 존재가 되어서도 안 된다. 집단지도자는 성원들로 하여금 문제해결과정에 참여해서 집단지도자나 성원과의 상호작용을 통하여 자신들의 문제해결책을 발견할 수 있도록 지도하여야 한다.

8) 성원들이 점차적으로 만족스러운 갈등해결방법을 경험할 수 있도록 지도

이 원리는 집단의 상호작용이나 혹은 개인의 갈등해결 유형과 관련성을 지닌다. 전체 집단은 집단지도자의 지도를 받아 절충하거나 다른 민주적인 방법을 활용함으로써 합리적인 방법으로 갈등을 해결할 수 있게 된다.

9) 각 성원에 대한 진단적 평가, 집단목적, 적절한 사회적 목적의 진단 평가에 근거하여 의도적으로 그리고 상이한 프로그램을 활용

프로그램은 전문가가 참석한 가운데 집단이 회합에서 하는 활동을 말한다. 이 활동은 전문가 자신의 욕구와 흥미에 따라 이루어지는 것이 아니고 집단성원의 욕구와 흥미를 중심으로 기획되어야 한다.

10) 개인과 집단발달에 대한 계속적인 평가

정기적으로 평가나 사정을 하는 것이 집단지도의 한 부분이며, 이것은 전문가의 노력을 의도적인 것이 되게 하며 융통성도 부여한다. 이 평가나 사정은 때로는 집단성원들과 상의함으로써 개인이나 집단으로 하여금 자신들의 목표를 성취하는 방향으로 노력을 투여할 수 있도록 하는 기능이 있기도 하다.

3. 집단지도의 기능과 기법

1) 집단지도의 기능과 기법

(1) 기능(Trecker)

① 목적 있는 상호관계를 맺게 하는 기능
② 집단의 상황을 분석하는 기능
③ 집단의 감정을 다루는 기능
④ 집단에 참가하여 협력하도록 하는 기능
⑤ 프로그램을 발전시키는 기능
⑥ 평가의 기능

(2) 기본기술

① 적극적인 경청	② 반응
③ 명료화와 질문	④ 요약
⑤ 짧은 강의와 정보 제공	⑥ 격려와 지지
⑦ 어조 조정하기	⑧ 모델링과 자기노출
⑨ 시선의 사용	⑩ 목소리의 사용
⑪ 리더의 역량 이용	⑫ 동료를 동일시하기

2) 집단에서의 주요기법의 활용

(1) 하위집단(Sub-Group)을 다룸

집단 내의 하위집단을 파악하고 관찰함은 물론 부정적인 역할을 하지 않도록 통제하고 조정한다. 집단 내의 좋은 자원으로 인정될 시에 각 하위집단을 활용하게 된다.

(2) 집단 내의 외부적 지도자 및 잠재적 지도자의 이용

집단 내의 공식적 지도자와의 유대는 물론 잠재적 지도자와 실질적인 지도자를 파악해 내고 관찰한다.

(3) 적절한 유머와 위트의 활용

특히 초기 단계에서 유용하며 집단의 분위기를 부드럽게 하고 어색함을 완화시키는 데 유용하다.

(4) 적절한 지지기법

집단 내의 위축자, 희생양을 파악하여 변화의 간접적 기제가 되게 한다.

(5) 지도자의 가치와 태도의 중요성

지도자의 에너지가 집단에 전해진다.

(6) 계속적인 프로그램의 개발, 동료 집단사회복지사와의 연계, 조언

3) 이상적 집단의 특성

① 목적이 분명한 집단으로 목적은 집단구성원의 욕구와 관련되어야 함
② 의사소통이 자유로운 집단
③ 지도력이 골고루 분포된 집단
④ 의사결정방법의 다양성
⑤ 집단 안에서의 힘이 권위에 의해 분배되는 것이 아니라 상황, 능력, 정보에 의해서 분배되는 집단
⑥ 서로 다른 의견을 가진 사람들의 갈등이 회피되지 않고 다루어지는 집단
⑦ 결속력이 강한 집단

제3절 집단발달과정

1. 집단발달과정

집단발달(group development)은 형성된 집단이 성원들의 지속적인 상호작용을 통해서 상호의존적 관계라는 집단의 특징을 강화하고 집단으로 성장해가는 과정을 집단발달이라 한다. 구체적으로는 집단목표의 명확화, 규범의 출현, 우리라는 소속감정의 성립과 집단응집성의 견고화, 또는 심리적인 대인관계의 분화, 지위

와 역할관계의 분화와 통합, 의사소통 경로의 성립 등 집단발달에 따라 집단의 기능과 구조면에서 많은 변화가 나타난다.

집단발달단계는 성장이나 발달과정에서 서로 구분되는 기간이나 정도를 말하며 각 단계 간에 명확한 구분이 있는 것은 아니며 때로는 중복되는 경우도 있다. 집단의 발달과정에서 서로 구분되는 기간 또는 구분되는 정도를 집단발달단계라고 하는데, 집단사회복지사는 집단이 어느 발달단계에 있는지 파악해야 한다. 집단사회복지사는 집단발달과 목적을 달성하도록 적합한 개입방법을 사용할 수 있으며, 개인이나 집단발달을 저해하는 장애물을 제거할 수 있고, 집단의 성장기간 동안 특정시점에 필요한 지도자의 활동수준을 고려하여 적합한 선택을 할 수 있다. 집단사회복지실천에서의 집단과정을 통해 집단사회복지사는 집단목적을 달성해 나갈 수 있는 집단사회복지실천기술이 요구된다.

1) 터크만(Tuckman)

(1) 형성기(Forming)

멤버십 결정시기, 집단의 목적에 대한 추구, 집단의 경계선에 대한 관심이 높다.

(2) 힘의 갈등시기(Storming)

상대방을 이해할 수 없음으로 인한 갈등으로 나의 위치를 찾는 시기이다.

(3) 규범형성시기(Norming)

체계형성, 구성원들 사이의 긍정적 관계로 조화를 이루는 시기이다.

(4) 수행기(Performing)

집단의 과제를 이행하는 시기로 구성원들 간의 결속력이나 충성심이 높다.

2) 싸리와 갈린스키(R. Sarri & M. Galinsky)

① **집단발달의 기초단계**: 집단이 모이는 장소와 규모, 크기를 결정한다.

② **형성단계**: 집단의 기본적 규율형성, 공통목적을 추구하는 단계이다.

③ **중간 단계**: 결속력이 생기고 목적이 분명해지는 단계로 하위집단(sub-group)의 형성과 구성원의 역할이 일어나기 시작한다.

④ **재구성단계**: 지도자에 대한 도전 및 수정, 집단의 목적, 규범, 가치의 강화 등을 들 수 있다.

⑤ **중간 단계**: 중간 단계의 특징이 다시 시작되며 집단상호 간의 의존과 협동심이 높아진다.

⑥ **성숙단계**: 집단의 기능 높아진다.

⑦ **종결 단계**: 집단의 종결 이유로 집단목적이 성취되어 존재 이유가 없을 때, 시간이 이미 정해져 있을 때, 구성원 사이의 부적응, 불만족, 목표에 대한 불일치, 외부의 압력에 의해서 종결된다.

3) 집단의 발달에 영향을 주는 요인들

① 집단에 속한 각 개인이 집단에 가지고 오는 자아로 자신이 이해하고 있는 자아, 남에게 보여지기를 원하고 있는 자아, 남이 보는 자아, 자기가 생각하는 이상적 자아, 남의 자기에 대한 이상적 자아를 이른다.

② 집단 밖의 문화

③ **집단 내의 문화**: 집단의 독특성

④ 서로 다른 종류의 욕구와 에너지로 집단의 공통된 상관된 욕구, 집단과 관계된 사적인 욕구, 집단과 관계없는 사적인 욕구, 집단 전체의 공유욕구를 말한다.

⑤ **집단의 가치체계**: 집단 안에서 좋은 구성원의 행동 정의 그리고 한 집단과 다른 집단을 구별하는 특징, 집단의 방법과 목적을 정의한다.

⑥ **역할체계:** 집단 안에서 기대되는 그리고 요구되고 허용되는 금지된 행동을 말한다.

⑦ **관계체계:** 상호작용을 이해해야 하고 개인이 자기를 알아보고 자신에게 반응하고 타인을 알아보고 반응하는 과정이다. 구성원 사이의 관계성을 알아보기 위해 집단원들에게 가장 긍정적으로 다가오는 사람이 누구인지 알아보는 시도이다.

⑧ **의사소통체계:** 의사소통 내용의 분명한 전달 여부나 전달방법이다.

⑨ **통제체계:** 개인의 행동이 집단 전체의 이익을 도모하기 위해서 새롭게 방향을 잡는 과정으로 여러 힘에 의해 결정된다. 이에는 자아 통제, 사회적 통제, 구성원 통제, 과제 통제, 상황 통제, 체계 통제 등의 합치반응을 말한다.

2. 발달단계별 지도자의 역할과 집단운영

1) 발달단계별 지도자의 역할

(1) 첫 번째 세션

① 집단의 시작

② 구성원들로 하여금 잘 알 수 있도록 돕기

③ 긍정적인 분위기의 조성

④ 구성원들을 집단에 참여시키기

⑤ 집단의 목적을 명백히 하기

⑥ 지도자의 역할을 설명하기

⑦ 집단이 어떻게 이끌어질지에 대해 설명하기

⑧ 구성원이 기대를 말로 표현하도록 돕기

⑨ 구성원들의 질문을 받기

⑩ 기본적인 집단원칙을 설명하기

⑪ 기간을 설명하기

⑫ 집단 내의 평안한 정도를 점검하기

⑬ 구성원들의 상호작용 태도 평가하기

⑭ 주제에 초점을 맞추기

⑮ 다음 모임에 대한 정보 나누기

(2) 두번째 세션

① 새로운 구성원들의 면접

② 첫 번째 세션의 성과에 대한 평가

③ 목적에 대한 상기

④ 서로에게 피드백을 주며 종결

(3) 중간세션

① 중간가치평가

② 구성원의 관심과 실행 정도 평가

③ 각 구성원의 참여평가

(4) 마지막 세션(집단의 종결)

① 집단경험의 재조사와 요약

② 구성원들의 성장과 변화평가

③ 일의 해결

④ 변화의 일상에의 적용

⑤ 피드백의 제공

⑥ 헤어짐의 조정

⑦ 계속되는 문제해결을 위한 계획

⑧ 분리의 느낌 다루기

⑨ 집단평가

⑩ 파티와 함께 끝남

2) 경험적 집단운영요령

프로그램의 생명은 즐거움에 있다.

(1) 한 번 사용한 방법을 반복하지 않는다.

① 다양한 소품을 활용한다: 목표세우기는 목표용지에 기입하는 방법, 전지에 스티커로 붙이는 방법, 손도장을 찍는 방법 등이다.

② 프로그램 장소를 다변화하지만 모임의 정규장소는 있어야 한다.

③ 프로그램 참여자들만의 상호작용이 아니라 집단 밖 사람들과도 상호작용할 수 있게 한다. 이에는 바자회, 추적놀이, 직업조사 인터뷰, 동아리별 모임 등이 있다.

(2) 역동성 있게 진행한다.

① 참여자들의 시선이 지도자나 진행상황에 집중되도록 한다.
문서나 책상 쪽으로 시선이 향하는 시간이 길어지면 참여자들의 흥미가 떨어지기 쉽다.

② 특히 집단 발달 초기에 역동적인 프로그램 위주로 프로그램을 구성해야 한다.

③ 참여자 1명이 너무 오래 이야기하거나 프로그램 시간을 독점하지 않도록 조절한다. 프로그램에 참여하는 학생 중에는 발표하거나 다른 사람의 이야기를 오래 집중해서 듣는 것을 견디기 어려워하는 경우가 많다.

④ 참여자 한 명씩에게 순서가 돌아가는 프로그램보다는 같은 시간 안에 모두가 함께 참여할 수 있는 프로그램으로 구성한다. 예를 들면, 경매시장, 추적놀이, 스킨십 프로그램 등이 있다.

(3) 기분전환용 프로그램을 가미한다.

프로그램 시작 전에 간단한 게임을 하거나 프로그램 중간에 게임성 프로그램을 삽입하여 입체적으로 진행한다.

(4) 집단발달단계에 따라 집단운영을 조절한다.

① **지도자의 리더십:** 강한 리더십의 지도자 중심형에서 점차 회원들에게 리더십을 이양한다.

② **집단 참여자의 자율성:** 참여자들의 역량에 따라 점차로 자율성의 정도를 높여간다.

③ **흥미의 정도:** 즐거움과 흥미가 사라진 프로그램은 운영·유지가 불가능하다. 집단 발달단계와 무관하게 즐거운 분위기를 유지하는 것이 매우 중요한데, 특히 초기와 말기에 더욱 참여자들에게 흥미로운 프로그램을 구성할 필요가 있다. 초기에는 관계형성을 위해, 말기에는 프로그램 효과 내재화를 위하여 구성한다.

④ **야유회 혹은 캠프의 순서:** 초기에 가면 친밀감 조성에 유리하나 참여자들이 서로 어색해하므로 충분히 즐기지 못할 가능성 있다. 말기에 가면 프로그램 정리가 잘 되는 반면, 프로그램 진행상에는 큰 도움을 받지 못한다.

예를 들면, 집단발달단계에 따른 목적, 프로그램 성격, 필수적인 프로그램 내용 개요를 들 수 있다.

<table>
<tr><td>1회</td><td>2회</td><td>3회</td><td>4회</td><td>5회</td><td>6회</td><td>7회</td><td>8회</td><td>9회</td><td>10회</td></tr>
<tr><td colspan="3">초기</td><td colspan="4">중기</td><td colspan="3">말기</td></tr>
<tr><td colspan="3">• 목적: 관계형성, 친밀감 조성, 집단에 대한 매력 부여
• 프로그램 성격: 쉽고 구조적, 역동적, 흥미롭게, 놀이성
• 필수 프로그램: 계약, O·T</td><td colspan="4">• 목적: 갈등조성과 해소, 치료, 목적달성을 위한 과업 추진
• 프로그램 성격: 구조적, 과제중심적, 흥미롭고 긴장감 있게
• 필수 프로그램: 중간점검, 자아성찰</td><td colspan="3">• 목적: 경험 내재화, Separation
• 프로그램 성격: 참여자들의 자율성 수준을 높게
• 필수 프로그램: 효과성 평가, 사후 프로그램에 대한 계획</td></tr>
</table>

(5) 대목적과 프로그램별 목표, 효과성 평가의 관계

① 예상하는 기대효과, 참여자들에게 일어나야 할 필수적인 변화 포인트, 집단지도자가 달성할 수 있다고 예상하는 한도 내에서 프로그램의 목표를 정한다.
② 구체적이고 작은 것, 측정 가능한 것으로 정한다.
③ 목적, 매회별 프로그램 목표, 효과성 평가는 상호 밀접한 연관성을 가지고 일관성 있게 구성되어야 한다.

(6) 프로그램 실시 전 준비상태

① 지도자는 프로그램 실시 전에 실행상황을 가상하여 리허설을 한다.
② 참여자들의 반응과 진행상황을 머리 속에 그려가며 최대한 구체적으로 준비한다.
③ 준비상황에 필요한 모든 준비물을 사전에 준비하고 프로그램 실시 전에 점검한다. 가급적이면 준비물은 종이에 적어두고 하나씩 점검해 나가는 것이 좋다.
④ 다음 프로그램 실시를 위하여 이번 시간에 어떤 공지를 해야 하는지 준비해 둔다.
⑤ 뛰어난 지도자일수록 적은 비용으로 최대의 효과를 본다.

3) 프로그램 실행 시 주의사항

(1) 보상과 간식지급

① 간식은 약속한 과정에 따라 준비해야 한다. 잦은 간식지급은 프로그램 진행상황을 방해하고 자칫 참여자들의 참여 목적이 되어 버릴 수 있다. 따라서 간식은 집단 참여자의 특성에 따라 준비하되 자주 하지 않는 것이 바람직하다.
② 보상을 줄 때에는 강화시킬 행동에 따라 구체적으로 주어야 한다.

③ 보상을 받는 참여자가 스스로를 비굴하게 느끼거나 다른 참여자들에게 반감을 사지 않도록 주의해서 주어야 한다.

④ 참여자가 지도자에게 개인적으로 부탁하는 간식, 선물에 대한 요구는 적절하게 거절하는 것이 바람직하다.

⑤ 보상을 주는 방법 자체가 또 하나의 프로그램으로서 의미를 가질 수 있다.

(2) 참여자의 탈퇴에 대한 대처

① 집단지도자의 가장 큰 부담 중 하나는 참여자들이 집단에 끝까지 남아 있게 하는 것이다.

② 서비스를 계속 거부하는 클라이언트에게는 서비스를 받지 않을 권리를 존중해 주어야 한다.

③ 탈퇴자들은 사전에 반드시 탈퇴에 대한 징후를 보내온다. 참여자가 탈퇴 징후를 보낼 때 즉각 개입하여야 효과적이다. 잦은 지각, 의욕 없는 태도, 책상에 엎드려 있거나 시선접촉의 시간이 짧고 산만한 행동을 한다.

(3) 피드백을 주는 방법

① 상대방의 구체적 증거를 가지고(추론보다) 피드백을 준다.

② 이것이 적합한 피드백인지 생각한 후 준다.

③ 빨리 준다.

④ 직접 준다.

⑤ 상대방이 설명할 수 있는 기회를 준다

⑥ 상대방을 생각하는 자세로 피드백을 준다

⑦ 상대방이 원할 때 준다.

⑧ 심판하고 판단하는 자세를 취하지 말 것이다.

⑨ 자기가 주는 피드백이 반드시 옳은 것이 아니라는 전제를 가지고 준다.

⑩ 원인을 자기가 분석하지 않는다.

⑪ 부정적인 피드백은 긍정적인 것과 같이 준다.

⑫ 자기 나름대로의 제안은 가능하지만 충고를 주지 않는다.

⑬ 결과를 생각하고 준다.

⑭ 적절한 시기에 준다.

⑮ 의도대로 받았는지 점검한다.

(4) 강화방법

① 강화는 지속적으로, 일관성 있게 한다.

② 교사, 가족, 친구들과 연계하여 같은 방법으로 반복강화하면 더욱 효과적이다.

③ 프로그램 실시 전에 참여자들에게 프로그램의 규칙을 알리거나 혹은 규칙을 함께 만들도록 한다. 처벌이나 부적강화를 줄 때에는 반드시 규칙에 의거해서 해야 한다.

④ 부적강화나 처벌은 예후가 좋지 않으므로 사용을 자제하고, 특히 체벌은 절대 금지사항이다.

⑤ 긍정적 강화를 주로 사용하되 심각한 문제를 반복하는 학생의 경우 지도자가 부정적 행동에는 무관심하다가 긍정적 행동을 보일 때 즉시 정적 강화를 하도록 한다.

⑥ 클라이언트가 부정적 행동을 보이거나 문제행동을 반복할 때 지도자가 어색한 상황을 모면하기 위하여 웃으며 넘기는 것은 좋지 않다. 농담하듯이 개입하는 기술을 자주 사용하면 개입효과가 약화된다. 클라이언트가 잘못했을 때에는 죄책감을 다소 느낄 수 있도록, 사태의 심각성을 감지할 수 있도록 둔다.

⑦ 쉽고 친근한 용어를 사용한다.

(5) 프로그램 실시 후

① 프로그램을 마친 후 그 날의 프로그램 상황을 평가한다. 보조 지도자가 있

다면 함께 평가하여 객관적인 평가가 이루어지도록 한다.

② 다음 프로그램과의 연결 상황을 예상하고 사전 준비를 해 둔다.

③ 과정 기록이나 참여자상태를 분석하는 데에 필요한 자료는 미리 챙겨둔다.

④ 기록은 미루지 않는다. 미뤘다 쓴 과정기록은 이미 기억의 유실로 인하여 가치가 떨어진다.

3. 집단슈퍼비전의 과정

1) 초기 단계

(1) 준비

집단 성원들의 물리적 배열은 집단 상호작용의 결정인자로, 규모에 알맞게 자리를 배열하여야 한다. 원형배열은 가장 이상적인 배열로 선호되며, 비언어적 의사소통 메시지가 쉽게 인지된다. 또한 모임의 시간과 일자를 구체화시키는 스케줄은 분명하게 설계되어야 하며, 정규적으로 지켜야 한다.

(2) 목표설정

슈퍼바이저는 슈퍼비전의 일반적 목표들과 일치하는 목적들이 선택되고 그와 같은 목적들이 성취되도록 집단상호작용을 이끌어갈 책임이 있으며, 의도적 성과가 있을 것을 요구한다.

(3) 계획

슈퍼바이저는 토론을 위해 제기해야 할 중요사안과 교육할 필요가 있는 내용들을 결정한다. 예상 시나리오를 구상하여 철저히 계획하며 예상되는 질문과 답변, 부딪히게 되는 난관 등에 대비하여 융통성 있는 계획이 바람직하다.

(4) 규범정하기

슈퍼바이지들의 역할기대와 의미의 본질에 대한 명백한 개요설명, 모임에 대한 사전준비, 미리 배포된 자료 읽고 준비하기 등이 있다. 모두는 집단 상호작용에 기여해야 하고 이러한 기여를 통해 계속해서 적절한 토론이 되게 할 책임이 있다.

(5) 집단슈퍼비전에서의 바람직한 규범

① 모든 사람에게 부당한 방해를 받지 않고 발언권을 가질 수 있도록 허락하는 것이 중요하다.
② 다른 사람들이 말하는 것을 주의 깊게 경청하고 반응한다.
③ 집단 통합을 유지하기 위해 자기 자신의 기호를 일부 포기하게 하더라도 토의의 초점에 합리적으로 공헌하고 반응한다.
④ 보다 효과적인 전문적 실천에 기여한 자료와 경험들을 공유한다.

2) 중간 단계

(1) 내용과 방법

집단슈퍼비전 모임의 내용은 기록, 면접, 의뢰절차, 심리검사, 사례관리, 사회복지사와 클라이언트의 상호작용 등 기관 사회복지사들의 일반적인 관심사들을 포함한다. 또한 기관이 위치한 지역사회구성, 지역사회문제, 지역사회의 기관자원 등 지역사회와 관계가 있으며, 전통적으로 임상사례는 집단슈퍼비전의 주토론 대상이며, 역할극은 집단슈퍼비전에서 자주 사용되며, 즉흥적인 시연이 가능하므로 토론을 위해 아주 좋은 방법이다.

영화나 녹음 및 녹화테이프의 활용도 집단토론을 위한 기초자료로 적절하다.

(2) 토론

슈퍼바이저는 정기적으로 토론의 관련 요점들을 재정리함으로써 다양성 속의 본질적인 전체성, 즉 기본적 통일성을 유지한다. 또한 집단이 그 목적에서 벗어나지 않게 하면서 최적으로 목적을 달성하도록 돕기 위해 집단 상호작용을 조장하고 보장할 책임이 있다.

(3) 집단의 상호작용

슈퍼바이저는 슈퍼바이지들 간의 패턴반응의 파악과 슈퍼바이지의 개인적 관심 욕구 충족을 위해 집단을 이용하려고 하는 방해들을 억제하여, 목표달성을 촉진할 정서적 분위기를 조성하고 유지하려고 노력해야 한다.

과업과 집단유지 문제들은 상호 연관되어 있으므로 과업을 효과적으로 성취하는 집단은 사기와 유대감이 더 크게 작용되므로 목표달성을 통해 슈퍼바이저는 물론 집단 구성들 간의 보다 긍정적인 상호작용 패턴의 발전을 도모한다.

3) 종결 단계

슈퍼바이저는 중요한 사항들을 요약, 가능하면 이전 모임의 결론과 연관, 다음 모임의 주제와 연결시키는 것이 좋다. 다음 모임에 대한 자료들을 배포함으로써 계속적인 연속성을 구성원들에게 상기시킨다. 종결 단계에서는 시작할 때 세웠던 계획이 잘 진행되었는지에 대한 평가, 집단의 목표달성 여부를 점검한다.

슈퍼바이지 각자가 집단슈퍼비전을 통해 얼마만큼 배우고 성장했는지 토론하고 다음에 대한 계획을 세운다.

슈퍼바이저는 슈퍼바이지들의 부정적, 긍정적 감정들을 끌어내며, 집단으로부터 정보를 얻도록 노력하며 집단토론의 성격과 방향을 분명하게 해 주며 집단에게 적극적인 지도력과 집단모임의 요약을 제공하는 개입은 계속 이뤄져야 한다.

슈퍼바이저가 슈퍼바이지를 평가 시 오류를 범하기 쉬운 내용은 다음과 같다.

(1) 후광효과

한 가지 측면이 뛰어나 보이면 그에 대한 지각이나 강한 인상이 슈퍼바이지의 업무수행의 모든 다른 측면에 영향을 주는 것을 의미한다. 이것은 긍정적 방향은 물론 부정적 방향으로도 작용할 수 있으므로 업무의 특정 분야의 판단이 전체적인 업무의 판단에 편견으로 작용하여 공정한 평가를 방해한다.

(2) 관대성 오류

슈퍼바이지의 부정적 수행을 공평하고 정직하게 평가하기를 주저하는 것으로 실제 수행보다 긍정적인 평가를 하는 것이다. 이것은 슈퍼바이지 자신을 바르게 인식하지 못하게 한다.

(3) 중앙화 경향

슈퍼바이저가 슈퍼바이지의 업무수행 과정 및 결과에 대해 정확히 모르고 있을 때 범하는 오류로, 모든 평가 항목에 보통이나 그 이상을 부여함으로 자신을 정당화시킨다.

슈퍼바이저가 슈퍼바이지를 정확히 이해하고 슈퍼바이지의 업무수행을 정확히 알게 되면 벗어날 수 있는 오류이다.

(4) 최근 오류와 과적오류

기간 전반을 평등하게 평가하지 않고 최근 업무에 비중이 실리는 것으로 이러한 오류에서 벗어나기 위해 평가는 패턴화되고 전형적인 평가수행에 근거를 두어야 하며, 평가기록을 남겨야 한다.

(5) 대조오류

특정 부서의 선임업무자와의 비교에서 나타나는 배경과 관련된 것으로 슈퍼바이저가 자신을 평가의 기준으로 생각할 때 나타나는 오류이다. 이는 슈퍼바이지를 정확히 이해하게 되면 벗어날 수 있는 오류이다.

(6) 부정성 효과

관대함의 오류에 상대적인 것으로, 평가하는 데 있어서 부정성 효과라는 잠재성이 있음을 전제로 할 때 생기는 오류이다. 슈퍼바이지의 업무수행에 대해 긍정과 부정적인 측면이 동시에 제시될때 부정적 느낌이 강조되고 더 큰 영향을 줌으로써 부정적 측면이 강조되게 평가되는 것이다.

연구과제

1. 집단지도와 개별지도의 차이점
2. 집단발달의 과정

CHAPTER 10

직업윤리와 슈퍼비전

학습과제

1. 사회복지사가 사회복지실천을 위한 윤리적 원리
2. 사회복지 전문적 가치
3. 한국사회복지협회의 윤리강령

여기서는 슈퍼바이저(supervisor: 다른 사람이 하는 일에 대해 책임을 갖고 지켜보는 감독자)가 슈퍼바이지(supervisee: 슈퍼비전을 받는 상대방)에게 사회복지사로서의 지도감독을 이행하는 과정에서 나타나는 슈퍼비전의 행태에 대한 윤리와 가치에 대하여 알아보고자 한다. 따라서 직업윤리로서의 슈퍼비전(supervision)은 슈퍼바이저와 슈퍼바이지 간의 위계적이면서 긍정적인 슈퍼비전 관계 속에서 특정 상황의 고유한 특성을 고려하면서 그 상황과 세팅의 정책과 절차에 따라 클라이언트에게 최선의 서비스를 제공할 목적으로 행정적·교육적·지지적 기능을 수행하도록 제공되는 전문적 서비스이다. 이에 대한 사회복지서비스 실천제공 시 나타나는 직업윤리와 가치에 대하여 슈퍼바이저로서의 역할과 가치의식을 알아보고자 한다.

사회복지실천의 3대 중심축은 가치, 지식, 기술에 있다. 여기서 가치는 좋고 바람직한 것에 대한 지침, 믿음과 같은 것으로 사회복지의 기본가치를 프리들랜더(Friedlander)는 "인간의 존엄성, 인간의 자율성, 기회의 균등성, 사회적 책임에 있으며 사회복지실천현장은 전문직 가치, 개인적 가치, 사회적 가치"를 말한다. 이러한 관점은 의료적 관점, 생태학적 관점, 통합적 관점에 있다고 할 수 있다. 의료적 관점은 1920~1960년대에 환자의 문제원인을 환자 내부에 존재하는 것으로 보고 여러 사회문화적 요인들의 결과를 무시한 단점이 있으며 생태학적 관점은 1960~1970년대 초 환경적 요인이 적어도 내적 요인만큼은 중요하다고 생각하며 인간이 환경의 영향(person-in-environment, PIE)을 받을 뿐만 아니라 상호작용하는 존재로 보고 사회복지실천은 인간에 초점을 두어 문제해결 능력, 적응 능력, 발달 능력 개발, 인간과 체계의 관계에 초점을 두고 있다.

생태학적 관점은 개인, 가족, 소집단이 그들 생애의 한 단계에서 다음 단계로 옮겨갈 때 과도기적 문제와 욕구를 가진다고 본다. 그래서 과도기적 문제와 개인, 가족 등의 문제와 욕구를 분명히 하고 욕구 충족을 돕기 위해 중재 접근이 적용된다.

통합적 관점에서 실천은 기본적으로 사회기관의 사회 프로그램 맥락 안에서 진행된다. 사회 프로그램은 실질적 재화 제공과 무형의 서비스 제공 그리고 사회 환경이 사람들의 복지에 더 적극적인 반응을 보이도록 변화시키는 노력으로 구분된다.

사회복지사에게는 전문적 배경과 개인적 특성이 있고 이것은 프로그램에 필히 개입된다.

클라이언트에게는 개인적인 특성과 환경적인 영향이 있다. 이러한 모든 관점이 통합적으로 고려되어야 한다고 본다. 여기에 사회복지사의 직업윤리와 이에 대한 슈퍼바이저로서의 역할을 통하여 슈퍼바이저의 자질을 기대할 수 있다.

제1절 사회복지사의 실천원리

1. 사회복지를 위한 윤리적 원리

사회복지사는 전문직의 추상적인 가치 실천을 위한 원리로 변형시켜 특정한 상황에서 구체적인 행동으로 옮긴다. 가치는 추상적으로 사회복지사의 사고방식 그리고 실제적으로 직접적인 사회복지실천을 위한 원리를 통해서 그들의 행동을 형성한다. 공통된 수용, 개인화, 의도적인 감정의 표현, 비판단적인 태도, 객관성, 통제된 감정연루, 자기결정, 자원에 대한 접근, 비밀성, 그리고 책임이 바로 그것이다. 사회복지사가 그 원리들을 운용할 수 있게 하는 데 실패할 때, 그들은 대상자에게 고통을 주고 대상자로부터 권력과 동기를 빼앗는다. 반대로 그 실천 원리를 유지하는 것은 강점시각을 촉진한다.

1) 수용

수용은 사회복지사는 대상자 각각의 대상자의 상황, 선입적인 태도, 부당한 확신, 그리고 동의로 된 수용의 혼란에 대한 인격적인 관점을 이해하는 것을 함축한다.

2) 개인화

모든 사람은 특별하고 개별적인 능력을 소유한다. 사회복지사가 대상자의 개인성을 개별화할 때 그들은 그들의 특별한 특질과 개인적 차이를 인식하고 평가한다.

대상자를 개인화하는 사회복지사는 편견이나 선입견으로부터 그들 자신을 자유롭게 하고, 일렬로 번호를 매기고 고정관념을 가지는 것을 피하고, 다양성의 잠재력을 인지한다. 그들은 대상자는 개인이 되기 위한, 그리고 인간 존재로써 뿐만 아니라 개인적 차이를 가진 인간으로써 다루어지기 위한 권리를 가진다는 것을 증명한다. 사회복지사는 필수적으로 사람들의 상황에 대한 일반화된 정보를 얻는다. 그러나 그들은 각각의 대상자의 환경은 그 일반적인 계획의 적용을 요구한다.

사회복지실천가는 이러한 특별한 상황 안에서 이 특별한 대상자와 함께 협력한다.

개인화의 원리는 대상자가 있는 곳에서 시작되는 행동으로 옮겨진다.

3) 의도적인 감정의 표현

감정은 인간의 삶에 없어서는 안 된다. 그리고 사람은 감정의 범위를 경험한다.

대상자는 그들의 감정을 자유롭게 표현할 기회를 가지는 것이 필요하다. 부분적으로 대상자가 태연하게 감정을 분출하도록 장려하는 것 또는 부정적인 감정으로 통제할 수 없게 되는 것이 신중하지는 않을지라도, 사회복지사는 그들의 감정을 의도적으로 표현하도록 대상자를 지도하는 것이 필요하다. 사회복지사는 그 사실을 강조하는 감정을 털어놓기 위해 단순한 사실의 항목을 넘어 주의 깊게 들음으로써, 관련된 질문을 요구함으로써, 그리고 관용과 비판단주의를 증명함으로써, 사회복지사는 대상자가 사실과 감정 모두를 공유하도록 해야 한다. 비록 감정을 표현하는 것이 바람직하지 않을지라도, 대상자의 감정의 표현은 의도적이어야 한다. 그것은 해법을 발견하는 과정 안에서 목적을 수행해야 한다. 의도적인 감정의 표현은 그들이 건설적으로 다룰 수 있게 하기 위해서 개방으로 감정을 가져오고, 더 많은 그 상황의 정서적 또는 감정적 요소의 정확한 이해가 뒤따르며, 그리고 심리적 지지를 증명하기 위한 기회를 제공한다.

4) 비판단적 태도

모든 인간이 존엄과 가치를 가진다는 전제는 비판단적 태도의 근거를 구성한다. 비판단적 태도는 수용을 가정한다.

빈번히, 클라이언트들은 그들이 비판적으로 그들 자신과 그들이 처한 상황을 검토해야만 하는 위치에 있다. 이것은 위험의 감수와 그들이 판단해야겠다고 느낄 때 하려고 하지 않는 어떤 것을 요구한다.

비판단적 사회사업은 죄 또는 무죄, 문제 또는 욕구의 원인에 대한 대상자의 책임의 정도를 정하는 것을 배제한다. 하지만 태도, 기준 또는 클라이언트의 행동에 대한 가치 있는 판단을 만드는 것을 포함한다.

비판단적인 것은 보편적으로 적용되어야 할 원칙이다. 하지만 전문직에 종사하는 사람들의 개인적인 편견이 장애가 될 수 있을 것이다. 사회적 노동자들은 판단과 비난을 촉진시키는 환경 안에서 그들 자신에 대해 인식해야 한다. 전문적인 기준은 사회사업가들에게 개인적인 가치와 클라이언트와의 반응에 있어서의 부정적 효과를 가지는 믿음에 저항하라고 강요한다.

5) 객관성

실제적인 객관성, 편견 없는 상황을 검토하는 원칙은 비판단적 태도와 가깝게 연관되어 있다. 객관성 있게 되기 위하여, 전문직에 종사하는 사람들은 그들의 개인적인 감정과 편견들을 클라이언트들과의 관계에 주입하는 것을 피해야 한다. 높이 개인화되거나 합리적이지 않은 판단은 실천가의 대상자 평가 그리고 그들의 상황에 영향을 준다.

6) 통제된 감정 연루

그들의 클라이언트와의 정서적인 연루를 통제하는 사회사업가는 그들의 인간 행동에 대한 이해로부터 견해를 얻고, 사회사업전문직의 일반적 목적으로부터 관계를 위한 방향을 구한다. 그리고 민감하게 대상자의 감정에 반응한다. 통제되지 않은 정서적 반응은 투입의 부족으로부터 클라이언트의 관점으로 지나친 동일시까지 해당된다.

투입이 부족한 사회사업가는 그들 자신을 클라이언트로부터 분리한다. 그리고 클라이언트와 그들의 상황에 대해 돌보는 것을 실패한다.

클라이언트와 함께 지나치게 동일시하는 것은 사회사업가는 그들의 자신의 책임과 문제를 해결할 때 클라이언트의 책임을 식별할 수 없다는 것을 의미하거나, 사회사업가는 대상자의 상황으로 그들의 자신의 견해를 혼동하는 것을 의미한다. 지나친 동일화는 객관성 그리고 중립상태를 방해한다.

사회사업가는 그들이 클라이언트를 그들 자신과 꽤 유사하거나 다르게 볼 때, 클라이언트와 지나치게 동일시할지 모른다. 너무 많은 유사성 안에 위험이 있다.

클라이언트의 상황이 극도로 슬프고, 절망적이고 또는 궁색하게 보일 때, 자비로운 자선가인 체하는 사람은 전문적인 판단보다 우위에 설 수 있다. 또는 클라이언트가 아주 싫어 보이거나, 그들의 문제가 극도로 믿기 어렵거나 정상이 아닐 때, 판단주의를 통제하는 것은 어려울지 모른다.

정서적인 반응을 통제하는 것을 배우는 것은 계속된 실천 경험으로 개발한다. 이것은 없는 지각에 담금질하는 과정이다. 그것은 오히려 지식과 그들 자신을 포함한 인간 존재 사이의 차이의 수용, 그리고 우리의 전문적인 목적에 대한 안전, 그리고 확고하게 우리의 정서적인 반응을 진정시키고 완화하기 위해 수행하는 능력을 원숙하게 하는 과정이다.

사회사업가는 그들의 감정이입의 표현을 통하여 통제된 정서적 연루를 달성한다. 그들은 다른 사람과 함께 느낀다. 즉, 그들은 다른 사람의 감정에 민감하게 반응한다.

7) 자기결정권

자기결정의 원칙에 따르면 사회복지사는 클라이언트 자신이 선택하고 결정하게 만드는 클라이언트의 권리와 욕구인 자유를 인식한다.

자기결정권은 자신의 내면으로부터 바람직한 성장을 발산하는 것을 인정하고 안으로부터의 성장은 분명한 자유를 생기게 한다. 생각하는 것의 자유, 선택의 자유, 비난으로부터의 자유, 실수를 만드는 것과 마찬가지로 슬기롭게 행동하는 것의 자유로 자기결정은 강요 또는 조정되어 지지 않는 것을 의미한다. 자기결정은 자유 또는 선택할 수 있게 하는 자유를 가지는 것을 의미한다.

8) 비밀보장

비밀보장 혹은 사생활의 권리는 그들의 정체성, 전문가와 함께하는 그들의 토론, 그것에 대한 전문가의 의견 또는 그들의 기록과 같은 정보를 폭로하는 것에 클라이언트가 동의의 표현을 주어야 하는 것을 의미한다.

클라이언트는 종종 민감한 개인적인 소재를 사회복지사와 공유하기 때문에 비밀이나 사생활을 보호하는 것은 효과적인 작용 관계의 주된 요소인 신용 개발을 위해 필수이다.

2. 사회복지사의 역할

개인, 그룹, 가족, 기관, 그리고 지역사회의 일을 하는 사회복지사는 다양한 역할의 지식과 노련함이 예견된다. 선택된 특정한 역할은 주어진 상황에서 무엇이 가장 효과적인가에 의해 결정되어야 한다. 다음은 사회사업가가 취하는 역할들이다. 그러나 그 모두를 설명하는 것은 아니다.

1) 조력가

조력가의 역할은 복지사가 개인 또는 그룹을 돕는다. 그들의 요구를 똑똑히 말하는 것, 그들의 문제들의 명쾌함과 식별, 해결 전략을 찾아보는 것, 전략을 선택하고 적용하는 것, 그리고 그들의 역량을 발전하는 것, 그들 자신의 문제를 더 효과적으로 다루는 것으로 이것은 개인, 그룹, 그리고 가족 상담에서 가장 자주 사용되는 접근이다.

2) 중개인

중개인은 도움을 필요로 하는 개인들과 단체를 지역사회 서비스와 연결한다. 예를 들어, 남편에게 종종 신체적으로 학대받는 아내는 지쳐 조라해진 여성을 위한 피난처를 언급할지도 모른다. 요즘 적당한 크기의 지역사회조차도 지역사회서비스를 제공하는 200개 또는 300개의 사회서비스 기관/조직을 가지고 있다. 서비스 전문가는 그들의 지역사회 내에 있는 전체 서비스 네트워크에 대해 부분적으로만 알지도 모른다.

3) 옹호자

옹호자의 역할은 법적전문가로부터 빌려왔다. 이것은 사회사업가가 클라이언트나 시민단체를 옹호하는 점에서 활동적이고, 지도적인 역할이다. 클라이언트 또는 시민단체가 도움을 필요로 하고, 존재하는 시설이 서비스를 제공하는 데에 무관심하다면, 그때 옹호자의 역할이 적절할 것이다. 그런 역할에서, 정부를 수집하는 것, 옹호자는 클라이언트의 욕구와 요구의 정당성을 주장하는 것, 서비스를 제공하지 않는 기관의 결정에 도전하는 것에 리더십을 제공한다. 그 목표는 각각의 제도를 비난 또는 비웃는 것이 아니라 하나 또는 더 많은 사회 정책들을 수정 또는 변화시키는 것이다. 이러한 역할 안에서 옹호자는 클라이언트 또는 시민단체의 이익에 대한 강한 지지자이다. 존재하는 지지자 안에서 사회사업가는 클라이언트 또는 시민단체에게 권리부여를 하기 위해 노력한다.

4) 운동가

운동가는 제도적 변화를 노력한다. 종종 그 목표는 불이익 받는 집단을 위한 자원과 능력 안에서 이동을 포함한다. 운동가들은 걱정되었다. 사회부정, 불공평 그리고 결핍과 그들의 방법을 포함한 갈등 대결 그리고 교섭에 대해 인식된 개인의 욕구들을 보다 좋게 채우기 위한 사회 환경의 변화가 목표이다. 자신감 넘치고 행동지향적인 방법을 사용하는 사회사업가들은 사실을 찾는 데 개입한다. 공동체의 욕구를 분석하고 연구하고 정보를 해석·판단하고 그리고 공적인 이해를 향상시키기 위한 노력을 한다. 그리고 존재하거나 또는 제안된 사회프로그램의 이익을 지지한다. 사회행동실천은 문제를 해결하는 데 기여한다.

5) 중재자

중재자의 역할은 집단 간에 타협을 찾아내거나, 차이를 조절하거나, 상호 만족스러운 동의에 이르도록 분쟁에서의 중재를 하는 것이다. 사회복지사들은 많은 형태의 중재로 그들의 가치 적응과 독특한 기술을 이용해 왔다. 중재가 이용되었던 대상 집단의 예는 이혼하려는 배우자, 갈등이 있는 이웃, 집주인과 세 들어 사는 사람들 간의 분쟁, 노사 분쟁, 그리고 자녀 양육 분쟁을 포함하는 분쟁들을 담고 있다. 중재자는 어느 한 쪽으로 치우치지 않은 채 중립적이며, 그들이 양쪽의 입장을 확실히 이해하고 있다. 그들은 입장들을 분명히 하도록 도와줄 수 있고, 차이에 대해 의사소통이 안 되는 부분을 확인해 주고, 연루된 사람들로 하여금 그들의 입장을 분명히 하도록 해 줄 수 있다.

6) 협상가

협상가는 한 가지 이상의 갈등에 있는 사람들을 연결해 주며, 서로 받아들일만한 동의에 이르도록 거래와 협상을 끌어내려고 한다. 중재자와 마찬가지로, 어느 정도 협상은 모든 측면이 받아들일 수 있는 중간적인 입장을 필요로 한다. 그러나, 중립적 입장에 있는 중재자와는 달리, 협상가는 보통 관련된 입장 중 하나와 연관되어 있다.

7) 교육자, 교사

교사의 역할은 클라이언트에게 정보를 주고 그들에게 적절한 기술을 가르치는 것을 포함한다. 유능한 교사가 되기 위해서는, 우선 지식을 알아야 한다. 게다가, 그녀 또는 그는 좋은 전달자가 되어야 한다. 그 결과 정보는 명확히 전달되고 받는 사람에 의해 즉시 이해될 수 있도록 한다. 예로써 젊은 부모들에게 육아기술을 가르치고, 실직한 사람에게 구직 전략을 제공하고, 성질이 나쁜 개인에게 화를 억제하는 기술을 가르친다.

8) 창시자

창시자는 문제에 주의를 환기시킨다. 또는 잠재적인 문제까지에도 주의를 환기시킨다. 그것은 몇몇 문제가 미리 인지될 수 있도록 깨닫게 하는 것이 중요하다. 예를 들어, 중간소득의 주거 단일체를 지음으로써 저소득의 이웃을 쇄신시키는 신청이 현재의 집 없는 거주자가 되게 하는 것을 초래할지 모른다. 만약 제안이 찬성된다면, 저소득의 가정은 중간소득의 단일체의 비용을 댈 여유가 없을 것이다. 일반적으로 창시자의 역할은 다른 기능에 의해 뒤를 이어야 한다. 단지, 문제에 주의를 요하는 것은 그들이 일반적으로 결정하지 않는다.

9) 권한부여

사회사업실천의 중요한 목표는 개인, 가족, 단체, 조직 그리고 지역사회가 그들의 개인적, 대인 관계적, 사회경제적 그리고 정치적인 힘을 증진시키도록 돕고, 그들의 환경을 향상시킴으로써 영향을 미치도록 돕는 과정인 권한부여이다. 권한부여에 중점을 둔 실천에 종사하는 사회사업가들은 조직과 옹호를 통해 그들의 환경을 이해할 수 있는 능력, 선택, 그들의 선택에 책임, 그들의 생활환경에 영향을 미칠 클라이언트의 능력을 개발하기를 원한다. 권한부여에 중점을 둔 사회사업가는 사회에서 다른 단체들 사이에 자원과 권력의 더 공평한 분배를 얻기를 원한다. 평등과 사회정의에 중점을 둔 이것은 아담스(Jane Addams)와 같은 초기 인보관 운동가들을 통해 증명된 것처럼 사회사업 전문직의 특징이다.

10) 조정자

조정자는 조직된 몇몇 종류의 구성요소들을 연결한다. 예를 들어, 다양한 문제가 있는 가족들에게는 복잡한 경제적, 감정적, 법적, 위생적, 사회적, 교육적, 오락적, 상호적인 욕구를 충당하도록 함께 일해야 하는 것이 몇몇 기관들에는 종종 필수적이다. 기관의 누군가는 중복을 피하기 위하여 다른 기관들로부터의 서비스를 조정하고, 그리고 대립적인 목표를 가짐으로써 다양한 서비스를 막기 위해 사례관리자의 역할을 취하기를 원한다.

11) 조사자

모든 사회사업은 대체로 조사자이다. 사회사업 실천에 있어 조사자는 관심 있는 주제에 대한 문학적 공부를 하는 것, 누군가의 업무결과에 대해 평가하는 것, 프로그램의 장단점을 평가하는 것, 그리고 지역사회의 욕구에 대해 공부하는 것을 포함한다.

12) 집단촉진자

활동을 용이하게 하는 단체는 그룹활동의 리더로써의 역할을 한다. 그 그룹은 치료 교육, 자립, 감수성, 가족치료그룹 또는 다른 초점을 가진 그룹일 것이다.

사회복지사들은 때때로 다양한 그룹에 이야기하려고 모집한다. 빈곤아동 캠프, 국제민간봉사단체(카와니스클럽)와 같은 공공서비스조직, 경찰관, 다른 기관들의 직원 등 이용가능한 서비스를 그들에게 알리기 위해서 또는 새로운 서비스를 옹호하기 위해서 많은 프로그램과 서비스들이 제공되고 있다. 예를 들면, 가출소년센터, 확대받은 배우자를 위한 서비스, 강간위기센터, 에이즈 걸린 사람을 위한 서비스, 그리고 청소년들을 위한 수용시설, 쉼터, 코로나-19 생활지원센터 등에서 사회복지사는 잠재력이 있는 대상자의 집단에게 서비스를 제공할 수 있다. 사회복지사는 사회변혁주도자로서 긍정적인 변화를 촉진하는 것을 돕는 사람이다. 개개인, 집단, 가족, 조직 그리고 지역사회와 협력하며 사회복지실천에 개입한다.

3. 직업선택과 직업윤리

1) 직업인의 조건

직업은 사람이 사회생활을 영위함에 있어 기본요건이 된다. 즉, 직업은 생계유지의 수단이며 사회의 일원으로서의 역할분담과 사회봉사를 위해 활동하는 것이고, 자아실현 수단으로 삶의 보람과 긍지, 성취감과 행복감을 찾는 장이다.

인간에게 있어서 근로는 개인의 자아의식을 유지하기 위해서 필요하다. 즉 개인의 역사성과 존재를 인식하고 각자 생활의 특징을 충분히 인식하기 위해 근로는 필수적인 것이다. 근로는 생계유지와 생활의 안정을 위해 필요하다. 근로를 통하여 자신의 능력에 대한 주위의 인정을 받을 수 있다. 근로를 통하여 사회활동에 참여하고 사회에 공헌할 수 있다. 마지막으로 근로는 자기실현과 계발의 역할을 한다.

2) 직업 선택 시 고려해야 할 요소

(1) 진입 용이도

유망 직업의 첫째 조건은 해당 직업의 향후 인력 수요가 얼마나 될 것이며, 또한 그러한 직업을 갖기 위해 어떤 자격요건을 갖추어야 하는가이다. 아무리 고소득에 유망직종이라 하더라도 진입이 어렵거나 향후 공급이 가능성이 있는 것은 유망직종이 아닐 것이다.

(2) 개인생활의 여유

생활수준의 변화와 가치관의 변화에 따라 직업 선택의 기준도 고소득과 명예, 고용 안정성에서 개인 생활의 여유를 보장받을 수 있느냐의 여부로 변화되고 있다.

(3) 전직 용이도

다른 직업으로의 전직이 얼마나 용이한가 하는 것은 평생 직업의 관점에서뿐만 아니라 자신의 몸값과 관련해서도 중요한 기준이 된다. 약간의 재교육 과정만으로도 다른 직업으로의 전직이 가능하다는 것은 일할 기회가 그만큼 많다는 의미가 된다. 특히 기회 임금 측면에서 보면 전직 용이성의 중요성을 알 수 있다. 타 직업으로의 이직 용이도가 높은 직업일수록 생활, 경제적인 측면에서 보다 안정적이라고 할 수 있다.

(4) 개인 만족도

직업이란 단순히 생계를 유지하기 위해 갖는 것이 아니며 직업을 통해 사람은 자신의 정체성과 삶의 의미를 찾기에 자신이 하는 일에 대한 만족도 여부는 자신의 삶의 가치를 찾는 것이다.

개인 만족도란 물리적인 근로조건과 다른 사람으로부터의 존경 정도를 의미한다. 업무를 수행할 때 사용하는 공간의 여건이나 조직의 분위기 등이 어떠냐 하는 것은 자신의 가치를 실현하는 데 있어서 중요하다. 또한 자신이 하는 일이 다른 사람으로부터 존경받을 수 있는 일이냐 하는 것은 직업에 대한 자부심과 연결된다는 점에서 중요한 항목 중 하나의 기준이 된다.

3) 직업윤리의 덕목

① **소명감**: 자신의 일을 천직으로 인식하고 일에 대한 긍지와 자부심

② **자기계발**: 자신이 맡은 직업이나 일에 있어서 부단한 기술의 연마와 계발에 대한 관심과 노력

③ **책임감**: 자신의 일이나 자신이 만든 작품에 대해 끝까지 책임을 다하는 자세, 자기가 도맡아야 할 임무를 중요하게 여기는 마음가짐

④ **봉사정신**: 자신의 직업이 단순히 생계를 유지하기 위한 수단이 아니라 전체 사회에 기여하는 봉사임을 인식, 헌신하는 노력

제2절 가치와 윤리의 실천

가치는 객관적으로 증명할 수 없고 주관적으로 선호하는 것으로 우리가 인간으로서 존재하고 행동함에 있어 옳고 좋은 것으로 선호되는 것에 대한 지속적인

신념들이며 인간의 적절한 행동을 선택하는 데 있어서 지침이나 기준이 된다.

그리고 가치가 보편적이고 추상적인 체계인 반면, 윤리는 가치에서 비롯되나 무엇이 옳고 그른가를 판단하여 주는 도덕적 지침이 된다. 즉, 가치가 주로 무엇이 좋고 바람직한가에 관심을 두는 것에 비해 윤리는 무엇이 옳고 정확한 것인가에 대한 구체적 행동지침을 다룬 것이다. 사회복지실천의 윤리에서 가치문제를 중요하게 다루는 것은 사회복지사의 가치에서 윤리적 원칙들이 나오기 때문이다.

윤리와 가치의 차이점은 윤리는 무엇이 옳고 그른가를 다루는 것이고, 가치는 무엇이 좋고 싫은가를 다루는 데 있다.

예 개인의 프라이버시를 중시하는 현대사회에서 사회복지사가 문제해결을 위한 개입을 하기 위하여 상담 면접을 녹화할 때 클라이언트로부터 사전 동의를 얻어야 한다. 사회복지실천의 윤리규칙이 프라이버시를 존중하는 사회적 가치에 기반을 두고 있기 때문이다.

1. 가치의 발전

가치발전의 1단계는 19세기 말 사회복지실천이 하나의 전문직으로 선언하고 나섰던 때이다. 자선조직협회를 통해 우애방문자들이 빈곤한 자들에게 중산층의 도덕을 강요하던 시기로 이 당시는 물론 클라이언트의 도덕에 중점을 두었다. 빈곤한 자들의 빈곤을 타파하기 위해 중산층의 도덕관을 심어주고, 이들이 그 도덕성을 갖추고 생활하게 되는 것에 최고의 가치를 둔 시절이었으며, 이들 나름대로의 권리에 대한 가치는 존재하지 않았다.

2단계는 이러한 가치관에 반기를 들고 나온 인보관 운동의 발전으로 시작된다. 20세기 초 진행되던 진보주의에 발맞춰 빈곤한 자의 도덕성보다는 사회문제에 초점을 두면서 전문직이 표방해야 할 가치에 의문을 제기하였다. 빈곤한 자의 도덕성 결여보다 사회의 불공평함에 빈곤의 문제가 있음을 주장하면서 빈곤을 인식하는 사회가치의 변화를 주장하였다.

3단계는 1940년대와 1950년대를 중심으로 전개되는데, 지금까지의 클라이언트 중심의 가치체계에서 전문직과 전문가의 가치체계로 그 중심이 옮겨졌다. 클라이언트를 대하는 전문가의 가치관에 의문을 제기하면서 전문직 가치체계에 입각한 실천을 하도록 하는 윤리적 지침을 생각하게 하였다. 이로 인해 1947년 최초의 윤리적 강령을 준비하게 되었다.

4단계의 도입은 1960년대 미국사회복지사협회가 첫 번째 윤리강령을 공식적으로 채택하게 한 것에서 시작한다. 이 시기에는 가치와 윤리를 중심으로 많은 연구들이 이뤄졌다.

사회복지실천의 철학적 기반으로서 가치는 올바른 것, 선한 것에 관한 원칙이나 선택적 결정을 위한 지침이며 윤리는 이러한 가치를 기반으로 하여 현실생활에서 무엇이 옳고 정확한 것인가에 대한 구체적 행동 지침이다.

가치는 개인적 가치, 사회적 가치, 전문적 가치가 있고(Walsh), 전문적 역할을 수행할 때 먼저 자신의 가치를 깨달아야 하고, 사회복지실천의 전문적 가치를 학습해야 하고 둘 이상의 가치가 갈등 상황에 놓일 때 관심을 가져야 한다(Boyle).

사회복지전문직의 가치와 윤리강령에서의 전문직의 특성은 ① 체계적인 이론, ② 권위, ③ 지역사회의 인가, ④ 윤리강령, ⑤ 전문가 문화를 그 특성으로 한다(Greenwood).

1) 사회복지 전문적 가치

레비(Levy, 1973)에 의하면 사회복지전문적 가치는 다음과 같다.

① 사람 우선 가치로서 클라이언트를 하나의 개별화된 인간으로 보고 능력을 인정해 주며 권한을 인정해 주는 가치관으로서의 기본철학이다.

② 결과 우선 가치로서 클라이언트의 바람직한 결과 성취를 위해 가져야 하는 가치관으로 이에는 빈곤, 차별대우, 문제해결 등을 들 수 있다.

③ 수단 우선 가치로서 서비스를 수행하는 방법 및 수단과 도구에 대한 가치관으로 인간의 자율성에 기인한다.

2) 실천에서의 전문적 가치

실천에서의 전문적 가치(Zastrow)에는 ① 개인의 존엄과 독특성, ② 클라이언트 자기결정권, ③ 비밀보장이 핵심이다.

NASW 윤리강령에서 6가지 핵심적 가치는 다음과 같다.

① 사람들에 대한 서비스

② 경제적, 사회적 정의를 신장하기 위한 사회변화 활동의 추진

③ 모든 개인의 존엄과 가치가 존재하며 이에 의하여 클라이언트의 자기결정권을 지닌다.

④ 인간관계의 중요성은 성공적인 삶에 필요한 강점과 지지가 여기서 나오며 실천은 클라이언트와 사회복지사의 원조관계를 전제로 한다.

⑤ 성실성은 사회복지사가 클라이언트와 고용주에 대한 의무를 존중하는 기본적인 정직성

⑥ 능력은 사회복지사가 가장 높은 수준의 지식과 기술과 가치를 지녀야 하고 결과를 공유해야 한다.

2. 사회복지실천현장의 가치갈등

1) 갈등 사안

(1) 클라이언트의 권리와 고지된 동의

고지된 동의(informed consent)란 사회복지사가 제공할 서비스 전체 조건에 관해 클라이언트에게 명확히 알려야 함을 의미하는데 초기 단계뿐만 아니라 전 과정을 통해 이루어져야 하고 녹음, 녹화 같은 구체적 절차로도 이뤄져야 한다. 이것은 클라이언트의 권리를 가장 잘 보호하는 방법이라 알려져 있다. 그러나 클라이언트가 자신의 기록을 열람하고자 할 때 이것이 클라이언트에게 심각한 위험을

초래한다면 제한적일 수 있다.

온정주의란 클라이언트의 이익을 위해 클라이언트의 희망 사항이나 자유를 방해하는 행위인데 클라이언트의 자기결정권을 최대화시켜야 한다는 윤리적 원칙과 상치된다.

(2) 비밀보장

절대적으로 비밀을 보장해야 하는 것도 있지만, 제한된 범위 내(기관 내, 사례 분석 발표 등)에서의 비밀보장을 의미하는 상대적 비밀보장도 있다. 이때는 고지된 동의 절차가 필요하다.

특권적 의사소통(privileged communication)은 클라이언트가 말한 내용을 그의 동의없이 법정에 노출시킬 수 없다는 것인데 타인을 해하거나 공익을 저해할 소지가 있다면 절대적 권리는 아니다. 이런 가능한 예외적 상황이 있다는 것을 미리 고지시킴이 중요하다.

(3) 보호조치의 의무(duty to warn and protect)

잠재적으로 위험한 클라이언트로 판단되면 비밀보장보다도 우선 다른 사람을 보호해야 하는 의무가 있음을 말한다.

① 법률, 정책, 기관 규정 등에 관한 사안

② 폭로

③ 한정된 자원의 분배로서 균등성, 욕구, 클라이언트의 지불능력 혹은 미래 지역사회에 공헌할 수 있는 능력들을 고려해야 한다(Kirst-Ashman).

윤리적 원칙들의 순위(Kirst-Ashman)는 다음과 같다.

① 생명의 보호

② 평등과 불평등의 원칙은 같은 조건에서의 평등권과 다른 조건에서의 불평등한 처우를 요구한다.

③ 자율과 자유인데 무제한적인 것은 아니다.

④ 최소 손실의 원칙

⑤ 훌륭한 삶의 질을 추구

⑥ 사생활과 비밀보장

⑦ 진실 및 가능한 정보

비윤리적인 행동이란 자신의 행동이 미치는 영향력에 대한 인식이나 관심의 결여에서 비롯되어 클라이언트의 욕구보다 사회복지사의 욕구에 우선되는 결과를 초래한다. 그러므로 자신에 대한 솔직하면서도 구체적인 인식이 필요하다.

클라이언트의 의존성을 부추기는 경우는 클라이언트를 잃지 않으려거나 사회복지사 자신이 중요한 존재임을 확인받고 싶어서 혹은 클라이언트의 무력감을 방지하는 데 실패해서 결과적으로 클라이언트의 의존성을 강화시킨다.

조종은 사회복지사가 경직된 전문적 견지를 취해 클라이언트로부터 동반자 역할을 배제하면 자율적 개입의 약화를 가져온다.

이중관계는 원조관계 외의 부적절한 관계가 병행되면 경제적, 정서적, 성적 등 힘의 남용 현상이 나타나게 된다.

가치 딜레마 처리를 위한 준비는 다음과 같이 요구된다.

① 부단한 자기경험, 자기훈련를 가져온다.

② 사회적으로 기본적으로 바람직한 가치관은 무엇인지 안다.

③ 사회의 법, 도덕, 규범, 관습 모든 것들을 익히고 있어야 한다.

④ 자신의 편견이 무엇인지 인식한다.

⑤ 자기 자신과 스스로 가치관을 객관적으로 현실적으로 평가하도록 노력한다.

⑥ 변화가 필요한 가치관의 변화 허용, 노력하고 클라이언트의 욕구가 충족된다면 클라이언트의 자유로운 생활양식을 허용, 워커 자신의 생활양식과는 서로 다르다는 사실을 분별한다.

⑦ 다방면의 경험을 쌓고, 많은 부류의 사람을 만나본다.

2) 윤리의 출현

사회복지실천의 윤리가 본격적으로 논의되기 시작한 것은 겨우 1970년대에 들어서였다. 그 이전에는 가치가 윤리의 자리를 대신하였으며, 실천윤리를 논하여야 할 만큼 실천의 대상, 과정, 결과 등이 복잡하지 않았다. 사회복지사들은 1920년대부터 윤리의 필요성을 절감하고 전문직 윤리강령을 만들고자 하였으나 잘되지 않았다. 1960년에 와서야 최초의 사회복지사 윤리강령이 사회복지사협회에 의해 채택되었다. 그전까지는 전문지식과 기술의 개발에 주로 초점을 두고 있었고 가치에 중점을 두면 사회복지전문직이 과학적이지 않게 보이기 때문에 전문직의 발전을 위해 가치 및 윤리에 대한 관심이 활발히 진행되지 못한 것이다. 그러나 1970년대 후반에 들어와 윤리가 각광을 받게 된 이유에는 과학과 기술의 발전이라고 할 수 있다. 의학과 공학의 발달로 생명연장이 가능해졌고 장기이식이나 유전공학의 실현이 우리가 쉽게 접할 수 있는 것으로 다가왔다. 이에 따라 클라이언트도 인공수태를 한다거나, 장기이식을 원하는 등 다양한 형태의 윤리적 결정을 해야 하는 상황에 놓이게 되면서 이 상황에 사회복지사들의 개입이 필요하게 된다. 또한 사회가 성숙함에 따라 환자의 권리, 피의자의 권리 등을 인정하는 사회분위기에 힘입어 사회복지 대상자의 권리를 인정하자는 사회분위기의 영향도 있다. 사회복지 대상자의 권리인정으로 인한 다양한 형태의 윤리적 갈등이 발생함에 따라 이를 해결하기 위한 윤리적 토론이 진행되었고, 결국 윤리적 지침의 필요성이 대두된 것이다.

3) 사회복지실천가치의 특성

사회복지실천의 가치 특성이며 사회복지실천의 3대 중요 요소는 지식, 기술, 가치이다.

가치의 종류에는 궁극적 가치로서 가장 추상적이며 다수에 의한 동의로서 자유 인간의 존엄성, 정의이며, 차등적(근사적) 가치로서 사람에 따라 달라지는 것으로 보건 의료 서비스, 치료를 거부할 수 있는 환자의 권리이다. 그리고 수단적인 도구적 가치로서 목적을 위한 수단들의 명확화로 자기결정, 비밀보장, 고지된 동의 등을 들 수 있다.

사회복지가치의 분류는 다음과 같다.

① **개인의 가치**: 개인의 환경에 따라 다르게 형성될 수 있다(가족, 문화, 사회, 종교 등).

② **사회적 가치**: 시대의 변화에 따라 변한다. 역사적으로 형성되며 경험에서 비롯된다.

③ **기관의 가치**: 각 사회복지관은 역할, 기능, 책임에 따라 고유한 가치를 갖는다.

④ **전문가의 가치**: NASW 윤리강령의 사회복지의 핵심 가치이다(서비스 제공, 사회정의 증진, 인간에 대한 존엄성과 가치, 인간관계의 중요성, 신뢰성 확립, 능력 증진).

전문적 가치의 범위는 다음과 같다.

① **사람우선의 가치**: 전문직 수행의 대상인 사람 자체에 대해 전문직이 갖추고 있어야 할 기본적 가치로 클라이언트를 하나의 개별화된 인간으로 보고, 능력을 인정해 주며, 그에 따라 권한을 인정해 주는 가치관이다. 이는 사회복지실천의 기본철학과 같은 것이다.

② **결과 우선가치**: 개인의 성장할 기회를 제공하고 사람들의 욕구를 충족시키는 것을 돕는 서비스를 제공해야 한다는 것으로 사람에 대해 서비스를 제공했을 때 초래하는 결과에 대한 가치관이다. 이는 사회가 개인의 발전을 위해 사회 참여에 대한 기회를 동등하게 제공해야 한다는 사회적 책임에 대한 믿음이다.

③ **수단우선 가치**: 서비스를 수행하는 방법 및 수단과 도구에 대한 가치관이다. 인간은 가치와 존엄성을 가진 존재로 다루어져야 하며, 자기결정의 권리를 가져야 하고 사회변화에 참여하도록 북돋워져야 하며, 독특한 개인으로 인정되어야 한다는 믿음과 같은 것이다. 인간의 자율성으로 요약될 수 있는 수단우선 가치는 사회복지실천과정에서 매우 중요한 가치체계이다.

사회복지사가 클라이언트의 문제를 해결하는 데 있어서 다양한 요인으로 인해 가치 갈등과 윤리적 딜레마에 봉착하게 되는데 이를 해결하기 위한 방법들을 살펴보면 다음과 같다.

(1) 일반적 지침

재스트로우(Zastrow, 1995)는 사회복지사의 가치갈등을 해결하는 데 도움이 되는 지침들을 다음과 같이 제시하였다.

첫째, 가치갈등의 문제에 대응하는 단계로 가치갈등이 존재한다는 것을 인식하는 것이다. 그러나 가치 갈등을 인식한다는 것은 쉬운 일이 아니다. 윤리적인 문제는 종종 모호하고 우리를 불편하게 만든다. 그러나 어떤 전문직도 지역사회와 국가의 일반적 윤리 기준에 총체적으로 위배되는 윤리적 원칙을 세울 수 없는 것이 현실이다. 사회복지사는 항시 사회의 법이나 도덕, 사회규범 등에 익숙해 있어 갈등이나 모순에 대해 올바른 가치 판단을 내릴 수 있어야 한다.

둘째, 사회복지사는 클라이언트를 위하여 자신의 가치를 '밝혀(label)'야만 하고, 클라이언트가 사회복지사와 평등한 입장에서 자신의 가치를 밝힐 수 있어야 한다. 이러한 접근은 약물, 혼외정사의 문제, 절도 등의 문제를 지닌 클라이언트의 문제를 다루는 데 유용할 수 있다. 그러나 이러한 접근에는 위험이 도사리고 있다. 사회복지사의 가치는 클라이언트에게 중요한 관심사가 아닐 수 없다.

사회복지사의 가치를 클라이언트에게 이야기하는 것은 클라이언트에게 영향을 줄 수 있다. 예를 들어, 낙태에 반대하는 가치를 지닌 사회복지사는 자신이 의식하지 못하는 가운데 클라이언트가 낙태에 대해 죄의식을 갖게 할 수 있다.

사회복지사가 자신의 가치를 어떻게 이야기하는 것이 클라이언트에게 가장 건설적이고 도움이 될 수 있는지를 전문적으로 판단해야 할 것이다.

셋째, 클라이언트는 자신의 가치관이 무엇인지 알도록 도움받아야 하고, 자신의 가치에 부합되는 해결책을 모색할 수 있도록 도움을 받아야 한다. 클라이언트는 자신이 선택할 수 있는 자유를 침해하는 조종으로부터 보호받을 필요가 있다.

예를 들어, 낙태를 원하는 클라이언트는 이를 수용하는 사회복지사에게 의뢰될 필요가 있다.

넷째, 글래서가 제안한 보다 발전된 도덕적 지침은 클라이언트가 타인의 요구를 침해하지 않는 한 자신의 요구를 충족시키고 그들이 원하는 것을 하도록 허용한다(Glasser, 1965).

이러한 방법이 낙태, 동성연애자, 혼전 관계를 갖는 사람 등의 문제를 해결하는 데 있어서 매우 유용하다는 것이 발견되었다. 이러한 지침은 아동학대, 혼외관계, 근친강간 등의 문제를 해결하는 데도 유용한데 그것은 자신의 행동이 타인에게 미치는 영향을 다루기 때문이다. 모든 사람에게 유용하게 적용되는 단일한 도덕적 지침은 존재하지 않는다. 그것은 사람마다 생활방식과 목표 그리고 개인적인 가치들이 다르기 때문이다.

다섯째, 사회복지사는 누가 가치 딜레마를 갖고 있는지를 아는 것이 중요하다.

사회복지실천에서 중요한 점은 사회복지사가 자신이 담당한 사례에 지나치게 정서적으로 개입되지 않는 것이다. 만일 클라이언트의 문제가 당신이 집에 있을 때도 생각이 나고 이것이 당신의 생활을 방해한다면 그것에 지나치게 개입되어 있는 것이다. 클라이언트가 이혼, 낙태, 가족성원의 시설입소 등의 문제에 대해 딜레마에 빠져 있다면 그것이 사회복지사의 딜레마가 아닌 클라이언트의 딜레마가 되게 해야 한다. 사회복지사의 딜레마가 아니게 함으로써 사회복지사가 가장 객관적으로 클라이언트를 도울 수 있는 사람이 될 수 있을 것이다.

(2) A-B-C-D-E 전략

사이에로와 코팔라(Sileo & Kopala, 1993)는 상담자가 윤리적 딜레마에 부딪쳤을 때 고려할 수 있는 A-B-C-D-E 전략을 제시하였다(Hill & O'Brien, 2007).

① 평가(Assessment)

상담자는 내담자의 상태, 가치, 자원 그리고 상담자의 가치, 감정, 상황에 대한 반응 등을 파악한다. 또한 어떤 법이나 규율을 적용할 수 있는지를 고려한다.

② 도움되기(Benefit)

상담자는 내담자 그리고 내담자와 관계되는 특정한 다른 인물에게 도움이 되는 것이 무엇인지를 생각한다.

③ 결과와 자문(Consequences and Consultation)

상담자는 윤리적, 법적, 감정적 그리고 치료적 결과를 고려한다. 또 주요한 윤리적 문제를 정의하고 처리함에 있어 슈퍼바이저에게 자문을 구한다.

자신의 문제가 상담과정에 영향을 미치는 상황에 있거나 윤리적 딜레마의 해결에 직면한 초보 상담자는 슈퍼바이저에게 즉시 자문을 구하는 것이 좋다.

④ 의무(Duty)

상담자는 누구를 보호해야 할 의무가 있는가를 고려해야 한다. 때로 상담자는 내담자가 아닌 다른 사람을 보호해야 할 의무를 가진다. 예를 들어, 내담자가 상처를 주려고 위협하는 사람이 보호의 대상이 된다.

⑤ 교육(Education)

상담자는 유사한 윤리적 딜레마를 다룰 때 적절한 행동을 취하기 위해서 자신이 받은 교육내용을 수시로 점검하고, 그 가운데서 적절한 내용을 선택한다.

(3) 윤리원칙 준거 틀

사회복지실천 현장에서 흔히 접하게 되는 윤리적 갈등을 해결하는 가장 보편적인 방법은 원칙들을 서열화하는 것이다. 즉, 가장 중요한 것으로부터 가장 덜 중요한 것의 순으로 그 서열을 매기는 것이다. 비록 원칙을 서열화하는 것이 쉬운 작업은 아니지만 불가피한 일이라고 볼 수 있다.

그러나 윤리적 원칙들을 서열화함으로써 사회복지사들에게 어떤 지침을 제공해 주지만 지침이라고 해서 그것이 어느 상황에서도 맹목적으로 적용할 수 있는 마술적인 공식을 의미하고 있지는 않다. 지침은 지침일 뿐이며 완벽한 방정식은 아닌 것이다.

로웬버그(Loewenberg)와 돌고프(Dolgoff)는 일정 순서에 기초한 윤리 원칙을 서열화하여 제시하였다(Loewenberg & Dolgoff, 1966). 이들의 이러한 견해는 윤리적 원칙 스크린(Ethical Principles Screen, EPS)으로 사회복지사들에게 널리 애용되고 있다(서미경 외, 2000: 88-96; Loewenberg & Dolgoff, 1966).

로웬버그와 돌고프(Loewenberg & Dolgoff, 1966)는 윤리적 의무들이 서로 갈등적인 상황에서 어떤 원칙이나 법적 의무를 우선시해야 하는지를 결정하는 것을 돕기 위해 '윤리원칙 준거 틀'을 위계서열 형태로 다음과 같이 제시하였다. 윤리원칙 1은 원리원칙 2-7보다 상위의 원칙이며, 윤리원칙 2는 원리원칙 3-7보다 높은 위계서열에 있다. 어떤 실천 상황에서든지 우선 관련되는 윤리원칙과 적용되는 법적 의무를 확인해야 한다. 그런 다음 만일 갈등이 생기면 '윤리원칙 준거 틀'에서 제시된 범주에 따라 결정하게 된다.

① 윤리원칙 1: 생명보호의 원칙

'생명 보호의 원칙'은 인간의 생명에 대한 보호가 모든 다른 것에 우선하는 최고의 의무임을 말해 준다. 인간의 생명에 대한 보호는 클라이언트를 비롯한 모든 사람들에게 적용된다. 이 원칙은 다른 여러 의무나 원칙들에 우선하여 발생한다.

생명에 관한 권리는 모든 권리 중에서 가장 기본적인 것이며, 만약 생명의 권리가 침해되면 어느 누구도 다른 권리를 누릴 수 없다고 볼 수 있다. 그만큼 생명보호의 원칙은 중요하다. 가령 의사는 비록 환자가 몇 년 동안 뇌사상태로 있어 긍정적인 변화가 일어날 어떤 희망도 없는 상태라 할지라도 생명을 유지하는 기계를 함부로 철회하지 못한다.

② 윤리원칙 2: 평등과 불평등의 원칙

평등과 불평등의 원칙은 동등한 사람들은 평등하게 처우되어야 하는 권리를 가지며, 동등하지 않은 사람들은 만약 그 동등하지 않는 이유가 문제가 되고 있는 사안 그 자체에 있다면 불평등하게 처우되어야 한다는 권리를 말한다.

예를 들면 학대받는 아동은 성인과 동등한 위치에 있지 않기 때문에 학대상황이 비록 생과 사의 심각한 경우가 아니어도 학대하는 성인에 대한 비밀보장과 자율성의 원칙은 아동을 보호하는 의무에 비해 더욱 낮은 순위를 차지하는 것이다.

또, '평등과 불평등의 원칙'은 능력이나 권력이 같은 사람들은 똑같이 취급받을 권리가 있고, 능력이나 권력이 다른 사람들은 '다르게 취급받을 권리가 있음'을 나타낸다. 예를 들어, 능력이 같은 성인들은 서로 합의하에 성관계를 가질 권리가 있다. 그러나 아동의 분명한 동의가 있었다고 하더라도 어른이 아동과 성관계를 가질 권리는 없다. 이는 어른과 아동은 능력이나 권력이 서로 다르기 때문이다.

③ 윤리원칙 3: 자율성과 자유의 원칙

'자율성과 자유의 원칙'은 클라이언트의 자율성과 독립성 그리고 자유는 중시되나 무제한적인 것은 아니다. 자신이나 타인을 살해하는 것, 아동을 학대하는 등의 권리는 없다.

사회복지사는 개인의 자율성과 독립성 그리고 자유를 신장시키는 윤리적 결정을 해야 한다.

자유가 매우 중요한 가치이지만 자신이나 다른 사람의 생명의 원칙이 갖는 중요성보다 우선할 수 없다. 어떠한 결정을 하든지 그것은 자신의 자율적인 권리이므로 자신 혹은 다른 사람을 해칠 수 있다는 주장은 그 어느 누구에게도 설득력이 없다.

④ 윤리원칙 4: 최소한의 손실의 원칙

사회복지사는 항상 최소한의 손실, 즉 최소한의 영구적인 손상 혹은 가장 쉽게 회복될 수 있는 손실을 초래하는 기회를 선택해야 한다.

⑤ 윤리원칙 5: 삶의 질 원칙

사회복지사는 지역사회뿐만 아니라 개인들과 모든 사람들의 삶의 질을 보다 향상시키는 기회를 선택해야 한다.

⑥ 윤리원칙 6: 사생활 보호와 비밀보장의 원칙

사회복지사는 모든 사람들의 사생활보호의 권리를 신장시키는 윤리적 결정을 해야 한다.

비밀을 누설하지 않고 유지하는 것은 이 의무를 지킨 직접적인 결과이다.

⑦ 윤리원칙 7: 진실성과 정보개방의 원칙

사회복지사는 클라이언트와 다른 사람들에게 진실을 말하고 모든 관련 정보를 충분히 개방하는 것에 대해 허용하기를 윤리적으로 결정해야 한다.

(4) 리머(Reamer, 1999)의 윤리적 결정 모델

사회복지사는 각기 다른 가치관을 가진 다양한 클라이언트를 만나게 된다. 윤리적 원칙에 따라 실천개입을 해도 때로는 윤리적 딜레마에 빠질 수 있다. 리머(Reamer)는 윤리적 딜레마를 분석하는 준거 틀을 다음과 같이 제시하였다(Reamer, 1989).

첫째, 행동에 필요한 전제조건(생명, 건강, 음식, 정신적 평형상태 등)은 거짓, 비밀누설이나 오락, 교육, 물질과 같이 부가적인 이익에 우선한다.

둘째, 생필품을 포함하여 개인의 기본적인 복지권은 다른 개인의 자기결정권에 우선한다.

셋째, 개인의 자기결정권은 기본적인 복지권에 우선한다.

넷째, 자발적으로 자유롭게 동의한 법, 규칙, 규제를 따르는 의무가 우선한다.

다섯째, 개인의 복지권이 법, 규칙, 규례, 지원단체의 협정에 우선한다.

여섯째, 기본적인 해악을 방지할 의무와 주거, 교육, 공적부조 등 공익을 증진할 의무는 개인의 재산 통제권보다 우선한다.

3. 윤리적 결정의 준거 틀

문헌을 검토해 보면 소셜워커 실천에서 직면하는 윤리적 딜레마를 분석하기 위한 다양한 윤리적 결정의 준거 틀이 제시되어 있다. 체계적 준거 틀은 소셜워커가 직관에 의해서보다는 인식론적 접근에 의해서 윤리적 결정을 하도록 이끌어준다.

이러한 윤리적 결정과정은 다음과 같이 요약할 수 있다.

① 윤리적 쟁점과 관련 체계를 확인한다.

② 가능한 행동방침들과 관계자 및 잠재적 결과에 대한 가설을 설정한다.

③ 행동방침들의 정당성을 면밀히 검토한다(법률과 규칙, 윤리강령, 윤리적 지침과 원칙, 소셜워크 실천이론과 원칙, 개인적 가치 등을 고려한다).

④ 동료 또는 관련 전문가에게 자문을 구한다.

⑤ 결정을 하고 결정과정을 문서화한다.

⑥ 실행결과를 평가하고 부수적 문제를 확인하고 문서화한다.

제3절 윤리강령

1. 윤리강령과 행동

윤리는 수용 가능하거나 적합한 행위의 원리와 규칙을 말한다. 모든 직업에는 윤리적 지침이 있다. 이 지침은 허용 가능한 한계를 규정하고 있으며, 구성원들이 윤리적 기준을 위반할 때 적용될 수 있는 제재 혹은 구제책을 규정하고 있다.

전문가 협회는 그들 자신의 정책들을 관리하고 윤리적 행위의 위반을 조사, 해결하는 것에 책임이 있다. 전문가 협회의 구성원이 아닌 상담자는 윤리적 행동과 의사결정을 위한 지침을 제공하는 기관들과 일을 하는 것이 대안이 될 수 있다.

법률은 사회복지사, 심리학자 그리고 정신과 의사와 같은 특정한 명칭의 사용을 적절한 학위 혹은 훈련을 마친 사람들로 규정하고 제한할 수 있다. 이러한 전문가들의 내담자는 위법행위나 관련 사건들을 특정한 전문가 협회에 신고할 수 있다.

윤리강령은 비윤리적 행위로부터 내담자를 보호하며, 또한 사회복지사와 다른 전문가들을 보호한다. 윤리강령은 내담자가 상처입기 쉽고 전문가에 의해 조정되고 모욕 받을 수 있다는 것을 인정하며 그래서 전문가가 그들을 이용하지 못하도록 제한 규정을 두고 있다. 또한 윤리강령은 동료, 다른 전문가, 그리고 사회를 대하는 행동들의 기준을 포함하고 있다.

윤리강령은 전문가가 의사결정을 내릴 때 도움을 얻기 위해 사용할 수 있고, 업무의 기준으로 사용할 수 있다. 하지만 NASW 강령은 모든 상황의 행동에 대해 정확한 지침을 제공할 수 없다는 것을 인정하고 다양한 정보원을 이용할 것을 권장하고 있다.

윤리는 가치에서 유래한다. 가치는 개인과 집단이 중요하게 혹은 가치 있게 생각하는 원리 혹은 특성이다. 가치는 무엇이 바람직하고 좋은 것인가에 대한 믿음을 나타낸다. 개인적 가치들은 개인이 바람직하다고 여기는 것과 그들이 옳다고 혹은 그르다고 믿는 것을 나타낸다. 직업적인 가치는 그 직업이 사람에 대해 가지는, 그리고 그 직업에서 업무가 어떻게 수행되어야 하는가에 대한 근본적인 믿음을 나타낸다. 분명히 직업적인 가치와 개인적인 가치는 상담 전문가의 활동을 구체화하는 데에 있어서 중요한 영향력을 미친다.

다음은 사회복지사라는 직업의 가치라 할 수 있는 인간의 존엄과 가치에 대한 신념, 내담자의 자기결정권 존중을 주로 설명할 것이다.

사람의 존엄과 가치에 대한 믿음은 사회복지와 상담의 핵심가치이다. 이 가치는 사회복지사에게 개인에 대한 수용을 보여주고 비밀을 유지할 의무를 가지게 한다. 내담자의 존엄을 존중하는 사회복지사는 다양성을 인정한다. 또한 그들은 정형화하기, 분류하여 규정하기, 그 밖의 비인간화하는 활동들을 거부한다. 이것은 내담자에 대한 자신의 개인적인 감정과 상관없이 내담자를 공정하게 대해야 한다는 것을 의미한다.

내담자 자기결정의 원리는 내담자가 자율과 선택의 자유를 가질 권리를 증진한다. 이러한 원리를 고수한다고 해서 내담자가 타인의 권리 침해에 대한 이해를 하는 데 방해되거나, 자신의 행동이 가져올 결과를 인식하는 데 방해가 되는 것은 아니다. 정신적인 장애를 가진 사람이나 어린아이와 같이, 어떤 내담자는 선택을 제대로 할 만한 능력이 부족할 수 있다. NASW의 강령은 다음과 같은 지침을 제공하였다.

사회복지사는 전문가적인 판단에 근거하여, 내담자의 행동 혹은 잠재적인 행동이 자신이나 타인에 대해 심각하고 예견가능하며 그리고 절박한 위험을 내포하고 있을 때 내담자의 자기결정·권리를 제한할 수도 있다(Standard 1.02).

하지만 그렇다고 해서, 오직 상담자나 전문지식만이 내담자들에게 무엇이 가장 최선일 것인지 안다고 가정하는 것은 아니다. 게다가 상담의 본질은 도움이 되는 충고나 해결책을 제공하는 것으로 끝나는 것이 아니다. 이는 뒤몬트(Dumont)가 말한 구출환상에 불과하다. 구출환상이란 상담자의 역할이 사람을 구하고 그들의 삶에 행복을 다시 놀려놓는 것이라는 신념이다.

자기결정의 원리는 사회복지사가 내담자를 통제하고 조정하는 행동을 포함하는 것이 아니라, 내담자가 스스로의 힘과 역량을 발견하도록 돕는 역량강화라는 이름의 과정을 강조한다. 역량강화는 내담자가 자신의 삶을 통제하고 행동함으로써 스스로 상황을 개선할 수 있다는 것을 깨닫도록 도우려는 것이다.

선택은 내담자의 자기결정에서 없어서는 안 될 부분이다. 내담자가 선택의 여지가 없거나 혹은 그들이 아무것도 가지고 있지 않다고 느낄 때 자기결정은 불가능하다. 사회복지사는 다양한 전략을 통해 내담자의 자기결정을 도울 수 있다. 첫째, 선택 가능한 것들을 내담자가 확인하도록 도울 수 있다. 때때로 내담자는 대안들을 간

> 과하거나 그들이 선택할 수 있는 것에 관한 구체적인 정보를 필요로 한다. 사회복지사는 또한 내담자가 정보에 근거한 선택을 하도록 도울 수 있는 정보를 제공할 수 있다. 둘째, 사회복지사는 내담자가 현재 가능한 선택사항들에 대한 정보에 접근하거나 장애물들을 제거하도록 돕는 기술을 사용할 수도 있다.
>
> 사회복지사가 이러한 자기결정의 원리를 이해할 때, 그들은 충고를 피하고 내담자가 선택사항들을 확인하고 탐색하도록 도우며, 내담자 스스로 결정을 하도록 격려한다. 따라서 사회복지사는 내담자가 상담에 영향을 미치는 이슈들을 알아차리도록 고무해야 한다. 그들은 내담자가 그들의 상담기법과 전략에 대해 질문하도록 격려해야 하며, 상담과정의 평가와 상담관계 그 자체의 평가에 참여하는 것을 기꺼이 받아들여야 한다.

윤리적 딜레마는 경쟁하는 가치 사이에서 어떤 선택이 이루어져야 할 때 존재한다. 윤리적인 의사결정은 주어진 상황 속에서 어떤 원칙이 더 우선권을 가져야 하는지를 확인하고 그 비중을 따지는 것과 관련된다. 또한 윤리적 딜레마를 해결하기 위한 전문적인 판단은 법률과 윤리강령을 참고하고 슈퍼바이저나 동료와 상의함으로써 제고될 수 있다.

2. 윤리와 가치관

윤리는 수용 가능하거나 적합한 행위의 원리와 규칙을 말하며 모든 직업에는 윤리적 지침이 있다. 이 지침은 허용 가능한 행동의 한계를 규정하고 있으며, 구성원들이 윤리적 기준을 위반할 때 적용될 수 있는 제재 혹은 구제책을 규정하고 있다.

윤리강령은 내담자를 보호하며 또한 사회복지사와 다른 전문가를 보호한다. 윤리강령은 전문가가 의사결정을 내릴 때 도움을 얻기 위해 사용할 수 있고 업무의 기준으로 사용할 수 있다. 윤리강령은 또한 상담자가 동료들을 공정하게 대할 수 있는 방법에 대한 지침을 제공한다. 강령은 비윤리적 행위, 즉 비밀을 깨는 것, 자신의 전문성 수준을 잘못 전하거나 그 수준을 넘어서서 일하는 것, 부적절한 관계를 맺는 것 등에서 내담자를 보호하기 위한 목표와 절차를 상술한다.

전문가 협회는 그들 자신의 정책들을 관리하고 윤리적 행위의 위반을 조사, 해결하는 것에 책임이 있다. 전문가 협회의 구성원이 아닌 상담자는 윤리적 행동과 의사결정을 위한 지침을 제공하는 기관들과 일을 하는 것이 대안이 될 수 있다.

법률은 사회복지사, 심리학자, 그리고 정신과 의사와 같은 특정한 명칭의 사용을 적절한 학위 혹은 훈련을 마친 사람들로 규정하고 제한할 수 있다. 이러한 전문가들의 내담자는 위법행위나 관련 사건들을 특정한 전문가 협회에 신고할 수 있다.

1) 윤리적 행동의 핵심기준

윤리는 가치에서 유래하며, 가치는 개인과 집단이 중요하게 혹은 가치 있게 생각하는 원리 혹은 특성을 말한다. 즉, 가치는 무엇이 바람직하고 좋은 것인가에 대한 믿음을 나타내는 것으로 개인적인 가치와 직업적인 가치로 나뉜다. 이러한 가치는 상담 전문가의 활동을 구체화하는 데 주요한 영향력을 미치는데 사회복지와 상담의 핵심가치에 살펴보면 다음과 같다.

(1) 인간의 존엄과 가치에 대한 믿음

인간의 존엄성과 가치에 대한 믿음은 사회복지와 상담의 핵심가치로서 이는 내담자가 그들의 권리를 존중받으며 대해질 것임을 보증하는 약속이다. 또한 사회복지사에게 개인에 대한 수용을 보여 주고 비밀을 유지할 의무를 가지게 하며 내담자의 존엄을 존중하는 사회복지사는 다양성을 인정한다. 따라서 그들은 정형화하기, 분류하여 규정하기, 그 밖의 비인간화하는 활동을 거부한다. 이것은 내담자에 대한 자신의 개인적인 감정과 상관없이 내담자를 공정하게 대해야 한다는 것을 의미한다.

사회복지사는 각 내담자에 대한 그들의 개인적인 반응과 상관없이 그들의 기술과 지식을 각각의 내담자에게 맞게 최적의 수준으로 적용될 것이라는 기대를 받고 있다. 사회복지사가 보기에 내담자가 공격적인 방식으로 행동할 수도 있지만, 이러한 믿음이 사회복지사에게 무례하게 행동하거나 서비스를 보류해도 된다는 인가를 주는 것은 아니다.

콤프톤과 갤러웨이(Compton & Galaway)가 제시한 인간의 존엄과 가치를 실제활동에서 구현하기 위한 지침을 살펴보면 다음과 같다.

① 우리가 우리의 서비스를 체계화하고 관리하는 방식에서 내담자의 존엄에 관해 전달하고 있는 것에 대해 민감함과 자각을 유지한다.
② 내담자를 정형화하지 않도록 주의한다.
③ 내담자가 그들의 강점을 발견하고 사용하도록 도와준다.
④ 문제해결에 내담자가 참여할 것을 기대한다.
⑤ 내담자에게 필요한 것보다는 내담자가 원하는 것에 초점을 맞춘다.

특히 위험도가 큰 내담자와 일하는 사회복지사는 자신의 관점과 태도가 지치지 않도록 주의할 필요가 있다. 지칠 대로 지친 사회복지사는 일반적으로 사람은 목표지향적이라는 믿음, 인간은 변화할 능력을 가지고 있다는 믿음 등과 같은 인간 본성에 대한 낙관적인 관점을 포기해 버린다. 그리고 이러한 관점 대신에 그들은 변화, 발전에 대한 내담자의 의지와 역량에 대해 더욱 냉소적이고 비관적인 관점을 발전시키며 이러한 관점의 변화는 수년에 걸쳐 점진적으로 일어날 수 있다. 내담자가 발전할 수 없다고 믿는 사회복지사는 변화를 지원하는 데에 에너지를 덜 투자하게 되거나 내담자가 혼자서 그것을 할 수 없다고 예상하여 통제반응을 더 많이 사용하려 할 수 있다.

(2) 이중 관계를 피하는 것의 중요성

상담관계의 본질적인 목적은 내담자의 개성과 권리를 존중하면서 내담자의 요구를 충족시키는 것이다. 따라서 사회복지사는 개인적인 이익을 위해 직업적인 관계를 오용해서는 안 된다. 이중관계는 상담자가 내담자와 직업적인 관계와 또 다른 유형의 관계(친구관계, 성적인 관계, 사업관계, 지도관계 등)를 형성하는 것으로 이중관계 속에서 전문가는 내담자의 관심과 상충될 수 있는 개인적인 관심을 가지며 이것은 내담자에 대한 의도적인 혹은 비의도적인 이용, 피해 조종, 강압으로 이어질 수도 있다. 이러한 문제점과 관심의 충돌을 막기 위해서는 이중관계, 특히 내담자에게 잠재적으로 해를 끼칠 수 있는 이중관계를 피해야만 한다.

(3) 내담자의 자기결정 증진의 필요

내담자 자기결정의 원리는 내담자가 자율과 선택의 자유를 가질 권리를 증진한다. 이러한 원리를 고수하다고 해서 내담자가 타인의 권리 침해를 정당화하거나 자신의 행동이 가져올 결과를 무시한다는 의미는 아니다.

(4) 윤리적 딜레마

윤리강령은 허용할 수 있는 행동을 규정하는 것으로서 윤리적인 결정과 의사결정에 있어서 중요한 지침을 제공한다. 그러나 일반적으로 상담전문가에게 발생하는 특정한 상황에 대한 해답을 제공하지는 않는다. 윤리적 딜레마는 경쟁하는 가치 사이에서 어떤 선택이 이루어져야 할 때 존재한다. 일반적인 예로 내담자가 어떤 사람에게 해를 기칠 계획을 밝힐 때 발생하는 비밀에 대한 내담자의 권리와 사회의 권리의 잠재적인 충돌이다.

카튼과 타르비다스(Cottone & Tarvydas)는 윤리적인 딜레마를 해결하는 데 도움이 될 수 있는 다섯 가지 원칙을 제시하였다.

① **자율성**: 개인의 결정에 대한 권리를 존중하는 것
② **선행**: 다른 사람에게 선하게 행동하는 것
③ **피해가 없음**: 다른 사람에게 해를 끼치지 않는 것
④ **정의**: 공정한 것, 다른 사람에게 공평하게 대하는 것
⑤ **성실**: 충실, 정직하고 그리고 약속을 지키는 것

이상적인 조건들 아래에서 상담자는 다섯 가지 원칙들을 존중할 수 있지만 윤리적인 의사결정은 주어진 상황 속에서 다섯 가지 원칙 중 어떤 것이 우선권을 가져야 하는지를 확인하고 그 비중을 따지는 것과 관련된다. 또한 윤리적인 딜레마를 해결하기 위한 전문적인 판단은 법률과 윤리강령을 참고하고 슈퍼바이저나 동료와 상의함으로써 제고될 수 있다.

캐나다 상담협회(CCA)는 윤리적 의사결정의 다양한 모델들을 윤리강령에 통합하고자 시도하였으며, 윤리적 의사결정과 윤리적 딜레마 해결을 위한 6단계 절차를 제시하였다.

〈1단계〉	이 상황에서 핵심적인 윤리적 이슈는 무엇인가
〈2단계〉	어떤 윤리적인 지침이 이 상황과 관련되는가?
〈3단계〉	어떤 윤리적인 원칙이 이 상황에서 더욱 중요한가? • 인간의 존엄성의 존중 • 다른 사람에게 의도적으로 해 끼치지 않기 • 관계에서의 성실 • 사회에 대한 책임감 • 책임감 있는 배려 • 자기결정에 대한 존중
〈4단계〉	무엇이 가장 중요한 원칙이며, 이러한 원칙이 적용될 때 어떤 위험 요소와 이점이 있는가?
〈5단계〉	만일 내가 이 상황에 대해 조금 더 오래 생각해도 똑같이 느낄 것인가? (윤리적인 문제에 의해 촉발되는 감정과 직관을 확인한다.)
〈6단계〉	이 상황에서 어떤 행동계획이 가장 도움이 될 것인가? (상담자는 구체적인 행동계획에 따르고, 평가한다.)

가치와 윤리가 대립할 때 어떤 것이 우선권을 가져야 하는가에 대한 결정은 고통스러울 정도로 어려울 수 있다. 헵워스, 루니와 라센(Hepworth, Rooney, & Larsen, 1997)은 지침으로 다음과 같은 네 가지 원칙을 제안하였다.

① 삶, 건강, 행복 그리고 삶에 필요한 것들에 대한 권리는 비밀의 권리보다 우선한다.

② 행복에 대한 개인의 기본적인 권리는 다른 사람의 사생활, 자유, 자기결정에 대한 권리보다 우선한다.

③ 자기결정에 대한 사람들의 권리는 기본적인 행복에 대한 그들의 권리보다 우선한다.

④ 행복에 대한 개인의 권리는 법률, 정책, 기관의 합의사항보다 우위에 설 수도 있다.

윤리적인 원칙과 법적인 지침에 대한 깊은 지식은 의사결정 과정을 더욱 명확하게 만들 수 있다. 그러나 내담자의 행동이 다른 사람에게 위험이 되는 범위가 어디까지인지는 항상 명확한 것은 아니다. 햅워스, 루니와 라센(1997)은 사람들이 "정보에 근거하여 적절한 의사결정을 내릴 능력이 있다면, 자신에게 가장 이익이 되는 것과 반대되는 것처럼 보이는 행동을 할" 권리를 가지고 있다고 주장하였다. 이것은 실수를 저지를 권리, 다른 사람이 틀렸다고 생각할 수도 있는 행동을 할 권리를 보호하는 것을 의미한다. 그러나 내담자가 자살을 하겠다고 하는 경우처럼 개인의 행동이 죽음으로 끝나게 될 수도 있기 때문에 상담자는 언제 이 원칙의 적용을 포기해야 할지에 대해 고려해야 한다.

자각을 발전시키기에 열심인 사회복지사는 그들의 장점과 제한점을 탐구하는 위험을 감수할 만큼 충분히 안정적이다. 자각은 주의하게 되는 것을 포함하며, 또한 자신이 사고하고 느끼는 방식에 대해 지식이 많아지는 것을 포함한다. 자각은 사회복지사의 경력 내내 계속되는 과정으로, 그들이 자신을 솔직하게 바라보고, 또 다른 사람과 관계 맺는 방식을 바라볼 것을 요구하는 것이다.

그러나 해리스와 말로이(Harris & Maloey, 1996)가 제안한 것처럼 인종차별, 성차별, 연령층 차별, 이성애주의 등과 같은 행동은 무의식적으로 작동한다. 따라서 사회복지사는 그들이 방어적으로 되는 자연적인 경향 모두를 극복할 수 있어야 하며, 이는 다른 사람에게 피드백을 요청함으로써 해결할 수 있다.

2) 동료 및 슈퍼바이저, 내담자와의 피드백 전략

동료, 슈퍼바이저, 내담자는 중요한 정보의 원천이지만 일반적으로 사람들은 비판적인 피드백은 제공하기를 꺼려한다. 따라서 사회복지사는 다음과 같은 전략을 통해 다른 사람에게서 정보를 모을 수 있다.

첫째, 안전한 분위기를 만드는 것이다. 사람들은 피드백이 어떻게 받아들여질지 두려워하기 때문에 다른 사람에게 피드백 주기를 망설인다. 이는 비판적인 피드백을 제공했을 경우 자신에게 불리한 결과가 발생하거나, 상대방과의 관계가 손상될 위험이 있거나 또는 상대방의 자아존중감을 손상시킬지도 모른다는 두려움을 갖기 때문이다.

따라서 사회복지사가 피드백에 대해 방어적이지 않게 반응할 준비가 되어 있으며, 그럴 의지와 능력이 있다는 것을 보여주는 것이 중요하다. 사회복지사는 피드백을 고려하고, 적절한 때에 그것에 따라 행동할 책임을 가진다. 이것은 그들이 그들에게 이야기되었던 것에 무조건 동의해야 한다는 것을 의미하는 것은 아니다. 그것은 그들이 비공격적인 반응으로, 즉 비난하거나 변명하지 않고 경청한다는 것을 의미한다. 내담자를 대할 때의 일반적인 규칙은 내담자가 무엇을 말하거나 행하더라도, 사회복지사는 전문가로서의 역할을 유지해야 한다는 것이다.

둘째, 적극적 경청기술을 사용하여 피드백이 구체적이거나 명확하다는 것을 보증하는 것이다. 이것을 촉진하기 위해 사회복지사는 상세한 설명, 정의, 실례를 요청할 수 있다. 요약과 환언이 이해를 확고하게 하는 데 사용될 수 있다.

자각의 핵심은 '나는 누구인가?'라는 질문에 대한 대답이다. 이 질문은 다양한 다른 차원, 즉 감정과 생각과 행동, 개인적인 욕구, 내담자에 대한 영향, 능력의 한계, 개인적 · 문화, 가치, 취약한 영역 등에 대한 이해 면에서 탐구될 필요가 있다.

우리나라 윤리강령은 기본적인 윤리기준과 클라이언트에 대한 윤리기준, 사회복지사의 동료에 대한 윤리기준, 사회복지사의 사회와 기관에 대한 윤리기준을 표로 나타내면 표 10-1과 같다.

표 10-1 사회복지사 윤리강령의 윤리기준

<table>
<tr><td rowspan="15">기본적인 윤리기준</td><td rowspan="7">전문가로서의 자세</td><td colspan="2">1. 전문가로서의 품위와 자질</td></tr>
<tr><td colspan="2">2. 차별없는 복지실천</td></tr>
<tr><td colspan="2">3. 전문가로서의 성실성과 공정성</td></tr>
<tr><td colspan="2">4. 사회정의의 실현과 복지증진의 노력</td></tr>
<tr><td colspan="2">5. 타 기관의 간섭과 압력 배제</td></tr>
<tr><td colspan="2">6. 전문직의 가치와 권위 훼손 금지</td></tr>
<tr><td colspan="2">7. 전문가단체 활동의 활성화</td></tr>
<tr><td rowspan="5">전문성 개발을 위한 노력</td><td rowspan="3">클라이언트를 위한 전문성 개발</td><td>1. 클라이언트를 위한 지식과 기술 개발</td></tr>
<tr><td>2. 클라이언트를 위한 연구와 권리 보장</td></tr>
<tr><td>3. 정보의 비밀보장</td></tr>
<tr><td rowspan="2">사회복지사를 위한 전문성 개발</td><td>1. 전문성 개발을 위한 노력</td></tr>
<tr><td>2. 계속적인 교육</td></tr>
<tr><td rowspan="3">경제적 이득에 대한 태도</td><td rowspan="3">공정성과 합리성</td><td>1. 이득과 상관없이 서비스 제공</td></tr>
<tr><td>2. 공정하고 합리적인 이용료 책정</td></tr>
<tr><td>3. 부당한 이득 금지</td></tr>
<tr><td rowspan="11">클라이언트에 대한 윤리기준</td><td rowspan="9">클라이언트와의 관계</td><td colspan="2">1. 최우선 가치: 클라이언트의 권익옹호</td></tr>
<tr><td colspan="2">2. 클라이언트의 인간의 존엄성 존중</td></tr>
<tr><td colspan="2">3. 클라이언트의 자기결정권</td></tr>
<tr><td colspan="2">4. 클라이언트의 비밀보장</td></tr>
<tr><td colspan="2">5. 클라이언트의 알권리 인정</td></tr>
<tr><td colspan="2">6. 정보공개에 대한 클라이언트의 권리</td></tr>
<tr><td colspan="2">7. 개인적인 이익을 위한 관계 이용 금지</td></tr>
<tr><td colspan="2">8. 부적절한 성관계 금지</td></tr>
<tr><td colspan="2">9. 사회복지증진의 동반자로서의 클라이언트</td></tr>
<tr><td rowspan="2">동료의 클라이언트와의 관계</td><td colspan="2">1. 적법한 절차를 통한 동료 클라이언트와의 관계형성</td></tr>
<tr><td colspan="2">2. 유사시 동료의 클라이언트에 대한 성실성</td></tr>
</table>

동료에 대한 윤리기준	동료	1. 동료 상호 간의 존중과 신뢰
		2. 전문직의 권익과 이익을 위한 협력
		3. 전문직 행위의 촉진과 위반 시의 대처
		4. 동료의 능력 부족에 대한 대처
		5. 다른 구성원에 대한 대응
		6. 민주적인 직무관계
	슈퍼바이저	1. 개인의 이익을 위한 지위 사용금지
		2. 공정한 업무수행과 평가
		3. 슈퍼바이저와 사회복지사와의 관계
		4. 슈퍼바이저에 대한 인격적 대우
사회에 대한 윤리기준	1. 인권존중, 인간평등, 사회적 약자 보호	
	2. 사회서비스 개발참여	
	3. 사회정책 개발참여	
	4. 지역사회문제해결참여	
기관에 대한 윤리기준	1. 기관의 정책과 목표를 위한 노력	
	2. 부당한 요구에 대한 대응	
	3. 소속기관 활동에 적극 참여	

3. 한국사회복지사협회의 윤리강령

미국사회복지사협회의 윤리강령은 서문의 핵심적 가치, 목적의 윤리강령, 윤리적 원칙으로 핵심 가치에 대한 추구할 기준들 그리고 윤리적 기준에 대한 155개의 구체적 원칙이 있다. ① 클라이언트에 대해 ② 동료에 대해 ③ 실천의 장에서의 ④ 전문가로서의 ⑤ 사회복지전문직에 대한 ⑥ 사회에 대한 책임에 대한 윤리강령이 들어 있다.

한국은 1973년 초안제정, 1988년 공포, 1992년 1차 개정, 2001년 대폭 개정이 있었다.

① 서문: 사회복지사의 사명
인간의 존엄성과 가치, 사회정의와 민주주의, 약자의 편에서 사회제도 개선, 자기결정권 보장, 전문가로서의 능력

② 사회복지사의 기본적 윤리기준
전문가로서의 자세, 전문성 개발을 위한 노력, 경제적 이득에 대한 태도

③ 클라이언트에 대한 윤리기준: 클라이언트와의 관계, 동료의 클라이언트와의 관계

④ 동료에 대한 윤리기준: 동료와 슈퍼바이저에 대한 윤리기준

⑤ 사회에 대한 윤리기준

⑥ 기관에 대한 윤리기준

⑦ 윤리위원회의 구성과 운영

1) 전문내용과 기본적 윤리기준

(1) 전문내용

사회복지사는 인본주의·평등주의 사상에 기초하여, 모든 인간의 존엄성과 가치를 존중하고 천부의 자유권과 생존권의 보장활동에 헌신한다. 특히 사회적·경제적 약자들의 편에 서서 사회정의와 평등·자유와 민주주의 가치를 실현하는 데 앞장선다. 또한 도움을 필요로 하는 사람들의 사회적 지위와 기능을 향상시키기 위해 저들과 함께 일하며, 사회제도 개선과 관련된 제반 활동에 주도적으로 참여한다. 사회복지사는 개인의 주체성과 자기결정권을 보장하는 데 최선을 다하고, 어떠한 여건에서도 개인이 부당하게 희생되는 일이 없도록 한다. 이러한 사명을 실천하기 위하여 전문적 지식과 기술을 개발하고, 사회적 가치를 실현하는 전문가로서의 능력과 품위를 유지하기 위해 노력한다.

이에 우리는 클라이언트·동료·기관 그리고, 지역사회 및 전체 사회와 관련된 사회복지사의 행위와 활동을 판단·평가하며 인도하는 윤리기준을 다음과 같이

선언하고 이를 준수할 것을 다짐한다.

(2) 사회복지사의 기본적 윤리기준

전문가로서의 자세는 다음과 같다.

① 전문가로서의 품위와 자질을 유지하고, 자신이 맡고 있는 업무에 대해 책임을 진다.

② 클라이언트의 종교・인종・성・연령・국적・결혼상태・성 취향・경제적 지위・정치적 신념・정신, 신체적 장애・기타 개인적 선호, 특징, 조건, 지위를 이유로 차별 대우하지 않는다.

③ 전문가로서 성실하고 공정하게 업무를 수행하며, 이 과정에서 어떠한 부당한 압력에도 타협하지 않는다.

④ 사회정의 실현과 클라이언트의 복지 증진에 헌신하며, 이를 위한 환경 조성을 국가와 사회에 요구해야 한다.

⑤ 전문적 가치와 판단에 따라 업무를 수행함에 있어, 기관 내외로부터 부당한 간섭이나 압력을 받지 않는다.

⑥ 자신의 이익을 위해 사회복지전문직의 가치와 권위를 훼손해서는 안 된다.

⑦ 한국사회복지사협회 등 전문가단체 활동에 적극 참여하여, 사회정의 실현과 사회복지사의 권익옹호를 위해 노력해야 한다.

전문성 개발을 위한 노력은 다음과 같다.

① 클라이언트에게 최상의 서비스를 제공하기 위해, 지식과 기술을 개발하는 데 최선을 다하며 이를 활용하고 전파할 책임이 있다.

② 클라이언트를 대상으로 연구하는 저들의 권리를 보장하기 위해, 자발적이고 고지된 동의를 얻어야 한다.

③ 연구과정에서 얻은 정보는 비밀보장의 원칙에서 다루어져야 하고, 이 과정에서 클라이언트는 신체적・정신적 불편이나 위험・위해 등으로부터 보호

되어야 한다.

④ 전문성을 개발하기 위해 노력하되, 이를 이유로 서비스의 제공을 소홀히 해서는 안 된다.

⑤ 한국사회복지사협회 등이 실시하는 제반교육에 적극 참여하여야 한다.

경제적 이득에 대한 태도는 다음과 같다.

① 클라이언트의 지불능력에 상관없이 서비스를 제공해야 하며, 이를 이유로 차별대우를 해서는 안 된다.

② 필요한 경우에 제공된 서비스에 대해, 공정하고 합리적으로 이용료를 책정해야 한다.

③ 업무와 관련하여 정당하지 않은 방법으로 경제적 이득을 취하여서는 안 된다.

2) 사회복지사의 클라이언트에 대한 윤리기준

첫째, 클라이언트와의 관계

① 클라이언트의 권익옹호를 최우선의 가치로 삼고 행동한다.

② 클라이언트에 대하여 인간으로서의 존엄성을 존중해야 하며, 전문적 기술과 능력을 최대한 발휘한다.

③ 클라이언트가 자기결정권을 최대한 행사할 수 있도록 도와야 하며, 저들의 이익을 최대한 대변해야 한다.

④ 클라이언트의 사생활을 존중하고 보호하며, 직무 수행과정에서 얻은 정보에 대해 철저하게 비밀을 유지해야 한다.

⑤ 클라이언트가 받는 서비스의 범위와 내용에 대해, 정확하고 충분한 정보를 제공함으로써 알 권리를 인정하고 존중해야 한다.

⑥ 문서·사진·컴퓨터 파일 등의 형태로 된 클라이언트의 정보에 대해 비밀보장의 한계·정보를 얻어야 하는 목적 및 활용에 대해 구체적으로 알려야 하며, 정보 공개시에는 동의를 얻어야 한다.

⑦ 개인적 이익을 위해 클라이언트와의 전문적 관계를 이용하여서는 안 된다.
⑧ 어떠한 상황에서도 클라이언트와 부적절한 성적관계를 가져서는 안 된다.
⑨ 사회복지 증진을 위한 환경조성에 클라이언트를 동반자로 인정하고 함께 일해야 한다.

둘째, 동료의 클라이언트와의 관계

① 적법하고도 적절한 논의 없이 동료 혹은 다른 기관의 클라이언트와 전문적 관계를 맺어서는 안 된다.
② 긴급한 사정으로 인해 동료의 클라이언트를 맡게 된 경우, 자신의 의뢰인처럼 관심을 갖고 서비스를 제공한다.

3) 사회복지사의 동료에 대한 윤리기준

(1) 동료

① 존중과 신뢰로서 동료를 대하며, 전문가로서의 지위와 인격을 훼손하는 언행을 하지 않는다.
② 사회복지전문직의 이익과 권익을 증진시키기 위해 동료와 협력해야 한다.
③ 동료의 윤리적이고 전문적인 행위를 촉진시켜야 하며, 이에 반하는 경우에는 제반 법률규정이나 윤리기준에 따라 대처해야 한다.
④ 사회복지사가 전문적인 판단과 실천이 미흡하여 문제를 야기시켰을 때에는, 적절한 조치를 취하여 클라이언트의 이익을 보호해야 한다.
⑤ 전문직 내 다른 구성원이 행한 비윤리적 행위에 대해, 제반 법률규정이나 윤리기준에 따라 조치를 취해야 한다.
⑥ 동료 및 타 전문직 동료의 직무 가치와 내용을 인정·이해하며, 상호 간에 민주적인 직무관계를 이루도록 노력해야 한다.

(2) 슈퍼바이저

① 슈퍼바이저는 개인적인 이익의 추구를 위해 자신의 지위를 이용해서는 안 된다.

② 슈퍼바이저는 전문적 기준에 의해 공정하게 책임을 수행하며, 사회복지사·수련생 및 실습생에 대한 평가는 저들과 공유해야 한다.

③ 슈퍼바이저의 전문적 지도와 조언을 존중해야 하며, 슈퍼바이저는 사회복지사의 전문적 업무수행을 도와야 한다.

④ 슈퍼바이저는 사회복지사·수련생 및 실습생에 대해 인격적·성적으로 수치심을 주는 행위를 해서는 안 된다.

4) 사회복지사의 사회에 대한 윤리기준

① 인권존중과 인간평등을 위해 헌신해야 하며, 사회적 약자를 옹호하고 대변하는 일을 주도해야 한다.

② 필요한 사회서비스를 개발하기 위한 사회정책의 수립·발전·입법·집행에 적극적으로 참여하고 지원해야 한다.

③ 사회환경을 개선하고 사회정의를 증진시키기 위한 사회정책의 수립·발전·입법·집행을 요구하고 옹호해야 한다.

④ 자신이 일하는 지역사회의 문제를 이해하고, 그것을 해결하는 일에 적극적으로 참여해야 한다.

5) 사회복지사의 기관에 대한 윤리기준

① 기관의 정책과 사업 목표의 달성·서비스의 효율성과 효과성의 증진을 위해 노력함으로써 클라이언트에게 이익이 되도록 해야 한다.

② 기관의 부당한 정책이나 요구에 대하여, 전문직의 가치와 지식을 근거로 이

에 대응하고 즉시 사회복지윤리위원회에 보고해야 한다.

③ 소속기관 활동에 적극 참여함으로써 기관의 성장발전을 위해 노력해야 한다.

6) 사회복지윤리위원회의 구성과 운영

① 한국사회복지사협회는 사회복지윤리위원회를 구성하여, 사회복지윤리실천의 질적인 향상을 도모하여야 한다.

② 사회복지윤리위원회는 윤리강령을 위배하거나 침해하는 행위를 접수받아, 공식적인 절차를 통해 대처하여야 한다.

③ 한국사회복사협회의 윤리적 권고와 결정을 존중하여야 한다.

연구과제

1. 사회복지를 위한 윤리적 원리에서 수용 및 자기결정권에 대한 가치충돌에 대한 연구
2. 사회복지사의 클라이언트에 대한 윤리기준으로 클라이언트의 권익옹호를 최우선의 가치로 삼아야 하는 문제에 대하여 가치충돌 시 대안

CHAPTER 11

사회복지실천기술과 슈퍼비전

제1절 사회복지실천기술의 의의

제2절 사회복지실천과 슈퍼비전

제3절 사회복지실천기술모델

학습과제

1. 실천기술에 대한 실천현장에서의 슈퍼비전의 목표
2. 개인대상 사회복지실천 과정에서 초기 단계와 중간 단계
3. 과제중심모델과 슈퍼비전의 관계

제1절 사회복지실천기술의 의의

실천기술은 현장에서 활동하는 과정에서 스스로 경험하고, 보수교육과 같은 별도의 교육 프로그램이 아니더라도 실천현장에서 슈퍼비전이나 멘토링을 받으면서 습득해나갈 수 있다. 특히, 해석은 클라이언트의 통찰력 향상을 위해 사회복지사의 지식과 직관력에 근거하여 설명하는 것이다.

클라이언트의 말과 행동이 일치되지 않을 경우, 이를 인식하도록 돕기 위한 기법은 직면이다. 일반 사회복지사 및 직원들에게 질 높은 지도와 지원을 통하여 사회복지사 및 직원들의 역할과 업무의 발전과 향상을 위하여 사회복지서비스의 향상을 도모하는 데 있다.

실천기술에 대한 실천현장에서의 슈퍼비전의 목표는 다음과 같다.

단기적 목표는 다음과 같다.

① 교육적 슈퍼비전: 담당 업무를 더욱 효과적으로 수행할 수 있는 능력을 향상시킨다.

② 행정적 슈퍼비전: 담당 업무를 효과적으로 수행할 수 있도록 작업 배경을 제공한다.

③ 지지적 슈퍼비전: 담당 업무를 수행하는 데 기분좋게 느끼도록 돕는다.

장기적 목표는 기관에서 제공하는 서비스를 효율적이고 효과적으로 제공한다.

1. 사회복지실천기술의 의의

사회복지실천기술이란 사회복지실천 활동 수행 시 효과적으로 지식을 이용하고 적용할 수 있게 해 주는 능력이나 방법을 말한다. 그 방법이란 실천론에서 설명하는 대인관계기술, 면접기술, 상담기술, 집단지도기술, 의사소통기술, 평가 및 종결기술 등을 말한다.

미국 사회복지협회의 개념으로는 다음과 같다.

첫째, 개인과 집단과 환경 간에 불균형 상태가 일어났을 때 문제를 정확히 발견하여 그 정도를 경감시키거나 해결할 수 있도록 도와주는 일이다.

둘째, 개인 또는 집단과 환경 간의 상호작용과정에서 발생할 수 있는 잠재적인 문제를 확인함으로써 양자 간에 불균형 상태가 발생하는 것을 사전에 예방한다.

셋째, 개인과 집단과 지역사회 내의 잠재력을 찾아내고 확인하며 이를 강화하는 것을 의미한다.

존슨(Johnson)은 관심과 욕구에 맞춰 지식과 가치를 행동으로 전환하는 사회복지실천의 구성요소로서 특정목표나 활동을 향한 복잡한 행위체제라고 하였다.

모랄레스와 쉐포어(Morales & Sheafor)는 지식과 개입 기법을 효과적으로 사용할 수 있는 능력이라고 하였다.

리치몬드(Richmond)는 개인 대 개인 및 인간관계환경 간에 적응하는 능력을 갖도록 성격을 발달시키는 과정으로 보고 있으며, 핀커스와 미나한(Pincus & Minahan)은 사람과 자원 간의 연결과 상호관계라고 정의하였고 최초로 사회복지실천이 전문직이라고 강조하고 있다.

쿠르누아예(Cournoyer)는 사회복지실천기술은 사회복지실천의 지식, 가치, 윤리, 의무로서 부터 나와야 하며, 사회복지사에 필요한 핵심적 자질과 일치해야 하고 전문적 통합성의 특징을 반영해야 하며, 실천의 단계나 과정의 맥락을 고려할 때 사회복지실천 목적과 일치하는 것으로 인지적이고 행동적인 행위라고 보고 있다.

2. 사회복지실천의 개입 차원

1) 개입수준과 역할

사회복지실천에 있어서 미시(micro) 수준의 실천은 개인, 부부, 가족을 포함하는 다양한 클라이언트체계를 대상으로 하며 사회복지사는 클라이언트와 일대일로 접촉하면서 직접서비스를 전달한다. 마이크로 기술로서 대인관계기술은 온화함, 공감, 진실성을 면접기술은 문제해결 지향에 관계된다.

중범위(mezzo) 수준의 실천은 대인관계, 조직과 기관의 대표들 사이보다는 더 의미있는 관계로서 자조집단이나 치료집단의 구성원 관계를 포함한 학교나 직장, 이웃에서의 동료 간의 관계에 개입한다. 메조 기술은 집단역동성의 이해로 규칙과 기대형성, 리더선출, 권한 분배 형식에 근거하고, 마이크로 기술을 집단에 적용하는 기술이다.

거시(macro) 수준의 실천은 서비스 직접전달과 거리가 멀다. 사회계획, 지역사회조직 과정을 포함한 기술로 주민조직기술, 지역사회 지도자 및 정책결정자에게 접근하는 기술, 자금동원 기술 등이 해당된다. 사회복지사의 개입수준과 사회복지사의 역할은 사회복지사의 개입대상에 따라 미시, 중도, 거시적 개입수준으로 분류할 수 있다.

미시적 수준은 개인, 가족, 친구와 같이 개별 클라이언트 차원에서의 문제해결을 위한 개입에서 상담역할의 조력자, 자원관리역할의 중개자, 옹호자역할, 교육자의 교사역할 등이다.

중도적 수준은 조직, 공식적 집단의 문제해결을 위한 개입으로 촉진자(상담), 중재자(자원관리), 훈련가(교육)의 역할이 요구된다. 거시적 수준은 지역사회, 사회의 문제해결을 위한 개입으로 계획가, 행동가, 아웃리치(현장개입가)의 역할이 요구된다. 전문가 차원의 개입은 사회복지전문가 집단의 문제해결을 위한 개입으로 동료, 촉매자, 연구자, 학자가 이에 해당된다.

일반적으로 학자들이 주장하는 사회복지사의 역할은 다음과 같다.

① **시포린**(Siporin): 상담가, 충고자, 기능케 하는 자, 노련한 문제해결자, 분쟁해결 조정자, 중개인 의뢰자, 촉진자, 중재자, 토의리더, 안내자, 자원자, 조정자, 행정가, 사업경영자, 자문하는 사람 등

② **재스트로우**(Zastrow): 기능하는 사람, 중개인, 클라이언트를 옹호하는 사람, 클라이언트의 권능을 신장하는 사람, 사회운동가이며 행정가, 중재인, 협상하는 사람, 가르치는 사람, 제안자 또는 주창자, 조사연구자, 집단촉진자 등

③ **쉐포어**(Sheafor): 중개인 옹호자, 교사, 상담가, 사례관리자, 업무전문가, 직원개발자, 행정가, 사회변화 대행자, 전문가 등

④ **페데리코**(Federico): 중개자, 옹호자, 평가자, 교사, 동기부여자, 행동변화가, 자문상담자, 지역사회 기획가, 보호자, 자료관리자, 행정가

따라서 사회복지사의 역할에 따른 기능은 다음과 같이 정리할 수 있다.

첫째, 직접서비스 제공자로서 사회복지사는 클라이언트와 직접 대면하여 서비스를 제공한다.

① 개인적인 개별사회사업 또는 상담이다.

② 부부, 가족치료

③ 집단활동 서비스는 치료집단, 자조집단이다.

④ 정보의 교육자 혹은 배포자이다.

둘째, 체계와 연결하는 역할이다.

① 중개자

② 사례관리자

③ 중재자 혹은 심판자

④ 클라이언트 옹호자

셋째, 체계유지 및 강화역할이다.

① 조직분석가

② 촉진자

③ 팀 성원

④ 자문가

넷째, 체계개발 역할이다.

① 프로그램 개발자

② 기획가

③ 정책과 절차 개발자

④ 옹호자

그 외 연구조사자의 활용자이다.

사회복지전문직으로서 홀(Hall, 1968)이 주장하는 특징은 다음과 같다.

① 전문적 조직의 활용

② 공적 서비스에의 신념

③ 자기규율

④ 직업의식

⑤ 전문적인 자율성

⑥ 특수한 이론적 토대에 특징을 지니고 있다.

사회복지실천의 지식기반으로 헵워스(Hepworth)가 주장하는 내용은 다음과 같다.

① 인간행동과 사회 환경에 관한 지식

② 사회복지정책과 서비스에 관한 지식

③ 사회복지실천방법에 관한 지식

2) 사회복지 전문화의 기원

(1) 자선조직협회

1869년 이후 자선조직협회(COS)는 자선과 박애의 개념을 발전시켜, 사회복지의 전문화와 관료화 촉진, 박애주의자 원조에 대한 헌신과 신중함을 결합하였고

COS의 재조직화를 촉진하였는데, 그들은 욕구를 확인하고 서비스를 효과적으로 전달하기 위해 체계적이고 조직적인 접근을 선택하고 있다. 그리고 학교와 훈련 기관을 통한 전문적이고 특수한 교육이 요구된다.

(2) 과학적 지식의 원천

① 생태학, 행동과학, 문화과학

② 생물학, 유전학, 형태과학

③ 생태과학

④ 행동과학과 사회과학

(3) 과학자로서 사회복지사

① 사회적 조건과 사회문제에 관한 지식

② 사회정책과 사회적 프로그램에 관한 지식

③ 사회적 현상에 관한 지식

④ 사회복지전문직에 관한 지식

(4) 사회복지실천의 예술적 기반

사회복지실천이 효과적으로 이루어지기 위해서는 과학적 지식 등이 뒷받침되는 과학과 함께 예술성 또한 수반되어야 한다.

① 실천지혜이다. 클라이언트가 있는 곳에서 시작하라. 클라이언트 집단을 다루는 데 있어 정서적 문제를 탐색하기 전에 그들의 구체적인 욕구를 충족시키는 것이 중요하다. 실천 경험에 의해 형성된 전문가의 행위 패턴이다.

② 개인적 경험

다른 사회복지사들의 경험과 사회복지사 자신의 인생 경험에 근거한다. 즉, 사회복지사가 클라이언트와 유사한 개인적 경험이 있을 때, 자기 노출로서 사회복지 면접과정에서 사회복지사가 클라이언트에게 자신에 대한 정보, 개인의 가치관, 또는 행동 등을 드러내는 것의 문제가 중요하다.

③ 역사와 현재의 사건

사회복지사는 사회정책과 사회권력의 변화에 관해 아는 것이 중요하다. 역사문서・전문 정책 서적・대중매체가 이런 정보의 원천이 된다.

3) 사회복지실천의 가치

첫째, 인간의 존엄성 인정으로 개인의 존중과 개별화이다. 모든 사람은 인간으로서의 가치, 품위, 존엄을 가진다. 존엄하게 보호되어져야 할 권리가 있다는 것이다.

둘째, 인간의 자발성 존중으로 자기결정권이다. 우리는 인간은 자신이 가지고 있는 가치, 능력과 판단에 의해서 자신의 태도 및 행동을 선택하고 결정할 권리를 가진 존재라는 신념을 가지고 있다. 이것은 사회사업 과정에 있어서 그들 자신의 선택과 결정을 하는 자유에 대해서 이용자의 권리를 인정하는 것이다. 사회사업의 임무는 이용자로 하여금 자신의 잠재력을 개발하여 행복한 삶을 창조할 수 있도록 적절한 자원을 발견하고 활용할 수 있도록 도와주는 것이다.

셋째, 인간의 평등과 자기실현의 기회균등권이다. 기회균등은 모든 사람이 다 같다는 것도 아니고, 똑같이 취급을 받아야 한다는 것도 아니다. 기회균등은 모든 사람에게 동등한 대우와 동등한 수용 그리고 동등한 기회가 부여되어야 한다는 것이다.

이 밖에도 사회복지실천에 있어 비밀보장, 사회복지 활동자의 책임성, 자원공급의 공평성을 기본가치의 범주에 넣기도 한다. 사회복지서비스는 이용자 중심, 이타주의의 가치를 중요한 요소로 삼는 활동 분야이기 때문에 윤리성이 크게 강조된다.

사회복지전문직의 윤리로서 클라이언트와의 관계는 다음과 같다.

① 사회복지사는 클라이언트의 권익옹호를 최우선의 가치로 삼고 행동한다.

② 사회복지사는 클라이언트에 대하여 인간으로서의 존엄성을 존중해야 하며, 전문적 기술과 능력을 최대한 발휘한다.
③ 사회복지사는 클라이언트가 자기결정권을 최대한 행사할 수 있도록 도와야 하며, 저들의 이익을 최대한 대변해야 한다.
④ 사회복지사는 클라이언트의 사생활을 존중하고 보호하며, 직무 수행과정에서 얻은 정보에 대해 철저하게 비밀을 유지해야 한다.
⑤ 사회복지사는 클라이언트가 받는 서비스의 범위와 내용에 대해, 정확하고 충분한 정보를 제공함으로써 알 권리를 인정하고 존중해야 한다.
⑥ 사회복지사는 문서·사진·컴퓨터 파일 등의 형태로 된 클라이언트의 정보에 대해 비밀보장의 한계·정보를 얻어야 하는 목적 및 활용에 대해 구체적으로 알려야 하며, 정보 공개 시에는 동의를 얻어야 한다.
⑦ 사회복지사는 개인적 이익을 위해 클라이언트와의 전문적 관계를 이용하여서는 안 된다.
⑧ 사회복지사는 어떠한 상황에서도 클라이언트와 부적절한 성적관계를 가져서는 안 된다.
⑨ 사회복지사는 사회복지 증진을 위한 환경조성에 클라이언트를 동반자로 인정하고 함께 일해야 한다.

제2절 사회복지실천과 슈퍼비전

1. 개인대상 사회복지실천

1) 개인대상 사회복지실천의 의의

개인수준의 사회복지실천은 개인의 인간존엄성을 전제로 한 전문적인 대인관계의 기반 위에 클라이언트가 직면하고 있는 문제상황을 분석 검토하여 클라이언트의 욕구를 충족시켜 나가기 위한 전문적인 방법으로 예방보다 치료에 중점을 둔다. 개인과 일대일의 관계를 통해 이루어지는 접근방법을 개별지도 또는 개별사회사업이라고도 한다.

리치몬드(Richmond)는 개별사회사업이란 개별적 의식적으로 개인과 그의 사회환경 간의 조정을 통하여 그 사람의 인격을 발달시키는 과정으로 보고, 보워(Bower)는 개별사회사업이란 클라이언트와 그가 속한 환경의 전체 또는 일부분에서 보다 나은 적응을 해 나가도록 개인이 가진 능력과 지역사회의 자원을 적절히 동원하기 위하여 인간관계학의 지식과 대인관계의 기술을 활용하는 예술이라고 하였다.

펄만(Perlman)은 개별사회사업이란 개인이 사회인으로서의 기능을 수행함에 수반되는 여러 가지 문제를 보다 효과적으로 해결하기 위해 복지관에서 활용하는 과정이라고 하였다.

개인 대상 사회복지실천의 특징은 다음과 같다.

첫째, 1인의 클라이언트체계가 갖는 문제에 초점을 두고 클라이언트와의 개별화된 원조과정을 진행하는 특징으로 개인의 존엄성, 자기결정권, 개별적 욕구와 특성, 상황에 맞는 방법과 전략을 선택한다.

둘째, 클라이언트와 사회복지사와의 전문적 관계를 강조한다. 사회복지사와 클라이언트가 일대일 관계 속에서 대인관계의 기술을 활용하여 클라이언트의 문제해결을 돕는다.

셋째, 개인의 문제해결을 위해 다양한 개입모델을 활용한다.

즉, 심리학, 사회학 등 이론을 적용시킨 다양한 실천모델로서 심리사회모델, 행동주의모델, 과제중심모델 등을 활용하여 개인의 변화 또는 개인과 환경의 상호작용을 변화시키기 위해 노력한다.

① 개별사회사업의 대상은 문제를 가진 개인이다.

② 개별사회사업의 주체는 문제에 대한 과학적 지식과 전문적 기술을 가진 전문가이다.

③ 그 방법은 대상에 따라 달라지는 개별적인 것이다.

④ 개별사회사업은 성격의 성장, 발달과 환경에의 적응을 다루는 의식적인 노력이다.

⑤ 개별사회사업은 사회복지사와 클라이언트 간의 인간관계를 중요시하는 협동적인 활동이다.

⑥ 개별사회사업은 과정이며 예술이다.

⑦ 예방보다는 치료적 입장에서 문제해결 및 재조정을 중요시한다.

⑧ 개인과 그의 사회환경과의 상호작용을 중요시하는 개인의 내면 강화와 환경조정을 한다.

⑨ 클라이언트의 주체성을 인정한 측면적 도움이다.

⑩ 기관의 기능을 중시한다.

2) 목적

개인 대상 사회복지실천의 목적은 일대일 관계를 기반으로 개인적이고 사회적인 문제들을 해결할 수 있도록 돕는 데 그 목적이 있다. 개별사회사업은 개인이 사회에 적응할 수 있도록 돕는 것과, 개인의 특수한 욕구에 따라 필요한 서비스를 받을 수 있도록 돕는 것이 포함된다.

(1) 구성

첫째, 사람으로 일상생활의 사회적 측면이나 정서적 측면에 있어서 도움을 필요로 하는 개인을 가리킨다. 클라이언트는 어떤 도움을 필요로 하는 사람으로 개별사회사업 관계가 형성되어 어떤 도움의 단계에 들어간 대상자, 즉 도움을 신청한 신청자이다. 실제적 클라이언트는 현재 도움을 필요로 하고 있거나 도움을 받고 있는 사람이며, 잠재적 클라이언트는 현재는 별 문제가 없어 도움이 필요 없거나, 문제가 있어도 여러 가지 이유에서 도움을 요청하지 않는 사람을 말한다.

클라이언트 유형은 다음과 같다.

① 비자발적인 클라이언트

비자발적인 클라이언트란 사회복지사 및 기관과 접촉하도록 강요받은 클라이언트와의 활동관계로 전문적인 도움을 받도록 강제로 맡겨진 개인을 뜻한다.

② 비접근성 클라이언트

사회적으로 고립되고 두려워하여 믿지 못하고 참여를 꺼리는 클라이언트와의 활동 관계로 심각한 정신질환이나 혹은 대인관계를 피하는 사람들과의 만남이기에 가장 초점을 두어야 할 것이 불신을 제거하는 일이다.

③ 약물 의존적 클라이언트

가정불화, 부모-자녀 갈등, 배우자 학대, 아동방임 및 학대, 자살, 경제적 문제, 범죄, 자동차 사고 등과 같은 문제와 관련된 알코올과 약물남용은 치료받을 가능성을 증가시키는 방식으로 클라이언트와의 관계를 맺는다.

④ 조종적 클라이언트

때로는 자신이 원하던 것을 얻는 방법으로 다른 사람을 조종하려고 하는 클라이언트에 대해 적절하게 반응해야만 법적이고 윤리적인 어려움에 빠지지 않는다.

⑤ 위험한 클라이언트

교정 세팅과 아동 보호 서비스 등에서 활동하는 사회복지사는 잠재적으로 폭력적인 클라이언트에 대해 상황에 내재된 위험을 감소시키는 방식으로 접촉해야 한다.

(2) 문제

개인의 바람직한 생활에 지장을 주거나 방해가 되는 충족되지 못한 욕구불만으로 경제적, 의료적, 오락적인 것 등이나 또는 그 개인이 사회적 역할을 수행함에 있어서 비효율적이거나 방해가 되는 긴장으로 심리적·사회적·신체적인 같은 것들이다.

(3) 장소

문제를 가진 개인이 도움을 받기 위해 찾아오는 사회시설 또는 여러 종류의 사회복지기관을 말한다.

(4) 과정

사회복지사와 클라이언트 사이의 전문직업적 대인관계를 매개로 하여 도와주는 문제해결의 과정을 말하며, 이 과정에서의 대인관계는 문제해결에 유익하도록 전문적으로 확립된 관계이며, 사회복지사의 지식과 기술에 의해 의식적으로 조작되는 대인관계이다.

2. 개인대상 사회복지실천 과정

1) 초기 단계

초기 단계 기술은 다음과 같다.

첫째, 클라이언트의 긴장과 불안을 해소시킨다.

둘째, 신뢰 분위기가 조성될 때 클라이언트는 기관과의 첫 경험에서 이해와 도움을 받고 있다는 것을 느끼게 된다.

셋째, 사회복지사가 객관성과 치료적 의향이 담겨 있는 수용과 일관성 있게 반응하고 행동하는 것은 클라이언트가 두려움에 대한 방어의 장벽을 낮추는 데 도움이 된다.

넷째, 사회복지기관에 가지고 오는 대부분의 문제들은 복잡하게 얽혀 있고 클라이언트의 감정이 개입되어 있어 문제를 올바르게 보지 못하고 문제의 전체를 말 할 수 없는 경우가 있다. 이때 사회복지사는 예리한 경청자로서뿐만 아니라 클라이언트가 초점과 방향을 가지고 그 자신과 문제에 관하여 이야기하도록 적극적으로 도와야 한다.

다섯째, 클라이언트가 이야기하는 도중에 말이 막혀 어떤 말을 계속해야 할지 몰라 당황하는 경우가 있다. 이때 사회복지사는 이야기를 중단하기 직전에 클라이언트가 사용한 말이나 이야기를 반복해 줌으로써 클라이언트의 표현을 돕게 된다.

초기 단계는 서비스 제공 가능 여부 확인, 관계 형성, 정보수집과 문제 사정, 개입목표, 계약 등에 해당된다.

준비단계의 기술은 다음과 같다.

① 초기 접촉 이전에 기관이나 사회복지사에게 주어진 정보를 검토하고 점검하는 기술로서 불완전한 정보로 클라이언트에 대한 선입견을 갖게 할 가능성도 크기 때문에 기초적인 자료로서 제한적으로 활용할 필요가 있다.

② 초기 면접자나 의뢰인, 이전에 사례를 담당했던 직원 등으로부터 클라이언트와 문제상황으로 문제의 특성, 심각성, 위급성, 활용가능한 자원 등에 관해 알아보는 기술이 필요하다. 이를 위하여 사회복지자원 네트워크 활용이 요구된다.

③ 클라이언트와 첫 만남 이전에 슈퍼바이저나 동료로부터 조언을 구하는 기술이다.

④ 면접준비로 방해요소 차단, 면접장소, 시간, 분위기, 외모 등이 필요하다.

⑤ 예상되는 클라이언트의 문제와 상황에 대해 공감적 이해가 필요하다. 서비

스를 찾게 된 배경이나 클라이언트의 동기, 초기에 느낄 수 있는 클라이언트의 생각이나 감정, 관련된 문제에 대해 클라이언트의 입장에서 생각하는 기술이 필요하다.

⑥ 효과적인 면접을 위해 사회복지사는 클라이언트와 만나기 이전부터 면접의 목적이나 동기, 방향성, 예상되는 결과, 전문가의 역할, 질문의 내용, 과정 등에 관한 임시 계획을 세우게 된다.

초기 단계와 탐색단계의 기술은 다음과 같다.

초기 단계(beginning phase)는 만남이 긍정적이며 생산적이라는 확신이 들도록 하는 기술이 필요하다. 소개, 만남의 목적이나 방향이 설정되고, 클라이언트의 기대가 확인되고, 기관의 정책이나 규정, 윤리적 원칙들에 대한 검토가 이루어짐으로써 클라이언트는 서비스가 제공되는 맥락을 이해하고 참여할 수 있다.

탐색단계(exploring phase)는 클라이언트의 사고나 감정, 서비스를 요청하게 된 주요관심사나 상황 등에 대해 클라이언트가 공유할 수 있도록 격려하는 기술이 필요하며, 이러한 과정 속에서 필요한 정보를 수집하고 클라이언트－문제－상황에 대한 보다 많은 이해가 가능하게 된다. 탐색단계에서 활용할 수 있는 기술은 탐색, 명확화, 반영, 세분화, 이해와 공감 등이 있다.

2) 중간 단계

(1) 조사

조사의 목적은 클라이언트를 효과적으로 돕기 위하여 문제와 문제를 가진 클라이언트를 보다 잘 이해하는 것이다. 조사의 내용에는 촉진적 요인, 과거의 처리내용, 개인과 환경 간의 상호작용, 사회적 기능의 중요한 과정 등 객관적인 자료나 정보에 부가하여 클라이언트의 주관적인 사실에 관한 인식과 파악이 포함되어야 한다.

(2) 사정

사정의 목적은 사회복지사가 취급하고 있는 상황을 이해하고, 개별화하며, 특수한 상황 속에 관련된 요인들을 확인하고 분석하는 데 도움을 받고자 하는 것이다.

(3) 개입

개입단계는 사정, 계획, 행동 계약과 관련된 이전 단계의 활동을 행동으로 변형한 것이다.

중기단계는 목표달성을 위해 클라이언트와 클라이언트 주변환경에 변화를 유발하는 개입과 중간 점검단계이다.

기술의 개입내용은 다음과 같다.

① 사정단계의 기술

개인과 문제, 상황과의 연관성에 대한 이해를 구한다.

첫째, 기술적 정보를 정리하는 것: 클라이언트의 상황을 이해하고 실천과정에 대한 개입의 초점과 방향을 구체화함으로써 클라이언트에 관해 수집된 자료에 대한 체계적인 이해가 가능하도록 하는 기술이다.

둘째, 임시적인 사정 틀을 구성하는 것: 문제정의, 클라이언트체계를 결정, 개입과정에 참여하게 되는 체계들을 명확히 하고, 변화목표를 설정, 변화결과를 예측하고 변화과정에 발생할 수 있는 위험요소나 장애요소, 자원이나 강점을 찾아보고, 문제해결에 활용될 수 있는 양식이나 도구를 이용하는 기술전략을 살펴볼 수 있다.

② 계약단계의 기술

클라이언트의 상황과 관련된 문제들에 대한 사정을 기초로 구체적인 목표와 개입 프로그램, 방법 등에 대한 실행과 평가계획을 세우고 합의하는 데 필요한 기술을 요구한다. 문제를 구체화하고, 목표를 설정하고, 효과적인 접근방법을 개발하며, 단계적 행동방법을 구상하고, 평가계획을 세우는 실천기술을 필요로 한다.

③ 개입단계의 기술

문제해결을 위한 접근 시 필요한 실천과정의 기술, 문제해결이나 적응, 성장발달을 위한 클라이언트의 능력을 향상시키고 회복시키는 기술, 사회적 기능을 향상시킬 수 있는 자원, 서비스, 기회 등을 제공할 수 있는 지역사회체계로 사람들을 연결시키는 기술, 사회적 정의에 입각하여 권리를 잃어버리고 소외된 약자들이 기회를 얻고 되찾을 수 있도록 그들과 함께 효과적 개입을 하는 기술, 자원과 서비스, 기회 등을 제공 할 수 있는 지역사회체계에의 효과적인 기능을 향상시키는 기술, 클라이언트나 소비자의 욕구에 반응적인 새로운 서비스의 개발이나 기존의 지역사회서비스 및 자원체계의 개선과 향상을 위해 개입하는 기술이 포함된다. 구체적인 기술은 모델링(modeling), 인지적 재구조화(cognitive restructuring), 연습(rehearsal) 등의 상담기술이나 조언(advising), 교육(educating) 등의 기술이 포함된다.

3) 종결 단계

종결 단계에서는 클라이언트의 문제가 개선되어 지속적으로 건설적인 변화가 있을 수 있다고 사회복지사와 클라이언트가 동의했을 때, 개입이 종료되는 것을 의미한다.

평가와 종결 단계의 기술로서 종결 단계는 종결에 따른 감정 다루기와 개입 전반에 대한 평가, 사후관리에 관한 내용으로 실천의 효과성을 평가함으로써 서비스를 제공받는 사람들과 서비스 전달체계, 사회에 대해 책임을 진다는 측면에서 전문가에게 매우 중요한 실천기술이다.

평가단계는 목적달성을 위해 진행해 온 지금까지의 과정을 다양한 평가방법을 통해 검토하게 된다. 과정에 관한 검토와 최종평가를 통해 함께 진행과정을 돌아보고 앞으로의 방향에 대한 논의이다. 종결 단계는 최종평가와 함께 원조관계를 끝내는 데 대한 클라이언트와의 종결소감을 공유하는 것이 중요하며, 종결이 된 후 종결기록을 남기는 것이 필요하다.

사례관리 이론의 역사적 흐름은 다음과 같다.

자선조직화운동, 방문우애운동에 의하여 시작된 social case work는 리치몬드(Richimond)에 의해 체계화 되었으며 진단주의학파(1920년대)에 의해 역동적 정신의학에 기초하여 조사, 진단, 치료의 진료모델로 사회복지사가 주도적으로 개입하는 과정이다. 1930년대 기능주의학파는 랭크(O. Rank)의 의지심리학을 배경으로 하며 초기, 중간, 종결국면의 이용자가 사회복지사에게 도움을 요청하는 것으로 로빈슨, 태프트가 해당된다. 양 이론의 통합움직임으로 문제해결접근법이다. 기본적으로 진단주의 입장을 취하면서 기능주의 이론을 도입한 사람은 펄만(Perlman)이고 기능주의 입장을 취하면서 진단주의 이론을 도입하여 양자를 통합한 학자는 압텍커(Aptaker)이다.

제3절 사회복지실천기술모델

슈퍼바이저가 실천기술모델을 적용하고 개입하는 데 따른 모델의 이론과 지식을 고정관념과 창의적인 관점에서 적용사례를 통하여 변화를 보여주는 사례이다.

모델에는 철학, 기본개념, 개입목표와 과정, 개입기법이 있고 각 모델마다 강조점에 차이가 있는데 심리사회모델은 개인의 심리적 변화를 강조하고, 행동수정모델은 행동의 변화에 강조점을 둔다. 행동수정모델은 먼저 행동을 변화시켜 그럼 마음도 변화될 것이라고 본다. 또한 인지행동모델은 인지, 고정관념을 변화시키고자 한다. 인간행동과 사회환경에서 정신역동모델의 기본 개념과 정신역동모델에 적합한 사례, 정신역동모델의 적용 사례 등이 중요하다.

1. 정신역동모델

1) 정신결정론의 기본원리

정신결정론이란 인간의 정신 안에서 일어나는 것은 어떤 것이라도 우연히 일어나는 것은 없고, 정신적 현상이나 심리적 경험이라는 것은 어떤 것이라도 거기에서 반드시 어떤 원인이 있다는 것을 뜻한다. 모든 정신생활은 유의미하다. 모든 사실은 우연히 일어나는 법이 없으며, 각각의 정신적 사건은 이전의 사건에 의해 결정된다.

정신분석은 세 부분, 즉 의식, 전의식, 무의식으로 나누어진 에너지 체계인 성격은 정신에너지에 의해 추진되며, 대상에 각기 다른 정도의 정신에너지를 투여한다.

정신활동은 자아(ego)와 본능(id) 그리고 초자아(superego) 간의 갈등적 힘의 표현이다. 행동은 생물학적 기반을 갖고 있으며, 타고난 성충동과 공격충동(libido)에 의해 야기되는 긴장에 의해 추진된다. 사회는 원시적인 생물학적 욕구에 대한 통제력을 갖고 있다. 각각의 심리성적 단계는 이전 단계의 경과이며, 반복이다. 즉, 인간의 성격은 다섯 단계의 결과이며 인간은 출생 후 첫 5~6년 사이에 성격 형성이 기본적으로 완성된다. 개인은 자신의 정신과정의 대부분을 의식하지 못한다. 무의식 또는 알려지지 않은 동기가 대부분의 의식적 행동과 감정 그리고 사고를 결정한다. 원조과정은 비정상적, 파괴적 행동의 밑바탕에 깔려 있는 원인을 밝혀내는 것이며, 교정적인 정서경험을 하는 것이다. 이때 무의식적 욕구와 소원을 상징하는 동기는 겉으로 드러난 행동을 이해함으로써 해석이 가능하다.

정신결정론에 관한 사회복지적 관점은 정신결정론과 관련하여 대체적으로 클라이언트는 항상 옳다라는 말을 할 수 있다. 이 말의 의미는 클라이언트는 무엇을 말하고 생각하고 경험하고 느끼든 간에 또 환자가 어떤 식으로 반응을 하든 간에 그것은 일반적으로 클라이언트 입장에서는 옳은 것이고 적합한 것이라고 볼 수 있다는 의미를 가진다. 따라서 클라이언트를 이해함에 있어서 사회복지사가 해야 할 의무를 클라이언트의 반응, 생각, 말이나 느낌이 사리에 맞는 뜻을 가지게 하려면, 과연 모든 제반 상태가 어떤 것이어야 하는지, 또 클라이언트의 정신생활이 어떤 것이어야만 하는지를 사회복지사가 규명하려고 노력하여야 할 것이다.

2) 정신분석의 기법

(1) 해석

내담자의 행동의 의미를 설명하고 가르치기도 하는 것으로, 행동에 대한 단순한 설명이 아닌 자아가 더 깊은 무의식의 자료를 탐색할 수 있도록 돕는 기능이다.

클라이언트가 자신에 대한 통찰을 갖도록 클라이언트의 사고, 감정, 환상의 정신역동적 의미를 해석한다.

(2) 자유연상

내담자가 일상생활의 상념과 선입견을 제거하고 어떤 감정이나 생각도 억압하지 않고 마음에 떠오른 것이면 무엇이든 말하도록 하는 기법이다.

클라이언트이 머릿속에 떠오르는 것들을 편안한 자세로 아무런 방어없이 자유롭게 연상하다 보면 무의식 속의 고통스런 자료들이 의식으로 떠오르게 되고 상담가는 이렇게 연상된 자료들의 연관성을 해석해 줌으로써 통찰력을 가질 수 있도록 돕는다.

(3) 꿈의 분석

꿈을 통하여 무의식적 욕구를 찾아내고 내담자의 해결되지 않은 문제에 대한 통찰을 얻을 수 있도록 해 준다. 사회복지사는 자유연상을 통해 내담자가 내놓은 꿈의 명시적 내용 속에서 잠재적 의미를 추출해야 한다. 꿈을 통해 나타나는 무의식적인 소망과 욕구, 두려움을 해석함으로써 무의식적으로 억압했던 자료들을 풀어내고 새로운 통찰력을 갖게 한다.

(4) 저항의 분석과 해석

저항은 치료적 발전을 저해하고 내담자의 무의식적 욕구의 표출을 방해하는 것인데, 사회복지사는 이러한 저항을 지적, 해석함으로써 내담자의 이에 대한 통찰을 돕는다.

(5) 전이의 분석과 해석

전이는 내담자가 사회복지사에게 반응하는 것으로 과거 중요한 타인과의 미결사항의 부분을 사회복지사가 마치 과거의 주요 인물인 듯 사회복지사에게 투사하는 것이다.

(6) 훈습

클라이언트가 저항이나 전이에 대해 이해한 것을 반복, 심화, 확장함으로써 통합적으로 이해하도록 한다.

(7) 버텨주기와 간직하기

내담자의 경험 혹은 막연한 불안과 두려움을 견딜 수 있는 힘을 제공하는 것이 버텨주기이다. 이는 내담자의 자아를 보조해 주는 보조자아의 역할을 수행하는 사회복지사가 되어야 하며, 간직하기는 내담자가 두려워하는 충동과 경험을 간직하여 완화시켜주는 기법을 말한다.

(8) 직면

클라이언트에게 나타나는 저항이나 부적응적인 행동, 특정 현상에 주의를 기울이도록 하고, 이제까지 회피해 왔던 일에 대해 앞으로는 이해하는 문제로 인지하도록 도와준다.

(9) 명료화

클라이언트가 직면한 심리적 현상에 대해 예리하게 초점을 맞추거나 현상의 원인이 되는 중요한 과거력을 파헤쳐 나간다.

(10) 경청과 감정이입

경청은 내담자의 언어적, 비언어적 표현에 귀를 기울이는 것으로 의사소통의 숨겨진 의미를 이해하는 것이고, 감정이입은 내담자의 체험을 함께 느끼는 것과 같이 느끼는 것이다.

3) 정신분석 모델의 유용성과 한계

① 심리 내적 상황에 대해 관심을 집중시켜 무의식의 존재, 무의식이 퍼스널리티에 미치는 영향, 퍼스널리티의 구조 및 무의식과 퍼스널리티의 상관관계를 이해하도록 하기 위해 원초아, 자아, 초자아의 개념을 활용하였다.

② 가족관계의 심리·성적인 측면을 중요시 하였으며, 특히 유아기 아동에 대한 영향을 강조하여 가족적응이나 아동의 심리를 주로 취급하는 사회복지에 큰 영향을 주었다.

③ 가족 내의 상황인간관계에 대한 주의를 환기시킴으로써 부부간, 부모자녀간, 형제간의 관계를 갖게 하였는데, 특히 유아기의 가족경험이 개인행동의 중요한 결정요인이 됨을 인식시키고 있다.

④ 사회복지사 자신의 감정과 이러한 감정이 클라이언트와의 관계에 미치는 영향에 대해 관심을 갖게하여 사회복지사의 자기인식과 클라이언트와의 관계의 중요성을 인식하도록 하였다.

인간에 대하여 기계론적이고 결정론적 존재로 보고 단지 성욕과 과거 경험이 지배되는 수동적이고 소극적인 존재로 보았다. 또한, 인지발달은 무시하고 정서 발달에만 치중하였다는 것과, 발달에 미치는 생물학적 요인의 강조로 대인관계적·사회적 요인의 영향을 고려하지 않았다는 비판을 받기도 하였다.

2. 심리사회모델

심리사회적 이론은 등장배경으로 인간의 문제를 심리적 혹은 정서적이고 사회적인 문제로 이해한다. 그 기원은 메리 리치몬드(Mary Richmond)의 '상황 속의 인간'에서 찾을 수 있으며, 1926년경부터 프로이드 학파의 이론에 의해 뒷받침되었다. 1930년대 후반에는 고든 해밀턴(Gordon Hamilton)에 의하여 심리사회적 이론으로 처음 불리기 시작했고, 그 후 1960년대에 플로렌스 홀리스(Florence Hollis)에 의해서 사회복지의 실천이론과 접근방법으로 구체화되었다.

1) 심리사회적 모델의 기법

심리사회적 모델에서는 클라이언트의 과거 경험이 현재의 심리 내적 혹은 사회적 기능에 미치는 영향을 강조하고, 클라이언트가 과거 혹은 현재의 경험과 관련한 내적 갈등을 이해하고 통합함으로써 성장하도록 원조하는 것을 강조한다.

(1) 지지

클라이언트의 문제해결 능력에 대해 확신감을 표현해 줌으로써 클라이언트의 불안을 감소시키고 자아존중감을 증진시키는 과정이다. 언어적·비언어적 의사소통을 모두 동원해 클라이언트를 지지하며, 필요하다면 클라이언트의 문제를 돕는 실질적인 활동을 통해 지지를 제공하기도 한다.

(2) 직접적 영향

클라이언트의 행동을 촉진하거나 향상시키기 위한 조언, 제안 등을 통하여 사회복지사의 의견을 클라이언트가 받아들이도록 하는 개입과정이다. 강도에 따라서, 단순히 강조하기, 제안, 충고하기, 독려하기 등으로 구분된다.

(3) 탐색-기술-환기

탐색-기술-환기 등은 클라이언트의 문제와 관련하여 클라이언트의 환경과의 상호작용에 관련된 사실을 이해하고 설명하도록 원조하며, 나아가 사실과 관련된 감정을 표출하도록 도움으로써 감정적 해소감을 느끼게 하는 것이다.

(4) 인간 · 상황에 대한 고찰

인간 · 상황에 대한 고찰은 모두 여섯 가지로 이루어진다.

첫째, 다른 사람들, 건강, 상황, 자신이 처한 상황과 가족 및 환경에 대한 이해가 정확하지 못한 경우가 있으며, 이를 질문이나 언급을 통해 클라이언트가 깨닫도록 해 주는 것이다.

둘째, 클라이언트의 행동이 자신과 다른 사람들에게 미치는 영향으로 클라이언트가 미처 깨닫지 못한 결과에 대해 주의를 기울이도록 한다.

셋째, 클라이언트의 행동의 성격-자신의 숨겨진 반응, 사고, 감정의 성격에 대해 이해하도록 원조함으로써 클라이언트가 자신의 감정에 대해 통찰을 가지도록 한다.

넷째, 클라이언트 행동의 원인-다른 사람들과의 상호작용이나 상황적 자극에 대해 반응 행동의 원인을 이해하도록 원조한다.

다섯째, 자기 평가, 자신의 도덕과 양심, 자기 이미지, 가치 등에 관한 평가를 원조함으로써 자신의 가치를 명확히 이해하도록 돕는다.

여섯째, 사회복지사와 치료 과정-클라이언트가 가지고 있는 사회복지사, 치료기관의 규칙 등에 대해 클라이언트의 이해 정도와 반응을 탐색함으로써 원조과정의 효과를 극대화하는 과정이다.

(5) 유형 · 역동에 대한 고찰

사회복지사는 클라이언트의 성격 혹은 행동 유형과 심리 내적 역동에 대해 고찰한다.

(6) 발달적 고찰

클라이언트의 현재의 성격이나 기능에 영향을 미친다고 생각되는 원 가족에서의 경험 또는 유아기 때의 경험에 대해 생각해 보도록 하는 의사소통 행위이다.

2) 사회복지사의 역할

환경에 대한 개입에 있어 사회복지사의 역할 유형은 다음과 같다.

① **자원제공자**: 기관에서 자원 제공 업무에 관여

② **자원발견자**: 이를 사회복지사는 지역사회자원에 대해 많이 알고 있어야 하며, 클라이언트가 무엇인가를 필요로 하는가를 정확히 파악해야 함

③ **자원의 창출자**: 사회복지사는 사회복지기관 또는 관련 기관들이 새로운 프로그램을 신설하도록 독려

④ **해석자**: 클라이언트 주변의 사람들이 클라이언트를 다르게 이해하고 클라이언트에 대해 다르게 행동할 수 있도록 지원

⑤ **중재자**: 옹호의 한 형태. 클라이언트 주변 사람들이 클라이언트의 인격, 욕구, 권리 등에 대한 이해를 바로 할 수 있도록 하는 역할, 해석자의 역할보다 더 적극적인 역할

⑥ **공격적 개입자**: 클라이언트의 권리가 명백히 무시, 거부 또는 침해당하고 있을 경우 그것에 직면하는 활동의 경우 이것은 위의 중재활동이 소기의 목적을 달성하지 못했을 경우 동원되는 역할이다.

3) 사회복지실천에의 적용

(1) 심리사회적 모델의 개입목표

심리사회적이론은 상황 속의 인간이란 관점을 중시하기 때문에, 사회복지실천의 목적도 클라이언트와 사회 환경 혹은 클라이언트와 타인의 상호작용에서 나타나는 사회적 역기능을 해결하는 것으로 정의한다.

심리사회적 모델에서는 클라이언트의 과거 경험이 현재의 심리적·사회적 기능에 영향을 미친다고 본다.

사회복지사가 클라이언트 주변의 변화를 직접 행하기보다는 클라이언트 스스로 주변을 변화시키는 노력을 하는 과정에 최대한 도움을 제공하도록 하고, 모든 변화가 가능한 것이 아니기 때문에 변화가 가능한 선까지 변화가 있을 수 있도록 현실적 지원을 제공해 주는 것을 목표로 해야 한다.

(2) 심리사회적 모델의 개입과정

심리사회적 모델에서는 클라이언트 자체에 상당한 비중을 두지만, 필요할 경우 클라이언트의 환경에 개입한다. 사회복지사는 클라이언트와 다른 사람들 사이에서 중재하고 클라이언트를 옹호하는 역할을 등을 수행한다.

(3) 심리사회적 모델의 유용성과 한계

심리사회적 모델은 사회복지실천현장 어디에서나 발견될 수 있는 실천방법이며, 개인, 가족, 집단치료, 환경과의 작업 등 여러 가지 형태로 실천되고 있다. 또한 장·단기 개입, 위기 개입, 예방적 개입, 외상치료 등 다양한 상황에서 사용되고 있다. 이 모델은 개인, 환경, 개인과 환경 간의 상호작용들을 모두 중시하고 지역사회를 포함한 모든 대상에 개입한다고 주장하고 있으나 주로 대화를 통한 개인에 대한 개입 쪽에 무게를 두고 있다고 평가된다.

심리사회적 모델은 자원을 창조하고 발견하고 제공하는 역할을 하거나, 클라이언트와 다른 사람들 사이에서 중재자로서 역할을 한다. 그러나 기관이나 지역사회, 또는 정치적 수준 같은 환경적인 작업에 대해서는 강조점이 덜 주어지고 있다는 비판이 있다. 또한 심리사회모델은 너무 좁게 정신분석적이고, 억압받는 인구와 다른 다양한 목표 집단 욕구와 강점에 불충분하게 반응한다는 비판을 받았다.

3. 인지행동모델과 엘리스기법

1) 인지행동모델

인지행동모델의 개념, 인지적 왜곡과 인지재구조화, 인지행동모델의 기법에 관한 문제, 지행동모델의 인지적 전략 기법과 고전적 조건화 등에 관한 학습이 요구된다.

인지행동모델은 인간이 생각하고, 판단·추리하며, 정보를 처리하는 과정인 인지과정의 개념과 함께 행동주의이론과 사회학습이론의 여러 개념들을 통합하여 적용한 이론이다. 인지행동모델에 입각한 치료과정은 문제를 일으키는 잘못된 가정과 사고의 유형을 확인·점검하고, 재평가하여 수정하도록 격려하고 원조한다. 이 접근에 포함되는 치료적 하위 접근 중에 행동치료, 인지치료, 합리정서치료, 현실치료, 인지행동치료가 있다. 엘리스(Ellis)에 의하면 어떤 사람의 믿음, 생각, 자신에게 하는 말 등이 이성적이고 합리적일 경우에는 어떤 현상에 대해 순기능적인 감정이나 반응을 보이게 되고, 반대로 믿음, 생각, 자신에게 하는 말 등이 혼란스럽거나 비이성적일 경우에는 역기능적인 감정, 정서 및 행동들을 표출하게 된다고 보았다. 인지행동이론은 개인과 환경 사이의 상호적 영향이 대개 정보의 교환을 통해 발생한다고 보고 있다. 개인이 환경으로부터 방출되는 정보신호를 전혀 알아차리지 못하거나 그것들을 잘못 해석한다면, 그 개인은 사회 환경 가운데서 맞게 되는 각종 문제들에 잘 대처할 수 없다고 한다. 대부분 인지행동모델은 문제에 초점을 둔 시간제한적인 접근으로서 클라이언트가 자신의 사고와 행동을 통제하기 위한 대처기제를 학습하는 교육적 접근을 강조한다. 또한 인지변화를 행동변화로 이끌기 위해서는 다양한 행동주의 기술과 기법들을 적극 활용한다.

(1) 등장배경

인지행동이론에서는 무엇을 어떻게 생각하는가가 정서적 반응과 행동에 영향을 미친다고 본다. 인지행동이론이 미국의 사회복지 문헌에 소개되기 시작한 것은 1960년대 중반이었으나, 지금은 사회복지실천의 주요 이론적 기반으로 자리잡았다.

다양한 클라이언트와 복잡한 문제에 모두 적용될 수 있는 통합이론과 클라이언트와 환경 간의 상호작용에 대해 포괄적으로 이해할수 있는 이론 및 모델에 대한 필요성과 정신분석모델의 치료에 대한 거부와 효과성에 대해서 의문을 갖게 되면서 인지행동적 관점이 대안으로 주목받게 되었다.

인지행동모델의 뿌리는 고대 그리스 스토아 철학에서 그 근원을 찾을 수 있다. 에픽테투스는 인간은 사물에 의해서가 아니라 그들이 그것을 어떻게 생각하느냐 하는 관념에 의해 방해를 받게 된다고 주장했다.

이어 파블로프의 고전적 조건화 이론은 많은 인지행동적 개입들에 기초가 되었다. 고전적 조건화 이론은 울프의 체계적 탈감법 개발에 많은 영향을 주었고 체계적 탈감법은 인지행동모델의 주요기법으로 활용되게 되었다.

손다이크의 조작적 조건화 이론은 이후 인지행동모델 발달에 중요한 역할을 한 스키너에 의해 계승되었다. 반두라를 위시한 사회학습이론도 중요한 기여를 했으며 이외에도 보워의 '기분과 기억의 연결망 이론', 켈리의 '개인적 구조', 셀리그만의 '학습된 무력감 이론', 라자루스의 '행동변화에 미치는 사고와 정서의 영향', 보울비의 '초기 애착이론'을 비롯한 발달심리학 등이 인지행동모델에 많은 영향을 주었다.

인지행동모델은 생각하고 정보를 처리하는 과정인 인지과정의 연구로부터 도출된 개념과 함께 행동주의와 사회 이론으로부터 나온 개념들을 통합 적용한 것으로 1960년대부터 1970년대 사이에 다양한 모델이 탄생되었다. 합리정서치료, 인지치료, 문제해결치료 등이 가장 많이 알려졌지만 이외에도 불안관리훈련, 스트레스 개선훈련 등 다양한 치료모델들이 있으며, 주요학자로는 벡, 엘리스, 미켄바움, 즈릴라(혹은 데주릴라)와 골드프라이드, 마호니 등이 있다.

(2) 주요 개념

① 주관적인 경험의 독특성

클라이언트의 주관적 경험, 문제 및 관련 상황에 대해 느끼는 주관적인 의미를 중요시한다. 이는 각 개인이 갖는 삶의 사건과 정서 반응의 독특한 의미, 현실을 조직하는 데 작용하는 정보전달과정, 신념, 신념구조 같은 주관적 경험의 독특성을 의미한다.

② 협력적인 노력

클라이언트 문제해결은 클라이언트와 치료자의 협력적 노력에 의해 이루어진다고 가정한다. 클라이언트는 자기 자신, 다른 사람들, 세계를 보는 시각 등을 사회복지사에게 제공하고 사회복지사는 문제와 치료, 개입, 사정, 전략, 도구 등에 대한 정보를 클라이언트에게 제공한다.

③ 자신과 타인을 위한 무조건적 관심

인간은 누구나 강점과 제한점, 기술과 재능, 예외적인 특성 등이 있음을 인정하는 자기 수용을 기반으로 타인에 대해 무조건적으로 관심을 가진다. 치료자는 모든 인간은 가치가 있다는 견해를 갖고, 클라이언트가 이러한 철학을 적용할 수 있도록 개입한다.

④ 구조화되고 직접적인 접근

개입은 구조화된 절차를 거치면서 이루어진다. 인지적, 정서적, 행동적, 신체생리적, 사회환경적 영역에서 복합적으로 발생하는 특정 문제에 초점을 두기 때문에 치료자는 일정한 절차가 있는 치료과정을 유지하고 비협조, 힘의 갈등, 종결 등과 같은 이슈를 관리하고, 표적이 되는 문제에 초점을 유지한다.

⑤ 적극적인 접근

클라이언트는 사회복지사에 의해서 "치료되는" 수동적인 존재가 아니라 스스로가 능동적으로 문제해결에 참여해야 한다. 협력을 통해 변화를 위한 전략이 세워지면 클라이언트는 치료자와 함께 변화노력을 기울이며 성취에 필요한 자료를 모으고, 치료세팅에서 클라이언트의 자연적인 상황에 이르기까지 성취된 것이 유지 되도록 인지적, 행동적 과제가 주어진다.

⑥ 교육적 모델

개입초기에 인지행동치료에 대해 클라이언트가 이해하고 협조할 수 있도록 충분히 설명하고 교육하며 이이 대해 논의한다. 인지행동모델은 문헌치료, 쓰기과제, 오디오와 비디오테이프 사용, 강의와 세미나 참여 등 직접적인 교육을 포함한다. 치료초기에는 인지행동치료에 대한 교육이 필요하다. 인지, 정서, 행동, 신체생리, 사회환경적 요소들의 상호작용적 본질이 클라이언트의 정서장애와 부적응적 행동에 기여하게 되는 점에 대해 설명되고 논의된다.

⑦ 소크라테스식 방법

소크라테스식 질문이나 논박에 의한 인지과정의 발견이 인지행동치료의 주요 양상 중의 하나이다. 소크라테스식의 기술적인 질문은 중요한 인지현상을 용이하게 밝혀주며, 클라이언트로 하여금 자기발견과 타당화의 과정을 갖게 해 주고, 인지적 반영을 통하여 클라이언트로 하여금 의미를 재발견하게 도와주는 데 사용한다.

소크라테스식 방법은 다음과 같다.

㉠ 클라이언트의 자기인식과 자기발견을 자극한다.

㉡ 모호하고 병적으로 정의된 관심에서 문제의 정의로 초점을 두게 한다.

㉢ 치료자가 클라이언트의 특징적인 지각, 합리, 정보수집, 문제해결 패턴에 접근하게 한다.

㉣ 클라이언트의 신념체계를 드러낸다.

㉤ 클라이언트의 적응기전과 스트레스에 대한 인내를 드러낸다.

㉥ 치료자가 타당화, 불합리한 신념에의 도전, 문제해결의 모델이 되는 데 효과적이다.

⑧ 경험적 초점

클라이언트의 인지적 기능은 정서적·행동적 반응과 연관되므로 인지적 기능에 대해 경험적으로 탐색하고 클라이언트의 개념, 생각, 신념, 태도, 기대가 밝혀지면 표적이 되는 인지가 유용한지, 합리적이며 적용 가능한지 검토한다. 클라이언트의 치료자는 클라이언트가 자신의 정서적·행동적 반응에 관련된 인지적 기준에 대해 경험적으로 탐구하도록 협력한다. 일단 기각, 아이디어, 신념, 태도, 기대가 확인되고 나면, 이들이 체계적으로 검증하는 시도가 이루어진다.

(3) 실천의 개입과정

인지행동모델은 인지 치료적 방법으로 교육을 통해 상황을 왜곡하여 해석하는 방식을 변화시키거나, 기능적인 차원에서 해석하는 방식을 배움으로써 정서의 변화를 꾀한다. 동시에 관찰학습을 통해 새로운 기능적 행동기술을 학습하고 실제 상황에 적응하도록 격려하면서 행동주의적 강화를 통해 행동의 변화를 유도한다. 이와 같은 인지행동모델에 의한 개입은 개별, 집단 또는 가족을 대상으로 매우 다양하게 개발되어 있는데 그 과정과 기법을 제시해 보고자 한다.

(4) 인지행동이론의 주요 기술

① 내적 의사소통의 명료

스스로 자신에 대해 독백하고 사고하는 것으로 이에 대해 사회복지사가 피드백을 주기 때문에 효과적이다. 이를 통해 클라이언트는 자기 자신과 다른 사람에게 하는 말 속에 숨겨진 잘못된 생각과 비합리적인 신념에 대해 더 잘 이해할 수 있게 된다.

② 설명

클라이언트에게 감정이 어떻게 행동에 영향을 미치는지에 대한 ABC모델을 설명하기 위해 사용된다. 즉, 촉발사건(A: activation event)이 있은 후에 클라이언트는 자신의 신념(B: belief)사고 혹은 사건에 대해 스스로에게 이야기하며, 이 신념, 인지, 자기대화로부터 야기된 감정적 결과(C: consequences)를 설명하는 것이다.

③ 과제

과제는 클라이언트의 적극적인 협조와 참여를 기반으로 클라이언트가 자신의 문제에 대한 인식을 향상시킬 뿐만 아니라 새로운 행동을 획득하거나 과거의 반응을 제거할 수 있도록 돕는다.

④ 경험적 학습

왜곡된 인지에 도전하고, 변화하도록 유도하는 것으로 인지적 불일치원리로 설명된다. 클라이언트에게 자신의 인지적 오류에 부합하지 않는 특정한 행동을 하도록함으로써 클라이언트가 자신의 인지적 오류를 발견하고 수정하도록 하는 데 자기주장훈련, 모델링, 역할극, 사회기술훈련, 심리극 등을 활용할 수 있다.

⑤ 역설적 의도

역설적 의도 기술은 어떤 불유쾌한 구체적 행동이 자꾸 발생할 것을 불안해하여 그 행동을 오히려 더 발전시킬 경우에 사용될 수 있다. 클라이언트의 불안에 대한 인지적 오류에 도전하고 두려워하는 행동을 하도록 지시하게 된다. 이는 사회복지사가 클라이언트에게 이중 구속적인 메시지를 전달하는 것이다.

⑥ 역동적 실존적 반영

역동적 반영은 클라이언트의 문제와 문제해결에 초점을 맞춰 활용되며 이는 증명할 수 있고, 객관적이며, 경험적이고, 이론적인 지식에 목적을 두는 문제해결의 반영을 의미한다. 실존적 반영은 개인 삶의 의미와 의미의 잠재성의 발견에 초점을 둔다. 따라서 사회복지사는 클라이언트의 회복된 의미와 의미의 잠재성을 사용하고 인식하는 데 도움이 될 수 있는 문제해결 전략을 개발·발전시키도록 돕는다.

⑦ 인지재구조화

인지행동이론의 핵심적인 기술 가운데 하나로, 클라이언트가 자신의 기능에 부정적인 영향을 미치는 역기능적 사고와 관념을 인식할 수 있도록 돕고, 이를 현실에 맞는 신념과 행동으로 대처하여 기능을 향상시킬 수 있도록 하는 기술이다.

⑧ 모델링

클라이언트가 사회복지사가 제시한 방법에 따라 직접 해 볼 수 있도록 하는 기술로서, 클라이언트가 취할 행동을 시범적으로 보여 주고 클라이언트가 이를 똑같이 따라 하도록 한다.

⑨ 시연

클라이언트가 습득한 행동기술을 현실세계에서 직접 실행하기에 앞서 사회복지사 앞에서 습득한 기술을 반복적으로 연습하는 것이다. 집단상담을 통해 여러 사람의 피드백을 동시에 받을 수 있다는 점에서 호응가치가 높다.

⑩ 자기지시기술

클라이언트가 변화하기 원하는 행동을 대상으로 구체적인 목표를 설정하고 이에 따른 실천행동 지침을 작성하며, 이를 실행에 옮기는 과정을 말한다.

⑪ 체계적 둔감화

전통적인 조건화의 원칙에 근거한 것으로, 클라이언트에게 가장 덜 위협적인 상황에서 가장 위협적인 상황까지 상황들을 순서대로 제시하면서, 불안자극과 불안반응 간의 결이 없어질 때까지 불안을 일으키는 자극들을 반복적으로 이완상태와 짝짓는 것이다.

⑫ 이완훈련

클라이언트가 겪을 수 있는 스트레스 상황에 적절히 대처할 수 있도록 돕는 기술이다. 클라이언트에게 특정 근육을 수축, 이완하는 기술을 가르치고, 깊고 규칙적인 호흡방법, 즐거운 사고나 심상방법 등을 훈련함으로써 일상 생활에서 유발되는 스트레스에 대처할 수 있도록 가르친다.

2) 엘리스의 ABCDE 모형기법

Ellis의 합리적 정서치료(rational emotive behavior therapy)로서 엘리스는 정신분석학자들이 환자를 치료할 때 과거의 경험을 가지고 문제를 해결하려는 것에 반대하였다. 심리치료를 받는 환자들이 자유연상과 꿈의 분석 같은 정신분석기법에 따르는 것에 거부감을 가지고 있으며, 장기간에 걸친 치료와 정신분석에 따른 통찰력의 변화가 행동에까지 이어지는지에 대해 의문을 제기하였다. 엘리스는 인간을 스스로 사고, 정서, 행동을 변화시킬 능력이 있는 성장지향적인 존재로 보면서 인간의 사고, 행동, 감정이 매우 밀접하게 상호작용한다고 보았다. 그는 인간의 문제가 외부적인 사건에 의해 만들어지는 것이 아니라 인간 스스로 만들어낸 잘못된 혹은 비합리적인 신념에 의해 야기된다는 독특한 개념을 만들었다.

(1) 기본가정

① 인간은 이성적인 동시에 비이성적이기 때문에 합리적으로 생각하고 행동할 때, 효율적이고 행복하며 능력을 갖추게 된다.

② 정서적인 혹은 심리적인 장애, 신경증적 행동은 비합리적이고 비논리적인 사고의 결과이다.

③ 비합리적 사고는 생물학적 경향성을 띠고 있으며, 부모와 그 문화에서 특별하게 획득한 초기의 비논리적 학습에 기원한다. 영향을 받을 가능성이 높은 생물학적 경향성을 가진 인간은 부모에게 어릴 때 쉽게 영향을 받으며, 그러한 영향은 상담이나 심리치료와 같은 관여를 통한 성격변화를 위한 활동을 하지 않는다면 계속해서 비슷한 영향아래에 있게 될 것이다.

④ 인간은 언어적 동물이며, 사고는 보통 기호나 언어의 사용을 통해 일어난다.

⑤ 자기 언어화의 결과로서 계속되는 정서장애 상태는 외부환경이나 사건에 의해서가 아니라 내재화된 문장으로 구체화되는 사건들에 관한 지각과 태도에 의해 결정된다.

⑥ 부정적이고 자기 패배적인 사고와 정서는 비논리적이고 비합리적인 것보다는 논리적·이성적인 사고를 하도록 사고와 지각을 재구성하는 방법으로 해결해야 할 것이다.

(2) 비합리적 신념

부정적 정서들과 심리장애의 증상들은 비합리적 신념에서 기인한다. 합리적 정서에서 치료자는 클라이언트의 비합리적 신념들을 찾아내고 반박하면서 그것을 대체할 수 있는 합리적인 신념들을 제시해 줄 수 있어야 한다.

(3) 개입 목표

개입의 목적은 부정적 감정의 근원이 되는 비합리적 신념을 밝혀내고 도전함으로써 재구조화하는 것이다. 적절한 부정적 감정은 오히려 합리적 사고의 결과일 수 있지만 부적절한 부정적 감정의 문제가 된다. 따라서 변화의 표적은 부정적 감정 자체가 아니라 그것의 근원이 되는 비리적인 믿음에 맞춰진다.

(4) 개입과정

엘리스의 합리정서치료는 정서적 어려움은 외부적 사건의 결과가 아니라 그 사건의 해석을 안내하는 비합리적 신념의 결과라고 본다. 따라서 어떤 사건에 대한 비합리적 해석을 유도하는 클라이언트의 비합리적 신념을 파악하고 교정시켜 주는 데 목적을 둔다.

엘리스는 합리적 정서모델에서 개입이 이루어지는 과정을 ABCDE 모형으로 제시하였다.

표 11-1 엘리스의 ABCDE 모형의 과정과 기법

A: 선행사건		B: 신념체계		C: 결과
인간의 정서를 유발하는 어떤 사건이나 현상 또는 행위	→	어떤 사건이나 행위 등과 같은 환경적 자극에 대해서 각 개인이 갖게 되는 태도로서, 그의 신념 체계	→	선행사건에 접했을 때 다분히 비합리적인 태도 또는 사고방식으로 그 사건을 해석함으로써 느끼게 되는 정서적인 결과

↓

D: 논박
자신이 가지고 있는 비합리적인 신념이나 사고 또는 통념에 대해서 도전해 보고 과연 그 사고가 합리적인지를 다시 생각하도록 하기 위해 치료자가 시도하는 논박과정

↓

E: 효과
비합리적인 신념을 철저하게 논박함으로써 합리적인 신념을 갖게 된 다음에 느끼게 되는 자기 수용적인 태도와 긍정적인 감정의 결과

4. 과제중심모델

과제중심모델 특징으로 과제중심모델은 단기치료의 한 형태로서 대인관계와 사회적 관계의 어려움, 역할수행의 어려움, 정서적 고통 등 생활상의 문제들을 다루기 위해 리드(Reid)와 엡스타인(Epstein)에 의해 1970년 고안된 것이다.

과제중심모델은 1970년대 시카고대학교에서 수행한 프로젝트의 결과로서 리드와 엡스타인에 의하여 탄생한 모델인데, 이 프로젝트의 목적은 클라이언트의 입장에서 효율적으로 배울 수 있는 원조기법들을 개발하는 것이고 또한 서비스의 효과, 즉 개입의 효과를 높이면서 개입에 대한 평가능력도 더불어 증진할 수 있는 모델을 개발하는 것이었다.

이 모델에서 제시하는 개입의 기간, 개입의 형식, 각 단계별 내용이나 과제 등은 충분한 연구와 실제적인 개입을 통해 얻어진 결과를 바탕으로 만들어진 것이며, 매우 구조화되어 있다. 또한 사회복지실천에서 효과적이면서도 효율적인 개입을 위해 책임성을 강조하는 모델이라고 할 수 있다. 다시 말하면 너무 장기간에 걸쳐 개입하게 되면 비용과 에너지가 많이 소요되고 사회복지사와 클라이언트 모두가 힘들어지는 한계가 발생하는데, 이를 극복하여 짧은 시간 동안 개입함으로써 클라이언트에게 변화를 가져오고 개입의 효과가 분명한 모델이 되는 것이다.

이 모델의 등장배경은 1970년대 초반 리드(Reid)와 엡스타인(Epstein)에 의해 개발된 과제중심모델은 ① 시간제한적인 단기치료에 대한 관심의 고조, ② 집중적이고 구조화된 개입 형태 선호 경향, ③ 전통적 케이스워크의 장기적 유형이 효과성을 입증하지 못했다는 비판, ④ 이론보다는 경험적 자료를 통해 개입의 기초를 마련하려는 움직임 등의 결과로 나타났다.

과제중심 모델의 특징을 정리하면 다음과 같다.

(1) 시간제한적인 단기치료

주 1~2회 면접을 6~12회 정도로 구성하여 4개월 이내에 사례를 종료한다는 특징을 가지고 있다.

(2) 클라이언트가 인식한 문제중심

변화는 기본적으로 클라이언트가 세션 내·외부에서 행한 문제행동, 즉 과제를 통해 달성된다.

(3) 과제중심

단계별로 각자의 과업이 구체화·구조화된 접근으로 사회복지사는 클라이언트가 과제를 수행할 수 있게 원조한다.

(4) 경험적 기초

이론적 연구보다는 실제적인 경험, 개입 등을 통해서 발견된 사실들을 일반화하여 모델로 형성하였다.

(5) 협조적 관계

클라이언트와의 관계는 보호가 아닌 협조적인 노력을 강조한다. 제한된 기간 내에 가능한 한 건설적으로 자신의 문제를 완화시킬 수 있는 활동을 할 수 있도록 원조한다.

(6) 자기결정의 원리

표적문제를 규명하는 데 있어 클라이언트의 견해를 우선적으로 반영하고, 개입방향에 대해 클라이언트와 사회복지사가 계약함으로써 개입과정을 클라이언트에게 명확하게 제시하고, 클라이언트는 과제를 설정하고 실행, 평가하는 문제해결 작업에서 주체자의 역할을 수행한다.

(7) 개입의 책무성을 강조

개입과정을 객관적으로 기록하고 진보 상황을 회기마다 모니터하고 개입과정과 사회복지사의 실천에 대한 클라이언트와 사회복지사 자신의 평가 등을 중요하게 여긴다.

(8) 환경에 대한 개입을 강조

(9) 통합적 접근

특정한 한 가지 이론이나 모델을 고집하지 않으며 다양한 접근방법으로부터 경험적으로 이끌어진 이론과 방법을 선택으로 사용한다.

(10) 구조화되고 체계적인 접근

다른 모델에 비해 상대적으로 실천과정이 매우 구조화되어 있다.

주요개념은 다음과 같이 정의할 수 있다.

첫째, 표적문제

① 클라이언트의 고통을 줄이기 위해 처리하고자 하는 문제, 즉 해결하고자 하는 문제이다.

② 사회복지사와 클라이언트가 개입의 초점으로 동의한 문제가 표적문제로 선정된다.

③ 표적문제 선정 시 가장 중요한 것은 클라이언트의 견해가 최대한 반영되는 것이며, 사회복지사와 의견이 다를 경우 논의와 타협이 필요하다.

둘째, 과제

① 과제의 정의

문제를 해결하기 위해 클라이언트와 사회복지사가 수행해야 하는 활동으로 과제의 내용이나 형식, 수행 등에 관해서는 클라이언트와 사회복지사가 함께 계획하고 동의해야 한다.

클라이언트의 과제는 문제해결을 위해 혹은 문제해결에 도움이 되는 활동으로서 클라이언트가 수행하는 활동으로서 면접 내에서 이루어지기도 하고 면접 외의 상황에서 혹은 면접과 면접 사이에서 이루어지기도 한다. 그리고 사회복지사가 일방적으로 주는 것이 아니라 클라이언트의 동의가 필요하다.

사회복지사의 과제는 클라이언트가 과제를 수행할 수 있도록 원조하고 지지하기 위한 활동이거나 클라이언트의 가족이나 친구, 이웃 등 주변사람들이나 다른 기관과 협상하고 의견을 나누는 것이 주요 과제가 된다.

② 과제의 유형

일반적 과제는 목표달성과 관련된 상위 과제로 하위 과제들의 집합으로 구성되며, 일반적 과제는 클라이언트의 목표를 내포하는데, 일반적 과제는 무엇이 이루어져야 하는가를 말한다면 목표는 과제가 달성되었을 때의 상태를 말한다.

조작적 과제는 클라이언트가 수행해야 하는 구체적인 활동을 말하거나 명확한 활동에 대한 정보를 포함하고 있기 때문에 일종의 하위과제의 형태를 띤다.

그리고 과제들 간의 상호관련성은 일반적으로 조작적 과제는 일반적 과제로부터 나온다. 조작적 과제는 계약이 이루어진 후에 시작되는데 자주 바뀔 수 있다.

과제의 다른 유형들은 다음과 같다.

㉠ **유일 과제**: 한 번의 수행을 위해 계획된 것

㉡ **되풀이 과제**: 반복적인 활동을 위해 계획된 것

㉢ **단일 과제**: 여러 단계들이 필요한 하나의 활동

㉣ **복잡한 과제**: 매우 밀접하게 관련된 둘 또는 그 이상의 구분된 활동들

㉤ **개인적 과제**: 한 사람이 수행하는 것

㉥ **상호적 과제**: 둘 또는 그 이상의 사람들이 수행해야 하는 과제로서 구분되지만 서로 연관되어 있는 과제

㉦ **공유과제**: 둘 또는 그 이상의 사람이 같은 과제를 하는 것

㉧ **인지적 과제**: 정신적인 활동들을 검토하여 명확히 하기

③ 과제중심모델의 개입과정

첫째, 초기 단계이다.

㉠ **의뢰 이유에 대한 토의**: 서로의 의견을 조정하거나 협상하며 제공할 수 있는 자원을 알아보고 활용한다.

㉡ 클라이언트가 인지하고 있는 표적문제와 그 상황에 대한 탐색과 사정으로 표적문제에 대한 논의로서 클라이언트가 진술하고 인식한 문제가 초점이 되고 상황조사와 클라이언트의 특성을 인식한다.

㉢ 제시된 문제와 목적, 치료방법의 설명, 기간 제한에 대한 동의를 포함한 서비스 계약의 수립 시에는 서면이나 구두로 계약이 이루어지는데 비자발적이며 다루기 어려운 클라이언트에게 보편적으로 사용된다.

㉣ **초기과제의 발전과 이행**: 세션 사이의 클라이언트가 행해야 하는 초기의 과제 결정하는 것으로 마무리된다.

둘째, 중간 단계이다.

㉠ 문제와 과제 검토

㉡ 실제 장애물의 규명과 해결

㉢ 문제의 초점화

㉣ 과제 계획

셋째, 종결 단계이다.

㉠ 표적문제와 전체 문제 상황의 검토

㉡ 클라이언트가 사용한 성공적인 문제해결 전략 규명

㉢ 위에서 확인된 전략을 사용하여 남아 있는 문제에 대해 행해져야 할 것 토의

개입과정은 다음과 같으며 과제중심모델의 실천 과정은 엡스타인의 구분에 따라 5단계로 나누는데, 이 과정들 각각은 뚜렷이 구분되어 일어나는 것이 아니라 중첩적으로 진행된다.

1) 과제중심모델의 개입목표

① 계획적이며 의도적인 과정을 통해 클라이언트의 문제를 구체적인 과제로 해결해 나가고자 한다.

② 제한된 기간 내에 가능한 한 건설적으로 자신의 문제를 완화하기 위한 행동을 취할 수 있게 한다.

2) 과제중심모델의 실천과정

(1) 시작하기 단계

① 자발적 클라이언트

클라이언트의 문제 정의, 우선순위를 확인하고 제1단계로 넘어간다.

② 비자발적 클라이언트

의뢰기관이 제시하는 목표와 클라이언트가 제시하는 문제를 확인하여 서로 일치하지 않는 경우 교섭하여 조정하고, 목표달성을 위해 외부기관이 지원해 줄 수 있는 자원을 알아본다.

(2) 제1단계: 문제규명

① 클라이언트가 규정한 문제 탐색하기

클라이언트가 현 상황에서 자신의 문제를 어떻게 보는지를 알아보기 위해서 클라이언트가 문제라고 생각하는 것들을 중심으로 이야기하게 한다.

② 표적문제정하기

표적문제를 설정할 때 클라이언트의 견해가 최대한 반영되는 것이며, 사회복지사와 의견이 다를 경우 논의와 타협이 필요하고, 표적문제는 우선순위를 고려하여 최대한 3개까지 정하는 것이 시간 제한적인 단기개입을 가능하게 한다.

그리고 표적문제의 선정기준은
첫째, 클라이언트가 인정하는 문제
둘째, 자신의 노력으로 해결 가능한 문제
셋째, 구체적인 문제이다.

③ 예비적인 초기 신속 사정

본격적인 사정은 3단계에서 이루어지며, 표적문제의 우선순위가 정해지고 나면 다음단계를 위한 임시적인 사정이 이루어진다. 클라이언트의 의사소통 패턴이나 스트레스 상황의 전형적인 행동과 성격 특성 등에 대해 파악한다.

(3) 제2단계: 계약하기

계약단계는 다음과 같이 이루어진다.
① 우선적인 표적문제 정하기
② 클라이언트와 사회복지사의 과제 정하기
③ 개입일정, 기간, 빈도, 정하기
④ 면접 대상 및 장소 정하기

계약방식으로는 서면계약과 구두계약이 있다.
첫째, 서면계약은 내용을 명확히 하고 통제수단으로 사용할 수 있다.
둘째, 구두계약은 일반적인 방식이지만, 계약내용은 구체적으로 구성되어야 한다.

(4) 제3단계: 실행

① 표적문제에 대한 집중적 탐색
② **대안마련 모색하기**: 문제해결에 도움이 되는 실현 가능한 활동들을 알아본다.
③ 다른 사람 및 기관과 지지적이고 협조적인 활동에 대해 협상하기

④ **의사결정**: 상호 이해한 것의 확인, 구체적 설정 및 변화 등이 일어난다.
⑤ **과제 개발하기**: 새로운 과제가 생기기도 하고 기존의 과제가 없어지기도 한다.
⑥ 과제수행
⑦ 과제점검
⑧ 모니터링
⑨ 개입전략 수정하기

(5) 제4단계: 종결

① 개입이 시작되면서 종결의 시점도 미리 정해진다.
② 사회복지사는 과제가 수행되는 도중 남은 날짜와 면접의 횟수 등을 말해 주어야 한다.
③ 상호 간에 합의하는 분명한 목적이 존재하는 경우에는 계획을 수정하거나 정해진 기간을 연장할 수 있다.
④ 마지막 면접에서는 그 동안 달성한 사항과 앞으로의 전망 등을 검토한다.
⑤ 필요한 경우 사후지도를 한다.

과제중심 모델의 한계로서는 과제중심 모델 다양한 문제와 클라이언트에게 성공적으로 적용되고 있지만, 아직 어떤 사례에 활용해야 할지, 또는 무엇이 단기적 특성인지에 대한 의문이 제기된다. 과제중심 모델은 문제 청소년의 중증상태의 만성적 과다행동과 관련된 경우에는 성공하기 어렵다. 특히 문제가 지역사회 내의 반사회적 행동이나 부모자녀 간의 갈등 혹은 부모 간의 갈등일 경우 더욱 그러하다. 또한 과제가 변화를 가져오는 도구라는 증거가 상당히 있기는 하지만, 어떤 문제와 클라이언트에게 어떤 과제가 가장 좋은지에 대해서는 아직 더 연구가 필요하다.

과제중심모델의 성과는 서비스 기간의 제한을 얼마나 효과적으로 활용하느냐에 따라 달라진다. 많은 연구들이 단기적, 시간 제한적 치료가 적어도 장기적,

개방적 치료만큼 효과가 있다는 것이 입증되었다. 일반적으로 클라이언트는 단기치료 결과에 만족하는 것으로 보이지만, 간결성에 대한 불만족이 문제가 되기도 한다.

연구과제

1. 개인대상 사회복지실천의 의의
2. 정신분석모델의 유용성과 한계

CHAPTER 12

사회복지실습과정

제1절 과정기록
제2절 사회복지실천과정
제3절 실습지도자의 역할

학습과제

1. 실습생을 위한 과정기록의 목적
2. 사회복지실천과정의 정리
3. 실습지도자의 역할

제1절 과정기록

1. 과정기록의 목적

실습교육에서 사용되는 과정기록은 클라이언트와의 면접 혹은 기타 접촉을 통한 역동적 상호작용을 문서로 기술한 것으로서, 학습과 면접기술 향상을 위한 가장 훌륭한 학습도구의 하나가 될 수 있다.

1) 실습생을 위한 목적

① 실습생은 사례에 대한 사고를 명료화, 조직화하여 심도 깊은 사정과 상담계획을 도출할 수 있다. 자신이 면접했던 내용을 되풀이하여 읽어보고, 지도감독을 받는 과정에서 이러한 목적을 달성할 수 있게 되는 것이다.

② 실습생의 입장에서 의사소통 기술을 발전시키고, 자기인식(self-awareness)을 높이기 위한 기본적인 도구가 된다.

③ 과정기록에서 요구하는 분석적 사고는 실습 이전의 학습내용과 경험을 실습현장에서의 실무와 통합할 수 있는 기회를 제공한다.

④ 집단과정기록의 경우에는 집단 속에서의 실습생 자신의 역할과 집단성원 간의 상호관계, 집단 전체의 역동성을 파악할 수 있는 기회를 제공한다.

2) 실습지도자를 위한 목적

① 실습지도감독을 위한 구조적 틀과 방향을 제공하는 데 중요한 역할을 하며, 학생들에게 실습지도자의 피드백을 제공해 줄 수 있는 가장 중요한 수단의 하나이다. 즉, 과정기록은 실습생과 클라이언트 상호작용에 대한 '창문' 역할을 함으로써, 실습생이 제공하는 서비스가 기관의 목적에 일치하는 효과적이고 윤리적인 서비스가 될 수 있도록 원조할 수 있다.

② 실습생이 제공한 클라이언트와의 면접 혹은 서비스 내용과 효과를 평가할 수 있으며, 실습생의 면접능력의 발전 정도를 알 수 있게 된다.

③ 과정기록은 실습생이 지식과 이론을 통합하는 정도를 반영해 줄 수 있고, 클라이언트의 감정에 반응할 수 있는 실습생의 능력도 평가할 수 있게 해주므로, 실습생의 감정을 폭로하거나 위협하지 않고 실습지도자와 실습생이 함께 실습생의 강점과 약점을 발견할 수 있게 된다.

3) 실습기관을 위한 목적

실습생이 서비스를 계속적으로 제공할 수 없는 상황으로 결근, 실습지 변경이 발생했을 경우, 다른 사람이 기록을 읽어보고 사례의 진전 상황을 알아서 중복된 절차를 반복하지 않고 서비스를 지속시켜줄 수 있게 한다.

2. 과정기록의 내용

과정기록은 클라이언트와 사회복지사의 상호작용과 반응, 클라이언트에 대한 사실, 감정, 관찰내용은 물론이고, 이러한 반응과 관찰내용에 대한 사회복지사 스스로의 감정까지도 분석하여, 분석적 사고와 개입 계획을 진행시키는 것이다. 과정기록에 포함될 내용은 구체적으로 다음과 같다.

① 실습생 성명, 면접날짜, 클라이언트의 성명, 단 성명은 기관 외부에서의 교

육이나 사례회의를 위하여 사용할 때는 개인정보의 보호를 위하여 약자 또는 가명을 사용한다. 그리고 나이, 직업, 면접번호(예 김철수와의 세 번째 면접), 가족사항, 병력, 신체적·정신적 장애 여부, 면접에 이르게 된 이유나 과정 등을 기입한다. 집단과정기록의 경우에는 집단의 구성으로 참석, 불참석한 성원, 참석자들의 자리배치를 그림으로 나타낼 수도 있다.

② 개입의 목적과 해당회기 면접의 목적

③ 회상할 수 있는 일어난 모든 일에 대한 자세한 기술: 면접 중 클라이언트와 실습생 사이에 일어난 언어적·비언어적 상호작용을 모두 기입한다.

④ 클라이언트와의 면접상황에서 일어난 일에 대한 실습생의 솔직한 개인적 감정을 비롯한 느낌과 반응을 기입한다. 예를 들어, "그 순간 나는 매우 언짢았다. 김철수씨가 화가 난 것 같았으나, 그 이유를 몰랐다. 두렵기도 하고 무슨 말을 해야 할지 몰랐다." 등을 기입한다.

⑤ 실습생의 관찰과 분석적 사고를 포함해야 하는데, 실습생은 클라이언트와 언어적 상호작용을 하면서 동시에 머리 속으로 끊임없이 '왜 클라이언트가 이 순간에 이런 식으로 행동하는 걸까, 그의 진짜 의도는 무엇일까, 지금 말한 것이 이전에 말한 것과 다른지, 그가 말하는 내용과 그의 행동이 일치하는지, 내가 다음에 무슨 말을 해야 할지, 그 말이 클라이언트에게 어떤 영향을 줄 것인지…' 등을 생각하고 있어야 하며, 면접 도중에 이러한 생각들은 과정기록에 기록해야 한다.

예를 들어, "부담이 되고 싶지 않다고 하셨는데 저에게 그걸 좀 더 구체적으로 설명해 주시겠어요?"라는 말의 의미를 놓치고 싶지 않았다.

집단과정기록의 경우, 집단 상호작용과 역동, 즉 집단성원 간 주고받는 상호작용과 갈등 등을 기록한다.

① 전체 세션에 대한 사회사업가의 사고를 통합해 줄 수 있는 진단적 요약

② 면접에 대한 실습생의 전체적인 인상과 다음 면접을 위한 구체적인 계획을 기록한다.

③ 집단과정기록의 경우 전체로서의 집단과 개별성원에 대한 관찰기록을 모두 작성한다.

3. 과정기록의 형식

과정기록에 대한 가장 대표적인 형식은 일어난 일에 대한 대화형식과 평서 문제기술, 그리고 요약기록 형식이 있다.

1) 대화형식

대화로 이루어진 면접 중의 클라이언트와 실습생의 상호작용을 그대로 옮겨 적되, 비언어적 행동 등은 (　) 안에 적는다. 일반적으로 다음 표와 같이 기록한다(Wilson, 1980).

표 12-1 대화형식의 과정기록

지도내용	면접내용	실습생의 느낌	실습생의 분석
실습지도자의 면접내용 혹은 실습생의 느낌이나 분석에 대한 지도내용	클라이언트와의 면접내용이 대화형식으로 기술된다. 언어적 비언어적 의사소통내용이 모두 기록된다. 예 W: 안녕하세요? C: 오늘은 좀 기분이 좋지 않네요(고개를 숙이고 들어온다) W: 무슨 일이 있으셨어요? C: 아니오. 그냥 좀 몸이 안 좋아요.	대화가 진행됨에 따른 실습생의 느낌에 대한 기록으로 클라이언트의 반응에 대한 실습생의 코멘트가 기술된다.	클라이언트의 반응에 대한 분석. 실습생의 느낌과 분석을 따로 기록하면 감정과 전문가적 평가를 분리할 수 있는 장점이 있다.

* 출처: Wilson(1980)

2) 서술적 기술형식

클라이언트와 실습생의 상호작용 및 비언어적 행동을 서술적으로 기술한다. 원칙상으로 객관적 사실이나 사건 그대로를 기술한다. 예를 들어, 「클라이언트에게 자리에 앉으시라고 했더니 그는 매우 천천히 앉더니 땅바닥만 쳐다보았다. 왜 그러시냐고 묻자 한참 있다가 기분이 매우 좋지 않다고 거의 들리지 않는 힘없는 소리로 대답했다.」

3) 요약기록형식

요약기록은 클라이언트의 문제, 클라이언트에게 제공된 서비스, 그리고 클라이언트의 진전과정에 대한 요약 혹은 초록으로서, 클라이언트와의 원조과정 중 일정기간마다 혹은 서비스 중반부나 종결 시에 사용될 수 있는 기록형식이나, 실습생의 면접에 대한 과정기록의 대안으로 사용되기도 한다. 모든 과정을 기록하기보다 사례에 대한 논의 및 지도가 필요한 부분만을 기록하는 방법으로서 사용되기도 하는 것이다.

그러나 요약기록이 실습생의 훈련을 위한 과정기록 대신에 사용될 때, 학생이 개입하기 위해 클라이언트에게 무슨 행동을 했는지, 그리고 클라이언트는 이에 대해 어떻게 반응하였는지를 요약기록에 포함하지 않는다면 이는 사실상 교육목적으로는 적당하지 않다. 실습지도자는 요약기록을 통하여 실습생이 자신의 개입에 대하여 어떻게 생각하고 있는지를 알 수 있으나 실제 무엇이 일어났는지 개입에 대한 실제자료에 접근하기 어려우므로, 요약기록을 통하여 실습지도를 하는 경우에 실습지도자는 면접과정에 대하여 구두로 물어보아야 하며, 이러한 과정에서 실습생 스스로가 상황에 대한 자신의 느낌을 돌아보고, 실천과 지식기반을 연결할 기회를 제공해 주어야 한다.

4. 과정기록의 작성요령 및 견본

1) 과정기록의 작성요령

면접내용에 대한 세세한 기술을 통하여 작성되는 과정기록은 시간이 많이 소요되고 매우 귀찮은 작업임에는 틀림이 없으나, 면접의 자세한 과정을 기술하여 이를 분석하는 지속적인 노력 없이 사회복지실천기술을 발전시킨다는 것은 불가능한 것이다. 최근에 과정기록이 부정확하고, 시간 소비적이고, 분석보다는 세세한 사항에 너무 중점을 두고 있다는 지적을 받고 있으나(Kurland, 1989), 회상을 잘못해서 혹은 고의적으로 과정을 삭제하거나 수정하지만 않는다면, 과정기록은 회상능력, 경청기술, 그리고 정서적 반응과 언어적 상호작용을 연관시키는 능력을 향상시켜줄 수 있는 매우 효과적인 방법이다(Kagle, 1984).

효과적인 과정기록의 작성요령은 다음과 같다.

① 과정기록에서는 면접을 진행하는 동안 일어났던 모든 것을 기록해야 하므로, 면접과 과정기록 작성 사이의 시간은 짧을수록 좋다. 시간이 지날수록 잊어버리는 내용이 많으므로 되도록 면접 후 빨리 작성하는 것이 좋으며 대개 하루를 넘기지 않는 것이 바람직하다.

② 기록 작성은 어느 정도의 기억작업이 요구되는 일이다. 그러나 모든 것을 다 기입할 필요는 없으며, 그렇게 할 수도 없다. 면접의 목적을 고려하여 중요한 내용과 활동을 선택하여 기록하거나, 시작, 중반, 종반부의 일정부분만 선택하여 기록하기도 한다. 또한, 자기가 만나고 있는 모든 클라이언트 사례에 대해 작성할 수 없으므로, 자신의 학습에 가장 도움이 될 수 있다고 생각되는 사례를 선택하여 같은 사례를 지속적으로 기록을 한다.

③ 과정기록은 경험이 많지 않은 실습생의 서투른 면접장면이 모두 드러나게 되는 부담스러운 작업의 하나이다. 그러나 과정기록의 목적은 민감하고 유능한 실천가가 되기 위한 학습에 도움이 되는 것임을 명심한다. 많은 부분

을 실제의 면접과 다르게 편집하게 되면, 그만큼 자신에게 유익한 지도의 기회를 포기하는 것이며, 클라이언트에게는 미숙한 면접 서비스를 반복적으로 제공하는 결과를 낳게 된다.

④ 과정기록이 클라이언트에 대한 비밀보장을 침해하지 않도록 최선의 노력을 한다. 가명을 사용하거나 약자를 사용하며, 안전한 곳에 보관한다.

⑤ 면접 시 약간의 필기를 하여 면접 후의 기록 작성에 도움이 되도록 할 수 있다. 그러나 클라이언트와의 면접도중 필기는 민감한 부분이므로 다음 표와 같은 점을 주의해야 한다.

표 12-2 면접 시 필기요령

• 면접 시 필기는 최소한으로 줄인다. 클라이언트와 눈맞춤을 잃어 신뢰관계(rapport) 형성에 어려움을 야기하기도 하고, 클라이언트가 이를 불편해 할 수도 있으며, 필기 중에 중요한 비언어적 메시지의 의미를 놓칠 수도 있기 때문이다.
• 클라이언트가 감정을 얘기하거나, 매우 민감한 혹은 표현하기 힘든 내용을 얘기할 때는 절대로 필기하지 말아야 한다. 정서적 문제를 다루는 기술이 부족한 실습생은 자기도 모르게 감정이 나오면 이 순간에 필기를 하는 경향이 있으므로 이를 주의한다.
• 정확하게 기억하기 어려운 구체적인 사실자료(예 가족성명, 주소, 생일 등)는 필기한다. 클라이언트가 이에 대해 의심하거나 방어적이 되면 "좀 적어도 되겠습니까?, 지금 말씀하시는 이야기가 중요해서 잘 적어두고 싶군요" 등의 말로 양해를 구한다. 클라이언트가 정말로 이를 싫어하면 적은 기록을 보여 주던가 아예 적지 않는다. 좋은 기록보다는 성공적인 신뢰관계 형성이 더 중요하기 때문이다.
• 비디오나 녹음기를 사용하는 것이 도움이 되나 이를 사용할 경우 클라이언트의 양해를 얻고(공식적인 서류양식이 있다면 이를 사용하여 허락을 받는다), 누가 듣게 될지, 왜 듣게 될지, 그것으로 무엇을 할지 설명해야 한다. 의심이 많은 클라이언트나 편집증 환자의 경우에는 이러한 기구들을 사용하지 않는 것이 좋다.

출처: Wilson(1980).

2) 과정기록 견본

표 12-3 과정기록 견본

- 면담일시: 2021년 12월 20일. 화요일. 오후 2:00~3:000
- 면담장소: 종합사회복지관 상담실
- 면 담 자: 사회복지 실습생 만정은(가명)
- 클라이언트: 산성중학교 3학년 한솔(가명)
- 면담목적: 클라이언트의 학업의 문제점을 해결하여 학습능력 및 습관을 향상한다.
- 면담목표: 1. 학습에 장애요인을 발견한다.
  2. 학습장애요인을 수정하기 위한 구체적인 방법과 대안을 알아본다.

표 12-4 지도 및 면접내용

지도내용	면접내용	실습생의 느낌과 분석
㉠ W의 구체적인 탐색질문이 Ct가 구체적으로 생각하는 데 도움을 주고 있습니다. 매우 좋습니다.	W: Ct에게 W가 이 집단에서 3명 정도에게 개개의 학습에 있어서 문제점을 해결하기 위해 이런 개별상담을 하는 것이라고 설명하였다. 《나의 공부방법은 몇 점?》의 자가 점검표를 작성한 후 Ct가 자신이 문제라고 생각했던 "잠을 많이 자는 것"과 "들락날락거리는 것"에 대해서 상기시켜 주고, 평소에 공부를 함에 있어 방해가 되는 것이 무엇인지 묻는 것으로 면접을 시작했다. Ct: 잠이 많은 것이 제일 문제예요. W: 몇 시에 자서 몇 시에 일어나는데? ㉠ Ct: 밤 11시에 자서 아침 7시에 일어나요. W: 별로 많이 자는 편은 아닌 것 같은데... 어떤 이유로 잠이 문제라고 생각하지? ㉠ Ct: 밤에 자는 것보다, 아침과 점심에 잠이 많아서 문제인 것 같아요. 또, 잡생각도 공부하는 데 방해가 되는 것 같아요. W: 그럼 들락날락 거리는 것도 잡생각 때문인 것 같니? Ct: 그런 것 같아요. 그리고 공부하다가 서랍을 뒤적거리거나 지난 편지를 읽어보는 것, 그리고 책이나 필통 같이 눈에 보이는 주위의 물건들에 자꾸 신경이 가서 공부를 잘 할 수가 없어요.	이성과 감성의 조절

(계속)

지도내용	면접내용	실습생의 느낌과 분석
㉡ 훌륭합니다! ㉢ 아주 잘하고 있습니다. 훌륭한 면접기술 돋보입니다. 무슨 면접기법을 사용했나요? ㉣ 지금 다시 한다면 어떻게 말 할건가요?	W: 그렇구나. 사실 책상에 앉아 있는 시간이 긴 것보다, 집중력 있게 공부하는 것과 공부의 요령을 잘 알아서 공부를 해야 효과적으로 공부할 수 있을 거야. 선생님도...(나의 경험담을 이야기해 주었다.) 그래, 그리고 지금까지 한솔이가 말한 것 중에서 가장 심각하고, 또 고치고 싶은 문제가 무엇인지 말해 볼래? ㉡ Ct: 역시 잡생각을 없애는 것이 가장 큰 문제인 것 같아요. W: 집중력을 높이고 싶은 거구나? ㉢ Ct: 네. W: 그래, 그러면 한솔이가 공부를 더 잘하기 위해 세워야 할 목표는 "집중력을 높이자"로 할까?①㉣ Ct: 네.	① Ct 스스로 목표를 정하게 할 걸 내가 너무 성급했다.
㉤ 계속 잘하고 있습니다. 그런데, 이전이나 현재는 몇 번씩 해왔는지 또 한번 할 때는 얼마 정도인지 알아보았다면 어떨까요?	W: 좋아, 그럼 이 목표를 이루기 위해서 무엇을 해야 하지? 말하자면, 어떤 행동을 줄여 나가야 하지?②㉢ Ct: 낙서요. 저는 그림 그리는 것을 좋아해서, 종이만 보이면 계속 그림을 그려서 낙서가 가장 큰 문제인 것 같아요. W: 그렇구나. 집중력을 높이기 위해서는 우선, 낙서하는 것을 줄이고 또 서랍 뒤지는 것도 줄이는 것이 필요한 것 같구나. ㉢ 자, 그러면 하루하루 달성한 것을 체크 할 수 있게 좀 더 구체적으로 계획을 세워보자. 이건 선생님이 어떤 명령을 내리고 한솔이가 달성하는 것이 아니라 같이 달성할 수 있는 계획을 짜서 정말로 공부에 도움이 되도록 하는 것이야. 구체적으로 서랍 뒤지기와 낙서를 하루에 몇 번 정도로 줄일 수 있지? ㉤ Ct: 좋아요. 그럼 서랍 뒤지기는 하루에 1번하고, 낙서는 5번 하는 것이 좋을 것 같아요. W: 그럼 그런 것들을 각각 몇 분씩 해야 실천이 가능하겠니? Ct: 각각 15분씩이면 좋을 거 같아요. W: 낙서는 하루에 5번인데, 15분씩 5번이면 너무 많은 시간을 낙서에 쓰는 것 아닐까? 낙서는 5분씩 하면 어떨까? ③ Ct: (약간 머뭇거리다가) 그래요. W: 오늘 우리가 한 것은 약속이니까 꼭 지키자. 내일은 오늘 우리가 얘기한 것을 계약서를 만들어 하루하루 실천할 것을 체크하도록 할 테니까 오늘 얘기한 것 기억해 와, 알았지? Ct: 네. W: 인사를 하고 면담을 마쳤다.	② 그렇지. 이렇게 해야 하는 건데… ③ 너무 생각 없이 계획을 세우는 듯한 Ct의 태도에 약간 화가 났다. 그래도 자기 스스로 낙서시간을 정하게 했으면 더 좋았을 걸 그랬다.

(계속)

지도내용	면접내용	실습생의 느낌과 분석
	내일의 계획: 오늘 세운 구체적인 계획을 클라이언트와의 계약을 문서로 작성한다.	

제2절 사회복지실천과정

1. 사회복지실천과정의 의의

보편적으로 사회복지실천 과정은 도움을 필요로 하는 사람을 처음 만나는 것을 시작으로, 그 사람이 가지고 있는 문제 혹은 서비스를 필요로 하는 내용을 파악・분류・사정하며 문제의 해결 또는 구체적 원조과정을 거쳐 서비스를 마무리하게 되고 경우에 따라서는 사후관리의 과정을 거치게 된다. 사회복지의 실천과정은 모든 사회복지실천이 그러하듯 초기 단계, 실행(개입) 단계, 종결 단계의 3단계로 나누어 살펴볼 수 있다. 사회복지실천과정을 초기 단계, 실행(개입) 단계, 종결 단계의 3단계로 나누어 살펴보겠다.

1) 초기 단계

초기 단계는 도움을 받기 위해 찾아온 사람을 사회복지사가 처음으로 접촉하여 접수하고 긍정적인 원조 관계를 수립하면서 관련된 정보와 자료를 수집 사정하고 개입목표와 계획을 세우고 계약을 맺는 단계이다.

(1) 접수

접수(intake)의 단계는 사회복지사가 클라이언트를 처음 접촉하는 단계로서 사회복지사는 여러 경로를 통하여 클라이언트를 만나게 된다. 접수단계에서 사회복지사는 클라이언트의 문제와 욕구를 확인하고 당 기관에서 서비스를 제공할 것인지를 판단한다. 적합하다고 판단되면 변화를 위한 사회복지사와 클라이언트 간 치료적 관계를 형성하면서 상담을 계속 진행하고, 그렇지 않을 경우에는 적절하다고 판단되는 다른 기관으로 클라이언트를 의뢰한다.

(2) 자료수집 및 사정

자료수집 및 사정의 단계에서 사회복지사는 환자의 욕구에 관한 자료를 수집하고, 수집된 자료를 분석하고 해석하여 환자의 문제와 욕구를 파악한다.

(3) 계획수립

계획수립은 사정 단계 이후에 이어진다. 사정이 끝나게 되면 잠정적 가설을 개발한다. 이는 "특정한 서비스가 제공되면 클라이언트에게 긍정적인 변화가 나타날 것이다."라는 식으로 진술된다. 그리고 서비스 제공을 위한 장·단기적 목표를 설정한다.

계획을 수립하기 위해서는 사회복지사, 클라이언트, 가족 모두의 동의가 이루어지는 것이 바람직하다. 계획수립은 목표설정, 우선순위 결정, 계획서 작성, 계약서 작성 등의 순서로 진행된다.

2) 실행(개입) 단계

실행(개입) 단계는 초기 단계에서 이루어진 사정으로 클라이언트와 사회복지사가 동의한 목표와 과업들에 따라 직접 행동하는 단계이다.

(1) 개입

개입은 사회복지사와 클라이언트가 사정된 자료를 기반으로 설정된 목표와 확정된 각각의 과업을 수행함으로써 치료 및 변화에 돌입하는 시기를 말한다. 즉, 클라이언트와 사회복지사가 동의한 목표와 과업을 위한 계획들에 따라, 클라이언트의 문제를 해결하거나 줄이기 위하여 적절한 서비스를 제공하고자 직접 행동하는 시기이다. 따라서 이러한 행동은 반드시 문제 사정을 통한 개입계획에 의한 실천이어야 한다. 기본적으로 개입단계에서의 사회복지사의 과제는 스트레스를 감소시키고, 대처에 필요한 개인적·환경적 자원을 강화시키며, 스트레스에 의해 야기된 고통스러운 감정을 관리하고 질병이나 장애로 저해된 개인-환경 간의 관계를 개선하도록 원조함으로써 클라이언트가 자신의 목표와 과제를 달성하도록 지지하는 데 초점이 맞추어져 있다. 개입단계에서 제공되는 서비스에는 직접 서비스와 간접서비스로 나누어 볼 수 있다.

(2) 점검

계획단계에서 정해진 내용이 제대로 이루어지고 있는지를 살펴보는 것으로 서비스와 자원에 대한 자료를 수집·검토·분석·해석하는 일들을 포함하며, 서비스가 전달되는 실제적 과정 동안 실행된다. 점검단계에서는 서비스가 계획된 바에 따라 전달되고 있는지, 서비스가 적절한지, 서비스의 질이 높은지, 클라이언트와 가족이 욕구를 충족하고 있는지 등을 검토하고 클라이언트와 가족의 상태에 따라 보호계획을 수정해 나간다.

(3) 사회복자사의 역할

① 클라이언트를 동기화: 동원자로서의 역할

클라이언트의 동기는 자신의 대처노력에 대한 자극과 보상이 있을 때 더욱 증대된다. 그러므로 사회복지사의 역할은 조직의 직원이나 외부환경을 동원하여 클라이언트의 동기를 지지하고 유지하도록 하는 동원자로서의 역할을 수행해야 한다.

클라이언트나 가족은 저항을 보이기도 한다. 이때 비심판적인 코멘트를 통해 그들을 괴롭히는 것이 무엇인지 토론할 수 있어야 한다.

② 클라이언트의 문제해결: 교사나 지도의 역할

사회복지사는 클라이언트와 가족에게 문제해결 기술을 가르치고 대인관계나 의사소통 기술, 서비스 및 수혜자격을 확보하는 기술을 가르친다. 문제해결을 위해 사회복지사는 중재자 역할을 하기도 한다. 중재 가족서비스 기관에 의뢰를 계획하여 클라이언트 및 가족이 새로운 역할이나 대처기제를 배우도록 하는 것 등을 들 수 있다.

③ 자기 존중감의 유지: 조력가 및 조직가로서의 역할

조력가로서의 역할이란 기본적으로 클라이언트의 상황과 과제를 명확히 하고 그 감정을 표현하도록 하여 궁극적으로는 클라이언트가 스스로 자신의 해석과 결론에 도달할 수 있게 하는 사회복지사의 역할이다.

조직가로서의 역할은 자연적 지지체계를 동원하여 도움을 줄 수 있는 사람들을 모집하는 것이다. 사회적 지지는 환자가 돌봄을 받고 있으며 사랑받고 있고 존중받는다는 점을 전달하는 도구이다.

④ 클라이언트의 자율성 유지와 증진 촉진자로서의 역할

촉진자로서의 사회복지사의 역할은 다른 대처노력을 원조하는 것과도 물론 관계가 있지만, 특히 클라이언트의 자율성과 관련하여 중요한 역할이라고 할 수 있다. 자율성은 독립적인 의사결정 및 행동과 밀접한 관계가 있기 때문이다.

(4) 실천기법

사회복지사가 사용하는 기법에는 다음과 같은 것들이 있다.

표 12-5 사회복지사의 기법

기법	정의	목적	초점
권위	주제에 대한 전문적 능력, 수용되는 정보와 충고의 원천, 결정하는 힘	전문적인 판단이나 의견 제공하기, 긍정적인 구성원의 행위 지지하기, 허용할 수 없는 구성원의 행위 중단시키기	사회복지사의 전문적 지식과 기술
명료화	이해와 통찰력의 성취	자기자신, 다른 사람, 상황에 대한 클라이언트의 인식 강화하기	감정, 사고, 행위, 상황, 문제, 과업에 대처하는 클라이언트의 능력
직면	현실을 마주치게 함	클라이언트의 부정적인 행동에 대한 지지 철회하기	클라이언트의 감정, 행위, 인반적인 경험, 상황, 문제, 과업
상담	가르치고 알리기, 지식이나 이해력을 강화하기, 제언하기	클라이언트에게 새로운 지식이나 이해 제공하기, 구성원의 문제화 상황에 대처하는 기술의 발달 촉진	클라이언트의 결정을 내리고 결정에 대한 대안과 결과를 구분하는 능력
탐색	사실, 의견, 감정을 살펴보기	구성원의 상황과 변수 이해	클라이언트의 감정, 경험, 행위와 상황
촉진	행동증진시키기, 사람이나 과정의 진행을 돕기	클라이언트가 사회복지사를 최대한 활용하도록 돕기	클라이언트와 사회복지사의 의미 있는 상호작용
지지	유지하기, 믿음과 자신감 표현하기, 현실적인 인정하기	클라이언트의 감정과 상황을 명확하게 조사하기	클라이언트의 능력과 적극적인 방어, 대처하고 과업을 수행하고 목표에 이르기 위한 노력
구조사용	사회복지적 상호작용을 위한 방향성 제시	사회복지 과업과 문제해결을 위한 분위기 조성	기관정책, 절차, 서비스, 공간, 가구, 편리한 설비의 사용

3) 종결 단계

사회복지실천에서 종결 단계의 주요 과업은 첫째, 적절한 종결시기의 결정, 둘째, 클라이언트와 사회복지사의 정서적 반응의 처리, 셋째, 개입을 통해 획득한 효과의 유지와 강화, 넷째, 필요한 경우 클라이언트를 다른 자원으로 의뢰하는 것이다.

(1) 기록

① 기록의 형태와 방법

기록의 형태에는 이야기체(narrative style), 설명체(interpretation style), 요약체(summary style) 등이 있다. 이야기체는 객관적인 사실이나 사건을 있는 그대로 기술하는 것으로 일지형식으로 기록하는 것을 말한다. 설명체는 클라이언트의 문제와 그것에 대한 태도와 가정에 관한 사회복지사가 해석한 바를 설명하는 기록양식이다. 요약체는 문제별로 또는 시간적 순서에 따라 요점을 추려 기술하는 것이다.

기록의 방법에는 항목기록(item record)과 과정기록(process record)이 있다. 항목기록은 주로 객관적인 정보를 기록할 때 사용된다. 접수 면접에서 이 방법을 사용할 수 있다. 과정기록은 사회복지사의 클라이언트 간에 일어나는 일들을 시간적 순서에 따라 기술하는 방법으로 사회복지사의 판단과 해석을 포함하여 기록한다.

(2) 평가

평가는 의료사회복지사의 개입이 효과적이었는지, 효율적이었는지를 점검하는 것이다. 일반적으로 사회복실천에 대한 평가는 형성평가와 총괄별 평가로 나누어 설명된다. 형성평가는 원조과정에 초점을 두어, 사회복지사와 클라이언트가 서비스 기간 동안 주기적으로 진행상황을 검토하고 필요한 경우에는 개입계획을 수정할 수 있도록 한다. 총괄평가는 계획된 변화과정이 시작시점에서 기대하였던 결과를 성취되었는지를 평가하는 데 목적이 있으며 계획된 변화과정이 끝난 후에 이루어진다.

(3) 종결

종결은 돕는 과정의 필수적이고 계획적인 성장으로 간주된다. 효과적인 실천의 핵심요소는 돕는 관계가 원활하고 만족스럽게 끝나도록 이끌어가는 것이다. 종결의 시기를 결정하고, 종결에 따르는 정서적 반응을 상호해결하고, 개입의 목표달성 정도를 평가하고, 개입을 통해 획득한 이득을 유지하며, 계속적인 성장을 수행하는 일이라고 할 수 있다.

2. 실습 중간 평가서

표 12-6 실습중간평가 표제

실습생 성명	장지연	기관명	분당종합사회복지관
실습 기간	2021. 12. 01 ~ 12. 28	실습 지도자	만정은 슈퍼바이저
실습 중간 평가	2021. 12. 15. 화	실습 지도 교수	채숙영 교수님

1) 기관의 실습목표와 관련해서 자신의 실습목표 성취정도

(1) 수행한 실습내용 및 역할의 요약

표 12-7 실습내용 및 역할 표 작성

일 시		실습내용	담당자	실습생 역할
12/1 (월)	09:00~09:40	실습실 정리, 목표 정하기	실습생	앞으로 자신의 목표 정하기
	09:40~10:00	실습일정표 점검	슈퍼바이저	4주간의 실습 일정 알기
	10:00~11:00	홀트아동복지회에 대하여	사무국장님	홀트아동복지회 이해
	11:00~12:00	운봉복지관 소개, 라운딩	슈퍼바이저	복지관에 대해 알기
	13:00~14:00	사회복지현장에서의 상담	슈퍼바이저	일반, 클라이언트 상담 알기
	14:00~15:30	사회복지사의 자세 및 태도	슈퍼바이저	사회복지사의 자세, 태도 알기
	15:30~17:00	사회복지 재무・회계, 행정	슈퍼바이저	기관의 재정관리 알기
	17:00~17:30	하루일정 평가	슈퍼바이저, 실습생	오늘 하루 자신의 점수&칭찬
12/2 (화)	09:30~10:00	논리모델1	슈퍼바이저, 실습생	논리모델을 만드는 이유 알기
	10:10~11:20	가족기능강화사업	슈퍼바이저	가족기능강화사업에 대해 알기
	11:20~12:00	논리모델 토론	실습생	실습생들과 논리모델 토론
	13:00~15:00	장애인주간보호센터 사업	김지혜	장애인주간보호 교육프로그램
	15:00~17:00	사회교육문화사업	강주리	사회교육문화사업에 대해 알기
	17:00~17:30	하루 일정 평가	김언빈	오늘 하루 자신의 점수&칭찬
12/3 (수)	09:20~10:00	논리모델2	슈퍼바이저, 실습생	논리모델 목표 정하기
	10:10~12:00	지역사회조직사업	김우빈	지역사회조직사업 및 자조집단
	13:00~15:00	자립자활사업	이한얼	자립자활사업에 대해 알기
	15:10~17:00	재가복지사업	박진희	재가복지사업에 대해 알기
	17:00~17:30	하루 일정 평가	슈퍼바이저, 실습생	오늘 하루 자신의 반성 회고

(계속)

일 시		실습내용	담당자	실습생 역할
12/4 (목)	09:10~09:40	청소	실습생	실습 공간 정리청소하기
	09:40~10:00	논리모델3	슈퍼바이저, 실습생	목표에 따른 단기, 중기 알기
	10:00~12:00	지역사회보호사업	오유정	소년가장 및 무료급식대상 알기
	13:00~14:30	다문화교실 지도1	실습생	다문화교실 지도해 보기
	14:30~16:00	사회복지 재무・회계	김영기	기관의 재정관리 방법 알기
	16:00~17:00	초기면접 및 intake 배분	박한별	intake에 대해 알기
	17:00~17:30	하루 일정 평가	슈퍼바이저, 실습생	오늘 하루 자신의 점수&칭찬
12/5 (금)	09:30~10:00	논리모델4	슈퍼바이저, 실습생	단기성과, 중기성과 정하기
	10:00~12:00	영어교실 지도2	실습생	영어교실을 지도해 보기
	13:00~14:00	intake 1	실습생	직접 클라이언트를 만나보기
	14:00~16:00	욕구조사 OT 및 교육	최영아, 실습생	욕구조사에 대해 알기
	16:00~16:20	언어치료실 여름캠프 준비	장석천	언어치료실 아동들에 대해 알기
	16:00~17:30	실습주간평가 및 논리모델	슈퍼바이저, 실습생	한 주 동안의 자신 점수&칭찬
12/9 (월)	09:00~10:00	Tea-time & comment	정주리	하루일정에 대한 점검
	10:10~11:00	설문지 배분 및 조사 안내	정은애	설문조사 할 지역에 대해 알기
	11:00~12:00	설문조사 실시	실습생	은행아파트 설문조사 하기
	13:00~16:30	설문조사 분석참가	실습생	설문조사 코딩작업 하기
	16:00~17:00	하루 일정 평가	박진영	오늘 하루 자신의 점수&칭찬
12/10 (화)	09:00~10:00	Tea-time & comment	박진영	오늘 설문조사할 지역 알기
	10:10~12:00	설문조사 실시	실습생	광하아파트 설문조사 하기
	13:00~16:30	설문조사 실시	실습생	광하아파트 설문조사 하기
	16:30~17:00	하루 일정 평가	진희경	오늘 하루 자신의 점수&칭찬
12/11 (수)	09:00~09:30	Tea-time & comment	진희경	오늘 설문조사할 지역 알기
	09:30~10:30	아동여름캠프 준비	강미주, 실습생	아동여름캠프에 대해 알기
	10:30~12:00	설문조사 실시	실습생	주택가 설문조사 하기
	13:00~17:00	설문조사분석 실시	실습생	설문조사 코딩작업 하기
	17:00~17:30	하루일정 평가	박은정	오늘 하루 자신의 점수&칭찬
12/12 (목)	09:00~09:30	청소	실습생	실습 공간 청소하기
	09:30~10:30	아동여름캠프 준비	박여진, 실습생	명찰시안, 레크리에이션 제출
	10:30~12:00	설문조사 실시	실습생	우면1동 설문조사 하기
	13:00~17:00	설문조사 실시	실습생	우면1동 작업코딩 하기
	17:00~17:30	하루일정 평가	강보배	오늘 하루 자신의 점수&칭찬

(계속)

일 시		실습내용	담당자	실습생 역할
12/13 (금)	09:00~09:30	Tea-time & comment	박여진	오늘 설문조사할 지역 알기
	09:30~10:30	아동여름캠프 준비	강혜라, 실습생	레크리에이션 계획서 제출
	10:30~12:00	설문조사 실시	실습생	반송2동 설문조사 하기
	13:00~16:30	설문조사 실시	실습생	반송2동 작업코딩하기
	16:30~17:00	하루일정 평가	정다운	오늘 하루 자신의 점수&칭찬
	17:00~18:.30	실습 주간 및 중간평가	실습지도자, 실습생	2주 동안 실습 되돌아 보기

(2) 실습목표 성취정도

표 12-8 실습목표 성취정도

실습목표	하위목표	평가문항	10점 척도									
			1	2	3	4	5	6	7	8	9	10
행정적인 면	현재 기관의 시행프로그램을 알고, 어떠한 이유로 개발되었는지 이해하며, 프로그램과 지역사회 특성과의 연관성을 안다.	1. 기관의 5대 사업과 그 밖의 프로그램을 아는가?									✔	
		2. 프로그램이 왜 개발되고, 시행됐는지 알고 있는가?						✔				
		3. 지역사회의 특성을 알고, 프로그램과의 연관성을 파악했는가?							✔			
	프로그램별 클라이언트 선정기준을 알고, 사업별 선정 기준의 차이점을 알며, 기준의 타당성과 적절성을 생각해 본다.	1. 프로그램에 따라 클라이언트를 선정하는 기준을 아는가?							✔			
		2. 다양한 프로그램의 대상자 선정 기준의 차이점을 아는가?				✔						
		3. 선정기준의 타당성과 적절성을 생각해 보았는가?						✔				
	기관의 업무분담 구조를 알고 업무량의 적절성, 공평성을 생각해 보며, 어떻게 처리하는지 파악한다.	1. 기관의 업무 분담 구조를 아는가?					✔					
		2. 업무량의 적절성, 공평성을 생각해 보았는가?				✔						
		3. 사회복지사 선생님들께서 어떻게 업무를 처리하시는지 파악했는가?								✔		

(계속)

교육적인 면	클라이언트의 특성에 따라 어떤 상담 기술이 적용되는지 알고, 상담 시 클라이언트의 반응을 이해한다. 또한 주로 사용되는 상담기술이 무엇인지 이해하고, 가장 적용하기 어려운 상담기술이 무엇인지 안다.	1. 클라이언트에 따라 각각 어떤 상담기술이 사용되는지 알고 있는가?					✔					
		2. 상담 시 일어나는 클라이언트의 반응을 이해했는가?				✔						
		3. 주로 사용되는 상담기술이 무엇인지 알고 있는가?								✔		
		4. 가장 적용하기 어려운 상담 기술이 무엇인지 알고 있는가?							✔			
	지역사회 자원의 특성을 알고, 자원개발・관리를 이해한다.	1. 지역사회 자원의 특성을 아는가?							✔			
		2. 지역사회 자원 개발・관리를 이해하는가?						✔				
	지역사회 주민들의 욕구를 이해하고, 기관에서 주로 어떤 방법을 활용하고 있는지 안다.	1. 지역사회 주민들의 욕구를 얼마나 알고 있는가?									✔	
		2. 기관의 욕구조사방법을 어느 정도 알고 있는가?								✔		
지지적인 면	클라이언트와 관계 형성을 해 보고, 관계형성에서 오는 강점의 종류를 이해하며, 대처방법을 안다.	1. 클라이언트와의 관계 형성의 성공 정도는 얼마인가?									✔	
		2. 관계형성에서 오는 감정의 종류를 얼마나 이해했는가?							✔			
		3. 감정의 대처방법을 얼마나 알고 있는가?							✔			
	슈퍼바이저와 밝은 인상을 가지며, 실습기간 내에 항상 열심히 하는 자세를 갖도록 노력한다.	1. 슈퍼바이저와 밝은 인상을 가졌는가?									✔	
		2. 실습 기간에 최선을 다해 노력 했는가?								✔		

※ 1점(10%달성)/2점(20%)/3점(30%)/4점(40%)/5점(50%)/6점(60%)/7점(70%)/8점(80%)/9점(90%)/10점(100%)

※ 성취정도에 따른 만족도

10~60% 매우 불만족 60~70% 불만족 70~80% 보통

80~90% 만족 90~100% 매우 만족

① 행정적인 면

성취도를 분석한 결과 기관에서 실행되고 있는 전반적인 프로그램에 대한 이해도는 매우 높았으나, 기관의 업무분담 구조는 아직 많이 알지 못한 것으로 나타난다.

② 교육적인 면

교육적인 면에서는 아직은 미흡하지만, 클라이언트를 대할 때 상담기술에 대한 전반적인 내용은 알고 있으며, 욕구조사를 해 봄으로써 지역사회 주민들의 욕구를 알고, 어떤 방법을 활용하고 있는지 파악하는 정도는 높은 점수를 나타냈다. 반면에, 지역사회 특성은 잘 알고 있으나, 자원을 어떻게 개발하고 관리하는지에 대한 이해 정도는 낮은 것으로 나타났다.

③ 지지적인 면

인테이크를 나가 배운 기술을 활용하고 클라이언트와 긍정적인 관계를 맺음으로써 다양 한 감정들을 아는 정도는 중간 정도의 수치이며, 실습기간 동안 밝고, 노력하는 정도는 매우 높은 것으로 나타났다.

3. 실습을 통해 배운 점

1) 행정적인 면(매력적인 사회복지)

첫째 주에 사회복지 5대 사업과 더불어 장애인 주간보호센터에 대해 배웠다. 학교에서 수업을 통해 이론으로만 배우던 내용들이 실제로 기관에서 어떤 사업으로 실행되는지 알 수 있었으며, 사회복지사 선생님들의 생생한 경험담을 들으며 현장에서는 일어나는 일을 느낄 수 있었다. 보통 이론적인 수업이라고 말하면 따분하고 지루하다고 생각하기 쉬운데 나는 각각의 수업을 들으면서 "정말 이렇게 사회복지라는 분야가 매력적이었나"라고 생각할 정도로 사회복지의 매력에 흠뻑 빠지게 되었다.

2) 교육적인 면(클라이언트와 지역사회 전체 알기)

초기면접에 대해 배우면서 처음 인테이크를 나갔을 때는 어떻게 해야 하고, 집에 들어갔을 때는 어떻게 해야 하며, 직접적으로 물어보지 않고 클라이언트 스스로 말을 하게끔 유도하는 방법을 배웠다.

또한, 직접 클라이언트와 이야기를 나누면서 클라이언트의 배운 기술을 적용하고 반응을 이해하며, 상담기술이란 이런 거구나 라는 것을 느낄 수 있었다. 그리고 기관에 대해 공부하면서 자연스레 기관이 위치한 주공 아파트는 물론 반송동 전체 지역사회의 특성을 알 수 있게 되었다. 항상 반송동에 산다고 그러면 못사는 동네라고 해서 다른 지역보다 어려운 줄은 알고 있었는데 실제로 알고 보니 내가 생각했던 것보다 훨씬 더 심각했다. 초등학교 한 반의 1/3이 기초생활수급자이며, 반송동 전체의 수급자가 수영구 전체의 수급자보다도 많다는 걸 알게 되었다. 그리고 두 번째 주에는 욕구조사를 나가봄으로써 항상 접하고 있는 클라이언트뿐만 아니라 지역사회 주민 전체의 욕구를 들어 보며, 다양한 클라이언트를 만나볼 수 있었다. 설문조사를 해 본 결과 반송동주민이 가지고 있는 대다수의 욕구는 경제적 문제였으며, 그 밖에도 교통의 불편함을 느끼고 있었고, 문화·여가 서비스가 많이 부족하다는 것을 알았다.

3) 평가적인 면(칭찬과 반성)

2주 전만 해도 내 머릿속에 있는 생각들을 다른 사람들 앞에서 얘기하기란 쉽지 않았다. 처음에는 하루 일정을 마치고 다른 실습생을 칭찬하고, 내 점수를 매기며 하루를 돌아보는 것이 어색했지만 지금은 매우 자연스런 일과가 돼버렸다. 친구들을 칭찬할 수 있어서 좋고, 그 좋은 점을 다시 본받을 수 있으며, 제 자신 또한 반성할 수 있어서 좋았다. 더불어 집에 와서는 실습일지를 쓰면서 하룻 동안 있었던 실습내용을 돌이켜보고 한번 더 숙지했다. 첫 주에는 사회복지의 매력을 알고자 정말 최선을 다했지만, 두 번째 주에는 너무 만만하게 봤던 탓인지 생각보다는 많이 힘들었다. 그래도 더운 날씨에도 포기하지 않고 최선을 다한 스스로 후한 점수를 주고 싶으며, 남은 2주는 더욱 알찬 시간을 보내고 싶었다. 또한, 정말 눈 깜짝할 새에 실습의 반이 지나버렸지만, 사회복지를 몸과 마음으로 느낄 수 있어서 매우 보람된 시간이었다.

4) 어려운 부분

다양한 특성을 지닌 주민들을 만나볼 수 있었던 욕구조사로서 처음에는 마냥 욕구조사를 하면 재미있을 것 같고, 새로운 경험을 해 볼 수 있을 것 같아 기대에 부풀었다. 첫 번째로 설문을 시작했던 진흥주공아파트에서는 문을 열어 놓은 집이 매우 많아 일일이 초인종을 누르지 않아도 되어서 주민들에게 접근하기는 쉬웠다. 하지만, 임대아파트 특성상 젊으신 분들이 있는 경우는 매우 드물었으며, 어르신들이나 나이가 많은 주부들이 있는 경우가 대다수였다. 어르신들은 글을 읽지 못하시거나 잘 안 보이시는 경우가 많아 매번 설문조사 때마다 문항을 전부 읽어 드려야 했기 때문에 매우 번거로웠다. 또한, 아직 대상자들을 만나본 경험이 많지 않기 때문에 어느 정도 선에서 이야기를 끊고 이어나가야 할지 매우 난감했다. 욕구조사 삼, 사일 째에는 우면1동과 우면3동의 주택가를 돌았는데 조사시간이 오전과 이른 오후라 그런지 비어 있는 집이 너무 많았고 많은 분들이 조사를 꺼려하시고 문전박대 하셔서 많이 힘들었다. 설문에 응해 주시는 분들조차도 이런 것 해도 달라지는 것 없다는 말을 하실 때에는 정말 깊은 한숨도 나왔다. 정말 제각각 다른 반송 주민 분들을 만나 어려웠던 점도 있지만 한 주 동안 정말 찌는 듯한 날씨에 하루 종일 걸어 다니고, 계단을 오르락내리락 하기엔 너무 힘들었다. 하지만, 이렇게 힘들었지만 시간이 지나고 나니 내가 사회복지사가 되기 전에 정말 다양한 클라이언트를 만나보며, 대상자뿐만 아니라 그 영역을 넓혀 지역사회 주민 전체의 생각을 듣는다는 것은 좋은 시간이 된 것 같다.

5) 남은 기간을 통하여 배워야 할 점 또는 배우고 싶은 점

2주간의 남은 기간에는 좀 더 자주 1:1로 클라이언트를 만나봄으로써, 그분들이 가지고 있는 어려움을 직접 들어 보며, 이야기를 나눠 보고 싶다. 실습 첫 주에 한번 intake를 나가 어르신의 이야기를 들어 보았는데 정말 사회복지사 선생님께만 전해 들었던 이야기를 실제로 그 분이 겪고 계셔서 정말 머릿속으로나 마음속으로나 많이 와 닿았던 것 같다. 또한 그 분들을 만나봄으로써 intake 할 때 기술을 좀 더 배워보고 싶다. 욕구조사를 나가서도 언제 이야기를 끊고, 이어나가야 할지 매우 난감했는데 차츰 대상자 분들을 여러 번 만나 보면 그 분들을 대하는 태도도 자연스러워지고 기술 또한 터득할 수 있을 것 같아 매우 기대가 된다.

6) 건의사항: 실습지도자에게 바라는 점

건의할 사항은 직접임상현장에 책임감과 의무감으로 참여할 기회가 되었으면 한다. 그러나 실습 내용이 다양한 경험을 해 볼 수 있었던 것 같아 좋았다. 수업시간 및 컨퍼런스 시간에도 질문이 많았는데 항상 최선을 다해 대답해 주시고 실제 현장에서 일어나는 경험을 많이 이야기해 주셔서 매우 도움이 되었다. 슈퍼바이저와 여러 사회복지사께서 매우 바쁘신 데도 불구하고 항상 저희들에게 많은 것을 가르쳐 줄려고 하고, 좋은 경험담을 많이 해 주어서 감사하다. 앞으로 남은 2주도 못하는 부분은 지적해 주어 올바르게 잡아주시고 배우는 자세로 열심히 실습에 임하도록 하겠다.

제3절 실습지도자의 역할

1. 정신건강사회복지사의 업무

정신질환자 등에 대한 사회복지서비스 지원 등에 대한 조사와 정신질환자 등 그 가족에 대한 사회복지서비스 지원, 상담, 안내의 업무를 수행한다.

1) 정신건강사회복지사

정신건강사회복지사란 사회복지사 1급 자격증 소지사가 보건복지부령으로 정하는 수련기관에서 수련을 받고 보건복지부장관에게 정신건강사회복지사 자격을 인정받은 자를 말한다.

정신건강사회복지사 자격은 정신과 병원 및 지역사회에서 정신보건에 관한 양질의 서비스를 제공할 전문인력의 수요가 증가하게 되면서, 정신질환의 예방과 정신질환자의 의료 및 사회복귀 등의 업무를 수행할 전문지식과 기술을 갖춘 인력을 양성하기 위해 제정하였다.

보건복지부장관이 규정한 전문요원 수련기관에서 1년 이상 수련을 마치면 정신건강사회복지사 2급 자격증을 취득할 수 있으며, 2급 정신건강사회복지사 자격 취득 후 정신건강시설, 보건소 또는 지방자치단체 등에서 활동하게 된다.

자격의 특징은 정신건강사회복지사를 자격등급 1등급, 2등급으로 나뉘고, 경력에 따라 나뉜다. 2급 정신건강사회복자사의 경우 5년간 근무한 경력이 있으면 1급을 받을 수 있다.

또는 석사학위 받고 3년간 근무 경력이 있다면 1급 취득이 가능하다. 「정신보건법」이 「정신건강증진 및 정신질환자의 복지서비스 지원에 관한 법률」(약칭: 정신건강복지법)로 개정되면서 정신보건사회복지사의 명칭이 정신건강사회복지사로 변경되었다.

2) 정신건강사회복지사의 역할

① 정신재활시설의 운영
② 정신질화자 등의 재활훈련 및 직업훈련의 실시, 지도모
③ 정신질환자 등과 그 가족의 권익보장을 위한 활동 지원
④ 법 제44조 제1항에 따른 진단 및 보호의 신청
⑤ 정신질환자 등에 대한 개인별 지원계획의 수립 및 지원
⑥ 정신질환 예방 및 정신건강복지에 관한 조사, 연구
⑦ 정신질활자 등의 사회적응 및 재활을 위한 활동
⑧ 정신건강증진사업 등의 사업 수행 및 교육
⑨ 그 밖의 제1호부터 제 8호까지의 규정에 준하는 사항으로 보건복지부장관이 정하는 활동

3) 정신건강전문요원의 법적 근거와 역할

① 1995년 「정신보건법」 제정 후 정신건강전문요원 직종의 법적 근거
② 1997년부터 정신건강전문요원 수련제도가 시행
③ 「정신건강복지법」 제17조(정신건강전문요원의 자격 등)에서는 보건복지부장관으로 하여금 정신건강분야에 관한 전문지식과 기술을 갖추고 보건복지부령으로 청하는 수련기관에서 수련을 받은 사람들에게 정신건강전문요원의 자격을 줄 수 있다고 명시하고 있으며, 그 전문분야에 따라 정신건강사회복지사, 정신건강임상심리사 및 정신건강간호사로 구분하고 있다.

4) 정신의료기관

의료기관은 의료행위 내용과 시설, 특히 병상수 등에 따라 구분되며, 의료기관의 종별에 따라 개설, 변경 절차, 시설, 인력 등 기준, 명칭표시 방법 등에 있어 차이가 있다.

(1) 국 · 공립 정신의료기관

정신건강복지법 제21조 "국가와 지방자치단체는 국립 또는 공립의 정신의료기관을 설치 · 운영하며, 지역적으로 균형 있게 분포하도록 하여야 한다."라고 규정하고 있다. 국립정신병원장은 보건복지부장관의 위임을 받아 과장하며 권역의 정신의료기관을 관리, 정신건강전문요원의 수련 관련 행정업무 수행을 한다.

현재 우리나라 모두 18개 기관이 있으며, 국립정신병원은 권역별 5곳(국립공주병원, 국립나주병원, 국립부곡병원,국립춘천병원, 국립정신건강센터)이고 도 · 시립정신병원은 국립정신병원 이외 기관으로 전국 12개 기관에서 운영(서울특별시 은평병원, 부산시립정신병원, 용인정신병원 등)하고 있다.

국립정신병원은 전국을 5개 권역으로 나누어 각 지역 중심, 정신질환의 치료적 개입을 통해 최적의 공공정신의료서비스를 보장한다.

(2) 민간정신의료기관

① 대학(종합)병원 정신건강의학과

일반 입원병동, 외래진료실을 갖추고 있고 다양한 급성기 정신질환의 진료와 치료를 주 업무로 운영하며, 정신건강의학과 전문의는 외래진료를 통하여 급성 증상 호소하는 환자의 입원 여부를 결정, 증상의 심각에 따라 외래치료 또는 입원치료를 하게 된다.

② 전문정신병원

조울증, 우울장애, 치매, 알코올중독 등 진단에 대한 치료적 개입을 하며 만성적인 정신질환자에 대한 치료서비스 제공하며, 정신병원들이 치매, 중독 등과 같은 특수클리닉을 운영하거나 보호병동, 개방병동을 함께 운영하는 등 다양한 서비스로 전문화하는 양상을 보이고 있다.

2. 사회복지사의 역할

1) 사회복지사의 의의

사회복지사는 개인, 친족 및 집단이 처해 있는 문제를 보다 분명히 해 주고, 해결 방안을 제시하는 조력자 임무를 담당하며, 필요한 상황에는 적합한 기관 및 자원을 연결해 주고 있다.

특히 점차 발전하는 사회 분위기와는 반대로, 지속적으로 외면받고 있는 노약자, 미혼모, 소년소녀가장 등을 도와주는 것이 사회복지사의 가장 주된 역할이다.

그리고 산업사회복지사는 사업장에서 근로자들의 비복지적 문제의 변화를 위해 사회복지학에서 습득한 전문지식을 이용하기도 한다. 따라서 사회복지사는 타인의 행동까지 대처해나갈 수 있는 문제해결능력과 설득력, 인간존중 및 사명의식이 요구되며, 우수한 사회성과 정직성을 갖추고 있어야 하다. 또한 사회복지사는 연구 과정에서 입수한 정보를 비밀보장의 원칙에 의해 다루는 것은 물론, 의뢰를 요청한 사람의 신체적·정신적 불편이나 위험, 해를 끼치는 것으로부터 보호해야 한다.

사회복지사에서 슈퍼바이저로의 역할은 대표적으로 변화를 위한 동기, 변화를 위한 준비, 자기인식과 정체성의 변화, 임상가에서 관리자로, 동료관계의 변화를 가져다 주는 슈퍼비전의 역할을 할 수 있다.

사회복지기관에서의 슈퍼비전(supervision)은 직원의 자기개발에 주된 관심을 두는 행위로서, 전문적이고 유능한 직원으로 개발하는 것이다. 기본적으로는 행정적인 과정이다. 전문적인 서비스를 실천하는 기관이나 프로그램들에서 슈퍼비전이란 다른 유형의 조직들에서와는 달리 인종, 성적차별, 인권, 계급을 초월하는 정도의 중요성을 띠고 있다. 사회사업의 과제와 자신의 인생이 동시에 경험되는 경우가 있으므로 사회복지사는 다른 분야의 직종보다 더 많은 불안을 느낄 수 있다. 또한 직무환경은 늘 공개되어 있고 비좁고 사적인 영역이 없으므로 '전문적'

이라기보다 '산업적'이라고 말할 수 있다

기관장의 중요한 책임 중 하나인 슈퍼비전은 직원의 능력을 발전·향상시키는 데 이바지 할 수 있는 하나의 교육적·행정적 과정이며 책임 있는 지위에 있는 자가 그 직무에 관한 지식이나 기능을 유용하게 이용하여 직접 지휘하에 있는 직원에게 직무에 관한 지도를 행하는 것을 의미한다. 그리고 개입에 대한 평가의 지표가 없다는 점에서 스트레스와 직면할 수 있다.

그래서 슈퍼비전은 직원이 직무를 수행하는 데 필요한 지식을 발전시킴과 아울러 그 지식과 기능을 활용하도록 하는 데 초점을 두고 있는 것이다.

2) 사회제도와 사회복지사의 역할

표 12-9 사회제도와 사회복지사의 역할

사회제도	일차적 기능	사회복지기능
경제분야	출산, 사회화, 정서적 지지	친족 부양, 가족 간 경제 지원
종교분야	영적 계발	신앙에 기반을 둔 보건, 교육, 사회복지서비스
취업분야	재화와 서비스 생산	고용 관련 급여(기업복지)
시장분야	재화와 서비스 교환	영리적 사회복지 재화 & 서비스
상호부조	상호부조, 자선, 박애	자조, 자원봉사, 비영리 사회복지서비스
정책분야	자원 동원 및 분배	빈곤정책, 경제적 보장, 보건, 의료, 교육, 고용, 건강, 사회복지서비스

3) 사회복지현장실습교육의 과정 및 절차

실습지도교수는 사회복지실습 과목을 지도하는 대학의 교수를 말하여, 실습지도자가 사회복지현장실습에서 직접 실습을 지도하는 슈퍼바이저가 된다.

실습지도자의 자격은 사회복지사 1급 자격 소지자로서 3년의 경력이 있는 경우 또는 2급 자격 소지자로서 5년의 경력이 있는 경우에 가능하다.

보통 한국사회복지사협회에서 실습기관으로 등록을 한 곳에서 현장실습을 많이 하는데 실습기관확인증상에서 실습지도자로 표기된 사람에게서 사회복지사실습을 받으면 사회복지협회에서 확인을 한 것이므로 실습지도자로서의 자격이 있다고 볼 수 있다.

표 12-10 실습진행 및 실습절차

순서	진행	내용	실습절차
1	대학	실습모집공고	실습접수 기간 공고 및 유의사항 안내
2	실습생	실습기관 선정	• 학생은 자신의 욕구와 개인사정에 따라 실습기관을 정하고 선정한 기관에 방문을 하여 실습담당자에게 공문을 제출한 후에 실습에 대한 승인을 얻어야 한다. • 승인을 얻은 후 『사회복지실습신청서』를 작성한다. • 기관 미선정 시 실습담당교수님께 상담 의뢰한다.
3	실습생	실습신청	• 학생은 작성한 『사회복지실습신청서』, 실습생 프로파일, 실습생 서약서, 실습의뢰 회신서를 동봉하여 학교에 제출한다.
4	대학기관	기관에 공식적 공문실습 의뢰	• 학생이 배정한 실습기관에 『실습의뢰공문』을 발송한다.
5	대학기관	공문접수확인	• 기관에 공문이 잘 도착했는지 확인하고 기관이 학교에 제출하는 실습의뢰 회신서를 통해 실습 신청 접수를 완료한다.
6	실습생	실습일정확인	• 실습일정을 재확인 한 후 첫 방문날짜와 시간을 약속한다.
7	실습지도 교수	실습일차모임 (OT)	• 실습생의 기본자세 및 실습 시 유의사항, 실습과제물 작성안내 • 사회복지현장실습교과목에 이해와 사회복지실습의 개념, 목적, 기대효과 및 과제작성법에 대한 안내를 받는다.
8	실습생	실습실시	• 신청한 실습기관에서 실습을 시작한다.
9	담당교수	실습지도 (방문지도)	• 담당교수는 실습기관에 서면 및 유선, 방문을 통해 실습 진행을 확인한다. 실습활동 중 실습생이 겪게 되는 문제들에 대한 내용을 짚어보고, 사회복지사로서의 전문적 자아인식과 실천현장에서의 능력을 함양할 수 있도록 지도한다.

(계속)

10	학생	과제제출	• '기관분석보고서 1부', '실습종결평가서 1부' 파일을 제출하고, 실습종료 후에는 과제들을 취합한 제본 1부(원본)를 제출하여야 한다.
11	실습생	실습종결	• 실습종결 후 다음의 과제를 준비한다. – 실습기관에서 학교발송: 기관의 실습지도자가 '실습평가서 1부'를 작성하여 등기우편을 이용하여 학과사무실로 보낸다. – 실습생제출서류: '과제제본책 1부'(①실습출근부 1부 ② 실습일지, ③기관분석보고서, ④실습종결평가서(중간평가서)를 포함하여 제본, 기관의 실습, 지도자가 작성한 '사회복지현장실습확인서 2부'를 제출하여야 함.
12	담당교수	실습종결 평가회	• 사회복지현장실습의 학습효과에 대해서 검토한다. • 학생들의 실습경험 공유를 위한 최종보고세미나를 한다.

4) 사회복지현장실습 교과목의 수강 시작일이 2020년 1월 1일 이후인 경우, 보건복지부장관이 선정한 기관에서 2020년 1월 1일 이후부터 실습을 진행해야 함(2020년 이전에 진행한 선행실습 불인정)

즉, 2020년 1학기에 개설된 사회복지현장실습 교과목을 수강하는 학생은, 해당 과목의 수강 시작일이 2020년 1월 1일 이후이므로 반드시 보건복지부장관이 선정한 기관에서 2020년 1월 1일 이후로 실습을 진행해야 한다. 해당 교과목에 대한 기관실습을 2020년 이전(예 '19년 12월)에 선행한 경우 인정 불가하며 추후 자격증 발급이 불가하다. 2020년 1월 1일 이후 모든 교과목을 수강하는 경우 160시간 중 보건복지부장관선정기관에서 30시간은 실습세미나를 포함한다.

사회복지현장실습 교과목의 수강 시작일이 2019년 12월 31일 이전인 경우, 종전 기준에 의한 실습기관에서 실습 가능하다.

예 사회복지현장실습 교과목의 개설기간이 2019년 12월 10일~'20년 2월 10일인 경우, 변경 전 법령 기준을 충족하는 실습기관에서도 실습 가능하다.

※ 위 사항은 선행실습과 직접적으로 관련 있는 시행규칙 개정에 대한 전반적인 안내사항은 한국사회복지사협회 자격관리센터 홈페이지(lic.welfare.net) 공지사항을 확인하면 알 수 있다.

3. 실습종합평가

1) 실습을 통해 배운 점과 필요한 지식

실습경험을 통해 알게 된 이론과 기술 중 앞으로 사회사업실천에 활용될 수 있는 것이다. 기관들의 교육과정들을 바탕으로 프로그램 운영 능력, 의사소통능력과 더불어 실습일지 및 과제에 대한 슈퍼바이저의 피드백을 통해 내 자신의 문장력을 확인하고, 피드백을 바탕으로 실습 기간 중에 글쓰기 능력을 향상되어 가는 것을 느꼈다. 실제 사회복지현장에서 활용할 수 있도록 더욱 능력을 발전시켜야겠다고 다짐하였다.

2) 실습생 자신에 대한 평가(자아인식 및 전문성 개발에 대한 평가)

(1) 이번 실습 경험을 통해 알게 된 사회복지현장에서 본인 성격의 강점과 약점

나는 '주어진 일을 부정적으로 생각하지 않고 긍정적으로 생각하는 마인드'를 지녔다. 실습기간 동안 바쁜 일정과 다양한 과제로 체력적으로 피곤한 순간이 있었지만 나에게 주어진 일이라면 힘들다고 생각하지 않고 즐거운 마음으로 활동에 임할 수 있었다. 다만 다소 내성적이고 얌전한 편이라 약간의 지적을 받기도 했었는데 실습을 하면서 이런 부분을 고쳐야겠다는 생각을 많이 했었다. 처음에는 그저 시키는 업무에만 열심히 해야지 하는 소극적인 입장이었다가 좀 더 적극적이어야 할 필요성을 느끼고 수업에 참여하고 내 의견을 밝히는 능력을 향상시키려 노력하였다.

(2) 실습으로 알게 된 사회복지현장에서의 사회복지사의 역할

이번 실습을 통하여 사회복지사에게 필요한 자질은 전천후 지식과 기술이라는 것을 느꼈다. 기관의 사업에 진행하기 위하여 능숙한 행정실무를 알아야 하고,

클라이언트와 라포를 형성하여 이용자의 요구를 파악하여 적절한 프로그램을 제공할 수 있는 능력뿐만 아니라 바람직한 윤리적인 마음가짐도 지녀야 한다고 생각하였다.

3) 본인에게 필요하다고 생각되는 전문성

실습을 하면서 사회복지사는 광범위하고 다양한 지식이 필요하다. 따라서 어떤 정보를 얼마나 정확하게 알고 있어야 하며, 업무를 보는데 어떤 부가적인 것들이 필요한지에 대해서 알아보고 지식과 기술을 습득할 것이다.

워드 자격증에 대해서 생각해 본 적이 없었는데, 모든 업무가 컴퓨터로 이루어지는 것과 공문을 발송하는 일이 많은 것으로 보아서 정말 필요한 자격증이란 것을 알게 되었다.

4) 실습기관에 대한 평가

(1) 보완해야 할 실습프로그램이 있다면 무엇이고, 어떻게 바꾸어야 한다고 생각하는가.

아동복지 프로그램에 대하여 관심이 많은데, 건강한 아이들은 수많은 학원들을 쇼핑하다시피 하고 있는 현 시점에 진정 장애아들에게는 학습할만한 공간이 부족한 실정이다. 센터가 정부의 지원을 받을 수 있어서 더 다양한 교육프로그램을 아이들에게 제공할 수 있었으면 좋겠다.

(2) 실습생이 보는 기관의 강점과 약점

① 좋았던 점: ○○종합사회복지관의 “실습생은 봉사자가 아니다”는 기본 방침으로 바쁜 와중에도 여러 가지로 다양한 프로그램을 접해 볼 수 있도록 배려해 준 점이 감사했다.

② 아쉬운 점: 특별히 안 좋았던 내용은 없으나 슈퍼바이저의 비전담에 대하여 공유하고 소통할 수 있는 시간을 좀 더 많이 가졌으면 좋겠다는 바람이 들었다.

5) 기관에 건의하고 싶은 것

클라이언트들을 항상 데리고 오는 학부모님들이 로비에 앉아계신다. 좀 더 재정적인 노력을 기울여서 차를 운행함으로써 클라이언트들과 학부모가 좀 더 편안하게 클라이언트들을 센터로 보낼 수 있는 시스템을 마련했으면 좋겠다. 또한 강사진을 특수교육 전공 선생님도 함께 참여하여 질 높은 장애아동 교육프로그램이 운영되었으면 좋겠다.

6) 실습 슈퍼바이저에 대한 평가(슈퍼비전에 대한 평가 포함)

실습생에게 가장 도움이 되었던 슈퍼비전이었으며 힘든 순간마다 힘이 되었다. 막연하게 생각했던 사고의 폭을 넓힐 수 있었고 지지라는 개념을 잘 알 수 있었다. 이외에도 전반적인 문서의 피드백을 통해 실습생의 약점과 개선방안 등을 알 수 있었으며, 복지관의 전반적인 운영 및 장애 아동들에 대한 전문적인 지식들을 습득하였다.

7) 실습에 대한 전반적인 소감

사회복지실습을 하면서 무엇보다 사회복지사로서 필요한 자질에 대한 부분을 많이 생각할 수 있게 되었다. 처음에는 실습일지를 통해 레코딩 기술을 향상시킬 수 있었고 전반적인 교육에서는 실무활동을 하고 있는 사회복지사는 사회복지뿐만 아니라 다른 학문들도 기본적으로 알아야 한다는 것도 알게 되었다. 사회복지 분야뿐만 아니라 전반적인 지역에 대한 정보와 행정, 경제 등 다양한 학문을 접해 보는 것이 중요하다는 것을 알았다. 이처럼 내가 더 공부를 해 놓으면 도움이 될 것들과 내가 어떤 부분에서 더 깊게 공부해야 되는지에 대해서 알게 된 것 같다.

마지막으로 내 장단점에 대해 다시 한번 느낄 수 있는 시간이어서 소중한 배움이라고 생각된다.

4. 「코로나바이러스감염증-19」와 사회복지시설

사회복지시설에 대한 코로나19 예방 및 관리 대응절차와 조치사항을 재정비하여 피해 최소화를 도모하기 위하여 「사회복지사업법」 제2조 따른 사회복지사업을 행할 목적으로 설치된 시설에 한한다. 시설 내 코로나바이러스감염증-19 예방 및 관리를 위한 사회복지시설의 대표자 또는 관리자(이하 '관리자')의 역할 등을 제시한다.

따라서 코로나바이러스감염증-19 대응 조치사항으로 코로나19 관리체계 및 유관기관 협조체계를 위하여 사회복지시설 내 감염관리체계 구성한다. 감염관리책임자(방역관리자) 등을 지정하여 코로나19 예방 및 관리 책임성을 부여하여, 근무자 관리, 시설 환경관리, 상황 발생 시 즉시 대응체계를 유지토록 한다.

감염전담 담당자(증상 모니터링 및 신고접수, 시설 내 위생물품 비치 파악 등) 등은 종사자・이용자・입소자・방문자(자원봉사자 포함) 등 명단 작성・보관하고 전자출입명부 설치・이용(권고) 또는 수기명부 비치(이용자가 수기명부 작성 시 시군구(거주지), 전화번호, 신분증 확인, 4주 보관 후 폐기)한다.

의심환자(의사환자, 조사대상 유증상자) 등 발생 시 즉시 대응을 위한 유관기관과의 비상연락체계 구축하여 시・도 및 시・군・구 소관부서－관내 보건소－소방서－ 선별진료소－의료기관으로 구축하되 반드시 소관 시설 전체에 지침을 포함하여 공문 등 방법으로 안내할 것을 요구한다.

(1) 감염병예방체계 구축을 위하여 요양보호사는 마스크를 착용하는 올바른 방법을 알고 환자를 돌보는 동안 마스크를 착용하고 점검하고 체계를 갖추어야 한다. 요양보호사는 올바른 손 위생을 따르고 비누와 물 또는 알코올 포함 손소독제를 사용하여 손 위생을 수행하며 점검 체계가 있다. 자가 격리된 요

양보호사는 관리 기간 동안 입소자를 돌보기 위해 사회복지시설에 가지 않는다. 사회복지시설은 시설 내 요양보호사의 출석 시간과 장소를 통제하고 입소자의 지역을 떠나지 않아야 한다. 사회복지시설은 요양보호사 명단을 확보하여 보관해야 한다.

(2) 자원봉사자에 대한 규정으로 사회복지시설 출입 시간이 있으며, 출입 기간 동안에는 입소자를 봉사서비스를 하기 위해 증명서 발급된 자원봉사자만 출입한다. 사회복지시설 방문 시간(예 아침, 정오 및 저녁)을 설정하고 각 시간은 1시간으로 제한한다. 자원봉사자의 건강 모니터링을 강화하고 발열이나 호흡기 증상이 있으면 사회복지시설에 출입할 수 없다. 모든 자원봉사자의 이름, 연락처 및 주소, 방문시간을 포함해서 기록하여 주고 자원봉사자는 사회복지시설에 들어가기 전에 마스크를 착용하고 손 위생 및 기침 예절을 시행해야한다.

(3) 요양보호사의 건강

특히 코로나-19 확진자가 요양보호기관에서 많이 나오고 있다. 모니터링 및 관리 전담 직원은 요양보호사를 위해 매일 온도를 측정하고 검사 기록을 가지고 있어야 하며 발열이나 호흡기 감염과 같은 증상을 모니터링하며 정기적인 추적 및 조치체계를 갖추고 있어야 한다. 발열이나 호흡기 증상이 있는 요양보호사는 출근하지 않는다.

(4) 요양보호사

감염 관리 교육은 손 위생, 기침 예절, 개인 보호구 사용, 환경 및 소독 및 기타 관리 조치를 포함한 요양보호사의 교육 및 훈련을 실시한다.

연구과제

1. 과정기록의 형식에 대한 기술
2. 사회복지현장실습교육의 과정 및 절차

CHAPTER 13

의료 및 학교사회 복지의 슈퍼비전

학습과제

1. 의료사회복지사의 자격과 직무
2. 학교사회복지사의 자격과 직무
3. 정신건강사회복지사의 자격과 직무

제1절 의료사회복지사

1. 의료사회복지사의 의의

의료사회복지사란 질병과 장애로 인해 환자와 가족들이 경험하는 심리사회적 어려움, 경제적 부담감, 사회복귀 및 재활의 어려움을 해결하는 데 도움을 주고 있다. 즉, 환자의 질병을 정확히 파악하고 대처능력 향상 및 관리를 실시하는 등 경제적 개입과 개인에 대한 개입, 환경적인 개입 등 다방면의 업무를 진행하고 있다. 그 중에서 경제적 개입의 문제는 큰 역할을 하고 있다.

한국사회에서 희귀질병, 중증질병, 장기간치료로 인해 경제적인 어려움을 겪게 되는 경우가 빈번하며 경제적으로 어려워질 때 좌절감과 무력감을 경험하게 된다. 경제적 어려움이 가족 간의 불화를 만들고 사회적으로도 스스로가 고립되는 형태를 보인다.

그동안 우리나라의 복지 분야가 괄목할 만큼 성장한 것에 비하면 의료사회복지의 발전은 제자리 걸음이다. 돈이 없어 치료를 못 받는 사람을 줄이기 위해선 이들을 상담하고 지원하는 슈퍼바이저인 의료사회복지사의 증원이 절실하다.

의료복지에 대한 국민들의 요구가 증가했음에도 불구하고 제도적 근거는 1970년대의 상황에 그대로 머물러 있다. 1973년에 제정된 「의료법 시행령」에 따르면 지금의 의료사회복지사 역할을 하는 요원을 종합병원에 1명 이상을 둔다고만 규정돼 있는데, 이후 44년간 개정되지 않아 의료사회복지사 수요가 크게 늘어난 현실을 반영하지 못하고 있다는 것이다.

무엇보다 의료사회복지사는 환자들의 심리정서·재활·경제적 문제는 물론 지역사회 자원과 연결 등을 돕는다며, 특히 돈이 없어 치료가 어려운 환자들이 국가 제도 및 민간 지원기관의 도움을 받도록 정보를 제공하고 주선하는 일이 전체 업무의 60% 이상이라고 할 수 있다. 특히 의료 사각지대에 있는 외국인근로자, 불법체류자, 자살시도자 등이 적절한 치료를 받는데 의료사회복지사들의 역할이 중요하다고 볼 수 있다.

현재 정신건강과, 재활 의학과, 장기이식, 호스피스 등 한정된 분야에서만 의료사회복지사의 상담 수가가 인정되고 있으나 다른 진료과목에서도 상담 의뢰가 많을 수밖에 없다. 상담 수가를 모든 진료과목으로 확대하는 것이 필요하다.

모든 진료과목으로 의료사회복지사의 상담 수가를 확대하게 되면 병원 재정도 좋아져 의료사회복지사를 증원하는 데도 도움이 될 것이고 의료사회복지사 증원 문제와 상담 수가 확대 문제는 서로 맞물려 있다고 할 수 있다.

의료사회복지사를 많이 두면 환자들에 대한 서비스의 질이 좋아지는데, 이 경우 정부가 해당 병원에 인센티브를 주면 병원들이 자발적으로 의료사회복지사 증원에 적극성을 띨 가능성이 높을 것으로 보이며, 이에 정부가 간호등급제를 통해 차등수가제를 적용하는 방식과 같은 제도를 통해 지원해야 할 것이다.

문재인 정부가 최근 발표한 '건강보험 보장성 강화 대책' 가운데 절박한 상황에 처한 환자를 한 명도 빠뜨리는 일이 없도록 대학병원과 국공립병원의 사회복지팀을 확충하여 촘촘한 의료안전망을 구축하는 의지는 의료사회복지사 증원과 상담수 확대가 그 해결책이라는 것을 의미한다.

2. 의료사회복지사의 직무분류

의료 사회복지사는 사회사업의 목적을 위한 사회사업전문직으로서의 역할 및 기능과 더불어, 보건 의료분야에서 요구되는 특수한 목적달성을 위한 직무를 수행한다.

의료사회사업의 모든 활동은 보건의료서비스가 실천되는 건강관리의 장에서 수행되므로, 의료사회사업은 이를 구성하는 요소, 즉 건강관리의 객체, 건강관리의 주체 등에 따라 그 직무를 구별하여 설명할 수 있다.

이제 의료사회복지사의 직무분류에 대한 기존 연구들 가운데, 건강관리의 객체로서의 문제유형에 따른 직무와 서비스 대상 집단에 따른 직무, 그리고 건강관리의 주체인 의료기관 및 전문영역에 따른 표준 직무를 살펴봄으로써 의료사회사업의 직무를 이해하고자 한다.

1) 문제유형에 따른 직무

의료사회복지사의 직무를 수행되고 있는 문제유형별 직무는 정신적 문제해결 직무 차원인 바, 이는 의료사회복지사의 고유한 직무로서 가장 중요하게 수행되고 있는 것으로 보인다.

행정직무 차원도 높은 편이다. 이와 같은 결과는 의료사회복지사가 본래의 고유 직무에서 보다 행정 쪽에 점차 직무 부담이 가중되고 있는 것을 볼 수 있는데, 이는 의료사회복지사의 직무확대로 인해 부수적인 행정직무가 증가하고, 의료사회복지사의 증가와 직무의 세분화로 인해 행정직무의 다원화에 기인된 것으로 볼 수 있다.

직무수행의 변화가 가장 심하게 이루어진 것은 경제적 문제해결 직무 차원과 교육 및 연구조사 직무 차원이다. 경제적 문제해결 직무 차원의 변화는 전 국민 건강보험의 시행으로 경제적인 문제의 해결원조로 필요성이 줄었기 때문으로 볼 수 있다.

교육 및 연구조사의 직무 차원은 하위로 떨어져 있다고 할 수 있다. 이것을 보고 교육 및 연구조사의 직무 차원의 중요성이 떨어졌다고 생각할 수 있는데, 이는 의료 환경의 변화로 요구되는 양질의 서비스를 제공하기 위해서 새로운 지식과 기술의 축적을 위한 연구조사와 교육을 강조할 필요를 느끼지만, 실제 업무의 과중으로 인해 수행빈도가 최하위로 나타난 것일 뿐이므로 오해해서는 안 될 것이다.

2) 서비스 대상 집단에 따른 직무

미국사회복지사 협회의 의료기관에서의 사회사업 기준에 의하면, 모든 의료기관은 사회사업 서비스를 제공해야 한다고 규정하고 있다.

사회사업 서비스로는

① 개인, 환자가족, 환자의 주변인물에 대한 서비스

② 특별한 집단, 지역사회 그리고 건강과 관련된 프로그램 서비스

③ 교육체계에 서비스를 포함해야 한다고 규정하고 있다.

여기서 의료사회복지사의 기능은 다음과 같다.

① 직접서비스

② 자문

③ 교육정책과 프로그램 계획

④ 질 보장

⑤ 옹호 및 지역사회와의 연결

⑥ 연구 활동 및 사회사업 실습교육과 다른 교육 책임들

그리고 클라이언트 집단에 대한 의료사회복지사의 구체적 직무는 다음과 같다.

① 사회사업 서비스의 욕구측정

② 입원계획, 퇴원계획

③ 개인, 가족, 집단에 대한 직접 서비스와 치료

④ 사례 발견 및 아웃리치(out-reach)

⑤ 정보와 의뢰

⑥ 재정적 어려움에 대한 주의를 포함하여 조직 내·외에서의 환자 옹호
⑦ 환자의 권리와 자격에 대한 보호
⑧ 장·단기 계획
⑨ 건강과 정신건강의 유지와 증진
⑩ 예방적, 치료적, 재활적 조치들
⑪ 의료체계에의 접근과 효과적인 활용을 보장하는 치료의 연속성 제공

3) 의료사회사업

의료사회사업은 통합적인 관점에서 볼 때 질병을 통해서 어려움과 고통을 겪고있는 가족과 개인을 대상으로 하는 의료사회사업에서 전문적인 방법으로서의 환자, 그리고 가족에게 질병에 대한 치료, 재활과 예방, 개인적 기능에 대한 향상으로 다양한 목적을 두고 사회복지분야에서 실천을 할 수 있는 분야이다. 표준화된 공식적인 업무로 분류하자면 의료사회복지사 업무영역의 직무수준은 임상에 대한 직무영역과 행정에 대한 직무영역, 그리고 교육과 연구 직무영역 등으로 구분이 가능하다.

사회복지사의 직무는 인식, 접근방법에 따라 달리 정의할 수 있는데 크게 심리적인 사회문제해결과 정신적 문제해결, 그리고 경제적 문제해결과 사회복귀, 재활 등에 대한 문제해결 등으로 구분이 가능하고, 의료사회복지사가 어떻게 활동을 하면서 병원에서의 역할이 어떻게 진행되는가를 알 수 있다.

이와 같이 의료사회복지서비스 중에서 심리사회적인 서비스는 환자 그리고 가족의 건강, 의료서비스 등에 관련되어 지원을 하는 기능이며, 경제적 지원서비스의 경우 가족의 경제적인 욕구확인을 통해 제공이 가능하다면 서비스연계를 할 수 있는 기능으로 볼 수 있다. 상담과 치료를 통한 방법으로 환자와 가족에게 다양한 사회환경에 처해 있는 사회적 문제를 해결하기 위해서는 심리사회적인 치료자 역할이 수행될 수 있다. 또 경제적인 자원과 정보의 제공, 치료에 필요한 자원의 연계를 통해서 계획상 의료 외적인 요소에서의 어려움을 제거하고 안정적

으로 치료를 받을 수 있는 원조자의 역할을 하기도 한다. 최근 대형병원에서는 수익성확보를 위하여 치열한 경쟁을 벌이고 있다. 의료사회복지사의 활동이 전통적인 직무를 포함하여 의료환경의 변화에서 패러다임의 지속적인 변화에 노출됨에 따라 변화에 따른 능동적인 대처를 통해 의료사회복지사가 전문가들의 집단으로 역할을 확보할 수 있을 것으로 보인다.

3. 의료사회복지사의 자격

1) 자격기준 시행령개정

보건복지부는 '의료사회복지사와 학교사회복지사 자격기준'을 마련하는 내용의 「사회복지사업법 시행령 일부개정령안」이 2020년 12월 1일 국무회의에서 의결되었다.

이는 「사회복지사업법」 개정(법률 제15887호, '18.12.11. 공포, '20.12.12. 시행)으로 민간단체에서 운영하던 '의료사회복지사, 학교사회복지사 자격'을 국가자격으로 발급할 수 있게 됨에 따라 법률에서 위임한 사항을 구체적으로 정하려는 것이다.

개정된 시행령의 주요 내용은 다음과 같다.

사회복지사 1급 자격을 취득한 사람이 보건복지부 장관이 지정한 수련기관에서 1년 이상의 수련 과정을 이수한 경우 '의료사회복지사' 또는 '학교사회복지사' 자격을 발급한다.

법령 시행일 현재 민간단체에서 발급한 자격증 소지자는 의료사회복지사 1,302명, 학교사회복지사 1,598명은 보건복지부장관이 실시하는 별도의 교육을 이수하고 평가를 통과하는 경우에 국가자격으로 전환 발급할 수 있다.

지금까지 민간자격증으로 의료사회복지사 자격관리위원회는 2008년도부터 2020년도까지 총 13회의 자격시험(연 1회)을 통하여 총 1,302명의 의료사회복지사 민간자격증 소지자를 배출하여 왔으며, 한국사회복지사협회와 그 산하단체인 대한의료사회복지사협회에서는 의료현장의 전문성 강화를 위해 자격시험관리위원회를 소집하고, 자격시험을 관리, 운영하고 있었다.

근무현장에서 의료사회복지사는 「의료법」 제3조 제2항 제3호에 해당하는 의료기관에서 사회복지를 실천하고 있으며, 상급, 종합병원 등을 포함한 의료현장에서 총 1,302명의 자격소지자 중 1,042명의 전문인력이 종사하는 것으로 추산하고 있다.

주요업무는 의료기관에서 환자들에게 재활과 사회복귀를 위한 상담 및 지원 업무를 수행하여 보다 적정한 의료서비스를 지원하며, 환자와 그 가족의 심리사회적 문제·경제적 문제·지역사회 자원연계·재활 및 지역사회복귀 문제 등에 관한 상담평가, 지원계획 수립 및 지원, 취약환자에 대한 보호와 권익 보장, 연구조사 등을 하고 있다.

따라서 국가자격제도로 개정됨에 따라 사회복지사 1급을 소지하고 의료기관에서 수련지도자(의료사회복지사 자격소지 후 5년 이상의 의료사회복지 경력자)의 지도하에 1,000시간의 수련을 이행하여야 하며, 이수과목으로는 법과 정책, 윤리와 철학, 의료사회복지 이론과 실제, 조사 연구, 기획 및 행정 등이다. 이수시간은 150시간 이론교육, 20시간 학술활동, 830시간의 의료현장실습의 수련시간 이행과 수련에 대한 평가활동으로 수련과정이 구성되어 있다.

정신건강사회복지사는 「정신건강증진 및 정신질환자 복지서비스 지원에 관한 법률」에 따른 정신건강전문요원 중 정신건강사회복지사 자격을 인정(1997년부터 국가자격으로 발급)하고 있다.

의료기관이나 초·중·고교에서 사회복지에 종사하는 사회복지사의 전문성을 제고하고, 현장에 특화된 수련과정을 통해 양질의 사회복지서비스를 제공하게 될 것으로 기대된다.

2) 의료사회복지사의 의료보건전문성

첫째, 전문직의 실천행동에 가장 중요한 가치가 명백해야 한다. 의료사회사업에서는 사회사업의 일반가치와 보건 및 의료분야의 특수한 가치가 요청된다.

둘째, 전문직으로서 필수요건은 지식체계인데 의료사회사업은 사회사업의 일반적인 지식은 물론 보건 및 의료, 질병에 관한 지식, 의료문제에 관계되는 사회생태학, 스트레스, 성격이론, 개인·가족집단 등의 발달이론, 그리고 보건 및 의료분야의 의료사회복지실천에 가장 효과적인 지식을 기반으로 한다.

셋째, 전문적인 교육을 통하여 갖추어진 가치와 지식을 바탕으로 임상경험을 통해서 습득되는 기술이다.

넷째, 사회복지사가 의료보건영역에서 전문직업인으로서의 자질은 다음과 같은 면에서 훈련 및 교육되어 통합체로서 그 주체성이 확립되어야 된다.

학교에서 의료사회복지사가 되기 위해서는 다음과 같은 과목들의 준비가 필요하다.

의료사회사업론(의료사회복지론, 의료사회복지실천론), 정신보건사회복지론(정신보건사회사업론, 정신건강론), 그리고 의료사회복지 현장실습 등이다.

근래 종합병원, 노인요양병원에서 의료사회복지사의 수요가 증가하고 있다.

3) 전문직업인으로서의 자질

첫째, 과학성의 지식이 요구된다.

즉, 의학, 약학, 간호학과 같이 학문적인 이론이 전문직업인으로 발전할 수 있는 지식체계로서, 사회복지의 전문지식, 행동과학으로 생물과학, 정신과학, 사회과학 등의 과학적인 지식체계 등이다.

둘째, 기술성으로 지식을 기반으로 하는 수련, 즉 임상겸험을 통하여 기술의 완전한 소화력과 그 능숙성을 뜻한다.

셋째, 인격성으로 타자에 대한 사회적 관심, 대상자의 행동, 정서에의 관여, 자기의 인격상, 장·단점, 반응, 자기통제 그리고 자기문제해결능력, 지식과 기술을 활용할 수 있는 건강한 성장을 통해 완성된 인격 등을 의미한다.

제2절 학교사회복지사

1. 학교사회복지사의 의의

학교사회복지라는 용어는 교육복지, 학생복지, 청소년복지와 유사한 개념으로 이해되는데, 교육 분야에서는 교육복지라는 용어를 사용하고 있으며 사회복지 분야에서는 학교사회사업에서 학생사회복지라는 용어를 사용하고 있다.

코스틴에 의하면 알렌 미어스(Allen-Meares)와 웰시(Welsh)는 학교사회복지는 학생들이 건전한 사회기능을 이룰 수 있도록 준비시켜 주며, 학생 개인의 문제뿐만 아니라, 사회환경이나 교육환경의 변화에 즉각적으로 개입하여 학교가 자신의 역할과 기능을 극대화할 수 있도록 도와주는 연재활동이라고 정의하였는데(Allen-Meares et al., 1986), 이는 학교사회복지사는 일반교사나 교육행정가의 역할과는 다른 가정·학교·지역사회의 연계자로서의 고유한 역할을 수행하여야 한다고 보는 견해라고 할 수 있다.

생태체계적 관점은 일반체계이론의 주요 개념들과 생태학적 관점을 결합하여 인간과 환경을 상호작용하는 하나의 전체로 보는 통합 모델로 인간과 환경의 상호작용 방법에 대한 실천가의 관점을 중시한다.

생태체계학적 관점이 도입됨으로써 병리적 관점에서 인간과 환경의 유용성의 점진적 능력에 대하여 개입함과 동시에 성장과 적응의 기능을 방해하는 환경적 장애물을 제거하는 데에 개입의 초점이 이동하게 되었다.

생태학적 관점에서 볼 때, 아동은 아동이 기능하는 다양한 사회체계들, 즉 학교, 가정, 지역사회, 친구집단 등과 분리될 수 없으며, 이러한 관점은 학교사회복지사가 학생문제에 관해 확장된 개념을 갖게 해 주며, 개입할 표적을 확대시켜 준다.

이 관점은 문제를 아동 안에 내재해 있는 혼란으로 보기보다는 아동과 아동을 둘러싼 환경 사이의 적합성 부족으로 보며, 학교환경이 요구하는 지적 사회적 과업들이 행동이나 학습문제를 가지고 있는 아동들에게 상당한 도전이 되고 있다고 가정한다. 다시 말해, 학교 내에서 아동과 청소년들이 경험하는 문제란 학교환경이 요구하는 지적 사회적 과업과 아동 및 청소년들의 지적 행동적 능력 사이의 괴리에서 온다고 할 수 있다. 학교사회복지사는 이런 괴리를 다루기 위해, 개입에 대한 이중초점을 가져야 한다.

즉, 학교사회복지사는 학생들의 대처기술을 향상시키는 동시에 특정 환경적 스트레스도 다루어야 한다.

저메인(Germain, 1999)은 이러한 사회복지의 이중적 기능을 한편에서는 학생의 환경의 질을 향상시켜 주는 것이라고 기술하였다.

2. 학교사회복지사의 직무

학교사회복지사는 학교에서 일어나는 학생의 문제들을 개인의 문제만이 아닌 개인을 둘러싼 환경과의 상호작용의 문제로 보고 있다. 이러한 심리, 사회적 분제들을 학생, 학교, 가정, 지역사회의 연계를 통해 예방하고 해결함은 물론, 모든 학생이 자신의 잠재력과 능력을 최대한 발휘할 수 있도록 최상의 교육환경과 공평한 교육기회를 제공한다. 결론적으로 교육의 본질적인 목적을 달성하고, 또한 학생복지를 실현(목적)할 수 있도록 도와주는 교육기능의 한 부분이며 사회복지의 전문자격의 영역이다.

1) 직무역할

학교사회복지사의 직무와 역할은 다음과 같다.

임상전문가로서 학생을 위한 개별, 집단 상담 및 치료적 개입을 하고 교육자문가로서 학습, 진로를 위한 정보를 제공하고 사회성 기술, 학습전략, 의사소통훈련, 각종 예방을 위한 교육을 담당한다.

매개자 및 연계자로서 학생과 가족에게 필요한 자원의 발굴, 연계, 조정자로서 학생과 환경 사이에서 양자 모두의 문제해결 과정을 조정하고 중재역할을 한다.

또한 옹호자로서 학생과 가족의 인권을 보장하기 위한 옹호활동을 하며, 자원개발자로서 학생과 가족, 학교에 필요한 지역사회자원의 발굴 및 개발촉진을 한다. 나아가 협력자로서 교사를 비롯하여 다양한 전문가, 관련기관과의 협력, 공조조사연구자로서 실태조사 및 효과성 연구를 통한 효과적 복지서비스를 제공해준다. 나아가 정책제언가로서 학생복지 증진을 위해 다양한 수준에서의 정책감시와 제언에 참여하기도 한다.

2) 제공서비스

학교사회복지사가 제공하는 서비스는 다음과 같다.

(1) 사례관리

복잡다양한 문제와 욕구를 가진 학생에게 여러 가지 지원방법을 활용하고 학교 내·외의 자원을 공유하여 효과적으로 문제를 해결하고 요구가 충족되도록 모든 서비스 과정을 운영하는 사회복지실천의 전문방법이다.

(2) 개별사회사업

수시 개별상담 및 전문가 의뢰, 복합적인 문제와 욕구를 가진 학생을 위한 다양한 전문가로 구성된 지원팀 운영, 대면상담, 이메일이나 전화상담, 심리검사, 정보제공을 하는 사업이다.

(3) 집단개입

공통의 욕구나 문제를 가진 학생들을 집단으로 구성하고 프로그램을 제공하거나 학급단위 예방교육적인 집단 프로그램을 제공한다. 그렇게 함으로써 자아성장을 위한 집단활동, 학습전략, 진로탐색, 자원봉사, 또래상담, 문제해결을 위한 집단활동, 의사소통기술훈련, 분노조절, 행동수정, 예방교육, 폭력예방, 공동체의식을 향상시키는 개입서비스이다.

(4) 가정개입

가정방문 및 학부모 면담을 통한 상담, 학교와 가정 간 연계 지원, 생활지원을 위한 서비스 연계, 가정방문, 부모상담, 장학금, 생활보조금 등 연계, 결손가정학생을 위한 정서적 후원자 결연이다.

(5) 지역사회 연계

학생복지 증진을 위한 학교 밖 자원 개발 및 관계자 네트워크 구축, 학교의 지역사회 봉사, 전문가와 전문기관과의 공조 체계 마련, 지역사회자원 조사 및 개발 활동, 지역사회 학생복지 지원협의체 결성・운영, 지역사회 인식개선과 환경개선을 위한 캠페인 및 참여 활동을 연계한다.

(6) 조사 등

실태조사, 욕구조사, 연구 및 자원봉사 활용, 활동기록, 평가, 자문, 서비스 효과성 조사연구, 활동홍보 및 보고서 작성 배포 등의 조사를 실시한다.

3. 학교사회복지사의 자격

의료사회복지사편에서 언급하였듯이 학교사회복지사의 개정된 시행령의 주요 내용은 다음과 같다.

사회복지사 1급 자격을 취득한 사람이 보건복지부장관이 지정한 수련기관에서 1년 이상의 수련 과정을 이수한 경우 '의료사회복지사' 또는 '학교사회복지사' 자격을 발급한다. 영역별 사회복지사 자격기준을 위임하는 사항의 개정령이다.

지금까지는 학교사회복지사협회의 자격관리위원회가 2005년도부터 2020년도까지 총 16회의 자격시험(연 1회)을 통하여 총 1,598명의 학교사회복지사 민간자격증 소지자를 배출하여 왔는데, 전문성을 갖춘 학교사회복지사 양성을 위하여 한국학교사회복지학회, 한국학교사회복지사협회, 한국사회복지사협회가 함께 컨소시엄을 구성하여 2005년부터 학교사회복지사 자격관리위원회를 운영하여 왔다. 학교사회복지사는 「초중등교육법」 제2조에 의거한 학교뿐만 아니라 교육청 및 교육지원청, 지역교육복지센터 등 교육현장에서 사회복지를 실천하여 현재 초중고를 포함한 교육현장에서 1,919명의 전문인력이 종사하고 있다('20년 11월 기준).

주요업무는 학교 등에서 학생·학교·가정을 연계한 사례관리, 지역사회자원개발, 학생위기개입 및 아동학대 예방 등 사회복지서비스를 지원하고 있다.

그 역할은 학생의 심리·사회적인 문제와 학생에게 영향을 미치는 주변 환경 전체의 변화에 대한 계획 수립 및 지원, 학교 내·외부 환경 및 욕구 조사, 사례 발굴 및 선정, 학교 내·외 네트워크 구성 및 운영, 학교사회복지 개입을 위한 기록 및 평가 등의 역할이다.

따라서 국가자격제도는 사회복지사 1급을 소지하고 학교에서 수련지도자(학교사복지사 자격소지 후 5년 이상의 학교사회복지 경력자)의 지도하에 1,000시간의 수련을 이행하도록 하고 있다. 과목으로는 학교사회복지 이론 및 실제, 교육 및 사회복지관련 법과 정책, 학교사회복지 철학과 가치, 기획 및 행정, 자원관리의 내용이다.

수련시간은 150시간 이론교육, 20시간 학술활동, 830시간의 학교현장실습의 수련시간 이행과 수련에 대한 평가활동으로 수련과정이 구성된다.

학교사회복지실천을 위한 여건조성을 위하여는 관련 협의체 및 협력부서의 조직사무실 및 학생 상담 공간 마련과 환경구성, 학생·학부모·교사·지역사회 대상 홍보 활동 그리고 자원봉사자 모집, 배치, 학교욕구조사 및 지역사회 조사가 이행되어야 할 것이다.

제3절 정신건강사회복지사

1. 정신건강사회복지사

정신건강사회복지사란 사회복지사 1급 자격증 소지자가 보건복지부령으로 정하는 수련기관에서 수련을 받고 보건복지부장관에게 정신건강사회복지사 자격을 인정받은 자를 말한다.

정신건강사회복지사 자격은 정신과 병원 및 지역사회에서 정신보건에 관한 양질의 서비스를 제공할 전문인력의 수요가 증가하게 되었다. 이를 위하여 정신질환의 예방과 정신질환자의 의료 및 사회복귀 등의 업무를 수행할 전문지식과 기술을 갖춘 인력을 양성하기 위해 제정하였다.

1) 자격등급

① 정신건강사회복지사의 자격등급은 별도의 시험을 보는 것이 아니라 수련기간 및 경력에 따라 1급, 2급으로 나누어진다. 2급 정신건강사회복지사의 경우, 정신건강증진시설 등에서 5년간 근무한 경력이 있으면 1급을 받을 수 있다.

② 「정신보건법」이 「정신건강증진 및 정신질환자 복지서비스 지원에 관한 법률」(약칭: 정신건강복지법)로 개정되면서 '정신보건사회복지사'의 명칭이 '정신건강사회복지사'로 변경되었다.

2) 정신건강사회복지사의 업무

정신건강사회복지사가 되려면 사회복지사 1급 자격증 소지자가 보건복지부령으로 정하는 수련기관에서 수련을 받고 보건복지부장관에게 정신건강사회복지사 자격을 인정받아야 한다.

표 13-1 정신건강사회복지사의 업무내용

구분	업무 내용
정신건강전문요원 공통 업무	① 정신재활시설의 운영 ② 정신질환자등의 재활훈련, 생활훈련 및 작업훈련의 실시 및 지도 ③ 정신질환자등과 그 가족의 권익보장을 위한 활동 지원 ④ 법 제44조 제1항에 따른 진단 및 보호의 신청 ⑤ 정신질환자등에 대한 개인별 지원계획의 수립 및 지원 ⑥ 정신질환 예방 및 정신건강복지에 관한 조사 · 연구 ⑦ 정신질환자등의 사회적응 및 재활을 위한 활동 ⑧ 정신건강증진사업등의 사업 수행 및 교육 ⑨ 그 밖에 보건복지부장관이 정하는 정신건강증진 활동
정신건강사회 복지사 개별 업무	① 정신질환자등에 대한 사회서비스 지원 등에 대한 조사 ② 정신질환자등과 그 가족에 대한 사회복지서비스지원에 대한 상담 · 안내

정신건강사회복지사가 하는 일을 요약 정리하면 다음과 같다.

① 재활훈련, 생활훈련, 작업훈련의 실시 및 지도

② 사회복지서비스지원 상담안내

③ 정신재활시설운영

④ 사회적응 재활을 위한 활동

⑤ 정신질환예방, 정신건강 복지에 관한 조사 및 연구

⑥ 정신건강증진사업 등의 사업수행 및 교육

2. 코로나바이러스감염증19(코로나19)에 대한 대응 체계

1) 코로나바이러스감염증19의 특성

증상은 발열, 권태감, 기침, 호흡곤란 및 폐렴, 급성호흡곤란증후군 등이며 대부분 경증이지만 기저질환이 있는 경우에는 중증으로 진행할 가능성이 높다.

그 외 인후통, 두통, 가래, 객혈과 오심, 설사도 나타나며, 전파 방법은 (비말전파) 코로나19는 감염된 사람이 기침, 재채기를 했을 때 발생한 비말(침방울)이 다른 사람의 호흡기 점막으로 들어가 바이러스가 점막을 통해 침투하여 감염된다.

감염된 사람의 비말이 물건이나 표면 등에 묻은 경우, 다른 사람이 물건이나 표면을 손으로 만진 후 눈, 코, 입 등을 만져서 감염된다.

전파 특성은 다음과 같다.

① 증상이 경미한 발생 초기부터 전파가 일어나고, 전염력이 높고

② 닫힌 공간 내에서 밀접한 접촉이 이뤄지는 경우 확산의 규모가 커짐

3단계에서 5단계로 개편되고('20.11.1) 시행(11.7) 됨에 따라 「사회복지사업법」 제2조에 따른 사회복지사업을 행할 목적으로 설치된 사회복지시설에 대한 코로나19 예방 및 관리 대응절차와 조치사항을 재정비하여 피해에 대한 최소화를 도모한다.

2) 기본방향

각 지자체는 전국·권역별 「사회적 거리두기」 단계가 조정될 경우, 사회복지시설 운영 범위를 신속하게 조정 가능하도록 사전 조치방안으로 다수인이 이용(생활)하는 사회복지시설의 관리자는 "코로나19 관리체계" 및 유관기관 협조체계를 구성하여야 한다.

시설이용자, 종사자 및 방문객 등의 코로나19 감염 예방, 조기인지 및 전파 방지 조치를 실시하여, 시설 내에서 코로나19 환자(의심환자 포함) 발생시 즉시 관할 보건소에 신고하고, 추가환자 발생을 차단하기 위해 필요한 조치를 시행하고 철저한 방역 조치를 전제하여야 한다. 사회복지시설 운영 유지 원칙으로 지역 내 상황을 고려하여 지자체 책임하에 자율적인 서비스 범위·대상 조정을 한다.

코로나19의 전국적 대유행으로 사회적 거리두기 최고단계가 발령된 상황에서만 사회복지 시설 운영을 중지(단, 취약계층 긴급돌봄 체계 유지)하여야 한다.

3) 코로나바이러스감염증19 대응 조치사항

사회적 거리두기 단계 체계는 생활방역, 지역유행단계, 전국유행 단계로 1단계

1.5단계－2단계－2.5단계－3단계로 구분한다.

단계별 대응 가이드라인은 다음과 같다.

(1) 1단계(생활 속 거리두기): 방역수칙 준수하여 시설 운영

방역수칙 준수를 의무화하고 프로그램 참여 인원을 제한(4m^2당 1명)하여 운영, 비대면서비스 병행 및 시간제·사전예약제를 권장한다.

생활시설은 외출·외박 제한적 가능하며, 1일 인원 통제하여 면회를 실시한다.

(2) 1.5단계(지역적 유행 개시): 방역 강화 및 활동 제한

신체활동 제한, 고위험군 시설은 시간제 운영 및 사전예약제 진환으로 제한한다.

(3) 2단계(전국적 확산 개시): 이용 정원의 50% 이하(최대 100인) 운영

실내 음식물 섭취 금지, 전 시설 시간제·사전예약제가 원칙이고, 생활시설은 외출·외박 원칙적 금지 및 비대면 면회를 실시한다.

(4) 2.5단계(전국적 유행 본격화)

이용 정원의 30% 이하(최대 50인)로 운영한다. 취약계층 중심으로 서비스 제공하되, 개별 시설별로 인근의 확진자 현황, 감염가능성, 방역조치, 건축물 구조 등을 종합 판단하여 운영 유지 여부를 결정한다.

시설 운영 축소 또는 중지로 시설을 이용할 수 없는 취약계층에 대한 서비스 유지대책을 마련한다.

(5) 3단계(전국적 대유행)

사회복지(이용)시설 운영을 중지하고 취약계층에 대한 긴급돌봄서비스는 제공한다.

코로나19 사태는 국내외 정치·경제·사회·문화 등 여러 분야에 많은 변화를 초래했고, 이어 다가오는 '포스트 코로나'에 대한 관심이 커지고 있다. 포스트 코로나(Post Corona)는 포스트(Post, 이후)와 코로나19의 합성어로, 코로나19 극복 이후 다가오는 새로운 시대와 상황을 이르는 말이다.

코로나 예방책으로 마스크는 생활의 필수품이 되었고 개인위생수칙을 철저히 하고 있다. 무엇보다 재택근무, 온라인 강의, 화상 면접 등 언택트(Untact · 비대면) 방식이 증가했다. 하지만 이는 제한적인 외부활동과 대인관계 만남으로 우울, 불안 등 심리적 어려움을 호소하는 사람들이 많다.

코로나 블루는 '코로나19'와 '우울감(blue)'이 합쳐진 신조어로, 코로나19 확산으로 일상에 큰 변화가 닥치면서 생긴 우울감이나 무기력증을 뜻한다.

코로나로 인해서 망가진 것은 환자나 경제상황뿐만이 아니다. 우리의 정신건강 또한 코로나 창궐 이후로 우리는 왠지 모를 답답함과 우울감을 느낀다. 바로 코로나 블루로 고통받는 것이다.

많은 전문가들은 코로나 블루의 원인에 대해 다양한 의견을 내고 있다. 국립정신건강센터에서는 '감염에 대한 불안', '실적 악화로 인한 경제적 타격', '불안감을 심어주는 미디어'들로 세 가지 원인을 꼽기도 했다.

심리학자들은 자연 속에서 이뤄지는 신체 활동을 '녹색 운동'이라고 부른다. 수목원에서 천천히 거닐며 힐링하는 기분을 느끼는 경험으로 '녹색 운동'이 심리적 안정에 조금 도움이 된다는 사실을 알고 있다.

한국 서울에 있는 홍릉 수목원에서는 우울증 치료를 받는 중년 성인들을 대상으로 매주 인지행동치료를 받기 전에 수목원에서 걷게 했는데, 한 달 후, 숲을 걸었던 사람들 중 61퍼센트가 차도를 보였다. 병원에서 심리치료만 하는 경우보다 세 배나 높은 수치였다.

4) 정신건강복지센터

지역 내에 있는 정신질환자의 등록관리, 사례관리, 주간재활, 교육 등을 센터에서 진행하게 되며 다양한 프로그램을 통해서 정신질환자를 상대로 케어를 하게 된다.

정신질환의 예방, 치료, 정신질환자의 재활과 정신건강의 친화적 환경조성으로 국민의 정신건강증진을 도모하는 정신건강복지센터를 두고 있다.

국가 정신건강복지센터는 광역정신건강복지센터와 기초정신건강복지센터로 구분할 수 있다.

표 13-2 광역 정신건강복지센터와 기초 정신건강복지센터

영역	광역 정신건강복지센터	기초 정신건강복지센터
기획	• 지역사회 진단 및 연구조사 • 서비스 평가체계 구축	• 지역사회 진단 • 기획 및 자원 조정
중증정신 질환관리	• 편견 해소 사업 • 24시간 위기관리 지원 • 초발정신질환관리체계구축 • 탈원화 전달체계 구축 • 프로그램 개발 및 지원 • 노숙정신질환관리	• 신규 발견체계 구축 • 사례관리서비스 • 위기관리서비스 • 주간재활프로그램 • 직업재활 프로그램 • 주거서비스 네트워크 구축
정신건강 증진사업	• 인식개선 사업 • 24시간 상담 및 지원 • 자살위기개입 체계 운영 • 프로그램 개발 및 지원 • 고위험군 조기검진 지원 • 교육프로그램 개발 및 교육지원	• 홍보 및 교육사업 • 1577-0199 상담전화 • 고위험군 조기발견과 치료연계사업 • 어린이 청소년 • 성인 우울증, 스트레스 • 노인 우울증 및 치매 • 알코올중독
정신보건 환경조성	• 사회안전망 구축 지원 • 언론 네트워크 구축 및 지원	• 보건복지 네트워크 구축 • 자원봉사운영체계 구축 • 지역 언론 협력체계 구축 • 경찰 및 구조구급 네트워크

관련법령: 정신건강증진 및 정신질환자 복지서비스 지원에 관한 법률 제15조(정신건강복지센터의 설치 및 운영)

연구과제

1. 의료사회복지사의 민간자격증에서 국가자격증제도로의 전환에 대한 고찰
2. 학교사회복지사의 생태학적 관점에서의 고찰

참고문헌

[국문 참고문헌]

강창현(2013). 지역 보건복지 통합접근의 연계수단 영국 커미셔닝을 중심으로. 보건사회연구, 33(1).

강혜규・박세경・권소일・강신욱・정경희・정홍원(2015). 사회보장사업 실태조사 및 유사중복 사업의 조정방안 연구, 보건복지부・한국보건사회연구원.

강홍구(2007). 의료사회복지 실천론. 서울: 학현사.

고양곤(1977). 재가노인복지의 개념과 서비스 방안, 재가노인복지 사업. 서울: 홍익재.

공계순・박현선・오승환・이상균・이현주(2009). 아동복지론. 서울: 학지사.

구은미・박성혜 외(2016). 아동상담. 경기: 양서원.

국가인권위원회(2015). 노인인권길라잡이.

국가청소년위원회(2005). 지역사회와 연계성을 가진 청소년 약물중독치료 프로그램의 개발 연구.

국내외 건강정책 분석을 통한 국민건강증진종합계획 추진 방향, 2018.

국립 사회보장 인구문제 연구소(2012). 일본의 장래 추계 인구 년 월 추계.

국토해양부(2008). 교통약자 이동편의 실태조사.

국회예산처(2016). 치매관리사업의 현황과 개선과제.

권도용(2001). 장애인의 재활복지. 서울: 홍익재.

권육상 외(2005). 사회복지 실천론. 서울: 유풍출판사.

김경실(1999). 효과적인 슈퍼비전. 서강대학교.

김경호(2005). 사회복지 실천기술론. 서울: 청목출판사.

김경희(2005). 아동심리학. 서울: 박영사.

김계현(1992). 상담교육방법으로서의 개인 슈퍼비젼 모델에 관한 복수 사례연구, 한국심리학회.

김기원(2000). 공공부조론. 서울: 학지사.

김동진(2011). 미국 의 내용 및 우리나라에의 시사점 보건복지포럼. Healthy People 2020.
김보영(2009). 중앙 통제와 지방자치의 조화 영국의 지역 협정 체제 보건복지포럼.
김선숙(2000). 주요국의 노인교육 비교 분석. 홍익대학교 대학원 석사학위논문.
김성이 · 김상균(1994). 사회과학과 사회복지. 서울: 나남출판.
김순양(2008). 건강불평등 해소를 위한 로컬 보건의료 거버넌스(Local Health Care Governance): Health Action Zones, 체계의 구축방안 영국 사업의 분석 및 벤치마킹 한국행정연구.
김신실(1996). 장애인종합복지관에서의 사례관리적용에 관한 연구. 서울여자대학교 대학원 석사학위논문.
김연명(1999). 우려되는 국민연금 소득신고 현황. 참여연대 사회복지위원회. 복지동향. 제8호. 5월.
김연명(2001). DJ 정부의 사회복지정책: 신자유주의를 넘어서? 한국사회복지학회 춘계학술대회 발표논문.
김영범(2008). 경제위기이후 사회정책의 변화. 한국사회학회. 한국사회학. 제35집 제1호. 31-57.
김용일 · 조홍식 · 김연옥(1995). 사회사업실천론. 서울: 나남출판.
김유성(2000). 사회보장법. 경기: 법문사.
김유숙(2003). 가족치료 이론과 실제. 서울: 학지사.
김윤희(1995). 재가복지서비스에 있어서 사례관리활용의 개선방안에 관한 연구. 숭실대학교 대학원 석사학위논문.
김정규(1995). 게스탈트 심리치료. 서울: 학지사.
김종일 · 엄명용 · 최경구(2007). 사회문제론. 서울: 청목출판사.
김창대 · 김진숙 · 유성경 · 지승희(2004). 청소년상담기초. 한국청소년상담원.
김창엽(2009). 의료안전망 확보를 위한 정책과제 보건복지포럼 한국보건사회연구원.
김태성 · 성경륭(2000). 복지국가론(제2판). 서울: 나남출판.
김형태(2006). 집단상담의 이론과 실제. 서울: 동문사.
김혜란 외(2005). 사회복지 실천기술론. 서울: 나남출판.
김혜련 · 여지영 · 정애숙(2013). 건강증진기금사업의 운영현황과 개선방안 연구.
남은우(2004). 건강일본에 대한 고찰 보건교육건강증진학회지, 21(2).
남찬섭(2001). 김대중 정부 복지개혁의 평가: 수사와 귀결. 한국사회보장학회 2001년 춘계학술대회 발표문.

닐 길버트 · 김영화 외 번역(2001). 복지국가에서 능력개발국가로. 서울: 한울아카데미.
박경애(2000). 청소년상담 종결과정의 운영, 한국청소년상담의 과정과 기법. 한국청소년상담원.
박성연 · 백지숙(2011). 인간발달. 서울: 파워북.
박태영(2000). 사회복지시설론. 경기: 양서원.
방기연(2003). 상담 슈퍼비전. 서울: 학지사.
방선욱(2003). 심리학의 이해. 경기: 교육과학사.
변경희(2010). 장애인 장기요양제도도입에 대한 고찰: 외국사례를 중심으로.
변용찬(2010). 장애인장기요양보장제도 시범사업 추진현황 및 과제, 보건복지가족부(고시 제2009-227호). 장애등급 판정기준.
보건복지부(2015). 한국건강증진개발원 제4차 국민건강증진종합계획(2016~2020).
서울대 사회복지 실천연구회(1998). 사회복지 실천기법과 지침. 서울: 나남출판.
서울대학교 사회복지 실천연구회 역(2000). 사회복지 실천 기법과 지침. 서울: 나남출판.
서진환 · 이선혜 · 정수경 공역(2001). 대사회복지 실천이론(말콤페인저). 서울: 나남출판.
성경륭(2000). 논평. 안병영 · 임혁백(편). 세계화와 신자유주의. 서울: 나남출판.
소남열(2009). 이동권 보장이 지체장애인의 삶의 질에 미치는 영향에 관한 연구.
신영전(2009). 의료안전망의 재구성과 정책과제 보건복지포럼 한국보건사회연구원.
신현웅(2015). 미래 보건의료 발전계획 정책과제 개발 연구.
안병영 · 임혁백(편)(2000). 세계화와 신자유주의. 서울: 나남출판.
안진희(역) · 메리 파이퍼(저)(2019). 나는 심리치료사입니다. 경기: 위고(원제 Letters to a Young Therapist).
양옥경(2007). 사회복지 현장실습 슈퍼비전. 경기: 양서원.
엄명용 외(2001). 사회복지 실천의 이해. 서울: 학지사.
엄명용 · 노충래 · 김용석(2007). 사회복지 실천기술의 이해. 서울: 학지사.
유계숙 외(2009). 가족정책론. 서울: 시그마프레스.
유순덕 외(2014). 미래예측 방법론 정보통신산업진흥원 주간기술동향.
윤소영(2006). 놀이치료자의 평가에 대한 두려움과 슈퍼비전에서의 개방, 숙명여자대학교.
윤혜미(2000). 미국의 복지개혁과 공공부문 사회복지의 역할의 변화. 한국사회복지학회 춘계학술자료집.
이광재(2007). 노인요양보험제도의 이해. 경기: 공동체.

이도희(2005). Q방법을 활용한 지체장애 인식에 대한 연구. 한국사회조사연구소.

이동렬 · 박성희(2000). 상담과 심리치료. 경기: 교육과학사.

이상영(2008). 국민건강증진종합계획 총괄전략 수립에 관한 연구 2020.

이영선 · 박정면 · 최한나(2001). 사이버상담의 기법과 윤리. 한국청소년상담실.

이정수 외(2008). 일본의 건강증진 정책의 방향 생활습관병 대책을 중심으로 보건교육건강증진학회지.

이창길(2007). 공공부문과 민간부문의 성과관리도구 도입이 조직성과향상에 미치는 영향요인비교 분석. 정책분석평가학회보, 17(3): 55-86.

이항재(2004). 아동발달. 경기: 교육과학사.

이현림 · 김영숙(2016). 인간발달과 교육. 경기: 교육과학사.

임춘식 외(2005). 세계의 노인복지정책. 경기: 학현사.

임춘식(2003). 고령화 사회의 도전. 서울: 나남출판.

임춘식(2003). 노인 취업정책의 현황과 과제. 2004년 2차 노인일자리사업 포럼. 노인일자리사업 활성화 방안. 보건복지부 · 국민연금관리공단 노인인력운영센터.

장애인장기요양제도의 향후 전망과 과제 심포지엄 자료집(2010. 09. 15).

정무권(2000). 국민의 정부의 사회정책: 신자유주의로의 확대? 사회통합으로의 전환?

정옥분 외(2008). 노인복지론. 서울: 학지사.

정옥분(2014). 발달심리학, 전생애 인간발달. 서울: 학지사.

정재호(2006). 미래예측 방법론 이론과 실제 나라연구. 보건복지부.

정진욱(2012). 건강일본 평가 결과 보건복지 이슈 포커스 한국보건사회연구원, 21.

정해관(2014). 기후변화로 인한 건강피해 부담 및 사회경제적 영향 평가 관련 연구 한국건강증진재단.

조복희 · 도현심 외(2016). 인간발달. 경기: 교문사.

조상현(1986). 한국사회복지관계법의 발전과정과 개선방향. 대구대학교 석사학위논문.

조은경 외(2006). 비행청소년 멘토링 효과와 슈퍼비전 사례연구, 한국보호관찰학회.

조흥식 외(2008). 가족복지학. 서울: 학지사.

참여연대사회복지위원회(2004). 국민기초생활보장법 1차 개정의 과정-허 선. 월간복지동향. 제64호. 나눔의 집.

참여연대사회복지위원회(2004). 사회복지전달체계 개편방향과 사회복지 사무소 시범사업계획-김기남. 월간복지동향. 제62호. 나눔의 집.

최명민(2006). 사회복지사 윤리적 민감성 검사도구(Swest) 개발 및 활용에 관한 연구.
최성재(2002). 중고령자의 증가와 경제활동. 중고령자의 직업능력개발 지원 대책. 한국직업능력개발원.
최순남(1984). 현대사회와 노인복지. 서울: 홍익재.
최준식(2003). 한국인에게 문화가 있는가. 서울: 사계절.
최현미(2004). 의료사회복지에서의 강점모델적용 연구. 평택대학교 논문집 제18집.
통계청(2020). 한국의 전략적 성과관리정책에 관한 연구. 연세대학교 박사학위논문. 2020년도 성과관리 시행계획.
한국건간증진개발원(2017). 한눈에 보는 건강증진정책 건강정책 보고서 2020.
한국건강증진개발원(2018). 국내외 건강정책 분석을 통한 국민건강증진종합계획 추진 방향.
한국보건사회연구원(2004). 참여정부복지 5개년계획. 보건복지포럼 제87호.
한국보건사회연구원(2005). 지역사회보장균형발전지원센터. Ontario. Performance Measurement: A Reference Guide. Canada Ontario State.
한국보건사회연구원(2008). 국민건강증진종합계획 총괄전략 수립에 관한 연구.
한국보건사회연구원(2018). 2018년도 지역사회보장지표의 개괄 및 구축 현황. 한국보건사.
한국보건사회연구원(2020). 국민건강증진종합계획 총괄전략 수립에 관한 연구.
한국복지연구회(1988). 사회복지의 역사. 서울: 이론과 실천사.
한국사회복지교육협의회(2000). 사회복지학 교과목 지침서.
한국형사정책연구원(2004). 청소년의 약물 남용 예방전략.
한인영 외(2007). 의료사회복지 실천론. 서울: 학지사.
한정란(2000). 고령화 사회와 노인교육의 실천방안. 사단법인 한국노인문제연구소.
현동관(2007). 지체장애인의 사회적 지지체계가 사회통합에 미치는 영향에 관한 연구.
현외성(1989). 아사히소송의 사회정책적 의미 일고. 사회복지연구.

건강보험심사평가원 http://www.hira.or.kr/
경제투데이 기사 http://www.eto.co.kr/?Code=20080811150114327&ts=230017
경제협력개발기구(OECD) http://www.unicef.org/
국가기록원나라기록포털(청소년육성5개년계획)
국가인권위원회 http://www.humanrights.go.kr/

국립보건의료과학원 http://www.niph.go.jp/indec_en/html. (accessed on Oct 25, 2018)

국립암센터 http://www.ncc.re.kr/

국립중앙의료원 http://www.nmc.or.kr

국민건강보험공단 http://www.nhic.or.kr/

국민연금관리공단 www.npc.or.kr

국제아동구호기금(UNICEF) http://v1.dpi.org/lang-en/

국제장애인연맹(Disabled Peoples' International) http://www.euro.who.int/en/home

국제통화기금(IMF) http://www.oecd.org/

국제표준화기구(ISO) http://www.wto.org/

굿네이버스 http://www.goodneighbors.kr/

굿피플 http://www.goodpeople.or.kr/

네이버 백과사전 http://terms.naver.com/

네이버 지식백과, 정신건강사회복지사 (자격증 사전, SS 직업문제연구소 편집부)

노인장기요양보험 http://www.longtermcare.or.kr/portal/site/nydev/

대만 보건부 http://www.health.gov.au/

대한노인의학회 http://www.geriatrics.co.kr/

대한적십자사 http://www.redcross.or.kr

두드림 http://dodreamfund.com/

미국 Public Health Services http://www.cdc.gov/

미국 국립보건원(NIH) home page http://phs.os.dhhs.gov/phs/phs.html

미국 보건복지부 약물남용과 정신건강 홈페이지 http://www.os.dhhs.gov/

미국 보건복지부(Department of Health & Human Services) http://www.ccsa.ca/

미국 사회보장국(Social Security Administration) http://www.samhsa.gov/

미국 알코올 및 약물남용 정보센터(National Clearinghouse for Alcohol and Drug) http://www.pop.org/

미국 질병관리본부(CDC) Home Page http://www.fedworld.gov/

미국사회복지사협회 www.naswdc.org

미국암협회(American Cancer Society) http://kidsavenue.home/mindspring.com/frconten.htm

미국인구연구소(Population Research Institute) http://www.iso.org
사회복지공동모금회 www.chest.or.kr
사회복지정보원 www.welfare.co.kr
사회서비스 바우처 http://www.socialservice.or.kr/index.jsp
세계보건기구 WHO(World Health Organization)
세계보건기구/유럽 WHO/EUROPE(World Health Organization) http://www.who.or.jp/
월드비전 http://www.worldvision.or.kr/
일본 사회보험청 http://www.mhlw.go.jp/
일본 후생노동성 http://www.whitehouse.gov/
캐나다 약물남용 센터(Canadian Center on Substance Abuse) http://www.drugfreeamerica.org/
한국보건사회연구원 http://www.kihasa.re.kr/
한국사회복지사협회 kasw.or.kr
한국사회복지협의회 http://kncsw.bokgi.net
한국재가노인복지협회 www.kacold.or.kr
한국청소년수련시설협회 http://www.youthnet.or.kr
한국청소년진흥센터 http://www.kysc.or.kr
호주 보건복지부 http://www.sia.go.jp/

[영문 참고문헌]

Adams, G. A., Lynda A. King, & D. W. King(1996). Relationship of Job and Family Involvement.

Akabas, S., & Kurzman, P.(Eds.)(1982). *Work, workers and work organizations: A view from social work*. Englewood Cliffs, N.J.: Prentice Hall.

Ansbacher, R. A.(1956). *Individual Psychology of Alfred Adler*. New York: Basis Books.

Arnold, H. J., & Feldman, P. C.(1986). *Organizational Behavior*. McGraw-Hill Book Company.

Bailey, R., & Brake, M.(Eds.)(1975). *Radical Social Work*. London: Edward Arnold.

Balfour, D., & Wechsler, B.(1996). Organizational Commitment: Antecedents and

Outcomes in Public Organizations. *Public Productivity and Management Review*, 29, 256-277.

Bargozzi. R. P.(1978). Salesforce Performance and Satisfaction as a Function of Individual Difference, Interpersonal, and Situational Factors, *Journal of Marketing Research*. 15.

Beaver, M. L.(1983). *Human Service Practice with the Elderly*. Prentice-Hall.

Beck, A. T.(1979). *Cognitive therapy and the emotional disorders*. New York: International Universities.

Beehr, T. A., & Bhagat, R. S.(1985). Human Stress and Cognition in.

Berg. I. K.(1994). *Family based Services: A solution focused approach*. New York: W.W. Norton & Company.

Bevir, Mark(2013). *Governance: A very short introduction*. Oxford, UK: Oxford University Press.

Bhagat, R. S., McQuaid, S. J., Lindholm, H., & Segovis, J.(1985). *Total Life Stress: A Multimethod.*

Blakey, C.(2016). Healthy People Overview: Secretary' Advisory Committee on National Health Promotion and Disease Prevention Objectives for 2030.

British Columbia Ministry of Health(2017). British Columbia' Guiding Framework for Public Health Promote, Protect, Prevent: Our Health Begins Here.

Carroll, T. J.(1961). Blindness: *What it is, what it does and how to live with it*. Boston: Little, Brown.

Cavanagh, K., & Gree, V. E.(1996). *Working with Men: Feminism and Social Work*. London: Routledge.

Copper, C. L., & Marshall, J.(1977). Occupational Sources of Stress: A Review of the Literature Relating to Coronary Heart Disease and Mental Ill Health, Journal of accupational Psychology, Vol. 49, pp. 11-28.

De Jong, P., & Berg, I. K.(1997). *Interviewing for solutions*. Books: Cole Publishing Company.

De Shazer, S.(1985). *Keys to solution in brief therapy*. New York: W.W. Norton & Company.

De Shazer, S.(1998). *Cluse Investigation solutions in brief therapy*. New York: W.W. Norton & Company.

De Shazer, S.(1998). *Putting difference to work*. New York: W.W. Norton & Company.

Dominelli, L.(2002). *Feminist Social Work theory and Practice*. New York: Palgrave

Ellis, A.(1962). *Reason and emotion in psychotherapy*. New York: Stuart.

Famer, S. J., Beehr, T. A., & Love, K. G.(2003). Becoming an Undercover Police Officer: A Note on Fairness Perceptions, Behavior, and Attitudes. Journal of Organizational Behavior, 24, 373-387.

Family Social Support(2012). An Work-Family Conflict with Job and Life Satisfaction, Journal of Applied Psychology.

Fisher, J.(1978). Effective casework practice: An electric approach, Springfield, Ill: Charles C. Thomas.

Friedlander, W., & Apte, R.(1980). *Introduction to Social Welfare*. Englewood Cliffs, NJ: Prentice-Hall.

Frohlich, K. L., & Potvin, L.(2008). The inequality paradox: The population approach and vulnerable populations, American Journal of Public Health, 98(2): 21-221.

Gambrill, E.(1983). *Casework: A competency: Based approach*. Englewood Cliffs, NJ: Prentice-Hall.

Gilbert, Neil, & Paul Terrell(1997). *Dimensions of Social Welfare Policy*. Allyn & Bacon.

Goldberg, G., & Elliot, J.(1980). Below the belt. Journal of sociology & social welfare, 7.

Green. H.(1954). Social Work Practice in Community Organization. NY: Whiteside and Morrow Press.

Haley. J.(1986). *Uncommon therapy*: The Psychiatric techniques of Milton H. Erickson, M.D., New York: W.W. Norton & Company.

Harper, E., & Dunham, A.(1959). *Community Organization, in Action*. New York: Association Press

Healthy People 2020 Midcourse Review. 2016~2020 제4차 국민건강증진종합계획 수립

방향 연구 5.

Hyndman B(2006). Health Promoter in Canada: An overview of roles, networks and trends. Ontario.

Leutz, W. N.(1999). Five Laws for Integrating Medical and Social Services: Lessons from the United States and the United Kingdom, Milbank Quarterly, 77(1): 77-110.

Lowenfeld, B.(1973). *The visually handicapped child in school*. New York: John Day Company.

Merton, R.(1967). *On Theoretical Society*. NY: Free Press.

Morris, D., & Hees, K.(1977). *Neighborhood Power*. Boston: Houghton, Mifflin Co.

Murphy, C.(1954). *Community Organization Practice*. Boston: Houghton, Mifflin Co.

National Association of Social Worker(1995). *Encyclopedia of Social Worker*. 김만두 외 역(1999). 사회복지대백과사전. 서울: 나눔의 집.

O'anlon, W. H., & Weiner-Davis, M.(1989). *In search of solutions: A new direction in psychotherapy*. New York: Norton.

Park, R., & Burgess, E.(1921). *Introduction to the Science of Sociology*. Chicago University of Chicago Press.

Payne, M. S.(1997). *Modern Social Work Theory*. London: Macmillan Press LTD.

Perman, R., & Gurin, A.(1972). *Community Organization and Social Planning*. NY: John Wiley & Sons.

Pincus, A., & Minahan, A.(1973). *Social work practice: Models and Methods*. New York: Peacock Publishers.

Pollak, Otto(1984). *Social Adjustment in Old Age*. New York: Social Science Research.

Ponchillia, P. E., & Ponchillia, S. V.(1996). *Foundations of rehabilitation teaching. with persons who are blind or visually impaired*(1st ed). AFB, Press: New York.

Rank, O.(1936). *Will therapy*. New York: Knopf.

Raskin, N.(1995). Client-centered therapy. In S. J. Lynn and J. P. Garske(Eds.), Contemporary Psychotherapies Models and Methods (pp. 155-200), Columbus Charles E. Merrill.

Reid, W. J.(1977). *The task centered practice*. New York: Columbus University.

Robert L. Barker(1987). *Social Work Dictionary*. 중앙사회복지연구회 역(1996). 사회사업사전, 이론과 실천.

Roberts, R. W. & Nee, R. H.(1972). *Theories of Social Casework*. The University of Chicago Press.

Rogers, C. R.(1957). The necessary and sufficient conditions of therapeutic personality change; *Journal of Counselling Psychology*, 21.

Ross, M.(1955). *Community Organization: Theory and Principles*. New York: Harper & Brothers.

Ross, M.(1955). *Community Organization: Theory, Principles & Practice*(2nd ed.). New York: Harper & Row.

Rothman, G. C.(1985). *Philanthropists, Therapists and Activists-A Century of Ideological Conflict in Social Work*. Mashenkman pub. com. ING.

Rowe, W.(1996). Client centered theory: A person centered approach. In F. J. Tuner(Ed.). *Social Work Treatment: Interlocking Theoretical Approaches*(4th ed.). New York: Free Press.

Ruah, A. J., Khatami, M., & Beck, A. T.(1975). Cognitive and Behavioral therapy. in chronic depression Behavior Therapy, 6.

Sakurai H.(2003). Healthy Japan 21. JMAJ. 26(2): 47-49.

Seo SR. Introduction of Global Action Plan 2013-2020 on NCD prevention and control. Public Health Weekly Report. 28.

Sheafor, B., Horejsi, C., & Horejsi, G.(1997). *Techniques and guidelines for social work practice*(4th ed). Boston: Allyn and Bacon.

Specht, H.(1994). *Unfaithful angels*. New York: The Free Press.

Steiner, J.(1930). *Community Organization*. New York: Century.

Sturdivant, S.(1980). *Therapy With Women*. New York: Springer Publishing Co.

Sustainable Development Solutions Network & Bertelsmann Stiftung.(2018). SDG Index and Dashboards Report 2018. New York, USA.

The Government of the Republic of Korea.(2016). 2016 National Voluntary Review Year One of Implementing the SDGs in the Republic of Korea: From a Model of Development Success to a Vision for Sustainable Development.

Thompson, N.(2001). *Anti-discriminatory Practice*. London: Palgrave Macmillan.

Turner, F. J.(1986). *Social work treatment: interlocking theoretical approaches*(3rd ed.). New York: The Free Press.

Turner, F. J.(1996). *Social work treatment*(4th ed.). New York: The Free Press.

U.S. Department of Health and Human Services. Healthy People https://www.healthypeople.gov/

U.S. Department of Health and Human Services(2016). Healthy People 2020 Midcourse Review.

U.S. Department of Health and Human Services(2017). Secretary' Advisory Committee on National Health Promotion and Disease Prevention Objectives for 2030 Report #2: Recommendations for Developing Objectives, Setting Priorities, Identifying Data Needs, and Involving Stakeholders for Healthy People 2030.

United Nations(2015). The Millenium Development Goals Report.

United Nations(2018). The Sustainable Development Goals Report.

Validation of the Construct and Its Effects of Organizationally(2011). Valued Outcomes and Withdrawal Behavior. Journal of Applied Psychology, 70, 202-214.

Vic George & Paul Wilding(1976). *Ideology and Social Welfare, London: Routledge & Kegan Paul*. 원석조 역(1987). 이데올로기와 사회복지. 서울: 홍익재.

Vic Health(2016). VicHealth Action Agenda for Health Promotion 2016 Update. Victoria.

Walz, T. & Groze, V.(1991). The Mission of Social Work Revisited An Agenda for the 1990s, Journal of Social Work, 36(6).

Werner, H. D.(1986). *Cognitive theory, in F. J. Turner*(Ed.). Social Work Treatment. New York: Free Press.

White, R. W. & Watt, N. F.(1981). *The abnormal personality*. New York: Wiley.

World Health Organization(1978). Declaration of Alma-Ata: International Conference on Primary Health Care. Alma-Ata, USSR.

World Health Organization(1986). The Ottawa Charter for Health Promotion: First

International Conference on Health Promotion. Ottawa, Canada.

World Health Organization(1988). Adelaide Recommendations on Healthy Public Policy: Second International Conference on Health Promotion. Adelaide, South Australia.

World Health Organization(1991). Sundsvall Statement on Supportive Environments for Health: Third International Conference on Health Promotion. Sundsvall, Sweden.

World Health Organization(1997). Jakarta Declaration on Leading Health Promotion into the 21st Century: Fourth International Conference on Health Promotion. Jakarta, Indonesia.

World Health Organization(2000). Mexico Ministerial Statement for the Promotion of Health From Ideas to Action: Fifth International Conference on Health Promotion. Mexico City, Mexico.

World Health Organization(2005). The Bangkok Charter for Health Promotion: Sixth International Conference on Health Promotion. Bangkok, Thailand.

World Health Organization(2013). The Helsinki Statement on Health in All Policies: Eighth International Conference on Health Promotion. Helsinki, Finland.

World Health Organization(2016). Shanghai Declaration on Promoting Health in the 2030 Agenda for Sustainable Development: Ninth International Conference on Health Promotion. Shanghai, China.

World Health Organization(2017). Noncommunicable Diseases Progress Monitor 2017. Geneva.

World Health Organization(2018). Global Conference on Primary Health Care: From Alma-Ata towards universal health coverage and the Sustainable Development Goals, Astana, Kazakhstan.

Wylie, M. S.(1990). *Brief therapy on the couch. Family Therapy Neworker*(송정아 · 최규련 공저. 1997. 재인용).

York, R. O.(1982). *Human service planning: Concepts, tools, & methods.* Chapel Hill, NC: The University of North Carolina Press.

Zastrow. C.(1901). Self-talk: A rational approach to understanding and treating child abuse Social Casework, 62.

Zubin, J., & Spring, B.(1977). Vulnerability: A new view on schizophrenia. Journal of Abnormal Psychology, 86, 101-128.

Zuckeman E.(1988). *Child Welfare*. New York: The Free Press.

Drug Free Resource Net http://www.childrenscancercenter.org/

FDA Center for Food Safety & Applied Nutrition http://www.fda.gov/

U.S. National Library of Medicine(NLM) http://vm.cfsan.fda.gov/

WHO Center For Health Development In KOBE http://www.who.int/en/

https://letsmove.obamawhitehouse.archives.gov

https://epodeinternationalnetwork.com/about/context

https://www.cdc.gov/prc/resources/tools/catch.html

https://www.moe.gov.sg/education/programmes/holistic-health-framework

http://www.kamhsw.or.kr/sub.php?id=file8&idx=1003

저자소개

■ **김경우**

국민대학교 대학원 복지정책학 박사
프랑스 엔티앙폴리스대학교 사회복지정책과정 수료
공보처 KFL 홍보조사부장, 경기도 정책자문위원, 국가민주평통자문위원, 교육과학기술정책자문위원, 서울시 복지정책위원, 한국사회복지연구소 정책자문위원, 한국운동재활협회부회장, 사회복지자문위원, 경기도사례관리전문요원, 성남시사회복지정책위원, 성남시사회복지협의회회장, 한국사회복지지원학회회장
전 을지대 중독재활복지학과 교수(학과장), 일반대학원 중독상담학과 주임교수

■ **이경수**

교육학 박사
사회복지 전공, 평생교육 전공, 유아교육 전공
명예신학박사, 대통령상 훈·표창
노인행복찾기국민운동본부 이사, 국제문화친선협회 운영이사, 한국소방안전협회 이사
저서 정신건강론, 사회복지 윤리와 철학 외 다수
현 대한신학대학원대학교 교수(학과장)

■ **한현지**

대구가톨릭대학교 대학원 심리학 박사
저서 아동권리와 복지(공저) 외 다수
현 성운대학교 아동보육복지과 교수

사회복지지도감독론

초판 1쇄 인쇄 / 2020년 12월 20일
초판 1쇄 발행 / 2020년 12월 25일

•

공저자 / 김경우 · 이경수 · 한현지
발행인 / 이 중 수
발행처 / **동 문 사**

•

서울특별시 서대문구 홍제원 1길 12
(홍제동 137-8)
Tel: 02)736-3718(대), 736-3710, 3720
Fax: 02)736-3719
등록번호: 1974.04.27 제9-17호
가격: 25,000원

•

ISBN: 979-11-6328-245-7 (93330)
E-mail: dong736@naver.com
www.dongmunsa.com